अच्छी English कैसे बोलें

अच्छी English कैसे बोलें

(30 दिन में **English** बोलना सीखें)

ए.के. गांधी

प्रकाशक
प्रभात प्रकाशन प्रा. लि.
4/19 आसफ अली रोड, नई दिल्ली-110002
फोन : 23289777 • हेल्पलाइन नं. : 7827007777
इ-मेल : prabhatbooks@gmail.com ❖ वेब ठिकाना : www.prabhatbooks.com

संस्करण
2025

मूल्य
चार सौ पचास रुपए

मुद्रक
नरुला प्रिंटर्स, दिल्ली

———————— ★ ————————

ACHCHHI ENGLISH KAISE BOLEN
by Shri A.K. Gandhi

Published by **PRABHAT PRAKASHAN PVT. LTD.**
4/19 Asaf Ali Road, New Delhi-110002

ISBN 978-93-5186-983-2

₹ 450.00

भारत की युवा शक्ति को
जो अंग्रेजी ज्ञान से परिपूर्ण हो
नित नए रोजगारों
का सृजन कर रही है।

लेखकीय

आज के सामाजिक, शैक्षिक, व्यापारिक व व्यावसायिक परिदृश्य को देखते हुए अंग्रेजी का प्रयोग बहुत महत्त्वपूर्ण हो चुका है तथा इसका बोलने में प्रयोग अत्यधिक होने लगा है। आमतौर पर जब हम अपनी मातृभाषा या देशीय भाषा में भी बात करते हैं तो कुछ अंग्रेजी शब्दों तथा वाक्यों का प्रयुक्त होना कोई आश्चर्य की बात नहीं है, तथा यह हमारे समाज के प्रत्येक स्तर पर घटित हो रहा है। अंग्रेजी का प्रभाव हमारे जीवन पर इतना अधिक हो गया है कि अनेक शब्द हमारे जीवन में इस प्रकार घुल-मिल गए हैं कि हमें यह ज्ञात करना कठिन होता है कि वे हमारी भाषा से संबंधित हैं या अंग्रेजी से, यहाँ तक कि कुछ अंग्रेजी शब्दों को हम उनके देशीय समतुल्य शब्दों से कहीं बेहतर प्रकार से समझते हैं। इस परिस्थिति में हमारे लिए आवश्यक हो जाता है कि हम उचित तथा सही प्रकार से अंग्रेजी बोलने का ज्ञान प्राप्त करें।

बाजार में अंग्रेजी बोलना सिखाने का दावा करनेवाली अनेक पुस्तकें हैं, लेकिन प्रस्तुत पुस्तक उन सभी से स्तर, ज्ञान तथा अभ्यास में कहीं बेहतर है, क्योंकि इसमें उन गुणों का समावेश किया गया है, जिनके आधार पर व्यवहार में छात्रों को अंग्रेजी बोलना सिखाया गया है। इस पुस्तक में दी गई तकनीक छात्रों पर आजमाई गई है, तथा इसके सकारात्मक परिणाम प्राप्त भी हुए हैं। इसका कारण है कि इसमें वैज्ञानिक, मनोवैज्ञानिक तथा शैक्षिक-मनोवैज्ञानिक तथ्यों के आधार पर पाठों की रचना की गई है, जिसके प्रभावी परिणाम प्राप्त हुए हैं।

इस पुस्तक में अंग्रेजी के सभी आयामों को 30 दिन के पाठों में समेटा गया है, तथा प्रत्येक दिन के अभ्यास को निम्न शीर्षकों में विभाजित किया गया है, जिससे पाठकगण

अंग्रेजी के साथ बेहतर तारतम्य स्थापित कर पाएँ।

- Sample Dialogue : इस भाग में 25 वाक्य दिए गए हैं, जो आमतौर पर बोले जाते हैं तथा इन्हें मनोवैज्ञानिक सूत्रों के अनुरूप कठिनाई के स्तर में व्यवस्थित किया गया है। साथ ही, इन सभी का उच्चारण तथा अर्थ भी दिया गया है, ताकि छात्र इनका आयाम तथा विस्तार समझ सकें व अपने प्रयोग में ला सकें।

- Practice Dialogue : यह मनोवैज्ञानिक तथ्य है कि अंग्रेजी बोलने में ज्ञान की कमी से अधिक झिझक मुख्य कारण होता है, जिसके कारण कोई व्यक्ति अंग्रेजी बोलने में अपने को असमर्थ पाता है। इस भाग का प्रयोग पाठक अभ्यास करने के लिए करेंगे, जिसमें किन्हीं विशेष वाक्यों में शब्दों को स्थानापन्न करने का अभ्यास करना होता है। इस पक्ष को बहुत ही प्रभावी पाया गया है। ध्यान रखें कि अभ्यास से ही अंग्रेजी पर अधिकार प्राप्त किया जा सकता है।

- Vocabulary : इस भाग में उच्चारण सहित उन शब्दों के अर्थ दिए गए हैं, जिनका प्रयोग पाठ में पहले हो चुका है। इससे बेहतर समझ विकसित करने में सहायता मिलेगी।

- Tips : यह भाग उन छोटे-छोटे लेकिन महत्त्वपूर्ण बिंदुओं से बना है, जिनके कारण अंग्रेजी बोलना सही परिप्रेक्ष्य में संभव हो पाता है। इसमें व्याकरण से लेकर उन व्यावहारिक बिंदुओं को समेटा गया है, जिनके कारण अंग्रेजी एक जानी-पहचानी व आसान सी भाषा प्रतीत होने लगती है।

- Newspaper Headings : आपको आश्चर्य हो सकता है कि इस भाग को पुस्तक में क्यों सम्मिलित किया गया, लेकिन यह तथ्य है कि समाचार हमारे दैनिक वार्त्तालाप का महत्त्वपूर्ण भाग हैं। इस ज्ञान के कारण आप अपने आत्मविश्वास में वृद्धि करने में सुविधा पाएँगे। साथ ही, आपको उन समाचार शीर्षकों का सही ज्ञान भी प्राप्त होगा, जिसके अर्थ जानने के लिए आपको अतिरिक्त परिश्रम करने की आवश्यकता होती।

- Conversation : प्रत्येक पाठ में इस भाग के अंतर्गत किसी एक विषय पर तीन व्यावहारिक स्थिति में वार्त्तालापों को उदाहरणस्वरूप सम्मिलित किया गया है, ताकि पाठक अपने आपको उन विभिन्न परिस्थितियों में सामान्य अनुभव कर

पाएँ, जिनका सामना उन्हें अपने दैनिक जीवन में करना होता है।

- Miscellany : इस भाग में अंग्रेजी से संबंधित उन बिंदुओं को सम्मिलित किया गया है, जो आपके ज्ञान का विस्तार करते हैं तथा आपको प्रयोग में लाने के लिए अनेक शब्द सही परिप्रेक्ष्य में उपलब्ध कराते हैं, ताकि आपको अंग्रेजी में वार्त्तालाप करते समय किसी और स्रोत को देखने की आवश्यकता महसूस न हो।

अंत में, मैं सभी पाठकों को सुझाव देना चाहूँगा कि वार्त्तालाप क्योंकि कम-से-कम दो व्यक्तियों में ही संभव हो पाता है, इसलिए बोलने का अभ्यास इस पुस्तक के विभिन्न आयामों का प्रयोग करते हुए करें, इस तरह यह एक पुस्तक दो या अधिक व्यक्तियों के लिए उपयोगी सिद्ध होगी।

इस पुस्तक की रचना करने में लेखक के रूप में मैंने अनेक समाचार-पत्रों शिक्षाशास्त्रियों, मनोवैज्ञानिकों तथा कक्षाकक्ष में अभ्यास के लिए शिक्षकों का सहयोग लिया है। मैं उन सभी का आभार व्यक्त करता हूँ। इसमें मुझे कोई संदेह नहीं कि यह पुस्तक आपके लिए बहुत ही महत्त्वपूर्ण सिद्ध होगी।

धन्यवाद,

—ए.के. गांधी

Contents

SAMPLE DIALOGUES

1. Hello, good morning.
(हैलो, गुड मॉर्निंग।)
शुभ प्रभात।

2. How do you do, sir!
(हाउ डू यू डू, सर!)
आप कैसे हैं, श्रीमान्!

3. What is your good name?
(व्हाट इज योर गुड नेम?)
आपका शुभ नाम क्या है?

4. You are Mr. Deepak, aren't you?
(यू आर मिस्टर दीपक, आरं'ट यू?)
आप श्री दीपक हैं, नहीं क्या?

5. Yes, I am.
(यस, आई ऐम।)
जी, मैं ही हूँ।

6. I'm Mohit from Delhi.
(आयम मोहित फ्रॉम देलही।)
मैं दिल्ली से मोहित हूँ।

7. May I come in?
(मे आई कम इन?)
क्या मैं अंदर आ सकता हूँ?

8. Please, take your seat.
(प्लीज, टेक योर सीट।)
कृपया, बैठिए।

9. I have come to see the director.
(आई हैव कम टू सी द डाइरेक्टर।)
मैं निदेशक से मिलने आया हूँ।

10. Please, wait for some time.
(प्लीज, वेट फॉर संम टाइम।)
कृपया, कुछ देर प्रतीक्षा करें।

11. I came by bus.
(आई केम बाइ बस ।)
मैं बस द्वारा आया ।
12. You live in Prem Puri, don't you?
(यू लिव इन प्रेमपुरी, डों'ट यू?)
आप प्रेम पुरी में ही तो रहते हैं।
13. It's a great pleasure to meet you.
(इट्'ज ए ग्रेट प्लेजर टू मीट यू ।)
आपसे मिलकर बहुत प्रसन्नता हुई।
14. How was your journey?
(हाउ वाज योर जर्नी?)
आपकी यात्रा कैसी रही?
15. Here is my visiting card.
(हिअर इज माई विजिटिंग कार्ड ।)
यह लीजिए मेरा विजिटिंग कार्ड ।
16. Sorry to disturb you.
(सॉरी टू डिस्टर्ब यू ।)
आपको कष्ट देने के लिए खेद है।
17. May I have your attention, please?
(मे आई हैव योर अटेंशन, प्लीज?)
क्या मैं आपका ध्यान आकर्षित कर सकता हूँ?
18. I beg your pardon.
(आई बैग योर पांर्डन ।)
कृपया क्षमा करें।
19. Will you like to have a cup of tea?
(विल यू लाइक टू हैव ए कप ऑव टी?)
क्या आप चाय लेना पसंद करेंगे?
20. I'm sorry for being late.
(आई ऐम सॉरी फॉर बीइंग लेट ।)
देर से आने के लिए मुझे खेद है।

21. We'll meet tomorrow again.
(वी'ल मीट टूमॉरो अगेन ।)
कल हम फिर मिलेंगे ।

22. How can I help you?
(हाउ कैन आई हेल्प यू?)
मैं आपकी कैसे/क्या सहायता कर सकता हूँ?

23. Please, get aside.
(प्लीज, गेट असाइड ।)
कृपया, एक तरफ हटिए ।

24. Please, meet him; he is Suresh.
(प्लीज, मीट हिम; ही इज सुरेश ।)
इनसे मिलिए, ये हैं सुरेश ।

25. I'll leave for now.
(आइ'ल लीव फॉर नाओ ।)
अब मैं चलूँगा ।

PRACTICE DIALOGUES

(निम्नलिखित वाक्यों में तिरछे लिखे रेखांकित शब्दों को नीचे दिए शब्दों द्वारा बारी-बारी से बदलकर बोलने का अभ्यास करें । इससे आपमें आत्मविश्वास बढ़ेगा । ध्यान रखें, बारंबारता से ही आप किसी भाषा पर अधिकार पा सकते हैं ।)

1. Hello, good *morning*.

evening	afternoon
night	bye

2. You are *Mr. Deepak*, aren't you?

Satendra	Ashok
Bali	Ms. Sadhana
Ms. Manju	Ms. Ritika

3. Here is my *visiting card*.

pen	application
shirt	mobile
purse	wrist-watch

4. Will you like to have *a cup of tea*?

a cup of coffee	a glass of milk
lunch	an apple
a cigarette	a pouch of pan masala

5. I came *by bus*.

by train	by air
by road	by car
by ship	on foot

6. We'll meet *tomorrow* again.

in the evening	day after tomorrow
tonight	next week
after the movie	before dinner

7. I'm sorry for *being late*.

making a noise	talking loudly
leaving without paying	abusing you
dashing against you	ringing you up

8. May I have your *attention*, please?

pen	book
mobile	car
diary	visiting card

9. *You live* in Prem Puri, *don't you*?

he lives	doesn't he
we live	don't we
they live	don't they
she lives	doesn't she
I live	don't I
Prema lives	doesn't she

10. How can I *help* you?

tell	ring
show	meet
give	permit

VOCABULARY

good (गुड) शुभ
director (डाइरेक्टर) निदेशक
some time (सम टाइम) कुछ समय
live (लिव) रहना
pleasure (प्लेजर) प्रसन्नता
disturb (डिस्टर्ब) परेशान करना, कष्ट देना
see (सी) देखना, मिलना
wait (वेट) प्रतीक्षा, प्रतीक्षा करना
by (बाइ) द्वारा
great (ग्रेट) महान्, बहुत
journey (जर्नी) यात्रा
attention (अटेंशन) ध्यान

tomorrow (टूमॉरो) आने वाला कल
aside (असाइड) एक तरफ, एक ओर
really (रियली) वास्तव में
remember (रिमेंबर) याद करना, याद आना
better (बेटर) अच्छा
transfer (ट्रांसफर) स्थानांतरित करना या होना
flatter (फ्लैटर) प्रशंसा करना
again (अगेन) दोबारा, फिर
help (हेल्प) सहायता, मदद
notebook (नोटबुक) अभ्यास-पुस्तिका
together (टूगेदर) एक साथ
class (क्लास) कक्षा
belong (बिलांग) संबंधित होना

TIPS

(a) Good morning, good afternoon का प्रयोग मिलने या विदा लेने पर होता है। Good evening का प्रयोग सामान्यतः मिलने पर होता है। Good night का प्रयोग सोते समय, शाम के समय विदा लेने पर, दिन का कार्य समाप्त कर मित्रों तथा अन्य लोगों से विदा लेने पर, शाम के समय किसी से बाजार आदि में मिलने पर (जब उसके पास रुककर बात न करनी हो) होता है। Good-bye का प्रयोग परिवार, मित्रों तथा जान-पहचान के लोगों से विदा लेने के समय होता है; लेकिन जहाँ संबंध आधिकारिक रूप से हो तो वहाँ good afternoon का प्रयोग अधिक उचित है। Good day तथा farewell का प्रयोग दोपहर तक विदा लेने के समय होता है। Hello, hullo आदि का प्रयोग अपने समान तथा छोटों से मिलने के समय किया जाता है। अपने से बड़े लोगों तथा अधिकारियों के लिए इसका प्रयोग नहीं करना चाहिए। इसका दुरुपयोग टेलीफोन वार्त्तालाप में बहुतायत से किया जाता है।

(b) Are you Mohit from Delhi? व्याकरणिक रूप से सही होते हुए भी वार्त्तालाप की दृष्टि से सही नहीं समझा जाता। इसके स्थान पर You are Mohit from Delhi, aren't you? का प्रयोग उचित होता है। इसका उत्तर भी Yes, I'm Mohit from Delhi के स्थान पर संक्षिप्त Yes, I'm होना पर्याप्त है।

NEWSPAPER HEADINGS

इस भाग में हम किसी एक समाचार-पत्र से दस शीर्षक लेकर उन्हें हिंदी अनुवाद सहित दे रहे हैं, ताकि विद्यार्थी समाचार-पत्र पढ़ने में रुचि ले सकें तथा उन्हें समझ सकें।

1. 36 killed in Frontier Mail blaze : फ्रंटियर मेल अग्निकांड में 36 मरे
2. Stove started the fire, says a railway official : आग स्टोव से आरंभ हुई, एक रेल अधिकारी का कथन

3. Create your own map and follow it : अपना नक्शा स्वयं बनाइए और उसका पालन कीजिए
4. Sensex gains 19 points on buying in banking stocks : सेंसेक्स में बैंक शेयरों से खरीदारी की 19 अंकों की तेजी
5. PSU reforms should not hurt staff : सार्वजनिक निगमों के सुधारों से कर्मियों को नुकसान नहीं पहुँचना चाहिए
6. Lashkar put on standby if talks fail : लश्कर को प्रतीक्षा करने के लिए कहा गया, यदि वार्त्ता असफल होती है
7. New Delhi agrees to send foreign secretary for SAARC meeting : नई दिल्ली ने सार्क मीटिंग में विदेश सचिव को भेजने की स्वीकृति दी
8. Tourism will help improve ties : पर्यटन से संबंध सुधरेंगे
9. Calling abroad is the cheapest from your cellphone : आपके सेलफोन से विदेश में बात करना सबसे सस्ता है
10. Luggage near bogie doors made escape difficult : दरवाजों के पास रखे सामान के कारण बच् निकलना मुश्किल हुआ

THE FIRST MEETING

I

Rohan : Hello Sarika, how are you?
(हेलो सारिका, हाउ आर यू?)
हेलो सारिका, कैसी हो?

Sarika : Really nice to meet you. How do you do?
(रियली नाइस टू मीट यू। हाउ डू यू डू?)
आपसे मिलकर बहुत अच्छा लगा। आप कैसे हैं?

Rohan : Where are you going to?
(व्हेअर आर यू गोइंग टू?)
आप कहाँ जा रहे हैं?

Sarika : I'm going to Sonali's place. I need a notebook from her.
(आइ'ऐम गोइंग टू सोनालीज प्लेस। आई नीड ए नोटबुक फ्रॉम हर।)
मैं सोनाली के घर जा रही हूँ। मुझे उससे एक नोट पुस्तिका चाहिए।

Rohan	:	That's great, I remember, my English textbook is with her. (दैट्स ग्रेट, आई रिमेंबर, माई इंगलिश टेक्स्टबुक इज विद हर।) यह अच्छा है, मुझे याद आ रहा है कि मेरी अंग्रेजी की पाठ्य-पुस्तक उसके पास है।
Sarika	:	Come, we'll go together. (कम, वी'इल गो टूगेदर।) आओ, हम एक साथ चलेंगे।
Rohan	:	Yes, that'll be better. (येस, देटि'ल बी बेटर।) हाँ, वह अच्छा रहेगा।

II

Raghu	:	May I come in, sir? (मे आई कम इन, सर।) क्या मैं अंदर आ सकता हूँ, श्रीमान्?
Teacher	:	Please, come in. (प्लीज, कम इन।) कृपया, आइए।
Raghu	:	It's the class for English grammar, isn't it? (इट्'ज द क्लास फॉर इंगलिश ग्रामर, इजं'ट इट?) क्या यह अंग्रेजी व्याकरण की कक्षा है?
Teacher	:	It is Are you new to this school? (इट इज। आर यू न्यू टू दिस स्कूल?) हाँ। क्या आप इस विद्यालय में नए हैं?
Raghu	:	Yes sir, I'm. My name is Raghu. (यस, सर, आइ'ऐम। माई नेम इज रघु।) जी, श्रीमान्, मैं नया हूँ। मेरा नाम रघु है।
Teacher	:	Where do you come from? (व्हेयर डू यू कम फ्रॉम?) आप कहाँ से आए हैं?

Raghu : My father has recently been transferred from Patna. We belong to that place.
(माई फादर हैज रीसेंट्ली बीन ट्रांसफर्ड फ्रॉम पटना। वी बिलांग टू दैट प्लेस।)
मेरे पिता अभी हाल ही में पटना से स्थानांतरित होकर आए हैं। हम उसी स्थान से संबंध रखते हैं।

Teacher : Good, you are welcome. Take that seat.
(गुड, यू आर वेलकम। टेक दैट सीट।)
अच्छा, आपका स्वागत है। कृपया वहाँ बैठिए।

Raghu : Thank you, sir.
(थैंक यू, सर।)
धन्यवाद, श्रीमान्।

III

Anita : Welcome Uncle. Please come in.
(वेलकम, अंकल। प्लीज कम इन।)
अंकल, आपका स्वागत है। कृपया अंदर आइए।

Uncle : Is your father at home?
(इज योर फादर ऐट होम?)
क्या आपके पिता घर पर हैं?

Anita : Yes, in fact, father was talking about you a little ago.
(यस, इन फैक्ट, फादर वाज टॉकिंग एबाउट यू ए लिटिल एगो।)
जी हाँ, वास्तव में, पिताजी आपके बारे में थोड़ी देर पहले बात कर रहे थे।

Uncle : I'm flattered. Where's he?
(आइ'ऐम फ्लैटर्ड। व्हेयर'ज ही?)
मेरी (झूठी) प्रशंसा हुई। वे कहाँ हैं?

Anita : Please, sit in the drawing room. I'll just send him.
(प्लीज सिट इन द ड्रॉइंग रूम। आइल जस्ट सेंड हिम।)
कृपया, स्वागत कक्ष में बैठिए। मैं उन्हें अभी भेजती हूँ।

Uncle : You're a nice girl. May God bless you.
(यू'आर ए नाइस गर्ल। मे गॉड ब्लेस यू।)
तुम एक अच्छी लड़की हो। ईश्वर आपका भला करे।

MISCELLANY

Pronunciation Guide (प्रॅनंसियेशन गाइड) उच्चारण निर्देशिका

यहाँ हम एक ऐसा दिशासूचक दे रहे हैं जो पाठकों को यह बताएगा कि कोई वर्ण कितने प्रकार से उच्चरित हो सकता है।

a as in trap, flap, blap, map, tap, fashion, sand
as in fate, tame, same, game, lame, tame
as in fair, rare, mare, scare, fare
as in cart, far, scar, rather, father, scarce
as in saw, raw, haul, maul, ball
as in about, cannon, ago, afar, aside, aloof, around

b as in stab, beggar, bat, beast, but, baboon

c as in cat, scoop, scare, scarce, cure, cry, arc, catch
as in face, mace, race, lace, ice, city, cinema, cyber
as in facial, racial

ch chat, chance, China, chasm, chicken, chocolate, cheese
as in school
as in chauffeur, chicanery, chivalry

d as in dot, doctor, date, marred, god, rudder

e as in see, meet, treat, bleat, street
as in met, net, get, let
as in steer, leer, fear, sheer, rear
as in token, broken, spoken, molten
as in home, gone, lone, shone

f as in fear, feather, fast, fog, sofa, suffer

g as in stag, giggle, bag, organ, glass, growth
as in agile, gin, ginger, orgy, gymnastic

gh as in ghost, ghee
as in laugh, cough
as in through, though

h as in hat, he, ahead, hotel, hair, house, behave
as in hour, hospital, honour

i as in grid, fit, stiff, lit, sit
as in bite, cite, right, price
as in fire, mire, lire, sapphire

j as in judge, junk, joy, junction

k as in kick, kettle, kill, tackle, bake

kh as in akhtung

l as in leg, let, yellow, ball, bull, letter, leader

m as in man, summer, dame, met, camel, trim

n	as in fan, honour, pen, rain, net, needle, not, flannel, ton sudden, Allan
ng	as in ting, ring, singing, tank, finger
o	as in rod, cod, not, fought, brought
	as in storé, fore, more, goat, vote
	as in spoil, royal, foil, toil
	as in fool, tool, root, food
	as in book, rook, look, hook
	as in moor, poor, boor
	as in north, worth
	as in stout, pout
	as in sour, flower, shower
	as in court, hoard, ore
	as in boy, toy
p	as in put, apple, tap, peon, slip
qu	as in quick, queer
r	as in red, terror, rain, ruin, rod, port, dear
s	as in sauce, fussy, sit, sing, severe, sun, sell, castle, pass
sch	as in schedule
se	as in wise, prise
sh	as in sheer, shame, ship, she, cushion, dash
si	as in collision, tension
su	as in sure
	as in measure, treasure
t	as in top, cattle, hat, tune, state, totter
th	as in thick, thin, think, thirst, smooth, nothing, truth that, there, their
u	as in dug, mug, cut, rut
	as in mute, lute, tune, ruin
	as in sure, cure, lure, pure
v	as in victory, valve, cover, hovel, have
w	as in wind, will, wish, wig, always, swear, wet
x	as in exam, extra, max
	as in xylophone, xinthine
y	as in yet, yes, yard, coy, yule
	as in try, dry, fry
	as in crystal, myrtle
	as in syrup
z	as in zebra, dazzle, haze
zh	as in vision, azur

SAMPLE DIALOGUES

1. This is my pen.
   (दिस इज माई पेन ।)
   यह मेरा पेन है ।
2. You are a nice girl.
   (यू आर ए नाइस गर्ल ।)
   तुम एक अच्छी लड़की हो ।
3. There is a book on the table.
   (देअर इज ए बुक ऑन द टेबल ।)
   मेज पर एक पुस्तक है ।
4. It is not my father's office.
   (इट इज नॉट माई फादर्स ऑफिस ।)
   यह मेरे पिता का कार्यालय नहीं है ।
5. He is not a student of biology.
   (ही इज नॉट ए स्टूडेंट ऑफ बॉयोलॉजी ।)
   वह जीव विज्ञान का विद्यार्थी नहीं है ।
6. Is there any way to go to the teacher's house?
   (इज देअर ऐनी वे टू गो टू द टीचर्स हाउस?)
   क्या अध्यापक के घर जाने का कोई रास्ता (तरीका) है?
7. Is everything ready?
   (इज एवरीथिंग रेडी?)
   क्या सब कुछ तैयार है?
8. No, Mona is in the kitchen preparing cake.
   (नो, मोना इज इन द किचन प्रीपेयरिंग केक ।)
   नहीं, मोना रसोई में केक तैयार कर रही है ।
9. Where is Ranjeet?
   (व्हेयर इज रंजीत?)
   रंजीत कहाँ है?

10. Ranjeet is in the garden taking a walk.
(रंजीत इज इन द गार्डन टेकिंग ए वॉक ।)
रंजीत बाग में टहल रहा है ।

11. Really!
(रियली!)
क्या वास्तव में!

12. How is the scenery in Simla?
(हाउ इज द सीनरी इन शिमला?)
शिमला में कैसे दृश्य हैं?

13. Excellent! Beautiful!
(एक्सीलेंट! ब्यूटीफुल!)
शानदार! बहुत सुंदर!

14. Have you seen the well of death?
(हैव यू सीन द वेल ऑफ डैथ?)
तुमने मौत का कुआँ देखा है?

15. Yes, it is terrible.
(यस, इट इज टेरिबल ।)
हाँ, वह बहुत भयानक है ।

16. Which one is the period of English today?
(व्हिच वन इज द पीरियड ऑव इंगलिश टुडे?)
आज अंग्रेजी का घंटा कौन-सा है?

17. The teacher of English is out of station today.
(द टीचर ऑव इंगलिश इज आउट ऑव स्टेशन टुडे ।)
आज अंग्रेजी के अध्यापक शहर में नहीं हैं ।

18. Who is the president of the students' union?
(हू इज द प्रेजीडेंट ऑव द स्टूडेंट्स यूनियन?)
छात्र संगठन का अध्यक्ष कौन है?

19. The elections of the students' union are scheduled for the next month.
(द इलेक्शंस ऑव द स्टूडैंट्स यूनियन आर शेड्यूल्ड फॉर द नेक्स्ट मंथ ।)
छात्र संगठन के चुनाव अगले महीने होने निर्धारित हैं ।

20. I have a pen. It is magical.
(आई हैव ए पेन। इट इज मैजिकल।)
मेरे पास एक कलम है। यह जादुई है।

21. There is no magic in the world, is there?
(देअर इज नो मैजिक इन द वर्ल्ड, इज देयर?)
संसार में कोई जादू नहीं होता, नहीं क्या?

22. Magic is only a trick of the hand, isn't it?
(मैजिक इज ओन्ली ए ट्रिक ऑव द हैंड, इजंट इट?)
जादू केवल हाथ की सफाई होता है, नहीं क्या?

23. This man is a great nuisance.
(दिस मैन इज ए ग्रेट न्यूसेंस।)
यह व्यक्ति बहुत ही बेकार है।

24. There is no solution to this problem.
(देयर इज नो सोल्यूशन टू दिस प्रॉब्लम।)
इस समस्या का कोई समाधान नहीं है।

25. Where there is a will, there is a way.
(व्हेयर देयर इज ए विल, देयर इज ए वे।)
जहाँ चाह वहाँ राह।

PRACTICE DIALOGUES

1. *<u>This</u>* is my *<u>pen</u>*.

that	book
it	computer
there	inkpot
here	shirt

2. You are a *<u>nice</u>* girl.

good	bad
beautiful	noisy
clever	tall

3. It is not *<u>my father's</u>* office.

my mother's	your brother's
his friend's	her sister's
Mohan's	Sonali's

4. Is everything *ready*?

fine	done
up	finished
down	here terrifying

5. No, Mona is in the *kitchen preparing cake*.

house	reading a book
class	teaching grammar
bathroom	taking a bath
office	writing a letter
cinema hall	watching a movie
bus	travelling back home

6. How *is the scenery* in Simla?

is the hotel	are the people
is your sister	is the climate
is the bus service	is your service

7. Have you seen *the well of death*?

movie The Hero	the Taj Mahal
the Red Fort	Shahrukh Khan
my residence	Sachin's batting

8. Who is the *president of the studentsunion*?

Prime Minister of India	Chief Minister of Delhi
principal of the school	writer of this book
district magistrate of this town	guilty in this case

9. This man is a great *nuisance*.

scientist	writer
teacher	batsman
fielder	driver

10. There is no *solution* to this *problem*.

formula	question
reply	query
appendix	book
cow tied	tree
antonym	word
attachment	equipment

VOCABULARY

office (ऑफिस) कार्यालय
way (वे) रास्ता, तरीका
ready (रेडी) तैयार
really (रियली) वास्तव में
excellent (एक्सीलेंट) उत्तम
well (वेल) कुआँ
terrible (टैर्रिबल) भयानक
out of station (आउट ऑफ स्टेशन) शहर के बाहर
election (इलेक्शन) चुनाव
world (वर्ल्ड) विश्व, संसार
nuisance (न्यूसेंस) परेशानी, चिड़चिड़ाहट
solution (सोल्यूशन) समाधान
will (विल) इच्छा
student (स्टूडेंट) विद्यार्थी
teacher (टीचर) अध्यापक
kitchen (किचन) रसोई
scenery (सीनरी) दृश्य
beautiful (ब्यूटीफुल) सुंदर
death (डेथ) मौत
period (पीरियड) घंटा
president (प्रेजीडेंट) अध्यक्ष, राष्ट्रपति
union (यूनियन) संगठन
magic (मैजिक) जादू, जादुई
trick (ट्रिक) तकनीक, हाथ की सफाई, धोखाधड़ी
problem (प्रॉब्लम) समस्या

TIPS

(a) Singular Number (एक वचन) का प्रयोग एक के लिए किया जाता है तथा Plural Number का प्रयोग दो या दो से अधिक के लिए किया जाता है। Singular से Plural बनाने के नियम इस प्रकार हैं :

(i) s या es जोड़कर : boy : boys; horse : horses; bush : bushes; torch : torches आदि।

(ii) शब्द के अंत के y के स्थान पर ies का प्रयोग कर : fly : flies; city : cities; army : armies; lady : ladies आदि।

(iii) नियम (ii) के कुछ अपवाद भी हैं : way : ways; monkey : monkeys; day : days; toy : toys आदि।

(iv) शब्द के अंत में f या fe के स्थान पर ves का प्रयोग कर : thief : thieves; knife : knives; wolf : wolves; wife : wives आदि।

(v) शब्द के भीतर के vowel बदलकर : man : men; foot : feet; tooth : teeth; mouse : mice आदि।

(vi) अन्य प्रकार से : child : children; ox : oxen आदि।

(vii) कुछ शब्दों के Singular तथा Plural एक समान रहते हैं : sheep, mathematics; news; people; cattle आदि।

(b) Teacher of English के लिए English teacher बोलना गलत होगा, क्योंकि ऐसा करने से इसका अर्थ बदलकर अंग्रेज अध्यापक हो जाएगा। अन्य शब्दों में भी इसका ध्यान रखिए।

(c) First Person हैं I तथा we; Second Person है you; तथा Third Person हैं he, she, they आदि। इन शब्दों से बनने वाले सर्वनाम भी उन्हीं Person के अंतर्गत आते हैं, जैसे : I से my, mine आदि।

(d) Is का प्रयोग Singular Number Third Person के लिए किया जाता है। Am का प्रयोग I के लिए किया जाता है। Was का प्रयोग Singular Number Third Person तथा I के लिए किया जाता है। Are तथा were का प्रयोग you तथा Plural Number के लिए किया जाता है।

NEWSPAPER HEADINGS

1. 20 prisoners brought back tales of Pak torture : 20 कैदी पाक यातना की कहानियाँ वापस लाए
2. Girl rejects dowry demand : लड़की ने दहेज की माँग को अस्वीकार किया
3. PM : Reshuffle soon, Nath may get berth : प्रधानमंत्री के अनुसार, मंत्रिमंडल में शीघ्र फेरबदल, नाथ को पद मिलने की संभावना
4. Wasim Akram calls it a day : वसीम अकरम ने (खेल से) संन्यास की घोषणा की
5. Schumacher survives fire to win yet again : शूमाकर आग से बचकर एक बार फिर जीता
6. Rohit sends Pakistan crashing to defeat : रोहित ने पाकिस्तान को बुरी हार की ओर धकेला
7. Windies fall short by two runs in rain-hit tie : वेस्टइंडीज वर्षा-बाधित मैच में दो रनों से पिछड़ा
8. MUL paid Rs. 78 crore royalty to Suzuki : एमयूएल ने सुजुकी को 78 करोड़ रुपए रॉयल्टी के दिए

9. Obama to meet Cameroon at Camp David : ओबामा की कैमरून से मुलाकात कैंप डेविड में होगी

10. Congress identifies state poll issues : कांग्रेस ने प्रदेश स्तर के चुनाव मुद्दों को चिह्नित किया

SIMPLE CONVERSATION

I

Kabir : Hello! May I speak to Radha?
(हेलो! मे आई स्पीक टू राधा?)
हेलो! क्या मैं राधा से बात कर सकता हूँ?

Radha : Speaking. May I know who is calling?
(स्पीकिंग। मे आई नो हू इज कॉलिंग?)
हाँ, मैं बोल रही हूँ। क्या मैं जान सकती हूँ कि किसने टेलीफोन किया है?

Kabir : This is Kabir this side. How do you do?
(दिस इज कबीर दिस साइड। हाउ डू यू डू?)
मैं कबीर बोल रहा हूँ। आप कैसी हैं?

Radha : I am fine. Why did you not attend office today? Are you all right?
(आई ऐम फाइन। व्हाय डिड यू नॉट अटेंड ऑफिस टुडे? आर यू ऑल राइट?)
मैं ठीक हूँ। आज आप कार्यालय क्यों नहीं आए? आप ठीक तो हैं न?

Kabir : Yes, yes, I'm all right. My sister arrived here this morning, so I could not come.
(यस, यस, आई'ऐम ऑल राइट। माई सिस्टर अराइव्ड हियर दिस मॉर्निंग, सो आई कुड नॉट कम।)
हाँ, हाँ, मैं ठीक हूँ। मेरी बहन आज सुबह यहाँ आ गई, इसीलिए मैं नहीं आ सका।

Radha : That's good news. We can hope to marry soon then, can we?
(दैट्स गुड न्यूज। वी कैन होप टू मैरी सून देन, कैन वी?)
यह तो अच्छी खबर है। तब तो हम जल्दी शादी करने को आशा कर सकते हैं, नहीं क्या?

Kabir : Yes, of course! You know, my sister likes you greatly.
(यस, ऑफ कोर्स! यू नो, माई सिस्टर लाइक्स यू ग्रेटली।)
हाँ, निःसंदेह! तुम्हें तो पता है कि मेरी बहन तुम्हें बहुत पसंद करती है।

Radha : Thank you. What's the programme now?
(थैंक यू। व्हाट्स द प्रोग्राम नाउ?)
धन्यवाद। अब क्या कार्यक्रम है?

Kabir : I have talked to my sister. You'll know it soon.
(आई हैव टॉक्ड टू माई सिस्टर। यू'इल नो इट सून।)
मैंने अपनी बहन से बात की है। तुम्हें शीघ्र पता चल जाएगा।

Radha : I'm pleased. I'll call you later now.
(आयम प्लीज्ड। आइ'ल कॉल यू लेटर नाउ।)
मुझे अच्छा लगा। मैं बाद में फोन करूँगी।

Kabir : Bye.
(बाय।)
नमस्ते।

II

Kapil : Sir, can you give me change for a hundred-rupee note?
(सर, कैन यू गिव मी चेंज फॉर ए हंड्रेड रुपी नोट?)
भाई साहब, क्या आप मुझे सौ रुपए के खुले दे सकते हैं?

Shopkeeper : Sorry, I have no change.
(सॉरी, आई हैव नो चेंज।)
क्षमा करें, मेरे पास खुले नहीं हैं।

Kapil : Please check if you have. I have to pay it to the rickshaw puller. Yours is the only shop open here.
(प्लीज चेक इफ यू हैव। आई हैव टू पे इट टू द रिक्शॉ पुलर। योर्स इज द ओनली शॉप ओपन हियर।)
कृपया देख लें। मुझे रिक्शा चालक को देने हैं। यहाँ केवल आपकी दुकान खुली है।

Shopkeeper : Just a minute. Yes, I have it. Here is one fifty-rupee note and five tenners.

(जस्ट ए मिनिट। यस, आई हैव इट। हियर आर वन फिफ्टी-रूपी नोट एंड फाइव टेनर्स।)

एक मिनट रुकिए। हाँ, मेरे पास है। यह लो एक पचास का नोट तथा पाँच दस-दस के नोट।

Kapil : Please, check if you have two five-rupee notes. I have to pay him five rupees only.

(प्लीज चेक इफ यू हैव टू फाइव-रुपी नोट्स। आई हैव टू पे हिम फाइव रुपीज ओनली।)

कृपया, देख लीजिए यादि आपके पास पाँच-पाँच के दो नोट हों। मुझे उसे केवल पाँच रुपए देने हैं।

Shopkeeper : Take this one.

(टेक दिस वन।)

यह लीजिए।

Kapil : Sir, please change this tenner. It's a torn one.

(सर, प्लीज चेंज दिस टेनर। इट्स ए टॉर्न वन।)

भाई साहब, कृपा करके इस दस के नोट को बदल दें। यह फटा हुआ है।

Shopkeeper : You'll have to make do with this as I have none other. Else you can return the change.

(यू'इल हैव टू मेक डू विद दिस ऐज आई हैव नन अदर। एल्स यू कैन रिटर्न द चेंज।)

आपको इसी से काम चलाना पड़ेगा, क्योंकि मेरे पास और नहीं हैं। नहीं तो आप खुले पैसे वापस दे सकते हैं।

Kapil : I think it can be used. Thank you very much for the trouble.

(आई थिंक इट कैन बी यूज्ड। थैंक यू वेरी मच फॉर द ट्रबल।)

मेरा खयाल है कि इसे चलाया जा सकता है। कष्ट के लिए बहुत-बहुत धन्यवाद।

Shopkeeper : Mention not.

(मेंशन नॉट।)

कोई बात नहीं।

III

Officer : This chair is meant for you. Please, sit down.
(दिस चेयर इज मेंट फॉर यू। प्लीज सिट डाउन।)

यह कुरसी आपके लिए है। कृपया, बैठ जाइए।

Ganesh : Thank you, sir.
(थैंक यू, सर।)

धन्यवाद, श्रीमान्।

Officer : What's your name?
(व्हाट्ज युयोर नेम?)

आपका नाम क्या है?

Ganesh : I'm known by the name of Ganesh Gupta.
(आई'ऐम नोन बाइ द नेम ऑव गणेश गुप्ता।)

मुझे गणेश गुप्ता के नाम से जाना जाता है।

Officer : What's your father?
(व्हाट्'स युयोर फादर?)

आपके पिता क्या काम करते हैं?

Ganesh : My father is an officer with a nationalised bank.
(माई फादर इज एन ऑफिसर विद ए नैशनलाइज्ड बैंक।)

मेरे पिता एक राष्ट्रीयकृत बैंक में अफसर हैं।

Officer : What's your education?
(व्हाट्'स युयोर एजुकेशन?)

अपकी शिक्षा क्या है?

Ganesh : I've completed M.A. with sociology.
(आइ'व कम्पलीटेड एम.ए. विद सोशियोलॉजी।)

मैंने समाजशास्त्र में एम.ए. किया है।

Officer : Your interview is over. You can leave now.
(युयोर इंटरव्यू इज ओवर। यू कैन लीव नाउ।)

आपका साक्षात्कार समाप्त हुआ। अब आप जा सकते हैं।

Ganesh : Thank you sir.
(थैंक यू सर)

धन्यवाद श्रीमान्।

MISCELLANY

Numerals (न्यूमरल्स) गिनतियाँ

1	one	(वन)	एक	I
2	two	(टू)	दो	II
3	three	(थ्री)	तीन	III
4	four	(फोर)	चार	IV
5	five	(फाइव)	पाँच	V
6	six	(सिक्स)	छः	VI
7	seven	(सेवन)	सात	VII
8	eight	(एट)	आठ	VIII
9	nine	(नाइन)	नौ	IX
10	ten	(टेन)	दस	X
11	eleven	(इलेवेन)	ग्यारह	XI
12	twelve	(ट्वेल्व)	बारह	XII
13	thirteen	(थर्टीन)	तेरह	XIII
14	fourteen	(फॉर्टीन)	चौदह	XIV
15	fifteen	(फिफ्टीन)	पन्द्रह	XV
16	sixteen	(सिक्सटीन)	सोलह	XVI
17	seventeen	(सेवेनटीन)	सत्रह	XVII
18	eighteen	(एटीन)	अठारह	XVIII
19	nineteen	(नाइनटीन)	उन्नीस	XIX
20	twenty	(ट्वेंटी)	बीस	XX
21	twenty-one	(ट्वेंटी-वन)	इक्कीस	XXI
22	twenty-two	(ट्वेंटी-टू)	बाईस	XXII
23	twenty-three	(ट्वेंटी-थ्री)	तेईस	XXIII
24	twenty-four	(ट्वेंटी-फोर)	चौबीस	XXIV
25	twenty-five	(ट्वेंटी-फाइव)	पच्चीस	XXV
26	twenty-six	(ट्वेंटी-सिक्स)	छब्बीस	XXVI
27	twenty-seven	(ट्वेंटी-सेवन)	सत्ताइस	XXVII

28	twenty-eight	(ट्वेंटी-एट)	अट्ठाइस	XXVIII
29	twenty-nine	(ट्वेंटी-नाइन)	उनतीस	XXIX
30	thirty	(थर्टी)	तीस	XXX
40	forty	(फॉर्टी)	चालीस	XL
50	fifty	(फिफ्टी)	पचास	L
60	sixty	(सिक्सटी)	साठ	LX
70	seventy	(सेवंटी)	सत्तर	LXX
80	eighty	(एटी)	अस्सी	LXXX
90	ninety	(नाइनटी)	नब्बे	XC
100	one hundred	(हंड्रेड)	एक सौ	C
200	two hundred	टू हंड्रेड)	दो सौ	CC
300	three hundred	(थ्री हंड्रेड)	तीन सौ	CCC
400	four hundred	(फोर हंड्रेड)	चार सौ	CD
500	five hundred	(फाइव हंड्रेड)	पाँच सौ	D
600	six hundred	(सिक्स हंड्रेड)	छः सौ	DC
700	seven hundred	(सेवन हंड्रेड)	सात सौ	DCC
800	eight hundred	(एट हंड्रेड)	आठ सौ	DCCC
900	nine hundred	(नाइन हंड्रेड)	नौ सौ	CM
1000	one thousand	वन थाउजेंड)	एक हजार	M
10,000	ten thousand	(टेन थाउजेंड)	दस हजार	$\bar{\text{I}}$

नोट : (i) शब्दों में twenty-one, seventy-five आदि लिखने में हाइफन (-) का प्रयोग होता है।

(ii) thirty के बाद के शेष अंक उपर्युक्त वन, टू के क्रम में नाइन तक अंग्रेजी अंक, लिपि और रोमन में साथ-साथ लगातार चलते रहेंगे।

(iii) रोमन संख्याओं में दस हजार दिखाने के लिए वर्ण के ऊपर हाइफन (-) का प्रयोग किया जाता है; यथा $\bar{\text{I}}$ = 10,000; $\bar{\text{X}}$ = 1,00,000; $\bar{\text{M}}$ = 1,00,00,000 आदि।

□

Sample Dialogues

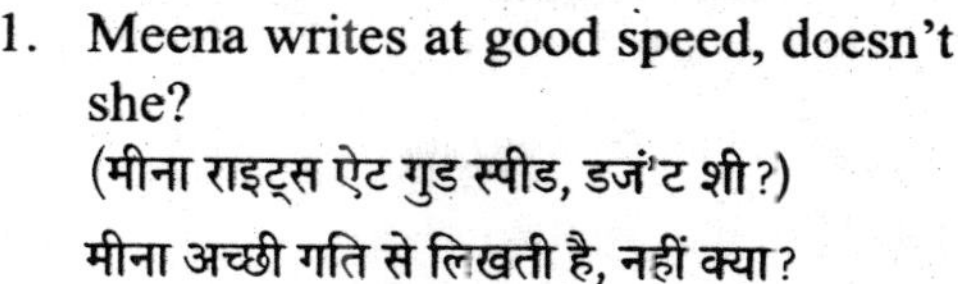

1. Meena writes at good speed, doesn't she?
(मीना राइट्स ऐट गुड स्पीड, डज़ंट शी?)
मीना अच्छी गति से लिखती है, नहीं क्या?

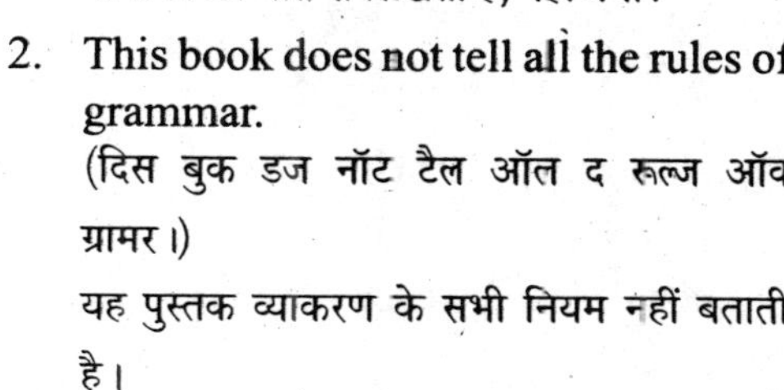

2. This book does not tell all the rules of grammar.
(दिस बुक डज नॉट टैल ऑल द रूल्ज ऑव ग्रामर।)
यह पुस्तक व्याकरण के सभी नियम नहीं बताती है।

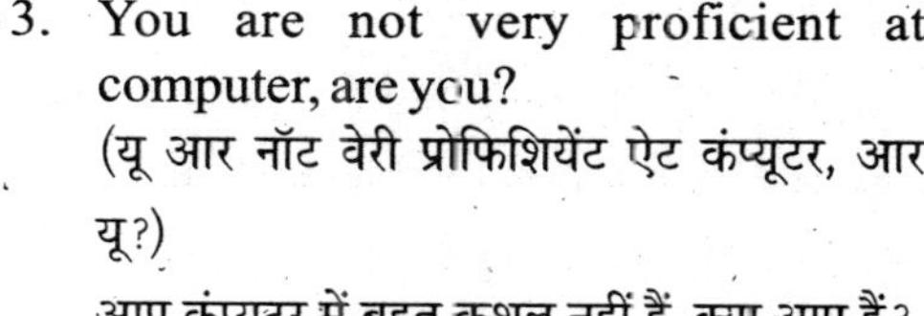

3. You are not very proficient at computer, are you?
(यू आर नॉट वेरी प्रोफिशियेंट ऐट कंप्यूटर, आर यू?)
आप कंप्यूटर में बहुत कुशल नहीं हैं, क्या आप हैं?

4. This house is to let.
(दिस हाउस इज टू लेट।)
यह घर किराए के लिए खाली है।

5. Happy marriage anniversary to you!
(हैप्पी मैरिज ऐनीवर्सरी टू यू!)
आपको शादी की सालगिरह मुबारक हो!

6. How lovely it is!
(हाउ लवली इट इज!)
कितना सुंदर है यह!

7. How disgraceful!
(हाउ डिस्ग्रेसफुल!)
कितने शर्म की बात है!

8. Make haste please!
(मेक हेस्ट प्लीज!)
जल्दी कीजिए!

9. What do you do?
(व्हाट डू यू डू?)
आप क्या करते हैं?

10. I do fine whatever I do.
(आइ डू फाइन व्हाटेवर आइ डू।)
मैं जो भी करता हूँ, अच्छा करता हूँ।

11. How old is Geeta?
(हाउ ओल्ड इज गीता?)
गीता की कितनी उम्र है?

12. She looks quite aged.
(शी लुक्स क्वाइट एजिड।)
वह काफी उम्रदराज लगती है।

13. She looks younger than you do.
(शी लुक्स यंगर दैन यू डू।)
वह आपसे छोटी लगती है।

14. You will need to telephone him today.
(यू विल नीड टू टेलीफोन हिम टुडे।)
आपको आज उसे टेलीफोन करने की आवश्यकता पड़ेगी।

15. Shall I have to work with him?
(शैल आई हैव टू वर्क विद हिम?)
क्या मुझे उसके साथ काम करना पड़ेगा?

16. They went to picnic by bus.
(दे वेन्ट टू पिकनिक बाइ बस।)
वे बस द्वारा पिकनिक गए।

17. They did not take food with them.
(दे डिड नॉट टेक फूड विद देम।)
वे अपने साथ खाना नहीं ले गए।

18. I can hear a dog barking.
(आइ कैन हियर ए डॉग बार्किंग।)
मैं एक कुत्ते को भौंकते हुए सुन सकता हूँ।

19. Will the thief break into my room?
(विल द थीफ ब्रेक इनटू माइ रूम?)
क्या चोर मेरे कमरे में घुस जाएगा?

20. Here comes the train to take us away.
(हियर कम्स द ट्रेन टू टेक अस अवे।)
लो हमें ले जाने के लिए यह ट्रेन आ गई।

21. This road will not take you to Patna.
(दिस रोड विल नॉट टेक यू टू पटना।)
इस सड़क द्वारा आप पटना नहीं जा सकते।

22. I think you are wrong.
(आई थिंक यू आर रांग।)
मेरे विचार में आप गलत हैं।

23. Delhi stands on the Yamuna.
(देलही स्टैंड्स ऑन द यमुना।)
दिल्ली यमुना के किनारे बसी है।

24. Our examinations commence on next Monday.
(अवर एग्जामिनेशंस कमेंस ऑन नेक्स्ट मॅनडे।)
हमारी परीक्षाएं अगले सोमवार से आरंभ हो रही हैं।

25. Does the rain fall from the clouds?
(डज द रेन फॉल फ्रॉम द क्लाउड्स?)
क्या बारिश बादलों से होती है?

PRACTICE DIALOGUES

1. Meena *writes* at good speed, doesn't she?

types	sings
drives	runs
walks	talks

2. *What* do you *do*?

how	write
where	live
when	go
why	abuse
what	know
which one	like

3. Happy *marriage anniversary* to you!

birthday	Diwali
New Year	Christmas
Eid	Baisakhi

4. How *disgraceful*!

shameful	disdainful
hateful	sad
terrible	woeful

5. She looks *younger* than you do.

more beautiful	taller
more aged	more stylish
more glorious	more lovable

6. You will need to *telephone him* today.

cook food	write a letter
arrange money	meet her
go for fishing	sit in examination

7. This *road* will not take you to Patna.

bus	train
ship	aeroplane
helicopter	map

8. *Delhi* stands on the *Yamuna*.

Lucknow	Gomati
Allahabad	Ganga
Srinagar	Jhelum
London	Thames
Gandhinagar	Sabarmati
Kolkata	Ganga

9. I think you are *wrong*.

right	perfect
reasonable	peace-loving
cowardly	a goon

10. Does the *rain fall* from *the clouds*?

train come	town
boy fall	hillock
computer come	America
magazine come	Mumbai
girl eat	the plate
priest wish	the heart

VOCABULARY

speed (स्पीड) गति

haste (हेस्ट) शीघ्रता

hear (हियर) सुनना

away (अवे) दूर

stand (स्टैंड) खड़े होना, बसना

anniversary (ऐनिवर्सरी) वर्षगाँठ, सालगिरह

aged (एजिड) उम्रदराज, बड़ी उम्र का

break into (ब्रेक इनटू) घुस जाना

wrong (रांग) गलत

commence (कमेंस) आरंभ होना

TIPS

Present Indefinite Tense

Present Indefinite Tense का प्रयोग निम्नलिखित स्थितियों में किया जाता है :

(a) किसी आदत को दर्शाने के लिए :

She takes tea in the morning.
You go for a walk in the evening.

(b) किसी सामान्य सत्य को दर्शाने के लिए :

The earth goes round the sun.
It rains from the clouds.

(c) किसी होती हुई घटना के लिए :

Here comes the train.
Here lies the truth.

(d) किसी खेल या घटना का आँखों देखा हाल सुनाने के लिए :

Ravi runs after the ball and stops it from going over the boundary.
Gavaskar hits the ball hard and it races to the boundary.

(e) किसी निश्चित कार्यक्रम के लिए जो भविष्य में होना हो :

The train departs at 7 o'clock in the evening.
We leave for Madras on the coming Monday.

(f) भविष्य में होने वाले शर्तपूर्ण कार्य के लिए Present Indefinite Tense का प्रयोग होता है :

I shall run faster if the dog chases me.
If it stops raining, I shall come.

(g) निम्नलिखित Verb के लिए Present Indefinite Tense का प्रयोग ही उचित होता है, जहाँ वे लगातार होते कार्य को दर्शाते हों तथा उसके लिए Present Continuous

Tense उचित लगता हो : see, smell, hear, notice, recognise, appear, look, seem, want, wish, desire, feel, like, love, hate, hope, refuse, prefer, think, suppose, believe, agree, consider, trust, remember, forget, know, understand, imagine, mean, mind, have, own, possess, belong to, contain, comprise of, be आदि। उदाहरण के लिए :

मैं सुन रहा हूँ कि कोई दरवाजे पर खटखटा रहा है – I hear that someone is knocking at the door.

Positive : Subject + Verb I s/es + Object.

इन वाक्यों में s/es का प्रयोग Singular Number Third Person के साथ किया जाता है।

Negative : Subject + do/does + not + Verb I + Object.

इन वाक्यों में does का प्रयोग Singular Number Third Person के साथ किया जाता है।

Interrogative : Interrogative word + do/does + Subject + Verb I + Object?

Interrogative words होते हैं : what, when, how, where, which आदि।

Past Indefinite Tense

Past Indefinite Tense का प्रयोग निम्नलिखित अवस्थाओं में होता है :

(a) उन घटनाओं को दर्शाने के लिए जो भूतकाल में घटित हो चुकी हैं :

The boys played football yesterday.
The friends talked for a long time.

(b) इसका प्रयोग भूतकाल में निरंतर घटित होने वाली क्रियाओं तथा आदतों के लिए भी होता है :

We went for a walk everyday.
Every time he came to the field, he scored a century.

Positive : Subject + Verb II + Object.
Negative : Subject + did not + Verb I + Object.
Interrogative : Interrogative word + did + Subject + Verb I + Object?

Future Indefinite Tense

Future Indefinite Tense का प्रयोग भविष्य में घटित होने वाली घटनाओं के लिए होता है :

I shall go to Lucknow tomorrow.
The principal will announce our result tomorrow.

Positive : Subject + will/shall + Verb I + Object.

Shall का प्रयोग I तथा we के साथ होता है; शेष सभी Subject के साथ will का प्रयोग होता है। बोलचाल में साधारणतया सभी Subject के साथ will का प्रयोग किया जाता है। लेकिन ध्यान रखें कि Interrogative sentences में I, we के साथ shall का प्रयोग ही करना चाहिए।

Negative : Subject + will/shall + not + Verb I + Object.

Interrogative : Interrogative word + will/shall + Subject + Verb I + Object?

2. किसी कार्य को भूतकाल में आदतन या आवश्यकता के कारण करने के लिए used to का प्रयोग किया जाता है।

NEWSPAPER HEADINGS

1. Delhi gives a thumbs-up to power distribution firms : दिल्लीवासियों ने बिजली वितरक फर्मों को सराहा
2. India will judge Pak claims and act : भारत पाक के दावों को जाँचेगा तथा कार्य करेगा
3. Attacks on girls spark panic in Keshav Puram : लड़कियों पर हमले से केशव पुरम में आतंक फैला
4. Saddam's defence ministry is now cosy bridal suite : सद्दाम का रक्षा मंत्रालय अब नवविवाहितों का आरामदायक कमरा बना
5. Congress CMs skip conclave on states' rating : कांग्रेस के मुख्यमंत्री प्रदेश की स्तरांकन मीटिंग से अनुपस्थित रहे
6. Mehbooba targets father's Government : महबूबा ने पिता की सरकार को निशाना बनाया
7. Brijesh to U, "Pak must prepare ground for talks" : ब्रजेश ने अमेरिका से कहा, "पाकिस्तान को वार्त्ता के लिए आधार बनाना होगा"
8. One killed in clash after cricket match : क्रिकेट मैच के बाद के टकराव में एक मरा
9. NCERT syllabus to include Kerala saint's teachings : एनसीईआरटी पाठ्यक्रम में केरल के संत के उपदेश सम्मिलित किए जाएँगे

10. PM at odds with parivar over peace initiative : शांति पहल के मामले में प्रधानमंत्री संघ परिवार के साथ असहज

INQUIRY

I

Mahesh : I love to play chess, what about you?
(आई लव टू प्ले चेस, व्हाट अबाउट यू?)
मुझे शतरंज खेलना पसंद है, और आपको?

Mona : I used to play last year, but now I don't get time for it.
(आई यूज्ड टू प्ले लास्ट ईयर, बट नाउ आये डों'ट गेट टाइम फॉर इट।)
पिछले वर्ष मैं खेला करती थी, लेकिन अब मुझे समय नहीं मिलता।

Mahesh : Who taught you how to play chess?
(हू टॉट यू हाउ टू प्ले चेस?)
तुम्हें शतरंज खेलना किसने सिखाया?

Mona : My father. Last year he won the district championship.
(माई फादर। लास्ट ईयर ही वन द डिस्ट्रिक्ट चैंपयनशिप।)
मेरे पिता ने। पिछले साल उन्होंने जिला प्रतियोगिता जीती थी।

Mahesh : I see, it should be quite an experience playing with him.
(आई सी, इट शुड बी क्वाइट ऐन एक्सपीरियंस प्लेइंग विद हिम।)
अच्छा, उनके साथ खेलना एक आनंददायक अनुभव होगा।

Mona : Of course, he remains a great player.
(ऑफ कोर्स, ही रीमेंस ए ग्रेट प्लेयर।)
बिलकुल, वह तो एक महान् खिलाड़ी हैं।

Mahesh : Come, we'll go to him for a game. Will he oblige?
(कम, वी'इल गो टू हिम फॉर ए गेम। विल ही ऑब्लाइज?)
आओ, एक बार खेलने के लिए उनके पास चलते हैं। क्या वह ऐसी कृपा करेंगे?

Mona : Sure, let's go.
(श्योर, लेट्'स गो।)
निश्चित ही, आओ चलें।

II

Gopal : The manager sits in this cabin, doesn't he?
(द मैनेजर सिट्स इन दिस केबिन, डजं'ट ही?)
मैनेजर इसी केबिन में बैठते हैं न?

Peon : He used to, but he has changed his cabin last month. Now he sits in the fifth one.
(ही यूज्ड टू, बट ही हैज चेंज्ड हिज केबिन लास्ट मंथ। नाउ ही सिट्स इन द फिफ्थ वन।)
पहले बैठते थे, लेकिन उन्होंने अपना केबिन पिछले महीने बदल लिया है। अब वह पाँचवें वाले में बैठते हैं।

Gopal : I want to see him in connection with the grass-cutting contract.
(आई वांट टू सी हिम इन कनेक्शन विद द ग्रास-कटिंग कॉन्ट्रैक्ट।)
मुझे उनसे घास काटने वाले संविदा के संबंध में मिलना था।

Peon : You will need to see the administrative officer then. He deals with them.
(यू विल नीड टू सी द एडमिनिस्ट्रेटिव ऑफिसर देन। ही डील्स विद देम।)
तब आपको प्रशासनिक अधिकारी से मिलने की आवश्यकता होगी मिलना चाहिए। उन्हें वही देखते हैं।

Gopal : Where does he operate from?
(व्हेयर डज ही ऑपरेट फ्रॉम?)
वे कहाँ बैठते हैं/कार्य करते हैं?

Peon : He is on leave today. You can meet him tomorrow.
(ही इज ऑन लीव टूडे। यू कैन मीट हिम टुमॉरो।)
वह आज छुट्टी पर हैं। आप उनसे कल मिल सकते हैं।

Gopal : It is Sunday tomorrow.
(इट इज संडे टुमॉरो।)
कल तो रविवार है।

Peon : I mean, on the next working day.
(आई मीन, ऑन द नेक्स्ट वर्किंग डे।)
मेरा मतलब है कि अगले कार्य दिवस पर।

III

Gopi : When will the Shalimar Express arrive?
(व्हेन विल द शालीमार एक्सप्रेस अराइव?)
शालीमार एक्सप्रेस कब आएगी?

Enquiry : It will not come today as it has been cancelled.
(इट विल नॉट कम टुडे ऐज इट हैज बीन कैंसल्ड।)
यह आज नहीं आएगी क्योंकि यह रद्द कर दी गई है।

Gopi : Oh no! How shall I go to Delhi then?
(ओह नो! हाउ शैल आय गो टू देलही देन?)
अरे नहीं! तब मैं दिल्ली कैसे जाऊँगा?

Enquiry : That's not a big problem. The Magadh Express is just about to come. You can take it.
(दैट्'स नॉट ए बिग प्रॉब्लम। द मगध एक्सप्रेस इज जस्ट अबाउट टू कम। यू कैन टेक इट।)
वह कोई बड़ी समस्या नहीं है। मगध एक्सप्रेस आने वाली है। आप उससे जा सकते हैं।

Gopi : Which platform is it arriving at?
(व्हिच प्लैटफॉर्म इज इट अराइविंग ऐट?)
यह कौन-से प्लैटफार्म पर आ रही है?)

Enquiry : Seven. You need to hurry up.
(सेवेन। यू नीड टू हरी अप।)
सात पर। आपको जल्दी करनी चाहिए।

Gopi : I'll go right away. I have already bought ticket for it.
(आइ'ल गो राइट अवे। आई हैव अलरेडी बॉट टिकेट फॉर इट।)
मैं अभी चला जाऊँगा। मैंने उसके लिए टिकट पहले ही खरीद लिया है।

MISCELLANY

Three Forms of Verbs क्रिया के तीन रूप

abuse (एब्यूज) गाली देना	abused	abused	abusing
accept (ऐक्सेप्ट) स्वीकार करना	accepted	accepted	accepting
agree (एग्री) सहमत होना	agreed	agreed	agreeing

allow (ऐलाउ) आज्ञा देना	allowed	allowed	allowing
annoy(ऐनॉय) क्रोध दिलाना	annoyed	annoyed	annoying
answer (आंसर) उत्तर देना	answered	answered	answering
apply (ऐप्लाई) प्रार्थना-पत्र देना	applied	applied	applying
arrive (ऐराइव) पहुँचना	arrived	arrived	arriving
ask (आस्क) पूछना	asked	asked	asking
assure (एश्योर) विश्वास दिलाना	assured	assured	assuring
bark (बार्क) भौंकना	barked	barked	barking
beg (बेग) माँगना	begged	begged	begging
bend (बेंड) झुकना, मोड़ना	bent	bent	bending
bereave (बिरीव) वियोग करना	bereaved	bereaved	bereaving
betray (बिट्रे) विश्वासघात करना	betrayed	betrayed	betraying
bleed (ब्लीड) खून बहना	bled	bled	bleeding
breathe (ब्रीद) साँस लेना	breathed	breathed	breathing
breed (ब्रीड) पोषण करना	bred	bred	breeding
bring (ब्रिंग) लाना	brought	brought	bringing
burn (बर्न) जलना	burnt	burnt	burning
buy (बाय) खरीदना	bought	bought	buying
call (कॉल) पुकारना	called	called	calling
carry (कैरी) ले जाना	carried	carried	carrying
catch (कैच) पकड़ना	caught	caught	catching
caw (कॉ) काँव-काँव करना	cawed	cawed	cawing
change (चेंज) बदलना	changed	changed	changing
cheat (चीट) धोखा देना	cheated	cheated	cheating
climb (क्लाइंब) चढ़ना	climbed	climbed	climbing
create (क्रिएट) निर्माण करना	created	created	creating
creep (क्रीप) पेट के बल चलना	crept	crept	creeping
cry (क्राई) चीखना	cried	cried	crying

dance (डांस) नाचना	danced	danced	dancing
dare (डेयर) हिम्मत करना	dared	dared	daring
deal (डील) व्यवहार करना	dealt	dealt	dealing
deliver (डिलिवर) देना	delivered	delivered	delivering
destroy (डिस्ट्रॉय) नष्ट करना	destroyed	destroyed	destroying
develop (डेवेलॅप) विकास करना	developed	developed	developing
die (डाई) मरना	died	died	dying
dine (डाइन) भोजन करना	dined	dined	dining
drag (ड्रैग) घसीटना	dragged	dragged	dragging
dream (ड्रीम) सपना देखना	dreamed	dreamed	dreaming
dry (ड्राइ) सुखाना	dried	dried	drying
employ (एंपलॉय) नौकर रखना	employed	employed	employing
engage (इंगेज) नियुक्त करना	engaged	engaged	engaging
enrich (एनरिच) धनी बनाना	enriched	enriched	enriching
ensure (एनश्योर) सुनिश्चित करना	ensured	ensured	ensuring
fail (फेल) असफल होना	failed	failed	failing
feed (फीड) खिलाना	fed	fed	feeding
feel (फील) अनुभव करना	felt	felt	feeling
fell (फैल) गिराना	felled	felled	felling
fill (फिल) भरना	filled	filled	filling
finish (फिनिश) समाप्त करना	finished	finished	finishing
flow (फ्लो) बहना	flowed	flowed	flowing
found (फाउंड) नींव रखना	founded	founded	founding
free (फ्री) आजाद करना	freed	freed	freeing
fulfil (फुलफिल) पूरा करना	fulfilled	fulfilled	fulfilling
gamble (गैंबल) जुआ खेलना	gambled	gambled	gambling
gather (गैदर) एकत्र करना	gathered	gathered	gathering
glow (ग्लो) चमकना	glowed	glowed	glowing

grieve (ग्रीव) शौक करना	grieved	grieved	grieving
grow (ग्रो) पैदा करना	grew	grown	growing
hang (हैंग) फाँसी देना	hanged	hanged	hanging
has/have (हैज/हैव) रखना	had	had	having
hate (हेट) घृणा करना	hated	hated	hating
help (हेल्प) मदद करना	helped	helped	helping
hew (हिउ) काटना	hewed	hewed	hewing
hire (हायर) किराए पर लेना	hired	hired	hiring
hope (होप) आशा करना	hoped	hoped	hoping
injure (इंजयर) घायल करना	injured	injured	injuring
join (जॉइन) सम्मिलित होना	joined	joined	joining
keep (कीप) रखना	kept	kept	keeping
kick (किक) लात मारना	kicked	kicked	kicking
kill (किल) मारना	killed	killed	killing
knock (नॉक) खटखटाना	knocked	knocked	knocking
laugh (लाफ) हँसना	laughed	laughed	laughing
lay (ले) रखना	laid	laid	laying
learn (लर्न) सीखना	learnt	learnt	learning
leave (लीव) छोड़ना	left	left	leaving
light (लाइट) आग जलाना	lighted	lighted	lighting
live (लिव) रहना	lived	lived	living
load (लोड) लादना	loaded	loaded	loading
lock (लॉक) ताला लगाना	locked	locked	locking
look (लुक) देखना	looked	looked	looking
lose (लूज) खोना	lost	lost	losing
love (लव) प्यार करना	loved	loved	loving
make (मेक) बनाना	made	made	making
manage (मैनेज) प्रबंध करना	managed	managed	managing

mean (मीन) अर्थ होना	meant	meant	meaning
melt (मेल्ट) पिघलना	melted	melted	melting
mend (मेंड) मरम्मत करना	mended	mended	mending
mention (मेंशन) बताना	mentioned	mentioned	mentioning
milk (मिल्क) दूध दोहना	milked	milked	milking
miss (मिस) खोना	missed	missed	missing
mock (मॉक) मजाक उड़ाना	mocked	mocked	mocking
mourn (मोर्न) अफसोस करना	mourned	mourned	mourning
move (मूव) चलना, हिलना	moved	moved	moving
mow (मो) घास काटना	mowed	mowed	mowing
murder (मर्डर) जान से मारना	murdered	murdered	murdering
need (नीड) जरूरत होना	needed	needed	needing
note (नोट) नोट करना	noted	noted	noting
notice (नोटिस) सूचना देना	noticed	noticed	noticing
obey (ओबे) आज्ञा मानना	obeyed	obeyed	obeying
object (ऑब्जेक्ट) एतराज करना	objected	objected	objecting
obstruct (ऑब्स्ट्रक्ट) रुकावट करना	obstructed	obstructed	obstructing
obtain (ऑब्टेन) प्राप्त करना	obtained	obtained	obtaining
occupy (ऑक्यूपाई) अधिकार करना	occupied	occupied	occupying
offend (ऑफेंड) नाराज करना	offended	offended	offending
open (ओपन) खोलना	opened	opened	opening
oppose (अपोज) विरोध करना	opposed	opposed	opposing
owe (ओ) ऋणी होना	owed	owed	owing
own (ओन) मालिक होना	owned	owned	owning
pardon (पार्डन) क्षमा करना	pardoned	pardoned	pardoning
pat (पैट) थपकी देना	patted	patted	patting
pay (पे) चुकाना	paid	paid	paying
peep (पीप) झाँकना	peeped	peeped	peeping

persuade (पर्सुएड) मनाना	persuaded	persuaded	persuading
pick (पिक) उठाना	picked	picked	picking
pitch (पिच) गाड़ना	pitched	pitched	pitching
play (प्ले) खेलना	played	played	playing
plough (प्लो) हल चलाना	ploughed	ploughed	ploughing
pluck (प्लक) तोड़ना	plucked	plucked	plucking
poison (पॉयजन) विष देना	poisoned	poisoned	poisoning
pour (पोर) उड़ेलना	poured	poured	pouring
practise (प्रैक्टिस) अभ्यास करना	practised	practised	practising
pray (प्रे) प्रार्थना करना	prayed	prayed	praying
predict (प्रेडिक्ट) भविष्यवाणी करना	predicted	predicted	predicting
prepare (प्रीपेयर) तैयार करना	prepared	prepared	preparing
pretend (प्रिटेंड) बहाना करना	pretended	pretended	pretending
prevent (प्रिवेंट) रोकना	prevented	prevented	preventing
proceed (प्रोसीड) आगे बढ़ना	proceeded	proceeded	proceeding
progress (प्रोग्रेस) उन्नति करना	progressed	progressed	progressing
prove (प्रूव) सिद्ध करना	proved	proved	proving
provide (प्रोवाइड) देना	provided	provided	providing
quarrel (क्वारल) झगड़ना	quarrelled	quarrelled	quarrelling
quit (क्विट) छोड़ना	quitted	quitted	quitting
raid (रेड) छापा मारना	raided	raided	raiding
reach (रीच) पहुँचना	reached	reached	reaching
reap (रीप) काटना	reaped	reaped	reaping
rebel (रिबेल) विद्रोह करना	rebelled	rebelled	rebelling
rebuke (रिब्यूक) झिड़कना	rebuked	rebuked	rebuking
receive (रिसीव) प्राप्त करना	received	received	receiving
recollect (रिकलेक्ट) याद करना	recollected	recollected	recollecting
recover (रिकवर) ठीक हो जाना	recovered	recovered	recovering

rejoice (रिजवॉयस) खुशी मनाना	rejoiced	rejoiced	rejoicing
relieve (रिलीव) आराम देना	relieved	relieved	relieving
remember (रिमेंबर) याद करना	remembered	remembered	remember-ing
remind (रिमाइंड) याद कराना	reminded	reminded	reminding
remove (रिमूव) हटाना	removed	removed	removing
render (रेंडर) प्रदान करना	rendered	rendered	rendering
repair (रिपेयर) मरम्मत करना	repaired	repaired	repairing
repent (रिपेंट) पछताना	repented	repented	repenting
require (रिक्वायर) जरूरत होना	required	required	requiring
rest (रेस्ट) आराम करना	rested	rested	resting
retire (रिटायर) सेवानिवृत्त होना	retired	retired	retiring
return (रिटर्न) लौटना, लौटाना	returned	returned	returning
revenge (रिवेंज) बदला लेना	revenged	revenged	revenging
revise (रिवाइज) दुहराना	revised	revised	revising
rot (रौट) गलना	rotted	rotted	rotting
ruin (रुइन) नाश करना	ruined	ruined	ruining
save (सेव) बचाना	saved	saved	saving
say (से) कहना	said	said	saying
seek (सीक) खोजना	sought	sought	seeking
sell (सैल) बेचना	sold	sold	selling
sew (सिउ) सीना	sewed	sewed	sewing
sharpen (शार्पन) तेज करना	sharpened	sharpened	sharpening
shave (शेव) हजामत करना	shaved	shaved	shaving
sign (साइन) हस्ताक्षर करना	signed	signed	signing
sleep (स्लीप) सोना	slept	slept	sleeping
smell (स्मेल) सूंघना	smelled, smelt	smelled, smelt	smelling
smoke (स्मोक) धूम्रपान करना	smoked	smoked	smoking

sow (सो) बोना	sowed	sowed	sowing
spend (स्पेंड) खर्च करना	spent	spent	spending
stab (स्टैब) छुरा मारना	stabbed	stabbed	stabbing
stay (स्टे) ठहरना	stayed	stayed	staying
store (स्टोर) इकट्ठा करना	stored	stored	storing
survey (सर्वे) जाँच करना	surveyed	surveyed	surveying
sweep (स्वीप) झाड़ू देना	swept	swept	sweeping
swell (स्वेल) सूजना	swelled	swelled	swelling
teach (टीच) पढ़ाना	taught	taught	teaching
tell (टैल) कहना	told	told	telling
thank (थैंक) धन्यवाद करना	thanked	thanked	thanking
think (थिंक) सोचना	thought	thought	thinking
touch (टच) छूना	touched	touched	touching
trace (ट्रेस) पता लगाना	traced	traced	tracing
train (ट्रेन) सिखाना	trained	trained	training
travel (ट्रैवल) यात्रा करना	travelled	travelled	travelling
treat (ट्रीट) व्यवहार करना	treated	treated	treating
trust (ट्रस्ट) विश्वास करना	trusted	trusted	trusting
turn (टर्न) मोड़ना	turned	turned	turning
unite (यूनाइट) मिलाना	united	united	uniting
urge (अर्ज) जोर देना	urged	urged	urging
use (यूज) प्रयोग करना	used	used	using
value (वैल्यू) कदर करना	valued	valued	valuing
vanish (वैनिश) अदृश्य हो जाना	vanished	vanished	vanishing
vary (वैरी) भिन्न होना	varied	varied	varying
venture (वेन्चर) साहस करना	ventured	ventured	venturing
view (व्यू) देखना	viewed	viewed	viewing
vote (वोट) मत देना	voted	voted	voting

wait (वेट) प्रतीक्षा करना	waited	waited	waiting
wake (वेक) जागना	waked	waked	waking
walk (वॉक) चलना	walked	walked	walking
wander (वॉन्डर) घूमना-फिरना	wandered	wandered	wandering
want (वांट) जरूरत होना	wanted	wanted	wanting
warn (वॉर्न) चेतावनी देना	warned	warned	warning
wrap (रैप) लपेटना	wrapped	wrapped	wrapping
wash (वॉश) धोना	washed	washed	washing
waste (वेस्ट) बरबाद करना	wasted	wasted	wasting
weave (वीव) बुनना	wove	woven	weaving
wed (वेड) शादी करना	wedded	wedded	wedding
weep (वीप) रोना	wept	wept	weeping
wet (वैट) गीला करना	wetted	wetted	wetting
whitewash (व्हाइटवॉश) सफेदी करना	whitewashed	white-washed	white-washing
wire (वायर) तार देना	wired	wired	wiring
witness (विटनेस) गवाही देना	witnessed	witnessed	witnessing
wonder (वंडर) हैरान होना	wondered	wondered	wondering
work (वर्क) काम करना	worked	worked	working
wound (वुंड) जख्मी करना	wounded	wounded	wounding
wrestle (रेसल) कुश्ती लड़ना	wrestled	wrestled	wrestling
yoke (योक) जोतना	yoked	yoked	yoking

□

SAMPLE DIALOGUES

1. Has the teacher finished calling rolls?
   (हैज द टीचर फिनिश्ड कॉलिंग रोल्स?)
   क्या अध्यापक ने हाजिरी लगा ली है?

2. She has made up for her deficiency in Science.
   (शी हैज मेड अप फॉर हर डेफिशियंसी इन साइंस।)
   उसने अपनी विज्ञान की कमी को पूरा कर लिया है।

3. Your name has not appeared in the final result.
   (योर नेम हैज नॉट एपीयर्ड इन द फाइनल रिजल्ट।)
   आपका नाम अंतिम परिणाम में नहीं है।

4. The teachers had gone on strike for salary revision.
   (द टीचर्स हैड गॉन ऑन स्ट्राइक फॉर सैलरी रिवीजन।)
   वेतन वृद्धि को लेकर अध्यापक हड़ताल पर चले गए थे।

5. The principal will not have exempted him from attending sports.
   (द प्रिंसिपल विल नॉट हैव इग्जेंप्टेड हिम फ्रॉम अटेंडिंग स्पोर्ट्स।)
   प्रधानाचार्य ने उसे खेल में उपस्थित होने की छूट नहीं दी होगी।

6. You do not deserve any fee concession.
   (यू डू नॉट डिजर्व ऐनी फी कंसेशन।)
   आप किसी शुल्क माफी के लायक नहीं हैं।

7. Tell me how to secure better marks in examinations.
(टैल मी हाउ टू सिक्योर बेटर मार्क्स इन एंजामिनेशंस ।)

मुझे बताइए कि परीक्षा में किस प्रकार और अच्छे अंक प्राप्त किए जा सकते हैं।

8. Listen to what the teacher says.
(लिसिन टू व्हाट द टीचर सेज ।)

सुनो कि अध्यापक क्या कह रहा है।

9. The school will remain close tomorrow on account of Holi.
(द स्कूल विल रिमेन क्लोज टुमॉरो ऑन एकाउंट ऑफ होली ।)

होली के उपलक्ष्य में कल विद्यालय बंद रहेगा।

10. Why has the fee been hiked this year?
(व्हाय हैज द फी बीन हाइक्ड दिस ईयर?)

इस वर्ष शिक्षा शुल्क में वृद्धि क्यों की गई है?

11. You can see the prices shooting up with every passing day.
(यूं कैन सी द प्राइसेज शूटिंग अप विद एवरी पासिंग डे ।)

आप कीमतों में रोज़ वृद्धि होते हुए देख सकते हैं।

12. The teacher expelled Raghav from the class today.
(द टीचर एक्सपेल्ड राघव फ्रॉम द क्लास टुडे ।)

अध्यापक ने आज राघव को कक्षा से निकाल दिया।

13. The schools have turned into business houses, haven't they?
(द स्कूल्स हैव टर्न्ड इनटू बिजनेस हाउसेज, हैवं'ट दे?)

विद्यालय व्यापारिक प्रतिष्ठानों में बदल चुके हैं, नहीं क्या?

14. They have to take the examination tomorrow.
(दे हैव टू टेक द एग्जामिनेशन टुमॉरो ।)

उन्हें कल परीक्षा देनी है।

15. Had he made any progress in studies?
(हैड ही मेड ऐनी प्रोग्रेस इन स्टडीज?)

क्या उसने पढ़ाई में कुछ प्रगति की है?

16. We have known the teacher for the past two years.
(वी हैव नोन द टीचर फॉर द पास्ट टू ईयर्स ।)

हम अध्यापक को पिछले दो वर्षों से जानते हैं।

17. There have been only ten classes during the present session.
(देअर हैव बीन ओंनली टेन क्लासेज ड्यूरिंग द प्रजेंट सेशन ।)
वर्तमान सत्र में मात्र दस कक्षाएँ हुई हैं।

18. He has been a shopkeeper, an accountant and now he is a teacher.
(ही हैज बीन ए शॉपकीपर, ऐन एकाउटेंट, एंड नाउ ही इज ए टीचर ।)
पहले वह एक दुकानदार था, फिर एक लेखाकार, और अब वह अध्यापक है।

19. He also holds the office of the vice principal.
(ही आलसो होल्ड्स द ऑफिस ऑफ द वाइस प्रिंसिपल ।)
वह उप-प्रधानाध्यापक भी है।

20. I've never studied sociology.
(आइ'व नैवर स्टडिड सोशियोलॉजी ।)
मैंने कभी समाजशास्त्र का अध्ययन नहीं किया है।

21. The students made so much of noise that no classes could be held.
(द स्टूडेंट्स मेड सो मच ऑफ नॉएज दैट नो क्लासेज कुड बी हैल्ड ।)
विद्यार्थियों ने इतना शोर मचाया कि कोई कक्षा नहीं लग सकी।

22. I've attended my class a little ago.
(आइ'व अटेंडेड माई क्लास ए लिटिल एगो ।)
मैंने अपनी कक्षा कुछ देर पहले की है।

23. Someone has used foul means in the monthly test.
(समवन हैज यूज्ड फाउल मींस इन द मंथली टेस्ट ।)
मासिक परीक्षा में किसी ने अनुचित साधनों का प्रयोग किया है।

24. We have had a very enjoyable picnic.
(वी हैव हैड ए वेरी एंजॉयेबल पिकनिक ।)
हमारी पिकनिक बहुत मजेदार रही।

25. I have come to seek your counsel, sir.
(आई हैव कम टू सीक योर काउंसेल, सर ।)
मैं आपकी सलाह लेने आया हूँ, श्रीमान।

PRACTICE DIALOGUES

1. Has the teacher finished *calling rolls*?

teaching the topic	talking on the subject
reporting to the principal	punishing the students
forwarding the cash registers	selecting the players

2. You do not deserve *any fee concession*.

to attend the classes	to play the game
to get grace marks	entry in the house
this punishment	to sit beside me

3. Tell me how to *secure better marks* in examinations.

avoid personal searches	make answers presentable
make best use of time	write more in less time
win favour of the examiner	use foul means

4. Listen to what the teacher *says*.

tells	teaches
guides	instructs
means	has to say

5. The school will remain close tomorrow on account of *Holi*.

teachers' strike	Diwali
board examinations	Christmas
summer vacations	elections

6. They have to *take the examination* tomorrow.

appear in the examination	take the bus
arrange money for picnic	go to Mumbai
cook food for themselves	play a cricket match

7. I've never *studied sociology*.

learnt how to speak Chinese	done embroidery
watched Amitabh's movies	written a book
attended didactic sessions	spoken to him

8. I've *attended my class* a little ago.

attended to the customer	finished the work
handed over the book to him	paid him money
offered prayers in the temple	spoken French

9. *Someone* has used foul means in the monthly test.

nobody	somebody
everybody	everyone
none	Rakesh

10. I've come to *seek your counsel*, sir.

seek your guidance	seek your help
enquire about picnic	advise you in the matter
request your presence	see your house

VOCABULARY

rolls (रोल्स) हाजिरी
make up (मेक अप) पूरा करना
result (रिजल्ट) परिणाम
salary (सैलरी) वेतन
exempt (एग्जैम्प्ट) छूट देना
deserve (डिजर्व) लायक या योग्य होना
secure (सिक्योर) प्राप्त करना, सुरक्षित करना
on account of (ऑन एकाउंट ऑव) के कारण
shoot up (शूट अप) ऊपर होना या बढ़ना
with every passing day (विद एवरी पासिंग डे) हर बीतते दिन के साथ
business houses (बिजनेस हाउसेज) व्यापारिक प्रतिष्ठान
know (नो) जानना
session (सेशन) सत्र
make a noise (मेक ए नॉएज) शोर मचाना
someone (समवन) कोई, किसी ने
counsel (काउंसेल) सलाह, सम्मति
deficiency (डेफिशियंसी) कमी
appear (अपीयर) उपस्थित होना
strike (स्ट्राइक) हड़ताल
revision (रिवीजन) संशोधन, पुनर्निरीक्षण
sports (स्पोर्ट्स) खेल
concession (कंसेशन) छूट, माफी
listen (लिसेन) सुनना
tomorrow (टुमॉरो) कल
price (प्राइस) कीमत
expel (एक्सपेल) बाहर निकालना
turn into (टर्न इनटू) में बदलना, में परिवर्तित होना
progress (प्रोग्रेस) प्रगति
present (प्रेजेंट) वर्तमान
hold (होल्ड) पकड़ना, रखना, होना
a little ago (ए लिटिल एगो) कुछ देर पहले
enjoyable (एंजॉयेबल) मजेदार, आनंददायक

TIPS

Present Perfect Tense

Present Perfect Tense का प्रयोग निम्न अवस्थाओं में होता है :

(a) किसी ऐसे कार्य के लिए जो भूतकाल में आरम्भ हुआ तथा जिसका प्रभाव अभी भी चल रहा है :

I have never seen the Howrah Bridge.
He has played football for twenty years.

(b) किसी ऐसे कार्य के लिए जो अभी हाल ही में घटित हुआ है :

Rohan has just gone to the stadium.
Shah has just arrived.

(c) किसी ऐसे कार्य के लिए जो भूतकाल में किसी अनिश्चित समय में घटित हुआ है :

The Mayfair has shown that movie.
The Prime Minister has reiterated that thing many times.

ध्यान दें कि इस प्रकार के वाक्यों के साथ ऐसे Adverb का प्रयोग नहीं करना चाहिए जो भूतकाल में समय दर्शाते हों, जैसे : yesterday, last week आदि।

गलत : He has sung a song yesterday.

सही : He sang a song yesterday.

Positive : Subject + has/have + Verb III + Object.

इस प्रकार के वाक्यों में has का प्रयोग Singular Number Third Person के साथ होता है तथा have का प्रयोग सभी Plural Subject तथा I, you के साथ होता है।

Negative : Subject + has/have + not + Verb III + Object.
Interrogative : Interrogative word + has/have + Subject + Verb III + Object?

Past Perfect Tense

Past Perfect Tense का प्रयोग भूतकाल में आरंभ तथा समाप्त होने वाली घटनाओं के लिए किया जाता है :

She had gone to Bhopal.
Our soldiers had fought bitterly for every inch of territory.

जब भूतकाल में घटित होने वाली दो घटनाओं का आपस में संबंध हो तो पहले होने वाली घटना के लिए Past Perfect Tense का तथा बाद में घटित होने वाली घटना के लिए Past Indefinite Tense का प्रयोग करना चाहिए :

Shefali had danced before I entered the auditorium.
When I entered the hall, Shefali had already danced.

Positive : Subject + had + Verb III + Object.
Negative : Subject + had + not + Verb III + Object.
Interrogative : Interrogative word + had + Subject + Verb III + Object?

Future Perfect Tense

Future Perfect Tense का प्रयोग भविष्य में किसी निश्चित समय तक घट जाने वाली घटना के लिए होता है :

It will have rained when we reach there.
He will have left before your luggage arrives.

Positive : Subject + will/shall + have + Verb III + Object.

Negative : Subject + will/shall + not + have + Verb III + Object.

Interrogative : Interrogative word + will/shall + Subject + have + Verb III + Object?

NEWSPAPER HEADINGS

1. Roadmap for talks ready, says Sinha : सिन्हा के अनुसार, वार्त्ता के लिए पथ-प्रदर्शक तैयार
2. Man in jail over dowry demand : एक व्यक्ति दहेज माँग को लेकर कारागार में
3. Arundhati Roy 20th in greats list : व्यक्तियों की सूची में अरुंधती रॉय का बीसवाँ स्थान
4. Mothers advised to breastfeed for six months : माताओं को छह मास तक स्तनपान की सलाह
5. On court, I kind of drive myself crazy, says Roddick : मैदान में मैं स्वयं को एक तरह से पागल बना लेता हूँ—रोडिक का कहना
6. Loopholes aplenty in new tobacco legislation : नए तंबाकू कानून में अनेक कमियाँ
7. Iran, US may restore ties : ईरान व अमेरिका दोबारा संबंध स्थापित कर सकते हैं
8. Shambhu quits Samata, joins Congress : शंभू समता पार्टी को त्याग कर कांग्रेस में सम्मिलित हुए
9. Assam minister's son shot in revenge killing : प्रतिशोधात्मक हमले में असम के एक मंत्रि के पुत्र को गोली लगी
10. Orissa MLAs served notices for not paying power bills : ओडिशा के विधानसभा सदस्यों को बिजली बिल का भुगतान न करने के कारण नोटिस

EDUCATION

I

Mani : You study in this college, don't you?
(यू स्टडी इन दिस कॉलेज, डोंट यू?)
आप इसी कॉलेज में पढ़ते हैं न?

Sani : Yes, I do. What about you?
(यस, आई डू। व्हाट एबाउट यू?)
हाँ। और आप?

Mani : I too. We can go to college together, can we?
(आई टू। वी कैन गो टू कॉलेज टूगैदर, कैन वी?)
मैं भी। क्या हम एक साथ कॉलेज जा सकते हैं?

Sani : Of course. Which class do you study in?
(ऑफ कोर्स। व्हिच क्लास डू यू स्टडी इन?)
बिलकुल, आप कौन सी कक्षा में पढ़ते हैं?

Mani : I'm a student of Intermediate. I can guess you too study in the same class.
(आई'म ए स्टूडेंट ऑफ इंटरमीडिएट। आई कैन गेस यू टू स्टडी इन द सेम क्लास।)
मैं इंटर का छात्र हूँ। शायद आप भी इसी कक्षा के विद्यार्थी हैं।

Sani : Your guess is correct indeed. We can be friends now.
(योर गेस इज करेक्ट इंडीड। वी कैन बी फ्रेंड्स नाउ।)
आपका अंदाजा वास्तव में ठीक है। हम मित्र बन सकते हैं।

Mani : Hope that our friendship will last forever.
(होप दैट अवर फ्रेंडशिप विल लास्ट फॉरेवर।)
आशा करता हूँ कि हमारी दोस्ती सदा बनी रहेगी।

Sani : May God help us.
(मे गॉड हेल्प अस।)
ईश्वर हमारी सहायता करे।

II

Rahim : Friends, here's a good news. He's Uttam. He's joined our class.
(फ्रेंड्स, हियर्स ए गुड न्यूज। ही'इज उत्तम। ही'इज ज्वॉयंड अवर क्लास।)
मित्रों, एक अच्छा समाचार है। यह उत्तम है। इसने हमारी कक्षा में प्रवेश लिया है।

Sumit : That's a pleasure. Let's introduce ourselves to him. Hi! I'm Sumit.
(दैट्'स ए प्लेजर। लेट्स इंट्रोड्यूस अवरसैल्व्ज टू हिम। हाय! आई'म सुमित।)
यह तो खुशी की बात है। हमें उसे अपना परिचय देना चाहिए। हाय! मैं सुमित हूँ।

Bhola	:	And the master of this great body is Bhola. (एंड द मास्टर ऑफ दिस ग्रेट बॉडी इज भोता।) इस महान शरीर के स्वामी का नाम भोला है।
Ramesh	:	I remain one and only Ramesh. (आई रिमेन वन ऐंड ओनली रमेश।) मैं अपनी तरह का अकेला हूँ—रमेश।
Sandeep	:	I'm known by the name of Sandeep. (आई'म नोन बॉइ द नेम ऑफ संदीप।) मुझे संदीप के नाम से जाना जाता है।
Murti	:	I'm Murti, and I've no objection to being called Statue. (आई'ऐंम मूर्ति, एंड आइ'व नो ऑब्जेक्शन टू बीइंग कॉल्ड स्टैच्यू।) मैं मूर्ति हूँ, और मुझे स्टैच्यू कहलाने पर कोई आपत्ति नहीं।
Uttam	:	Having good friends is like sitting in heaven. (हैविंग गुड फ्रेंड्स इज लाइक सिटिंग इन हैवन।) किसी के लिए अच्छे मित्र रखना स्वर्ग में होने के समान है।

III

Ajay	:	How have you prepared for the examinations? (हाउ हैव यू प्रिपेयर्ड फॉर द एग्जामिनेशंस?) तुमने परीक्षा की तैयारी कैसी की है?
Anita	:	It's so-so. And you? (इट्'स सो-सो। एंड यू?) ठीक-ठीक सी है। और तुम्हारी?
Ajay	:	You know, I'm the least interested in science subjects, so I find them very difficult. (यू नो, आई'म लीस्ट इंटरेस्टेड इन साइंस सब्जेक्ट्स, सो आई फाइंड देम वेरी डिफिकल्ट।) तुम्हें तो पता है कि मेरी विज्ञान के विषयों में रुचि नहीं है, इसलिए मुझे वे बहुत मुश्किल लगते हैं।
Anita	:	Oh! Can you hope to pass? (ओह! कैन यू होप टू पास?)

ओह! क्या तुम पास होने की आशा कर सकते हो?

Ajay : I'm taking tuitions besides seeking guidance from my engineer brother.

(आइ'म टेकिंग ट्यूशंस बिसाइड्स सीकिंग गाइडेंस फ्रॉम माई इंजीनियर ब्रदर।)

मैं ट्यूशन ले रहा हूँ, साथ-ही-साथ अपने इंजीनियर भाई से मार्गदर्शन भी ले रहा हूँ।

Anita : You're lucky. My father can't afford to go for tuitions, nor do I have anyone who can guide me in this.

(यू'आर लकी। माई फादर कां'ट अफोर्ड टू गो फॉर ट्यूशंज, नॉर डू आई हैव एनीवन हू कैन गाइड मी इन दिस।)

तुम भाग्यशाली हो। मेरे पिता मुझे ट्यूशन भेजने में असमर्थ हैं (आर्थिक रूप से), न ही और कोई ऐसा है जो मेरा मार्गदर्शन कर सके।

Ajay : If that be the case, you can always come to my house in the evening. My brother should be happy to guide you.

(इफ दैट बी द केस, यू कैन ऑलवेज कम टू माई हाउस इन द ईवनिंग। माई ब्रदर शुड बी हैप्पी टू गाइड यू।)

यदि ऐसा है तो आप शाम को मेरे घर आ सकती हैं। मेरे भाई को आपका मार्गदर्शन करने में प्रसन्नता होगी।

Anita : I'm quite okay in science subjects. My real worry is English.

(आइ'म क्वाइट ओके इन साइंस सब्जेक्ट्स। माई रियल वरी इज इंगलिश।)

मैं विज्ञान के विषयों में ठीक हूँ। मेरी वास्तविक चिंता तो अंग्रेजी है।

Ajay : Even then you can come to my house. You know, my father is a post-graduate in English.

(ईवेन देन यू कैन कम टू माई हाउस। यू नो, माई फादर इज ए पोस्ट-ग्रैजुएट इन इंगलिश।)

तब भी आप मेरे घर आ सकती हैं। तुम्हें पता है, मेरे पिता अंग्रेजी में स्नातकोत्तर हैं।

Anita	:	Surely, I'd like to avail this opportunity. Thank you. (श्योरली, आई'कुड लाइक टू अवेल दिस अपॉर्चुनिटी। थैंक यू।) निश्चित ही मैं इस अवसर का लाभ उठाना चाहूँगी। धन्यवाद।

MISCELLANY

कुछ Verb के Past तथा Past Participle रूप उनके भीतर के स्वर (Vowel) बदलकर बनाए जाते हैं :

abide (एबाइड) पालन करना	abode	abode	abiding
arise (एराइज) उठना	arose	arose	arising
awake (अवेक) जागना	awoke	awoke/ awaken	awaking
bear (बीयर) जन्म देना/सहन करना	bore	born/borne	bearing
beat (बीट) मारना, धड़कना	beat	beaten	beating
become (बिकम) होना	became	become	becoming
begin (बिगिन) आरंभ करना	began	begun	beginning
bet (बेट) शर्त लगाना	bet	bet	betting
bid (बिड) आज्ञा देना	bade	bidden	bidding
bind (बाइंड) बाँधना	bound	bound	binding
bite (बाइट) दाँतों से काटना	bit	bitten/bit	biting
blow (ब्लो) वायु का चलना	blew	blown	blowing
break (ब्रेक) तोड़ना	broke	broken	breaking
build (बिल्ड) बनाना	built	built	building
burn (बर्न) जलना, जलाना	burnt	burnt	burning
burst (बर्स्ट) फट जाना	burst	burst	bursting
choose (चूज) चूनना	chose	chosen	choosing
come (कम) आना	came	come	coming
dig (डिग) खोदना	dug	dug	digging
drink (ड्रिंक) पीना	drank	drunk	drinking
drive (ड्राइव) गाड़ी चलाना	drove	driven	driving
dwell (ड्वेल) रहना	dwelt	dwelt	dwelling

eat (ईट) खाना	ate	eaten	eating
fall (फॉल) गिरना	fell	fallen	falling
fight (फाइट) लड़ना	fought	fought	fighting
find (फाइंड) पाना	found	found	finding
fly (फ्लाई) उड़ना	flew	flown	flying
forget (फॉरगेट) भूलना	forgot	forgotten	forgetting
forgive (फॉरगिव) क्षमा करना	forgive	forgiven	forgiving
forsake (फॉरसेक) छोड़ना	forsook	forsaken	forsaking
freeze (फ्रीज) जमना	froze	frozen	freezing
get (गैट) प्राप्त करना	got	got/gotten	getting
give (गिव) देना	gave	given	giving
go (गो) जाना	went	gone	going
grind (ग्राइंड) पीसना	ground	ground	grinding
grow (ग्रो) उगना	grew	grown	growing
hang (हैंग) लटकना	hung	hung	hanging
hear (हियर) सुनना	heard	heard	hearing
hide (हाइड) छुपाना	hid	hidden	hiding
hit (हिट) मारना	hit	hit	hitting
hunt (हंट) शिकार करना	hunt	hunt	hunting
knit (निट) बुनना	knit	knit	knitting
know (नो) जानना	knew	known	knowing
leap (लीप) कूदना	leapt	leapt	leaping
let (लेट) किराए पर देना	let	let	letting
lie (लाइ) लेटना	lay	lain	lying
lose (लूज) खोना	lost	lost	losing
ride (राइड) चढ़ना	rode	ridden	riding
ring (रिंग) घंटी बजाना/बजना	rang	rang	ringing
rise (राइज) निकलना, उठना	rose	risen	rising
run (रन) दौड़ना	ran	ran	running
seek (सीक) खोजना	sought	sought	seeking

set (सेट) सूर्य का छिपना	set	set	setting
shake (शेक) हिलाना	shook	shaken	shaking
shine (शाइन) चमकना	shone	shone	shining
shoot (शूट) गोली मारना	shot	shot	shooting
shut (शट) बंद करना	shut	shut	shutting
sing (सिंग) गाना	sang	sung	singing
sink (सिंक) डूबना	sank	sunk	sinking
sit (सिट) बैठना	sat	sat	sitting
speak (स्पीक) बोलना	spoke	spoken	speaking
speed (स्पीड) तेजी से चलना	sped	sped	speeding
spill (स्पिल) गिराना	spilt	spilt	spilling
spin (स्पिन) कातना	spun	spun	spinning
stand (स्टैंड) खड़ा होना	stood	stood	standing
steal (स्टील) चुराना	stole	stolen	stealing
sting (स्टिंग) डंक मारना	stung	stung	stinging
strike (स्ट्राइक) चोट करना	struck	struck	striking
swim (स्विम) तैरना	swam	swum	swimming
swing (स्विंग) झुलाना	swung	swung	swinging
take (टेक) लेना	took	taken	taking
tear (टीअर) फाड़ना	tore	torn	tearing
throw (थ्रो) फेंकना	threw	thrown	throwing
understand (अंडरस्टैंड) समझना	understood	understood	understand-ing
wear (वियर) पहनना	wore	worn	wearing
weave (वीव) बुनना	wove	woven	weaving
wind (वाइंड) चाबी देना	wound	wound	winding
write (राइट) लिखना	wrote	written	writing

□

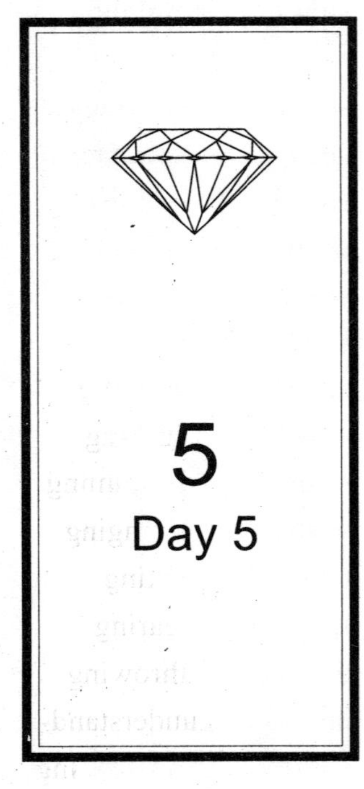

Sample Dialogues

1. The tourists are coming to the hill station.
(द टूरिस्ट्स आर कमिंग टू द हिल स्टेशन।)
पर्यटक पर्वतीय क्षेत्र में आ रहे हैं।
2. The bus is bringing them here.
(द बस इज ब्रिंगिंग देम हियर।)
बस उन्हें यहाँ ला रही है। या, वे बस द्वारा यहाँ आ रहे हैं।
3. They are not drinking tea at this time.
(दे आर नॉट ड्रिंकिंग टी ऐट दिस टाइम।)
इस समय वे चाय नहीं पी रहे हैं।
4. Minu is not standing by the gate.
(मीनू इज नॉट स्टैंडिंग बाय द गेट।)
मीनू फाटक के पास नहीं खड़ी है।
5. Is the dog sniffing at the bottle?
(इज द डॉग स्नीफिंग ऐट द बॉटल?)
क्या कुत्ता बोतल को सूँघ रहा है?
6. Are you suffering from hallucination?
(आर यू सफरिंग फ्रॉम हैल्यूसिनेशन?)
क्या तुम्हें मतिभ्रम है/बुरे सपने आते हैं?
7. The house is facing west.
(द हाउस इज फेसिंग वैस्ट।)
घर का मुख पश्चिम की ओर है।
8. When are you coming to see us?
(व्हेन आर यू कमिंग टू सी अस?)
आप हमसे मिलने कब आ रहे हैं?
9. The witness was telling the truth.
(द विटनेस वाज टेलिंग द ट्रुथ।)
गवाह सच बता रहा था।

10. The judge was not listening to the witness.
(द जज वाज नॉट लिसनिंग टू द विटनेस।)
न्यायाधीश गवाह की बात नहीं सुन रहा था।

11. Was the plaintiff presenting his case to the competent authority?
(वाज द प्लेंटिफ प्रेजेंटिंग हिज केस टू द कंपीटेंट अथॉरिटी?)
क्या प्रार्थी उचित अधिकारी को अपना केस प्रस्तुत कर रहा था?

12. It will be raining when you reach there.
(इट विल बी रेनिंग व्हेन यू रीच देअर।)
जब तुम पहुँचोगे तो वहाँ वर्षा हो रही होगी।

13. The flowers will not be attracting bees.
(द फ्लॉवर्स विल नॉट बी अट्रैक्टिंग बीज।)
फूल मधुमक्खियों को आकर्षित नहीं कर रहे होंगे।

14. When will your brother be coming here?
(व्हेन विल योर ब्रॅदर बी कमिंग हिअर?)
तुम्हारा भाई यहाँ कब आ रहा होगा?

15. Where will you be meeting your teacher?
(व्हेयर विल यू बी मीटिंग योर टीचर?)
आप अपने अध्यापक से कहाँ मिल रहे होंगे?

16. Shall I not be having breakfast in the lawn?
(शैल आई नॉट बी हैविंग ब्रेकफास्ट इन द लॉन?)
क्या मैं आँगन में नाश्ता नहीं ले रहा होऊँगा?

17. The dog was jumping over the wall.
(द डॉग वाज जंपिंग ओवर द वॉल।)
कुत्ता दीवार के ऊपर से कूद रहा था।

18. Roshan was painting with a brush.
(रोशन वाज पेंटिंग विद ए ब्रश।)
रोशन ब्रुश से चित्र बना रहा था।

19. Will Bill not be visiting Pune?
(विल बिल नॉट बी विजिटिंग पुणे?)
क्या बिल पुणे नहीं जा रहा होगा?

20. The students are going to appear in the examination.
(द स्टूडेंट्स आर गोइंग टू एपयर इन द एग्जामिनेशन।)
विद्यार्थी परीक्षा देने जा रहे हैं।

21. The train is arriving in an hour.
(द ट्रेन इज अराइविंग इन ऐन आवर।)
रेल एक घंटे में आ रही है।

22. You are foolish; you are always talking silly.
(यू आर फुलिश; यू आर ऑलवेज़ टॉकिंग सिली।)
तुम मूर्ख हो; तुम हमेशा बेतुकी बातें करते हो।

23. We are checking to see the efficacy of the machine.
(वी आर चेकिंग टू सी द एफिकेसी ऑव द मशीन।)
हम इस मशीन की कार्यक्षमता देखने के लिए जाँच कर रहे हैं।

24. Are you actively thinking of writing a letter to him?
(आर यू ऐक्टिवली थिंकिंग ऑव राइटिंग ए लेटर टू हिम?)
क्या तुम उसे वास्तव में पत्र लिखने का विचार कर रहे हो?

25. They are not having their breakfast today.
(दे आर नॉट हैविंग देअर ब्रेकफास्ट टुडे।)
वे आज अपना नाश्ता नहीं कर रहे हैं।

PRACTICE DIALOGUES

1. The <u>*tourists*</u> are coming to the hill station.

foreigners	friends
students	businessmen
engineers	representatives

2. The <u>*bus*</u> is bringing them here.

train	aeroplane
ship	car
helicopter	jeep

3. Minu is not standing by the <u>*gate*</u>.

house	shop
car	computer
friend	road

4. Are you suffering from <u>*hallucination*</u>?

fever	constipation
cholera	SARS
AIDS	headache

5. The witness *was* telling the truth.

will be	is
will always be	is not
will not be	was not

6. When will your *brother* be coming here?

friend	sister
father	relative
guest	customer

7. The dog was jumping over the *wall*.

boy	lamb
hurdle	fire-pot
bicycle	table

8. The students are going to *appear in the examination*.

shout slogans in the market	act in the play
cooperate with the police	oppose the proposal
welcome the chief guest	write to the magistrate

9. You are *foolish*; you are always talking silly.

buffoon	nitvit
stupid	tricky
simpleton	half-witted

10. They are not having *their breakfast* today.

lunch	dinner
quota of drinks	a good day
their books	a bad day

VOCABULARY

tourist (टूरिस्ट) पर्यटक
bring (ब्रिंग) लाना
sniff (स्निफ) सूँघना
face (फेस) मुख, की ओर मुख करना/होना
see (सी) देखना, मिलना
truth (ट्रुथ) सच
plaintiff (प्लेंटिफ) प्रार्थी, वादी, मुद्दई
authority (अथॉरिटी) अधिकार, अधिकारी, प्राधिकरण
appear (एपियर) उपस्थित होना
hill station (हिल स्टेशन) पर्वतीय क्षेत्र/शहर
by (बाइ) के पास, द्वारा
hallucination (हैल्यूसिनेशन) मतिभ्रम, मायाजाल
witness (विटनेस) गवाह, प्रत्यक्षदर्शी
judge (जज) न्यायाधीश
present (प्रेजेंट) प्रस्तुत करना
competent (कॅम्पीटेंट) सक्षम, उचित
attract (अट्रैक्ट) आकर्षित करना
arrive (अराइव) आना, आगमन करना

check (चेक) जाँच, जाँच करना
foreigner (फॉरेनर) विदेशी
fever (फीवर) बुखार
cholera (कॉलरा) हैजा
headache (हैडेक) सिरदर्द
guest (गेस्ट) मेहमान
oppose (ऑपोज) विरोध करना
hurdle (हर्डल) रुकावट
slogan (स्लोगन) नारा
chief (चीफ) मुख्य
foolish/buffoon/silly/nitvit/stupid (फुलिश/बॅफून/सिली/निटविट/स्टूपिड) मूर्ख

efficacy (ऐफिकेसी) प्रभाव, क्षमता
representative (रिप्रेजेंटेटिव) प्रतिनिधि
constipation (कॉन्स्टीपेशन) कब्ज
SARS (सार्स) खतरनाक निमोनिया
relative (रिलेटिव) रिश्तेदार
customer (कस्टमर) ग्राहक
proposal (प्रपोजल) प्रस्ताव
cooperate (कोऑपरेट) सहयोग करना
welcome (वेलकम) स्वागत, स्वागत करना
simpleton (सिंपलटॅन) सीधा-सादा, मूर्ख
tricky (ट्रिकी) चालबाज

TIPS

Present Continuous Tense

Present Continuous Tense का प्रयोग निम्नलिखित अवस्थाओं में होता है :

(a) जो कार्य बोलते समय प्रगति पर हो; जैसे :

You are writing a letter.
They are playing football in the playground.

(b) ऐसे किसी कार्य के लिए जो सामान्य रूप से वर्तमान में हो रहा हो परंतु बोलते समय न हो रहा हो; जैसे :

I am doing M.A. in English.
I am serving with a nationalised bank.

(c) किसी गंदी आदत के लिए जब उसमें सलाह के बावजूद बदलाव न आ रहा हो तथा उसमें always, continually, constantly आदि का प्रयोग हुआ हो; जैसे :

Rohan is always writing on the walls.
He is constantly singing a song in his hoarse voice.

(d) लेकिन इसमें ध्यान रखने की जरूरत है कि निम्नलिखित Verb के Present Continuous Tense का प्रयोग न किया जाए :

see, hear, smell, notice, recognise, appear, look, seem, want, wish, feel, desire, like, love, hate, hope, refuse, prefer, think, suppose, believe, trust, consider, agree, know, understand, remember, mean, forget, mind, mean, have, consist of, contain, belong to, आदि।

गलत : The flower is smelling foul. (लेकिन यह वाक्य किसी अस्थायी घटना के लिए सही हो सकता है।)

सही : The flower smells foul.

गलत : I am hearing a knock at the door.

सही : I hear/can hear a knock at the door.

गलत : The book is consisting of all the rules of grammar.

सही : The book consists of all the rules of grammar.

Positive : Subject + is/are/am + Verb I ing + Object.

इस प्रकार के वाक्यों में is का प्रयोग Singular Number Third Person Subjects के साथ; am का प्रयोग I के साथ; तथा are का प्रयोग you तथा सभी Plural Subjects के साथ होता है।

Negative : Subject + is/are/am + not + Verb I ing + Object.

Interrogative : Interrogative word + is/are/am + Subject + Verb I ing + Object?

Past Continuous Tense

(e) भूतकाल में किसी समय लगातार होने वाले कार्य के लिए Past Continuous Tense का प्रयोग किया जाता है; जैसे :

It was raining hard.

The boy was telling a lie.

Positive : Subject + was/were + Verb I ing + Object.

इस प्रकार के वाक्यों में was का प्रयोग I तथा Singular Number Third Person Subjects के साथ होता है; तथा were का प्रयोग you तथा Plural Number Subjects के साथ होता है।

Negative : Subject + was/were + not + Verb I ing + Object.

Interrogative : Interrogative word + was/were + Subject + Verb I ing + Object?

Future Continuous Tense

(f) भविष्य में लगातार होने वाले कार्यों के लिए Future Continuous Tense का प्रयोग किया जाता है; जैसे :

The clerk will be typewriting an official letter in the morning.
The labourer will be digging the pit.

(g) जिन कार्यों के भविष्य में होने की योजना, आशा आदि हो, उनके लिए भी Future Continuous Tense का प्रयोग किया जाता है; जैसे :

The dog will be barking at all the passers-by.
We will be holding a meeting every Monday.

Positive : Subject + will/shall + be + Verb I ing + Object.

इस प्रकार के वाक्यों में will/shall का प्रयोग Future Indefinite Tense के वाक्यों के अनुसार होता है।

Negative : Subject + will/shall + not + be + Verb I ing + Object.

Interrogative : Interrogative word + will/shall + Subject + be + Verb I ing + Object?

Newspaper Headings

1. Blasts in Riyadh on the eve of Powell visit : पॉवेल के आगमन की पूर्वसंध्या पर रियाद में बम धमाका
2. This President will travel by train : यह राष्ट्रपति रेल द्वारा यात्रा करेंगे
3. Ronaldo optimistic of fitness ahead of semi-final : रोनाल्डो को सेमी-फाइनल से पहले बिलकुल स्वस्थ होने की आशा
4. Exporters make hay while euro shines : यूरो के चमकने से निर्यातकों की चाँदी
5. Reliance plans to tap US market : अमेरिकी बाजार को खँगालने के लिए रिलायंस की योजना
6. New $ 20 bill to fend off tide of false dollars : नकली डॉलर की लहर को समाप्त करने के लिए नए 20 डॉलर के नोट
7. End terror to begin talks, PM tells Pak : प्रधानमंत्री ने पाकिस्तान से कहा कि वार्त्ता आरंभ करने के लिए वह आतंक को समाप्त करे

8. Patna to remain on Rajdhani route : पटना राजधानी रेल मार्ग में बना रहेगा
9. MTNL free calls hiked, BSNL rolls back tariffs : एमटीएनएल ने मुफ्त कॉलें बढ़ाई, बीएसएनएल ने कीमतें वापस लीं
10. Underage groom, father land in jail : कम उम्र का दूल्हा व उसका पिता जेल गए

DOMESTIC AFFAIRS

I

Sonam : Sudha, where are you going to with this bag?
(सुधा, व्हेयर आर यू गोइंग टू विद दिस बैग?)
सुधा, यह थैला लेकर कहाँ जा रही हो?

Sudha : To the market. Mummy wants a few commodities.
(टू द मार्केट। ममी वांट्स ए फ्यू कॅमोडिटिज़।)
बाजार की ओर। मम्मी को कुछ चीजें चाहिए।

Sonam : I think I should accompany you.
(आई थिंक आई शुड एकंपनी यू।)
मेरा ख्याल है कि मुझे तुम्हारे साथ चलना चाहिए।

Sudha : You're welcome. You'll certainly help to share my load.
(यू'आर वेलकम। यू'इल सरटेंली हेल्प टू शेअर माई लोड।)
तुम्हारा स्वागत है। तुम निश्चित ही, वज़न बाँटने में मेरी सहायता करोगी।

Sonam : That's what the friends are made for. What's the heaviest thing you'll buy?
(दैट्'स व्हाट द फ्रेंड्स आर मेड फॉर। व्हाट्स द हेविएस्ट थिंग यूल बाय?)
मित्र इसीलिए तो बनते हैं। कौन सी चीज़ सबसे भारी होगी जो तुम खरीदोगी?

Sudha : Sugar, rest of the things won't weigh much.
(शुगर, रेस्ट ऑव द थिंग्स वोंट मच।)
चीनी, बाकी चीजें इतनी भारी नहीं होंगी।

Sonam : Don't you buy sugar from the ration shop?
(डोंट यू बाइ शुगर फ्रॉम द राशन शॉप?)
क्या तुम चीनी राशन की दुकान से नहीं खरीदती?

Sudha : No, we don't hold a ration card.
(नो, वी डों'ट होल्ड ए राशन कार्ड ।)
नहीं, हमारा राशन कार्ड नहीं बना हुआ है; या हमारे पास राशन कार्ड नहीं है।

Sonam : No problem, I'll ask my father to get you one. He is a Block Development Officer.
(नो प्रॉब्लम, आइ'ल आस्क माई फादर टू गेट यू वन। ही इज ए ब्लॉक डेवलपमेंट ऑफिसर ।)
कोई बात नहीं, मैं अपने पिता से आपका राशन कार्ड बनवाने के लिए कहूँगी। वे ब्लॉक डेवलपमेंट अफसर हैं।

Sudha : That'd be kind of him.
(दैटु'ड बी काइंड ऑव हिम ।)
उनकी बड़ी कृपा होगी।

II

Chirag : Didi, I'm getting late for school. Where's my tiffin?
(दीदी, आय'म गेटिंग लेट फॉर स्कूल। व्हेयरि'ज माई टिफिन?)
दीदी, मुझे विद्यालय के लिए देर हो रही है। मेरा टिफिन कहाँ है?

Didi : I'll just give you. By the time you can prepare your bag.
(आइ'ल जस्ट गिव यू, बाई द टाइम यू कैन प्रिपेअर युअर बैग ।)
मैं अभी देती हूँ, इस बीच तुम अपना बस्ता तैयार कर सकते हो।

Chirag : It's already done up. Hurry up!
(इट्स ऑलरेडी डन अप। हरी अप!)
वह तो पहले ही तैयार है। जल्दी करो!

Didi : What about your breakfast?
(व्हाट अबाउट योर ब्रेकफास्ट?)
तुम्हारे नाश्ते का क्या हुआ?

Chirag : I'd better eat it in the bus. Get me the tiffin.
(आइ'ड बेटर ईट इट इन द बस। गेट मी द टिफिन ।)
अच्छा होगा कि मैं उसे बस में खा लूँ। मेरा टिफिन लाओ।

Didi : Actually...you see, I burned bread.
(एक्चुअली... यू सी, आई बर्न्ड ब्रेड ।)
वास्तव में... देखो, मुझसे ब्रेड जल गई।

Chirag	:	Ouch! That's what the real matter is. (आउच! दैट्स व्हाट द रियल मैटर इज।) ओह! तो असली मामला यह है।
Didi	:	But you don't have to worry. Here is a five-rupee note; you can buy something from the school canteen. (बट यू डोंट हैव टू वरी। हियर इज ए फाइव-रुपी नोट; यू कैन बाय समथिंग फ्रॉम द स्कूल कैंटीन।) लेकिन तुम्हें चिंता करने की आवश्यकता नहीं है। यह लो पाँच रुपए का नोट; तुम स्कूल कैंटीन से कुछ खरीद सकते हो।
Chirag	:	Sure, that's all right. (श्योर, दैट्स ऑल राइट।) निश्चित ही, यह बिलकुल ठीक है।
Didi	:	And don't tell Mummy about it. She'll feel sad. (ऐंड डों'ट टेल ममी अबाउट इट। शी'इल फील सैड।) और मम्मी को इस बारे में मत बताना। वह दुखी होंगी।
Chirag	:	Rest assured, didi. It's between you and me. Bye-bye. (रेस्ट एश्योर्ड, दीदी। इट्स बिटवीन यू एंड मी। बाइ-बाई।) चिंता मत करो, दीदी। यह तुम्हारे और मेरे बीच में है। विदा।

III

Mala	:	Sonu, can you do me a favour? (सोनू, कैन यू डू मी ए फेवर?) सोनू, क्या तुम मेरी सहायता कर सकते हो?
Sonu	:	Of course, I'm at your service...always. (ऑव कोर्स, आइ'म ऐट योर सर्विस... आलवेज।) बिलकुल, मैं तुम्हारी सेवा में हूँ... हमेशा।
Mala	:	It's already dark. She's my friend. Just drop her at her house. (इट्'ज ऑलरेडी डार्क। शी'इज माई फ्रेंड। जस्ट ड्रॉप हर ऐट हर हाउस।) अँधेरा पहले ही हो चुका है। वह मेरी मित्र है। उसे उसके घर छोड़ दो।

Sonu	:	I'll, for sure, but on a condition. (आइ'ल, फॉर श्योर, बट ऑन ए कंडीशन।) छोड़ दूँगा, निश्चित ही, लेकिन एक शर्त पर।
Mala	:	You want to blackmail your sister, do you? (यू वांट टू ब्लैकमेल योर सिस्टर, डू यू?) तुम अपनी बहन को ब्लैकमेल करना चाहते हो, नहीं क्या?
Sonu	:	No, it's not blackmail. It's long to have taken a cup of tea made by you. I want one. (नो, इट्'स नॉट ब्लैकमेल। इट्'स लौंग टू हैव टेकन ए कप ऑव टी मेड बाय यू। आई वांट वन।) नहीं, यह ब्लैकमेल नहीं है। तुम्हारे हाथ की बनी चाय पिए हुए बहुत लंबा समय हो गया है। मुझे पीनी है।
Mala	:	That's nothing. You want it right now or later? (दैट्'स नथिंग। यू वांट इट राइट नाउ ऑर लेटर?) वह तो कुछ भी नहीं है। तुम्हें यह अभी चाहिए या बाद में?
Sonu	:	Now if your friend would like to have it too, else later. (नाउ इफ योर फ्रेंड वुड लाइक टू हैव इट टु, एल्स लेटर।) अभी यदि तुम्हारी मित्र भी पीना चाहेगी, नहीं तो बाद में।
Mala	:	What do you say, Geeta? (व्हाट डू यू से, गीता?) तुम क्या कहती हो, गीता?
Geeta	:	Okay, I won't disappoint Bhaiya. (ओके, आई वों'ट डिसअपॉएंट भैया।) ठीक है, मैं भैया को निराश नहीं करूँगी।

MISCELLANY

Relations (रिलेशन्स) संबंध

adopted daughter (एडॉप्टेड डॉटर) दत्तक पुत्री

aunt (आंट) काकी अथवा चाची

beloved (बिलवेड) प्रेमिका

brother (ब्रदर) भाई

brother's wife (ब्रद'र्स वाइफ) भाभी

brother-in-law (ब्रदर-इन-लॉ) बहनोई/साला/जीजा

client (क्लांइट) मुवक्किल

cousin (कजन) चचेरा भाई, फुफेरा भाई

customer (कस्टमर) ग्राहक

daughter (डॉटर) पुत्री

daughter-in-law (डॉटर-इन-लॉ) पतोहू

disciple (डिसाइपल) चेला या शिष्य

elder sister (एल्डर सिस्टर) आपा, जीजी

father (फादर) पिता

friend (फ्रेंड) दोस्त

granddaughter (ग्रेंडडॉटर) नातिन

grandfather (ग्रेंडफादर) दादा

grandmother (ग्रेंडमदर) दादी

grandson (ग्रेंडसन) नाती

great granddaughter (ग्रेट ग्रेंडडॉटर) परपोती

great grandson (ग्रेट ग्रेंडसन) पड़पोता

great grandfather (ग्रेट गैंडफादर) परदादा

great grandmother (ग्रेट ग्रेंडमदर) पड़दादी

guest (गेस्ट) अतिथि

heir (हेअर) वारिस

husband (हसबैंड) पति

kept (कैप्ट) रखेल

landlady (लैंडलेडी) जमींदारिन

landlord (लैडलॉर्ड) जमींदार

lover (लवर) प्रेमी

maternal aunt (मैटरनल आंट) मामी

maternal grandfather (मैटरनल ग्रेंडफादर) नाना

maternal grandmother (मैटरनल ग्रेंडमदर) नानी

maternal uncle (मैटरनल अंकल) मामा

mother (मदर) माता

mother-in-law (मदर-इन-लॉ) सास

mother's sister (मदर्स सिस्टर) मौसी

nephew (नेफ़्यू) भांजा या भतीजा

niece (नीस) भानजी या भतीजी

own (ओन) सगा

patient (पेशेंट) रोगी

preceptor (प्रिसेप्टर) गुरु

pupil (प्यूपिल) शिष्य

relation (रिलेशन) संबंध

relative (रिलेटिव) संबंधी

sister (सिस्टर) बहन

sister-in-law (सिस्टर-इन-लॉ) जेठानी, साली, देवरानी

son (सन) पुत्र

son-in-law (सन-इन-लॉ) दामाद

step brother (स्टेप ब्रदर) सौतेला भाई

step father (स्टेप फादर) सौतेला पिता

step mother (स्टेप मदर) सौतेली माता

step sister (स्टेप सिस्टर) सौतेली बहन

teacher (टीचर) अध्यापक

tenant (टेनेंट) किरायेदार

uncle (अंकल) काका अथवा चाचा

wife (वाइफ) पत्नी

□

SAMPLE DIALOGUES

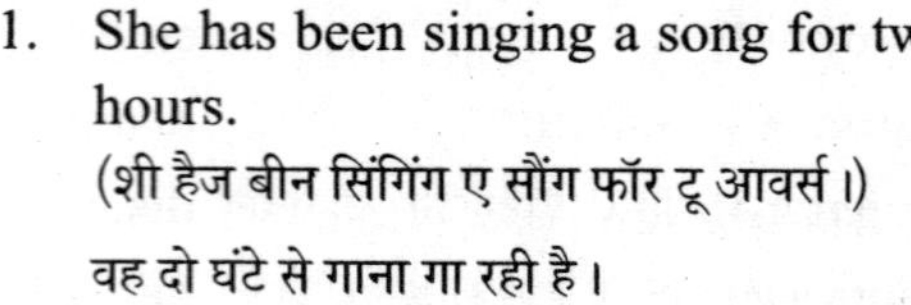

1. She has been singing a song for two hours.
   (शी हैज बीन सिंगिंग ए सौंग फॉर टू आवर्स।)
   वह दो घंटे से गाना गा रही है।

2. The labourers have been carrying bricks since morning.
   (द लेबरर्स हैव बीन कैरिंग ब्रिक्स सिंस मॉर्निंग।)
   मजदूर सुबह से ईंटें ढो रहे हैं।
3. The children have been playing for one month.
   (द चिल्ड्रन हैव बीन प्लेइंग फॉर वन मंथ।)
   बच्चे एक महीने से खेल रहे हैं।
4. Neelam has not been working well for a week.
   (नीलम हैज नॉट बीन वर्किंग फॉर ए वैल वीक।)
   नीलम एक सप्ताह से ठीक काम नहीं कर रही है।
5. Kapil has not been chiding Neelam for two weeks.
   (कपिल हैज नॉट बीन चाइडिंग नीलम फॉर टू वीक्स।)
   कपिल नीलम को दो सप्ताह से नहीं डाँट रहा है।
6. Piyush has not been hiding from police since last July.
   (पीयूष हैज नॉट बीन हाइडिंग फ्रॉम पुलिस सिंस लास्ट जुलाई।)
   पीयूष पिछली जुलाई से पुलिस से नहीं छुप रहा है।
7. How has he been performing his work for one month?

(हाउ हैज ही बीन परफॉर्मिंग हिज वर्क फॉर वन मंथ?)

वह एक महीने से कैसा काम कर रहा है?

8. Has she been lowering her head since noon?
(हैज शी बीन लोवरिंग हर हैड सिंस नून?)

क्या वह दोपहर से अपना सिर झुका रही है?

9. Where have the kids been laughing loudly for ten minutes?
(व्हेअर हैव द किड्स बीन लाफिंग लाउडली फॉर टेन मिनट्स?)

बच्चे दस मिनट से कहाँ जोर से हँस रहे हैं?

10. The leader had been leading the people since the turn of the century.
(द लीडर हैड बीन लीडिंग द पीपल सिंस द टर्न ऑव द सेंच्युरी।)

नेता लोगों का नेतृत्व शताब्दी के आरंभ से कर रहा था।

11. We had been learning French since the onset of the summer.
(वी हैड बीन लर्निंग फ्रेंच सिंस द ऑनसेट ऑव द समर।)

हम गरमी के आरंभ से फ्रेंच सीख रहे थे।

12. The minister had been meeting people for three days.
(द मिनिस्टर हैड बीन मीटिंग पीपल फॉर थ्री डेज।)

मंत्रीजी तीन दिन से लोगों से मिल रहे थे।

13. The cow had not been lowing for three hours.
(द काउ हैड नॉट बीन लोइंग फॉर थ्री आवर्स।)

गाय तीन घंटों से रँभा नहीं रही थी।

14. The residents had not been storing grains for two years.
(द रेजिडेंट्स हैड नॉट बीन स्टोरिंग ग्रेंज फॉर टू इयर्स।)

निवासी दो वर्षों से अन्न संग्रहण नहीं कर रहे थे।

15. Had we been losing support since the beginning of the war?
(हैड वी बीन लूजिंग सपोर्ट सिंस द बिगिनिंग ऑफ द वॉर?)

क्या हम युद्ध के आरंभ से समर्थन खो रहे थे?

16. When had the potter been making earthen utensils for ten minutes?
(व्हेन हैड द पॉटर बीन मेकिंग अर्दन यूटेंसिल्स फॉर टेन मिनिट्स?)

कुम्हार दस मिनट से कब मिट्टी के बरतन बना रहा था?

17. How had you been paying for your faults since last week?
(हाउ हैड यू बीन पेइंग फॉर योर फाल्ट्स सिंस लास्ट वीक?)
तुम पिछले सप्ताह से किस प्रकार अपनी गलतियों के लिए कष्ट पा रहे थे?

18. The principal will have been awarding prizes since morning.
(द प्रिंसिपल विल हैव बीन अवार्डिंग प्राइजेस सिंस मॉर्निंग।)
प्रधानाचार्य सुबह से इनाम बाँट रहे होंगे।

19. The students will have been making a nuisance since morning.
(द स्टुडेंट्स विल हैव बीन मेकिंग ए न्यूसेंस सिंस मॉर्निंग।)
विद्यार्थी सुबह से शैतानी कर रहे होंगे।

20. The shopkeepers will not have been selling their wares since ages.
(द शॉपकीपर्स विल नॉट हैव बीन सेलिंग देअर वेअर्स सिंस एजेज।)
दुकानदार सदियों से अपना सामान नहीं बेच रहे होंगे।

21. They will not have been sending false telegram for one month.
(दे विल नॉट हैव बीन सेंडिंग फाल्स टेलीग्राम फॉर वन मंथ।)
वे एक महीने से झूठा टेलीग्राम नहीं भेज रहे होंगे।

22. The flowers will not have been smelling good for ten minutes.
(द फ्लॉवर्स विल नॉट हैव बीन स्मेलिंग गुड फॉर टेन मिनिट्स।)
फूल दस मिनट से अच्छी सुगंध नहीं दे रहे होंगे।

23. Why will she have been spelling incorrectly since the beginning of the examinations?
(व्हाय विल शी हैव बीन स्पेलिंग इनकरेक्टली सिंस द बिगिनिंग ऑव द एग्जामिनेशन?)
वह परीक्षा के आरंभ से क्यों वर्तनी में गलती कर रही होगी?

24. Where will the inspector have been inspecting the class for three days?
(व्हेयर विल द इन्सपेक्टर हैव बीन इंसपैक्टिंग द क्लास फॉर थ्री डेज?)
निरीक्षक कक्षा का निरीक्षण तीन दिन से कहाँ कर रहा होगा?

25. Shall we have been telling a lie since 2003?
(शैल वी हेव बीन टेलिंग ए लाई सिंस 2003?)
क्या हम सन् 2003 से झूठ बोल रहे होंगे?

PRACTICE DIALOGUES

1. She has been singing a song for _two hours_.

two minutes	two days
two weeks	two months
two years	two decades

2. The labourers have been carrying bricks since _morning_.

afternoon	evening
yesterday	last week
2003	5 o'clock

3. _Has_ she been lowering her head since noon?

Where has	When has
How has	What has
To whom has	Why has

4. The minister had been _meeting people_ for three days.

inaugurating projects	giving speeches
touring drought-hit areas	meeting VIPs
hiding from people	talking to the officers

5. The _cow_ had not been _lowing_ for three hours.

lion	roaring
elephants	trumpeting
dogs	barking
horses	neighing
bears	howling
donkeys	braying

6. Had we been _losing support_ since the beginning of the war?

using heavy ammunition	chasing the enemy
bombarding the enemy territory	defeating the enemy
safeguarding territory	firing guns

7. How had you been paying for your _faults_ since last week?

lunch	dinner
room	expenses
clothing	shaving

8. The shopkeepers will not have been _selling their wares_ since ages.

raising prices	maintaining quality
giving credit	using fake currency
weighing goods	counting coins

9. Why will she have been spelling incorrectly since the beginning of the *examinations*?

summer	winter
rainy season	autumn
this year	this decade

10. *Shall we* have been telling a lie since 2003?

Shall I	Will you
Will they	Will the lawyers
Will the doctors	Will the engineers

VOCABULARY

labourers (लेबरर्स) मज़दूर
bricks (ब्रिक्स) ईंटें
hide (हाइड) छुपना
lower (लोवर) नीचे करना
laugh (लाफ) हँसना
century (सेंच्युरी) शताब्दी
onset (ऑनसेट) आरंभ
minister (मिनिस्टर) मंत्री
residents (रेजिडेंट्स) निवासी
lose (लूज) खोना
earthen (अर्दन) मिट्टी के
pay (पे) अदा करना
principal (प्रिंसिपल) प्रधानाचार्य
nuisance (न्यूसेंस) शैतानी
wares (वेअर्स) सामान
send (सेंड) भेजना
smell (स्मेल) सूँघना, बू देना
incorrectly (इनकरेक्टली) गलत प्रकार से
inaugurate (इनॉगुरेट) अभिषेक या आरंभ करना
drought-hit (ड्राउट-हिट) बाढ़ प्रभावित
carry (कैरी) ढोना, ले जाना
chide (चाइड) डाँटना, झिड़कना
perform (परफॉर्म) करना
kids (किड्स) बच्चे
lead (लीड) नेतृत्व करना
people (पीपल) लोग
summer (समर) गरमी
low (लो) नीचे, रंभाना
grains (ग्रेंस) अन्न
support (सपोर्ट) सहारा, आसरा
utensils (यूटेंसिल्स) बर्तन
fault (फॉल्ट) गलती
award (अवार्ड) इनाम, दंड आदि देना
shopkeeper (शॉपकीपर) दुकानदार
ages (एजेज) सदियाँ, लंबा समय
false (फाल्स) गलत, झूठा
spell (स्पेल) वर्तनी बनाना
inspect (इंसपेक्ट) निरीक्षण करना
project (प्रोजेक्ट) योजना
speech (स्पीच) कथन, भाषण
roar (रोर) गरजना

trumpet (ट्रंपेट) चीत्कार करना

neigh (ने) हिनहिनाना

bray (ब्रे) रेंकना

enemy (एनिमी) शत्रु

territory (टैरीटॅरि) क्षेत्र, सीमा

expenses (एक्सपेंसेस) खर्च

maintain (मेनटेन) बनाए रखना

fake (फेक) नकली

weigh (वे) तोलना

bark (बार्क) भौंकना

howl (हाउल) गुर्राना

fire (फायर) आग, बंदूक-तोप आदि चलाना

defeat (डिफीट) हराना, मात देना

ammunition (एम्यूनिशन) गोला-बारूद

raise (रेज) उठाना, ऊपर करना

credit (क्रेडिट) साख, उधार

coin (कौएन) सिक्का

lawyer (लॉयर) वकील

TIPS

Present Perfect Continuous Tense

(a) Present Perfect Continuous Tense का प्रयोग उस कार्य के लिए होता है जो भूतकाल में किसी समय आरंभ हुआ तथा अब भी चल रहा है।

Positive : Subject + has/have + been + Verb I ing + Object + for/since + Time phrase.

(b) इस प्रकार के वाक्यों में has/have के प्रयोग के नियम Present Perfect Tense के समान होते हैं।

(c) Since का प्रयोग निश्चित समय के लिए होता है; जैसे : since 7 o'clock, since morning, since sunset, since last year, आदि।

(d) For का प्रयोग अनिश्चित समय के लिए होता है; जैसे : for two days, for three weeks, for one month, for ten minutes, आदि।

Negative : Subject + has/have + not + been + Verb I ing + Object + for/since + Time phrase.

Interrogative : Interrogative word + has/have + Sujbect + been + Verb I ing + Object + for/since + Time phrase?

Past Perfect Continuous Tense

(e) इस प्रकार के वाक्यों का प्रयोग ऐसे कार्यों के लिए होता है, जिनका आरंभ बात कहे जाने के समय से पहले ही आरंभ हो चुका हो तथा बात कहते समय भी चल रहा हो।

Positive : Subject + had + been + Verb I ing + Object + for/since + Time phrase.

Negative : Subject + had + not + been + Verb I ing + Object + for/since +

Time phrase.

Interrogative : Interrogative word + had + Subject + been + Verb I ing + Object + Time phrase?

Future Perfect Continuous Tense

(f) Future Perfect Continuous Tense का प्रयोग बहुत ही कम किया जाता है। इसका प्रयोग उन कार्यों के लिए होता है जो भविष्यकाल में प्रगति पर होंगे तथा भविष्य में ही समाप्त होंगे।

Positive : Subject + will/shall + have + been + Verb I ing + Object + Time phrase.

Negative : Subject + will/shall + not + have + been + Verb I ing + Object + Time phrase.

Interrogative : Interrogative word + will/shall + Subject + have + been + Verb I ing + Object + Time phrase?

Newspaper Headings

1. Sarwan, McGrath bury the hatchet : सरवन व मैकग्रा ने झगड़ा निपटाया
2. LIC plans credit card for policy holders : एलआईसी द्वारा पॉलिसी धारकों के लिए क्रेडिट कार्ड की योजना
3. Toll from blasts rises to 34 : धमाकों से मरने वालों की संख्या 34 हुई
4. Masood barred from entering PoK : मसूद के पाक अधिकृत कश्मीर में घुसने पर रोक
5. Bhondsi to be turned into a health resort : भोंडसी को स्वास्थ्य पर्यटन केंद्र में बदला जाएगा
6. Rajasthan Congress MLAs face opposition from within : राजस्थान कांग्रेस विधानसभा सदस्यों को आंतरिक विरोध सहना पड़ता है
7. Girl's family members killed for turning down marriage proposal : विवाह प्रस्ताव ठुकराने के कारण लड़की के परिवार वालों की हत्या
8. Is this the end of the road for Sampras? : क्या यह संप्रास के लिए मार्ग की समाप्ति है?
9. Piracy costs Bollywood Rs. 1,700 cr annually : नकल के कारण बॉलीवुड को वार्षिक 1,700 करोड़ का घाटा होता है
10. Neighbours shunned Madhumita and her family : पड़ोसी मधुमिता तथा उसके परिवार से दूर रहते थे

AMONG FRIENDS

I

Balu : It's been long to have gone for a picnic. What do you say?

(इट्'स बीन लॉग टू हैव गोन फॉर ए पिकनिक। व्हाट डू यू से?)

पिकनिक पर गए हुए बहुत समय हो गया है। तुम क्या कहते हो?

Nadim : Yes, you're right. We must plan for an outing.

(यस, योर राइट। वी मस्ट प्लैन फॉर ऐन आउटिंग।)

हाँ, तुम ठीक कहते हो। हमें बाहर जाने की योजना बनानी चाहिए।

Balu : Going for a day's picnic is not much entertaining, you know. We should plan for an outstation picnic with a night out.

(गोइंग फॉर ए डे'ज पिकनिक इज नॉट मच एंटरटेनिंग, यू नो। वी शुड प्लैन फॉर ऐन आउटस्टेशन पिकनिक विद ए नाइट आउट।)

यह तो सब जानते ही हैं कि एक दिन की पिकनिक पर जाना बहुत मजेदार नहीं होता। हमें शहर से बाहर पिकनिक की योजना बनानी चाहिए, जिसमें हम रात को बाहर रहें।

Nadim : That's a brilliant idea, but for that we should be at least four to six people.

(दैट्'स ए ब्रिलिएंट आइडिया, बट फॉर दैट वी शुड बी ऐट लीस्ट फोर टू सिक्स पीपल।)

यह बहुत अच्छा विचार है, लेकिन इसके लिए हमें चार से छः लोग चाहिए।

Balu : We can ask other friends. I hope they all would consent. After all, who would like to stay back home during summer vacations?

(वी कैन आस्क अदर फ्रैंड्ज। आई होप दे ऑल वुड कान्सेंट। आफ्टर ऑल, हू वुड लाइक टू स्टे बैक होम ड्यूरिंग समर वेकेशंस?)

हम दूसरे मित्रों से पूछ सकते हैं। मैं आशा करता हूँ कि वे सभी हाँ कर देंगे। गरमियों की छुट्टियों में कौन घर पर रुकना चाहेगा?

Nadim : Come, we'll go to Shravan's house before we finalise our programme.

(कम, वी'इल गो टू श्रवण'ज हाउस बिफोर वी फाइनलाइज आवर प्रोग्राम।)

आओ, योजना को अंतिम रूप देने से पहले हम श्रवण के घर चलें।

Balu : Yes, he is the best bet for a good picnic. Let's go.
(यस, ही इज द बेस्ट बेट फॉर ए गुड पिकनिक। लेट्'स गो।)

हाँ, बढ़िया उत्तम पिकनिक के लिए वह सबसे अच्छा रहेगा। आओ, चलें।

II

Shravan : You're welcome. What's cooking?
(यू'आर वेलकम। व्हाट्'स कुकिंग?)

तुम्हारा स्वागत है। क्या हो रहा है?

Nadim : We're planning for an outstation picnic. We've come to seek your advice and company.
(वी'आर प्लैनिंग फॉर ऐन आउटस्टेशन पिकनिक। वी'इव कम टू सीक योर ऐडवाइस एंड कंपनी।)

हम शहर से बाहर पिकनिक की योजना बना रहे हैं। हम तुम्हारी सलाह और साथ लेने आए हैं।

Shravan : I'm ever at the command of my friends. Tell me what I need to do.
(आई'ऐम एवर ऐट द कमांड ऑव माई फ्रैंड्स। टेल मी व्हाट आई नीड टू डू।)

मैं हमेशा, दोस्तों के साथ हूँ। मुझे बताओ कि मुझे क्या करना है।

Balu : Which place should we go? What about a hill station?
(व्हिच प्लेस शुड वी गो? व्हाट एबाउट ए हिल स्टेशन?)

हमें किस जगह जाना चाहिए? पर्वतीय पिकनिक स्थल कैसा रहेगा?

Nadim : Going to a hill station is certainly a good idea. The only thing is it would need more money on us.
(गोइंग टू ए हिल स्टेशन इज सर्टेनली ए गुड आइडिया। द ओनली थिंग इज इट वुड नीड मोर मनी ऑन अस।)

पर्वतीय पिकनिक स्थल पर जाने का विचार निश्चित ही एक अच्छा विचार है, लेकिन इसके लिए एक ही चीज है कि हमें अपने पास अधिक पैसे चाहिए।

Shravan : Staying at a hill station is the costliest. If you consent

to go to Mussorie, we can forget about this expenditure. My paternal uncle lives there. We can stay at his place.
(स्टेइंग ऐट ए हिल स्टेशन इज द कॉस्टलिएस्ट। इफ यू कंसेंट टू गो टू मसूरी, वी कैन फॉरगेट एबाउट दिस एक्सपेंडिचर। माई पैटरनल अंकल लिव्ज देअर। वी कैन स्टे एट हिज प्लेस।)
किसी पर्वतीय नगर में रहना ही सबसे महंगा होता है। यदि तुम लोग मसूरी जाना स्वीकार करो तो हम इस खर्च की बात भूल सकते हैं। मेरे चाचा वहाँ रहते हैं। हम उनके घर रह सकते हैं।

Nadim : Then our problem is solved. I think we can start tomorrow itself.
(देन आवर प्रॉब्लम इज सॉल्व्ड। आई थिंक वी कैन स्टार्ट टूमॉरो इटसैल्फ।)
तब तो हमारी समस्या का समाधान हो गया। मेरा विचार है कि हम कल ही चल सकते हैं।

Shravan : Not tomorrow. We'll better start on Friday. You know, my uncle is a government officer with a five-day week office. We can use his car, if we are there on Saturday and Sunday.
(नॉट टूमॉरो। वी'इल बेटर स्टार्ट ऑन फ्राइडे। यू नो, माई अंकल इज ए गवर्नमेंट ऑफिसर विद ए फाइव-डे वीक ऑफिस। वी कैन यूज़ हिज़ कार इफ वी आर देअर ऑन सैटरडे एंड संडे।)
कल नहीं। हम शुक्रवार को चलेंगे। तुम्हें पता होगा कि मेरे चाचा सरकारी अफसर हैं, जिनका पाँच दिन का सप्ताह होता है। यदि हम वहाँ शनिवार व रविवार को होंगे तो हम उनकी कार का प्रयोग कर सकते हैं।

Balu : Then there is hardly anything we need to spend for the picnic. We'll talk to other friends if they too are ready to go.
(देन देअर इज हार्डली एनीथिंग वी नीड टू स्पेंड फॉर द पिकनिक। वी'इल टॉक टू अदर फ्रेंड्स इफ दे टू आर रेडी टू गो।)
तब तो पिकनिक पर शायद ही कोई ऐसी चीज है, जिस पर हमें कुछ खर्च करना पड़ेगा। हम दूसरे मित्रों से बात करेंगे यदि वे भी जाने के लिए तैयार हैं।

III

Balu : See, the bus is going to depart soon, but everybody of us hasn't reached here.

(सी, द बस इज गोइंग टू डिपार्ट सून, बट एवरीबॅडी ऑव अस हैजं'ट रीच्ड हियर।)

देखो, बस जल्दी ही चलने वाली है, लेकिन अभी तक हममें से सभी लोग नहीं आए हैं।

Nadim : That's not much of a problem. We can take the next bus. It's an hourly service.

(दैट्'स नॉट मच ऑव ए प्रॉब्लम। वी कैन टेक द नेक्स्ट बस। इट्स ऐन आवरली सर्विस।)

वह तो कोई विशेष समस्या नहीं है। हम अगली बस ले सकते हैं। इसकी हर घंटे की सेवा है।

Balu : We had planned to reach here at 10 o'clock and it's already 10:30.

(वी हैड प्लैंड टू रीच हियर ऐट टेन ओ'क्लॉक एंड इट्स ऑलरेडी टेन थर्टी।)

हमने यहाँ दस बजे पहुँचने की योजना बनाई थी और अब पहले ही साढ़े दस बज चुके हैं।

Shravan : Keep cool guys. We are going on a picnic to cast off our tensions and not take them.

(कीप कूल, गाई। वी आर गोइंग ऑन ए पिकनिक टू कास्ट ऑफ अवर टेंशंस एंड नॉट टेक देम।)

शांति रखो, यार। हम लोग पिकनिक पर अपने टेंशन भगाने जा रहे हैं न कि उन्हें लेने के लिए।

Nadim : Moreover, it's part of the game. All these things put together make travelling enjoyful.

(मोरओवर, इट्'स पार्ट ऑव द गेम। ऑल दीज थिंग्स पुट टूगेदर मेक ट्रैवलिंग एंजोयफुल।)

यह तो होता ही है। (खेल का भाग है।) इन सब चीजों को मिलाकर ही यात्रा मजेदार बनती है।

Shravan : And this anxiety too is part of the past because our companions are here. Look, here walk in Mohan and Sohan.

(एंड दिस एंग्जाइटी टू इज पार्ट ऑव द पास्ट बीकॉज अवर कम्पैनियंस आर हियर। लुक, हियर वॉक इन मोहन एंड सोहन।)

और तुम्हारी यह चिंता भी भूतकाल का भाग बन चुकी हैं, क्योंकि हमारे साथी आ गए हैं। देखो, मोहन तथा सोहन भीतर आ रहे हैं।

Balu : We've been waiting for you since 10 o'clock. Where had you been?

(वी'इव बीन वेटिंग फॉर यू सिंस टेन ओ'क्लॉक। व्हेयर हैड यू बीन?)

हम तुम्हारा दस बजे से इंतजार कर रहे हैं। कहाँ थे तुम?

Mohan : We're quite on time, but Sohan realised midway that he had forgotten his trekking shoes at home. We had to go back and fetch them.

(वीवर क्वाइट ऑन टाइम, बट सोहन रियलाइज्ड मिडवे दैट ही हैड फॉरगॉटन हिज़ ट्रेकिंग शूज एट होम। वी हैड टू गो बैक एंड फेच देम।)

हम तो लगभग सही समय पर थे, लेकिन बीच रास्ते में सोहन को खयाल आया कि वह अपने ट्रेकिंग जूते घर पर ही भूल आया है। हमें वापस जाकर उन्हें लाना पड़ा।

Nadim : All right, friends. Now get on the bus. Perhaps it's been waiting for us.

(आल राइट, फ्रेंड्स। नाउ गेट ऑन द बस। परहैप्स इट्स बीन वेटिंग फॉर अस।)

ठीक है, दोस्तों। अब बस पर चढ़ो। शायद यह हमारा ही इंतजार कर रही थी।

MISCELLANY

Spices (स्पाईसेज) मसाले

alkali (ऐलकलाइ) सज्जीखार

aloes (एलोज) अगर

alum (ऐलुम) फिटकरी

aniseed (ऐनीसीड) सौंफ

asafetida (एसाफिटिडा) हींग

basil (बेसिल) तुलसी

belleric myrobalan (बेलरिक माइरोबालान) बहेड़ा

betelnut, arecanut (बीटलनट, एरेकानट) सुपारी

black pepper (ब्लैक पेपर) काली मिर्च

borax (बोरेक्स) सुहागा

camphor (कैफर) कपूर

caraway (कैरवे) अजवाइन

cardamom (कारडामम) इलायची
catechu (कैटेच्यू) कत्था
cinnamon (सिनामॅन) दालचीनी
cocaine (कोकेन) कोकीन
cumin-seed (कुमिन-सीड) जीरा
dry ginger (ड्राई जिंजर) सोंठ
emblic myrobalan (एंबलिक मायरोबालान) आँवला
ginger (जिंजर) अदरक
Indian madder (इंडियन मैडर) मजीठ
litharge (लिथार्ज) सफेदा
meadow saffron (मिडो सेफरॉन) शरत केसर
myrobalan (मायरोबालान) हरड़
parsley (पार्सले) अजमोदा
pistril (पिस्ट्रिल) स्त्री केसर
poppy seed (पॉपी सीड) खसखस
saffron (सैफरॉन) केसर
sandal (सेंदल) चंदन
soap nut (सोप नट) रीठा
sultpetre (सल्टपीटर) शोरा
thymol (थाइमॅल) अजवाइन का सत
vitriol (विट्रियोल) कसीम

cassia (कैशिया) तेजपात
chilly (चिली) मिर्च
clove (क्लोव) लौंग
coriander seed (कोरिएंडर सीड) धनिया
dried mango parings (ड्राइड मैंगो पेअरिंग्स) अमचूर
fenugreek (फेन्यूग्रीक) मेथी
gall nut (गैलनट) माजूफल
hemp (हेंप) भाँग
linseed (लिनसीड) अलसी
mace (मेस) जावित्री
menthol (मेनथॉल) पुदीने का सत
musk (मस्क) कस्तूरी
nutmeg (नटमेग) जायफल
phyllanthus emblica (फिलैंथस एंबलिका) आँवला
pseudo-alum (स्यूडो-एलम) कूट फिटकरी
salt (सॉल्ट) नमक
senna (सेन्ना) सनाय
small fennel (स्माल फैनल) कलौंजी
turmeric (टर्मरिक) हल्दी
vinegar (वियनेगर) सिरका
yeast (यीस्ट) खमीर

□

SAMPLE DIALOGUES

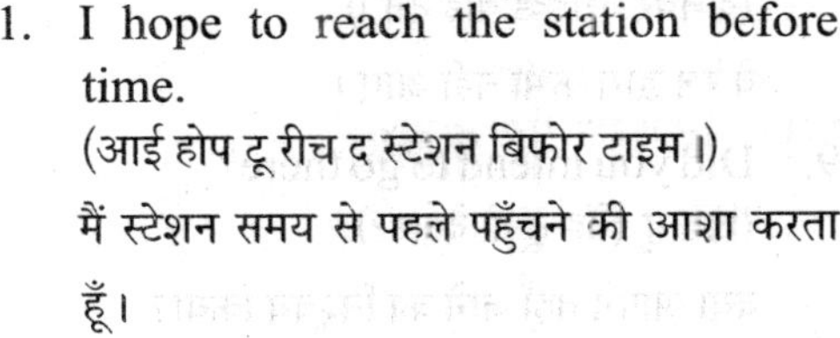

1. I hope to reach the station before time.
   (आई होप टू रीच द स्टेशन बिफोर टाइम ।)
   मैं स्टेशन समय से पहले पहुँचने की आशा करता हूँ।
2. The volunteers worked hard in the flood-affected area.
   (द वॉलंटियर्स वर्क्ड हार्ड इन द फ्लड-अफेक्टेड एरिया ।)
   स्वयंसेवकों ने बाढ़-पीड़ित क्षेत्र में बहुत मेहनत की।
3. The patient is likely to recover soon.
   (द पेशेंट इज लाइकली टू रिकवर सून ।)
   मरीज के शीघ्र ठीक होने की आशा है।
4. The infant was crying because it had lost its mother.
   (द इंफैंट वाज क्राइंग बिकॉज इट हैड लॉस्ट इट्स मदर ।)
   बच्चा रो रहा था, क्योंकि इसकी माता खो गई थी।
5. It is not Sunday today.
   (इट इज नॉट सनडे टूडे ।)
   आज रविवार नहीं है।
6. We did not want to meet him.
   (वी डिड नॉट वांट टू मीट हिम ।)
   हम उससे मिलना नही चाहते थे।
7. One cannot do everything of one's own.
   (वन कैननॉट डू एवरीथिंग ऑव वन्स ओन ।)
   कोई भी हर कार्य अपने आप नहीं कर सकता।

8. They never arrived by train.
(दे नेवर एराइव्ड बाइ ट्रेन।)

वे रेल द्वारा कभी नहीं आए।

9. Did you intend to go there?
(डिड यू इंटेंड टू गो देअर?)

क्या आपने वहाँ जाने का निश्चय किया?

10. Will you do as I ask you to?
(विल यू डू ऐज आई आस्क यू टू?)

क्या तुम वैसा करोगे जैसा मैं तुमसे कहूँगा?

11. Where has he been all day?
(व्हेयर हैज ही बीन ऑल डे?)

वह सारे दिन कहाँ था?

12. Why are there no keys to the locks?
(व्हाइ आर देअर नो कीज टू द लॉक्स?)

तालों की चाबियाँ क्यों नहीं हैं?

13. Come here and hit the ball.
(कम हियर एंड हिट द बॉल।)

यहाँ आओ और गेंद को मारो।

14. Serve your country.
(सर्व योर कंट्री।)

अपने देश की सेवा करो।

15. Let's sing a poem for our brave soldiers.
(लेट्स सिंग ए पोयम फॉर आव ब्रेव सोल्जर्स।)

आओ, अपने बहादुर सैनिकों के लिए एक कविता गाएँ।

16. Don't run on the road.
(डों'ट रन ऑन द रोड।)

सड़क पर मत दौड़ो।

17. Never write on the walls.
(नेवर राइट ऑन द वॉल्स।)

दीवारों पर कभी न लिखो।

18. Hurrah! We've won the match.
(हुर्रे! वी'इव वन द मैच।)
हुर्रे! हम मैच जीत गए।

19. Bravo! You've done well.
(ब्रेवो! यू'इव डन वैल।)
शाबाश! तुमने बहुत अच्छा किया।

20. Fie! Fie! Feel shame.
(फाई! फाई! फील शेम।)
छीः! छीः! शर्म करो।

21. Oh! I've hurt myself.
(ओह! आइ'व हर्ट माईसेल्फ।)
हाय! मैंने स्वयं को चोट पहुँचाई।

22. How grand a shot it was!
(हाउ ग्रांड ए शॉट इट वॉज!)
कितना ऊँचा/बढ़िया/शानदार शॉट था यह!

23. May God bless you!
(मे गॉड ब्लेस यू!)
ईश्वर आपको आशीर्वाद दे!

24. May you live long!
(मे यू लिव लॉन्ग!)
तुम्हारी लंबी आयु हो!

25. May this day come again and again!
(मे दिस डे कम अगेन एंड अगेन!)
यह दिन बार-बार आए।

PRACTICE DIALOGUES

1. I hope to reach the station *before time*.

on time	after time
in advance	in a week
before next month	by 5 o'clock

2. The patient is likely to *recover* soon.

become alright	be operated

deteriorate	return home
change ward	cry

3. The infant was crying because it had *lost its mother*.

lost its way	broke its toy
hurt its leg	not found its bottle
not seen his father	fallen from the bed

4. *One* cannot do everything of *one's* own.

She	her
I	my
We	our
You	your
They	their
He	his

5. Will you do as I *ask* you to?

request	order
bid	command
tell	exhort

6. *Come here* and hit the ball.

Go there	Run
Jump	Sit down
Lie down	Bend

7. Don't *run* on the road.

spit	lie down
be rash	be careless
fall	create a scene

8. How *grand* a shot it was!

superb	high
glorious	fast
perfect	nice

9. May you *live long*!

succeed	fail
be happy	win
lose	achieve

10. May this *day* come again and again!

merry-making	birthday
marriage anniversary	hope

success day	happiness

Vocabulary

reach (रीच) पहुँचना
volunteer (वॉलंटियर) स्वयंसेवक
patient (पेशेंट) मरीज
recover (रिकवर) ठीक होना
today (टूडे) आज
one (वन) एक, कोई
intend (इंटेंड) निश्चय करना
key (की) कुंजी, चाबी
poem (पोयम) कविता
soldier (सोल्जर) सिपाही, सैनिक
shame (शेम) शर्म
grand (ग्रांड) शानदार
deteriorate (डिटिरियोरेट) खराब होना
cry (क्राई) चिल्लाना, रोना
request (रिक्वेस्ट) प्रार्थना या आग्रह करना
command (कमांड) आज्ञा, आज्ञा देना
bend (बेंड) झुकना
careless (केअरलेस) असावधान
scene (सीन) दृश्य
glorious (ग्लोरियस) यशस्वी
achieve (अचीव) प्राप्त करना
anniversary (ऐनीवर्सरी) सालगिरह
before (बिफोर) से पहले
flood-affected (फ्लड-एफेक्टेड) बाढ़-पीड़ित
infant (इंफैंट) बच्चा
want (वांट) चाहना
everything (ऐवरीथिंग) सबकुछ
ask (आस्क) कहना, पूछना
lock (लॉक) ताला
brave (ब्रेव) वीर
wall (वॉल) दीवार
hurt (हर्ट) चोट, चोट खाना या देना
bless (ब्लेस) आशीर्वाद देना
return (रिटर्न) वापस, वापस जाना या होना
fall (फॉल) गिरना
bid (बिड) आज्ञा देना
exhort (एग्जहॉर्ट) प्रोत्साहन देना
rash (रैश) उतावला
create (क्रिएट) बनाना या रचना करना
superb (सुपर्ब) शानदार
succeed (सक्सीड) सफल होना
merry-making (मेरी-मेकिंग) खुशी मनाना
hope (होप) आशा

Tips

Sentence (वाक्य) पाँच प्रकार के होते हैं।

(1) Assertive or Declarative Sentences. इस प्रकार के वाक्य किसी तथ्य, घटना, शर्त, स्थिति आदि को सकारात्मक या नकारात्मक प्रकार से दर्शाते हैं। अतः यह दो प्रकार के होते हैं : Affirmative or Positive Sentences तथा Negative

Sentences; जैसे :

This book is interesting. I am going to read it again.
This book is not interesting. I will not read it.

(2) Interrogative Sentences. इस प्रकार के वाक्य किसी प्रकार के प्रश्न पूछने के लिए प्रयुक्त होते हैं। ध्यान दें कि प्रश्न दो प्रकार के होते हैं।

(a) पहले प्रकार के प्रश्न वे होते हैं जिनका उत्तर साधारण 'हाँ' या 'नहीं' में दिया जा सकता है। इन्हें Yes/No Questions कहा जाता है; जैसे :

Do you go to school? Yes, I do. No, I don't.

इस प्रकार के प्रश्नों का आरंभ Auxiliary Verb (सहायक क्रिया) से किया जाता है। ये इस प्रकार होती हैं : is, are, am, was, were, has, have, had, do, did, can, could, may, might, ought to, must, would, should, will, shall, used to, need, dare, आदि।

(b) दूसरे प्रकार के प्रश्न का उत्तर 'हाँ' या 'नहीं' में संतोषपूर्वक नहीं दिया जा सकता, अर्थात् उनके लिए किन्हीं अतिरिक्त तथ्यों की आवश्यकता होती है; जैसे :

Where are you going?
I'm going to school.
When are you going?
I'm going at 10 o'clock.

इस प्रकार के वाक्यों का आरंभ Interrogative word से होता है। ये हैं : where, when, whom, which, what, how, who आदि।

(3) Imperative Sentences. इस प्रकार के वाक्यों का प्रयोग आज्ञा, आदेश, प्रार्थना, सलाह आदि के लिए होता है; जैसे :

We should serve our country.
We must abide by the law.
Don't run on the road.
Never tell a lie.

(4) Exclamatory Sentences. इस प्रकार के वाक्यों का प्रयोग किसी अचानक उठे विचार या भावना को दर्शाने के लिए होता है; जैसे :

What a success!
Hurrah! We've passed.
Really!
Ah! What a fateful day.

(5) Optative Sentences. इस प्रकार के वाक्यों का प्रयोग इच्छा, प्रार्थना, आशीर्वाद, श्राप आदि को दर्शाने के लिए किया जाता है; जैसे :

May Heavens shower on you infinite bliss!
May God bless you!

NEWSPAPER HEADINGS

1. Syria gets the jitters as US fires warning shots : अमेरिका के चेतावनी देने पर सीरिया के पसीने छूटे
2. China SARS toll rises : चीन में सार्स से मरने वालों की संख्या बढ़ी
3. Smith's decision to hold back Pollock baffling : स्मिथ द्वारा पोलॉक को रोके रहने का निर्णय रहस्यमय
4. Bangladesh finally shows the will to fight : बांग्लादेश ने आखिरकार मुकाबला करने की इच्छा जताई
5. Ban on tobacco ads—MNCs, unorganised sectors to gain : तंबाकू से संबंधित विज्ञापनों पर लगी रोक से बहुदेशीय तथा असंगठित क्षेत्रों को लाभ होगा
6. Sharon softens Palestine stand : शैरोन ने फिलिस्तीन पर लचीला रुख अपनाया
7. Togadia sent to judicial custody : तोगड़िया को न्यायिक हिरासत में भेजा गया
8. Mulayam dares Mayawati to arrest him : मुलायम ने मायावती को स्वयं को गिरफ्तार करने की चुनौती दी
9. Law workshops planned for 'ignorant' cops : 'अनजान' पुलिसकर्मियों के लिए कानूनी कक्षाएँ योजित
10. Four held for woman's rape : स्त्री के बलात्कार के संबंध में चार पकड़े गए

IN THE MARKET

I

Shopkeeper : Welcome, sir, please be seated. What can I do for you?
(वैलकम, सर, प्लीज बी सीटेड। व्हाट कैन आई डू फॉर यू?)
आपका स्वागत है, श्रीमान्, कृपया बैठिए। मैं आपके लिए क्या कर सकता हूँ?

Lady : We're looking for a gift item. Show us something attractive.
(वी'आर लुकिंग फॉर ए गिफ्ट आईटम। शो अस समथिंग अट्रैक्टिव।)
हमें उपहार देने के लिए किसी चीज की तलाश है। हमें कोई आकर्षक वस्तु दिखाइए।

Shopkeeper : Tell me the range. Shall I show suitable gifts in the range of one hundred fifty rupees?
(टेल मी द रेंज। शैल आई शो सुटेबल गिफ्ट्स इन द रेंज ऑव वन हंड्रेड फिफ्टी रुपीज?)
मुझे अपना बजट बताएँ। क्या मैं लगभग 150 रुपए तक के उपहार दिखाऊँ?

Gentleman : Not that high, I think it should be alright if it's within one hundred rupees.
(नॉट दैट हाई, आई थिंक इट शुड बी ऑलराइट इफ इट्स विदिन वन हंड्रेड रुपीज।)
उतना महँगा नहीं, मेरा विचार है कि सौ रुपए के भीतर यह सही रहेगा।

Shopkeeper : Who is it whom you need to gift, and what's the occasion?
(हू इज इट हूम यू नीड टू गिफ्ट, एंड व्हाट्स द ओकेजन?)
आप किसे उपहार देने जा रहे हैं तथा किस अवसर पर?

Lady : It's a birthday of a ten-year-old girl.
(इट्'स ए बर्थडे ऑव ए टेन-इयर-ओल्ड गर्ल।)
यह एक दस वर्षीय लड़की के जन्मदिन के लिए चाहिए।

Shopkeeper : I see, I've a lot of things for such a girl. Here are toys. This one costs ninety rupees and this one costs one hundred and ten.
(आई सी, आ'इव ए लॉट ऑव थिंग्स फॉर सच ए गर्ल। हियर आर टॉयज। दिस वन कॉस्ट्स नाइनटी रुपीज एंड दिस वन कॉस्ट्स वन हंड्रेड एंड टैन।)
अच्छा, ऐसी लड़की के लिए मेरे पास बहुत सी चीजें हैं। ये खिलौने हैं। इसकी कीमत नब्बे रुपए है तथा इसकी कीमत एक सौ दस।

Lady : She has a lot of toys. Show us something else.

(शी हैज ए लॉट ऑव टॉयज। शो अस समथिंग ऐल्स।)

उसके पास बहुत से खिलौने हैं। कोई और चीज दिखाइए।

Shopkeeper : Here is a scenery at the cost of ninety-five rupees only. And here is a mind-teaser game meant for ten-year-olds. It teaches spelling in a funny manner.

(हियर इज ए सीनरी ऐट द कॉस्ट ऑव नाइनटी-फाइव रुपीस ऑनली। एंड हियर इज ए माइंड-टीजर गेम मेंट फॉर टेन-इयर-ओल्ड्स। इट टीचेज स्पेलिंग इन ए फनी मैनर।)

यह एक सीनरी है जिसकी कीमत पचानवे रुपए है। और यह एक दिमागी खेल है, जो लगभग दस-वर्षीय बच्चों के लिए बना है। यह वर्तनी को बहुत ही मनोरंजक तरीके से सिखाता है।

Gentleman : Yes, I think this should be useful for her. How much is it?

(यस, आई थिंक दिस शुड बी यूजफुल फॉर हर। हाउ मच इज इट?)

हाँ, मेरा विचार है कि यह उसके लिए लाभदायक रहेगा। कितने का है यह?

Shopkeeper : It's what you were looking for—exactly one hundred rupees.

(इट्'स व्हाट यू वर लुकिंग फॉर–एग्जैक्टली वन हंड्रेड रुपीस।)

इसकी कीमत है जो आप ढूँढ रहे थे–एकदम एक सौ रुपए।

Gentleman : Pack it then. Please make haste.

(पैक इट देन। प्लीज् मेक हेस्ट।)

तब इसे पैक कर दीजिए। कृपया जल्दी कीजिए।

II

Boy : Show me something according to the latest fashion.

(शो मी समथिंग एकॉर्डिंग टू द लेटेस्ट फैशन।)

मुझे नए फैशन की चीजें दिखाइए।

Shopkeeper : Sure, here are the trousers and here are the shirts. Which ones would you like to see?

(श्योर, हियर आर द ट्राउजर्स एंड हियर आर द शर्ट्स। व्हिच वन्स वुड यू लाइक टू सी?)

जरूर, यहाँ पैंटें हैं तथा यहाँ कमीजें हैं। आप क्या देखना चाहेंगे?

Boy : I want a trouser for now. I can also take a shirt if it fits my budget.
(आई वांट ए ट्राउजर फॉर नाउ। आई कैन ऑलसो टेक ए शर्ट इफ इट फिट्स माई बजट।)
अभी तो मुझे एक पैंट चाहिए। मैं एक कमीज भी ले सकता हूँ, यदि यह मेरे बजट में आ जाएगी तो।

Shopkeeper : We've an exclusive range in branded trousers. The low-end range starts just from one hundred and fifty rupees.
(वी'इव ऐन एक्सक्लुसिव रेंज इन ब्रांडेड ट्राउजर्स। द लो-एंड रेंज स्टाट्र्स जस्ट फ्रॉम वन हंड्रेड एंड फिफ्टी रुपीज।)
हमारे पास कंपनी की बिलकुल अलग रेंज है। इसमें सबसे सस्ता केवल एक सौ पचास से आरंभ होता है।

Boy : Show me in the middle range.
(शो मी इन द मिडिल रेंज।)
मुझे मध्यम श्रेणी में कुछ दिखाइए।

Shopkeeper : Here are the ten trousers in different hues. They are in the range of two hundred fifty to three hundred.
(हियर आर द टेन ट्राउजर्स इन डिफरेंट ह्यूज। दे आर इन द रेंज ऑव टू हंड्रेड फिफ्टी टू थ्री हंड्रेड।)
ये दस अलग रंगों की पैंटें हैं। इनकी कीमत दो सौ पचास से तीन सौ के बीच है।

Boy : How do you think it will suit me?
(हाउ डू यू थिंक इट विल सूट मी?)
आपके विचार से क्या यह मुझ पर फबेगा?

Shopkeeper : Your choice is really superb. It's the latest fad with the young. You'll look hot in it.
(योर च्वायस इज रियली सुपर्ब। इट्स द लेटेस्ट फैड विद द यंग। यूइल लुक हॉट इन इट।)
आपकी पसंद तो वाकई शानदार है। यह तो नौजवानों की नई पसंद है। आप इसमें बहुत अच्छे लगेंगे।

Boy : If it's so, I'll just try it. Where's your try room?
(इफ इट्स सो, आइ'ल जस्ट ट्राइ इट। व्हेयर्स योर ट्राई रूम?)

यदि ऐसा है तो मैं इसे अभी ट्राई करूँगा। आपका ट्राई रूम कहाँ है?

Shopkeeper : It's there in the corner near the staircase.
(इट्'स देअर इन द कॉर्नर नियर द स्टेअरकेस।)

वह वहाँ कोने में है सीढ़ियों के पास।

Boy : I'll just be back.
(आइ'ल जस्ट बी बैक।)

मैं अभी आता हूँ।

III

Lady : Just give me two hundred gram tea-leaves.
(जस्ट गिव मी टू हंड्रेड ग्राम टी-लीव्ज।)

जरा, मुझे दो सौ ग्राम चाय की पत्ती देना।

Salesman : Which one would you like to have—branded or local one?
(व्हिच वन वुड यू लाइक टू हैव–ब्रांडेड और लोकल वन?)

आप कैसी लेना पसंद करेंगी–कंपनी की या लोकल?

Lady : Show me both of them.
(शो मी बोथ ऑव दैम।)

मुझे दोनों दिखाओ।

Salesman : This one is from Brookbond and this one is from Taj Mahal. This one is local from a company called Ceilo.
(दिस वन इज फ्रॉम ब्रुकबॉण्ड ऐंड दिस वन इज फ्रॉम ताज महल। दिस वन इज लोकल फ्रॉम ए कंपनी कॉल्ड सीलो।)

यह ब्रुकबॉंड की है तथा यह ताज महल की है। यह वाली लोकल है जो सीलो कंपनी की है।

Lady : What's the difference in rates?
(व्हाट्'स द डिफरेंस इन रेट्स?)

इनकी कीमतों में क्या अंतर है?

Salesman : These branded packets of two hundred and fifty grams cost fifty rupees each, while this local one costs thirty-five only.

(दीज ब्रांडेड पैकैट्स ऑव टू हंड्रेड ऐंड फिफ्टी ग्राम्स कोस्ट फिफ्टी रुपीज ईच व्हाइल दिस लोकल वन कोस्ट्स थर्टी-फाइव ओनली।)

ये कंपनी के दो सौ पचास ग्राम के प्रत्येक पैकेट की कीमत पचास रुपए है तथा इस लोकल वाले की कीमत पैंतीस रुपए है।

Lady : How is the quality of this local one?
(हाउ इज द क्वालिटी ऑव दिस लोकल वन?)

इस लोकल वाले की गुणवत्ता कैसी है?

Salesman : We've sold a lot of this tea this season, and there's been no complaint so far.
(वी'हव सोल्ड ए लॉट ऑव दिस टी दिस सीजन, ऐंड देय'र्स बीन नो कंप्लेंट सो फार।)

इस मौसम में हमने इसे बहुत बेचा है और कोई भी शिकायत नहीं आई है।

Lady : It should be okay then. Give me one hundred grams. I'll check it first. If it's worth, I'll come back.
(इट शुड बी ओके देन। गिव मी वन हंड्रेड ग्राम्स। आइ'ल चेक इट फर्स्ट। इफ इट्स वर्थ, आइ'ल कम बैक।)

तब तो यह सही होगी। मुझे एक सौ ग्राम दे दो। मैं इसकी जाँच कर लूँ। यदि यह सही है तो मैं दोबारा आ जाऊँगी।

Salesman : That's my pleasure. What else do you need?
(दैट्'स माई प्लेजर। व्हाट एल्स डू यू नीड?)

यह मेरे लिए खुशी की बात है। आपको और क्या चाहिए?

Lady : Also give me a fifty-grams Colgate.
(ऑल्सो गिव मी ए फिफ्टी-ग्राम कोलगेट।)

मुझे पचास ग्राम का कोलगेट और दे दो।

Salesman : Here are your goods.
(हियर आर योर गुड्स।)

यह रहा आपका सामान।

MISCELLANY

Cereals and Eatables (सीरियल्स ऐंड ईटेबल्स) अन्न तथा खाद्य-पदार्थ

arrowroot (ऐरोरूट) अरारूट

barley (बारले) जौ

beef (बीफ) गाय का मांस

betel nut (बीटल नट) सुपारी

betel leaf (बीटल लीफ) पान का पत्ता

black gram (ब्लैक ग्राम) उरद/उड़द

biscuit (बिस्किट) बिस्कुट

bran (ब्रैन) चोकर

bread (ब्रेड) पाव रोटी, रोटी

broth (ब्रॉथ) जूस

buck wheat (बक वीट) मेथी

butter milk (बटर मिल्क) लस्सी, मट्ठा

butter (बटर) मक्खन

cake (कैक) कैक

castor seed (कैस्टर सीड) रेंडी

cheese (चीज) छैना, पनीर

chicken meat (चिकन मीट) मुर्गे का मांस

chocolate (चॉकलेट) चॉकलेट

clarified butter (क्लैरीफाइड बटर) घी

cluster bean (क्लस्टर बीन) ग्वार

coffee (कॉफी) कहवा

comfit (कॅम्फिट) इलायचीदाना

corn ear (कॉर्न ईयर) भुट्टा

cowpea (काउपी) लोबिया

cream (क्रीम) मलाई

curd (कर्ड) दही

dinner (डिनर) रात का भोजन

dry ginger (ड्राई जिंजर) सोंठ

egg (ऐग) अंडा

feast (फीस्ट) भोज

field pea (फील्ड पी) गोल मटर

fine flour (फाइन फ्लॉर) मैदा

flour (फ्लोर) आटा

food (फूड) भोजन

grains (ग्रेंस) अनाज

gram (ग्राम) चना

great millet (ग्रेट मिलेट) ज्वार

gruel (ग्रूएल) दलिया

gum acacia (गम अकेशिया) बबूल की गोंद

honey (हनी) शहद

ice (आइस) बर्फ

ice-cream (आइस-क्रीम) कुल्फी

jaggery (जैगरी) गुड़

maize (मेज) मक्का

jam (जैम) मुरब्बा

kidney bean (किडनी बीन) मूँग

lentil (लेंटिल) मसूर की दाल

little millet (लिटिल मिलेट) कुटकी

liquorice (लिकोरिस) मुलैठी

loaf (लोफ) डबलरोटी

lunch (लंच) दिन का भोजन

milk (मिल्क) दूध

millet (मिलेट) ज्वार, बाजरा

mincemeat (मिंसमीट) कीमा

mutton (मटन) बकरे का मांस

molasses (मोलासेस) राब

meat (मीट) मांस

oat (ओट) जई
oil (आयल) तेल
paddy (पैडी) धानं
pastry (पेस्ट्री) पेस्ट्री
pea (पी) मटर
pearl millet (पर्ल मिलेट) बाजरा
pepper (पेपर) काली मिर्च
pickle (पिकिल) अचार
pigeon pea (पिजन पी) अरहर
poppy (पॉपी) पोस्त
pork (पॉर्क) सूअर का मांस
puffed rice (पफ्ड राइस) मुरमुरा
pulse (पल्स) दाल
rice milk (राइस मिल्क) खीर
rice (राइस) चावल
salty dish (सॉल्टी डिश) नमकीन
sauce (सॉस) चटनी
semolina (सेमोलिना) सूजी
sesamum (सीसेमम) तिल
snacks (स्नैक्स) जलपान
sugar candy (शूगर कैंडी) मिश्री
sugar (शुगर) चीनी
sweet pudding (स्वीट पुडिंग) हलवा
syrup (सिरप) शर्बत
tea (टी) चाय
tomato ketchup (टोमैटो कैचप) टमाटर की चटनी
tomato (टोमैटो) टमाटर
vegetable (वेजिटेबुल) तरकारी, सब्जी
wheat (व्हीट) गेहूँ
whey (व्हे) मट्ठा
white mustard (व्हाइट मस्टॅड) सफेद सरसों
white gram (व्हाइट ग्राम) काबुली चना
wine (वाइन) शराब

Multiplication Numerals (मल्टीप्लीकेशन न्यूमरल्स) गुणावाचक गिनती का अभ्यास

single (सिंगल) इकहरा
double (डबल) दोगुना
triple (ट्रिपल) तिगुना
quadruple (क्वाड्रूपल) चौगुना
five-fold (फाइव-फोल्ड) पाँच गुना
six-fold (सिक्स-फोल्ड) छः गुना
seven-fold (सेवन-फोल्ड) सात गुना
eight-fold (एट-फोल्ड) आठ गुना
nine-fold (नाइन-फोल्ड) नौ गुना
ten-fold (टेन-फोल्ड) दस गुना

□

SAMPLE DIALOGUES

1. What is he to you?
   (व्हाट इज ही टू यू?)
   वह आपका क्या लगता है?
2. Are they happy?
   (आर दे हैप्पी?)
   क्या वे खुश हैं?
3. Is she lame?
   (इज शी लेम?)
   क्या वह लँगड़ी है?
4. Is he not a liar?
   (इज ही नॉट ए लाइर?)
   क्या वह झूठा नहीं है?
5. He is not hungry, is he?
   (ही इज नॉट हंगरी, इज ही?)
   वह भूखा नहीं है, क्या नहीं है?
6. She is not slim, is she?
   (शी इज नॉट स्लिम, इज शी?)
   वह पतली नहीं है, क्या वह है?
7. We are good citizens, aren't we?
   (वी आर गुड सिटिजंस, आरं'ट वी?)
   हम अच्छे नागरिक हैं, नहीं क्या?
8. You are rich, aren't you?
   (यआर रिच, आरंट यू?)
   आप अमीर हैं, नहीं क्या?
9. I'm in a hurry.
   (आइ'ऐम इन ए हरी।)
   मैं जल्दी में हूँ।
10. You do not seem to be happy today.
    (यू डू नॉट सीम टू बी हैप्पी टूडे।)
    आप आज खुश नहीं दिखाई देते।

11. You seem to be thirsty now.
(यू सीम टू बी थर्स्टी नाउ।)
अब आप प्यासे दिखाई देते हो।

12. We've no money.
(वी'इव नो मनी।)
हमारे पास पैसा नहीं है।

13. You and I are at fault.
(यू ऐंड आई आर ऐट फॉल्ट।)
तुम और मैं गलती पर हैं।

14. There are trees on either side of the road.
(देअर आर ट्रीज ऑन आइदर साइड ऑव द रोड।)
सड़क के दोनों ओर पेड़ हैं।

15. I'm not at fault.
(आई'ऐम नॉट ऐट फॉल्ट।)
मैं गलती पर नहीं हूँ।

16. You are a chum to me.
(यू आर ए चम टू मी।)
तुम मेरे अच्छे मित्र हो।

17. I've nothing to do with him.
(आइ'व नथिंग टू डू विद हिम।)
मेरा उससे कुछ लेना-देना नहीं है।

18. She is not weak in any subject.
(शी इज नॉट वीक इन एनी सब्जेक्ट।)
वह किसी विषय में कमजोर नहीं है।

19. Rohan is a man of words.
(रोहन इज ए मैन ऑफ वर्ड्स।)
रोहन अपने वायदे का पक्का है।

20. They are not your well-wishers.
(दे आर नॉट योर वेल-विशर्स।)
वे आपके हितचिंतक नहीं हैं।

21. That was a false news.
(दैट वाज ॲ फॉल्स न्यूज ।)
वह गलत खबर थी ।

22. The knife was not sharp; it was blunt.
(द नाइफ वाज नॉट शार्प; इट वाज ब्लंट ।)
चाकू तेज नहीं था; यह धारहीन था ।

23. I've not been with him today.
(आइ'व नॉट बीन विद हिम टूडे ।)
आज मैं उसके साथ नहीं था ।

24. He's sure of his success.
(ही'इज श्योर ऑव हिज सक्सेस ।)
वह अपनी सफलता के बारे में सुनिश्चित है ।

25. It was out of my control.
(इट वाज आउट ऑव माय कंट्रोल ।)
यह मेरे नियंत्रण (बस) के बाहर था ।

PRACTICE DIALOGUES

1. What is *<u>he</u>* to you?

she	the doctor
the girl	the boy
the old man	the lady

2. Is she *<u>lame</u>*?

deaf	blind
dumb	crazy
cowardly	plump

3. He is not *<u>hungry</u>*, is he?

angry	satisfied
contented	brave
law-abiding	honest

4. She is not *<u>slim</u>*, is she?

beautiful	plump
fat	ugly
perfect	quality-conscious

5. We are good <u>*citizens*</u>, aren't we?

swimmers	batsmen
bowlers	footballers
tennis-players	singers

6. You do not seem to be <u>*happy*</u> today.

tired	fresh
healthy	ill
enthusiastic	grand

7. <u>*You and I*</u> are at fault.

He and you	She and you
They and you	You and we
He and I	She and I

8. There are <u>*trees*</u> on either side of the road.

houses	hotels
buildings	drains
shops	plants

9. They are not your <u>*well-wishers*</u>.

friends	beneficiaries
relatives	bankers
customers	officers

10. That was <u>*a false*</u> news.

a good	an unbelievable
a true	an astonishing
an amazing	a surprising

VOCABULARY

lame (लेम) लँगड़ा, लँगड़ी
hungry (हंगरी) भूखा
citizen (सिटिजन) नागरिक
seem (सीम) लगना
either (आईदर) दो में से प्रत्येक
nothing (नथिंग) कुछ नहीं
word (वर्ड) शब्द, वायदा
liar (लाइर) झूठा
slim (स्लिम) पतला
hurry (हरी) शीघ्रता
fault (फॉल्ट) गलती
chum (चम) घनिष्ठ मित्र
weak (वीक) कमजोर
well-wisher (वेल-विशर) हितचिंतक

false (फाल्स) गलत
blunt (ब्लंट) धारहीन
control (कंट्रोल) नियंत्रण
dumb (डम) गूँगा
plump (प्लंप) मोटा
law-abiding (लॉ-अबाइडिंग) कानून का पालन करने वाला
swimmers (स्विमर्स) तैराक
tired (टायर्ड) थके हुए
enthusiastic (इंथूसियास्टिक) उत्साही
plant (प्लांट) पौधा
banker (बैंकर) महाजन, बैंककर्मी
customer (कस्टमर) ग्राहक
amazing (अमेजिंग) आश्चर्यजनक
surprising (सरप्राइजिंग) आश्चर्यजनक
sharp (शार्प) तेज, धारदार
sure (श्योर) सुनिश्चित
deaf (डेफ) बहरा
cowardly (कावर्डली) डरपोक
contented (कॅन्टेंटेड) संतुष्ट
perfect (परफेक्ट) एकदम सही
quality-conscious (क्वालिटी-कॅन्शियस) गुणग्राही
fresh (फ्रेश) ताजा
drain (ड्रेन) पतनाला
beneficiary (बेनिफिशियरी) लाभप्राप्तकर्त्ता
relative (रिलेटिव) रिश्तेदार
unbelievable (अनबिलीवेबल) अविश्वसनीय
astonishing (एस्टॉनिशिंग) चौंकानेवाली

TIPS

यदि आप यह समझते हैं कि अंग्रेजी एक कठिन भाषा है तो शायद आप गलती पर हैं। इसका कारण यह है कि यह विदेशी भाषा होते हुए भी विश्व के लगभग सभी देशों में बोली जाती है तथा शायद ही कोई ऐसी भाषा है जो इसके प्रत्यक्ष या अप्रत्यक्ष प्रभाव में नहीं आई है। इस कारण इसका साहित्य व प्रयोग आमतौर पर सभी जगह होता है तथा यह एक आम भाषा के रूप में प्रयुक्त होने लगी है।

जिन लोगों को यह भाषा कठिन लगती है, वे इस भाषा को लेकर मानसिक दबाव में होते हैं। यदि आप यह सोचते हैं कि यह भाषा आपके स्तर से ऊँचे लोगों के लिए ही है, तो भी आप गलती पर हैं। प्रायोगिक स्तर पर आप पाएँगे कि यह हिंदी से अधिक सरल भाषा है। जिस समय आप इसे बोलें, उस समय स्वयं को किसी भी मानसिक दबाव से मुक्त रखें। अपनी श्वास गति पर नियंत्रण रखें। उतनी ही जोर से बोलें जितना आप आमतौर पर बोलते हैं, हो सके तो और भी धीरे से। साथ ही, इस बात से न डरें कि आप इसे बोलेंगे तो आपसे गलती हो जाएगी। ऐसा कोई काम नहीं जिसे आप पहली बार करें और उसमें गलती न हो। आवश्यकता केवल इस बात की है कि आप इस गलती को समझ पाएँ तथा उसे भविष्य में न करें।

किसी गलती को भविष्य में न दोहराने का केवल एक ही रास्ता है—वह है ज्ञान। जिस किसी विषय पर आप पारंगत होना चाहते हैं, उस पर ज्ञान अर्जित करने के सिवा और कोई चारा नहीं, अंग्रेजी सीखने में भी यही बात लागू होती है। आप देखते आ रहे हैं कि हम आपको अंग्रेजी का आवश्यक ज्ञान विभिन्न प्रकार से दे रहे हैं जो आप व्यावहारिक जीवन में प्रयोग कर सकते हैं लेकिन साथ-ही-साथ, आप के लिए उस क्षेत्र का ज्ञान अर्जित करना भी आवश्यक है, जिससे आप जुड़े हुए हैं। हालाँकि हमारी यह कोशिश है कि आपको अधिकतर क्षेत्रों का ज्ञान उपलब्ध करा दिया जाए किंतु यह इस आकार की पुस्तक के लिए पूरी तरह संभव नहीं है।

अंगेजी पर अधिकार पाने के लिए निम्नलिखित बातों का ध्यान आपको रखना होगा :

(a) दोहराना किसी भाषा को सीखने की आवश्यक प्रक्रिया है। आपको शायद ही मालूम न हो कि आपने एक शब्द—माँ—को सीखने के लिए हजारों बार प्रयास किया और दोहराया। इसका परिणाम यह हुआ कि आप अपनी मातृभाषा को चाहे नींद में भी बोलें तो उसे ठीक ही बोलेंगे। यह बात अंग्रेजी के साथ भी लागू होती है। जो भी ज्ञान आप अर्जित करें, उसे कई बार दोहराएँ। यह दोहराना आपके परिवार के लोगों या मित्रों के साथ हो सकता है। किसी के भी उपलब्ध न होने पर आपका दर्पण यह कमी पूरी कर सकता है।

(b) शब्द ज्ञान ही है, जो किसी भाषा के संबंध में आपको आत्मविश्वास दे सकता है। आपको प्रयत्न करना चाहिए कि आप अधिक-से-अधिक शब्द जानें। इसके लिए आपको चाहिए कि आप जो कुछ भी पढ़ें, चाहे वह पाठ्यक्रम की पुस्तक हो, कोई समाचार-पत्र या पत्रिका हो या अन्य कोई पुस्तक हो, आप उसमें आने वाले प्रत्येक शब्द का अर्थ जानने का प्रयत्न करें। यह प्रयत्न करें कि कोई भी शब्द जिसका आप अर्थ नहीं जानते, ऐसे ही न निकल जाए। इसके लिए आपको एक अच्छे शब्दकोश का सहारा लेना चाहिए।

जब आप यह पुस्तक पूरी पढ़ चुकेंगे तो आपको प्राथमिक ज्ञान मिल चुका होगा; लेकिन आपकी अंग्रेजी सीखने की प्रक्रिया समाप्त नहीं हुई होगी। उसके बाद आपको चाहिए कि आपके समक्ष जो भी नया शब्द आए, उसका अर्थ आप अंग्रेजी-हिंदी शब्दकोश में देखने के स्थान पर किसी अंग्रेजी-अंग्रेजी शब्दकोश में देखें। इससे आपके अंग्रेजी सीखने की प्रक्रिया में तेजी आएगी। यह लेखक का स्वयं का आजमाया हुआ प्रयोग है।

(c) शब्द ज्ञान के साथ-ही-साथ आपको व्याकरण के अनुसार विभिन्न प्रकार के वाक्य बनाना आना चाहिए। जितने अधिक प्रकार के वाक्य आप बना पाएँगे, आपकी अंग्रेजी उतनी ही समृद्ध होगी। इस बारे में यह पुस्तक आपकी पूरी तरह सहायता करेगी।

(d) अंग्रेजी सीखने की प्रक्रिया मुख्य रूप से मस्तिष्क में चलती है। अतः अंग्रेजी को भी वहीं

सीखा जा सकता है। यह भाषा सीखने के लिए सबसे पहले आपको अंग्रेजी में सोचना आरंभ करना होगा। यह बात सही है कि शुरू में आपको लंबे वाक्य बनाने में मुश्किल होगी। कोई बात नहीं, बड़े वाक्यों को छोटे टुकड़ों में बाँट लें और उनके बारे में सोचें। यदि आप कहना चाहते हैं कि गृह-कार्य करने के बाद आप अपने मित्र को लेकर बाग में जाकर फुटबॉल खेलेंगे, तो इसे आप टुकड़ों में बाँट लें; जैसे : पहले मैं गृह-कार्य करूँगा, फिर मैं अपने मित्र के घर जाऊँगा, उसके साथ बाग जाऊँगा, वहाँ फुटबॉल खेलूँगा। एक बार आप छोटे वाक्यों को बनाने में आत्मविश्वास प्राप्त कर लेंगे तो इन वाक्यों को आपस में जोड़कर बड़े वाक्यों को बनाना सीखना कोई बहुत मुश्किल कार्य नहीं। ध्यान रखें, प्रत्येक कार्य का आरंभ छोटे स्तर से ही होता है।

Newspaper Headings

1. Talks announced, fears remain : वार्त्ता की घोषणा हुई, भय बना रहा
2. Monsoon will be below average—Met Department : मौसम विभाग के अनुसार मानसून सामान्य से नीचे होगा
3. Did Rahim flee before the fight? : क्या रहीम युद्ध से पहले भाग गया?
4. Roshan denied bail, charged with spreading hatred : रोशन को जमानत नहीं मिली, घृणा फैलाने का दोष लगाया
5. Inexperience shows but India safely home : अनुभव की कमी दिखाई दी लेकिन भारत सुरक्षित जीत गया
6. Olonga not seeking political asylum : ओलौंगा राजनीतिक शरण नहीं ढूँढ रहा
7. Palestinian guerrilla Abu Abbas captured : फिलस्तीनी छापामार अबु अब्बास पकड़ा गया
8. Maruti launches Grand Vitara : मारुति ने ग्रांड विटारा को बाजार में उतारा
9. European Union adds ten members : युरोपियन युनियन में दस सदस्य जुड़े
10. Hurriyat call to boycott PM visit : हुर्रियत ने प्रधानमंत्री दौरे को बॉयकॉट करने की घोषणा की

In The Journey

I

Alka : There is the rickshaw. Hire it for the railway station.
(देअर इज द रिक्शॉ। हाइर इट फॉर द रेलवे स्टेशन।)
वह रहा रिक्शा। उसे रेलवे स्टेशन के लिए किराए पर ले लो।

Ganapati	:	I'll do it right away. (आइ'ल डू इट राइट अवे।) मैं उसे अभी करता हूँ।
Alka	:	How much did you fix the rickshaw-puller for? (हाउ मच डिड यू फिक्स द रिक्शॉ-पुलर फॉर?) रिक्शे वाले को कितने में किया?
Ganapati	:	He asked for ten rupees. I agreed to it. (ही आस्क्ड फॉर टेन रुपीज। आई एग्रीड टू इट।) उसने दस रुपए माँगे। मैंने इसे मान लिया।
Alka	:	That's reasonable. The railway station is quite at a distance. (दैट्'स रीजनेबल। द रेलवे स्टेशन इज क्वाइट ऐट ए डिस्टेंस।) वह ठीक भी है। रेलवे स्टेशन काफी दूर है।
Ganapati	:	Yes, it's exactly three miles away. He has to work hard. We have much luggage too. (यस, इट्'स एग्जैक्ट्ली थ्री माइल्स अवे। ही हैज टु वर्क हार्ड। वी हैव मच लगेज टू।) हाँ, यह ठीक तीन मील दूर है। उसे मेहनत करनी होगी। हमारे पास सामान भी है।
Alka	:	I feel pity on these poor guys. They have to toil in all seasons, be it hot or cold, dry or wet. (आई फील पिटी ऑन दीज पुअर गाइज। दे हैव टू टॉयल इन ऑल सीजंस, बी इट हॉट आर कोल्ड, ड्राइ आर वैट।) मुझे इन गरीब लोगों पर दया आती है। उन्हें हर मौसम में कड़ी मेहनत करनी होती है, चाहे गरम हो या ठंडा, सूखा हो या गीला।
Ganapati	:	Tasks have to be done by someone or the other. Everyone cannot become the queen. (टास्क्स हैव टू बी डन बाइ समवन ओर द अदर। एवरीवन कैननॉट बिकम द क्वीन।) काम तो किसी-न-किसी को करने ही पड़ेंगे। हर एक मनुष्य रानी तो नहीं बन सकता।
Alka	:	You're right. That's life. We descend on the earth to play our part, as Shakespeare put it.

(यू'आर राइट। दैट्'स लाइफ। वी डिस्सेड ऑन द अर्थ टू प्ले ऑवर पार्ट, ऐज शेक्सपीयर पुट इट।)

तुम ठीक कहते हो। यह जीवन है। शेक्सपीयर ने कहा है कि हम लोग धरती पर अपना भाग अदा करने आते हैं।

Ganapati : We've reached the station. Its new building is really magnificent.
(वीइ'व रीच्ड द स्टेशन। इट्'स न्यू बिल्डिंग इज रियली मैग्नीफिसेंट।)
हम स्टेशन पहुँच गए हैं। इसकी नई इमारत वास्तव में शानदार है।

II

Ganapati : This coolie says that he will charge fifteen rupees to take us across the staircase.
(दिस कुली सेज दैट ही विल चार्ज फिफ्टीन रुपीज टू टेक अस एक्रॉस द स्टेअरकेस।)
यह कुली कहता है कि वह सीढ़ियों के पार ले जाने के पंद्रह रुपए लेगा।

Alka : Isn't that a little too high? Anyway, hire him.
(इजं'ट दैट ए लिटिल टू हाइ? एनीवे, हाइर हिम।)
क्या यह थोड़ा ज्यादा नहीं है? कोई बात नहीं, उसे कर लो।

Ganapati : I think I can hold this chaste. Can you hold that bag?
(आई थिंक आकै कैन होल्ड दिस चेस्ट। केन यू होल्ड दैट बैग?)
मेरा विचार है कि मैं इस संदूक को पकड़ लूँगा। क्या आप उस बैग को पकड़ सकती हैं?

Alka : Why not, at a railway station, you look strange without luggage.
(व्हाय नॉट, ऐट ए रेलवे स्टेशन, यू लुक स्ट्रेंज विदाउट लगेज।)
क्यों नहीं, रेलवे स्टेशन पर आप बिना सामान के अजीब लगते हैं।

Ganapati : You're right. After all, taking journey is a kind of exertion which we must undertake.
(यू'आर राइट। आफ्टर ऑल, टेकिंग जर्नी इज ए काइंड ऑव एग्जर्शन व्हिच वी मस्ट अंडरटेक।)
तुम सही कहती हो। वैसे भी यात्रा पर जाना एक तरह की मेहनत ही है, जो हमें जरूर करनी चाहिए।

Alka : What about tickets? You possess them safely, don't you?

(व्हाट एबाउट टिकेट्स। यू पॉसेस देम, डों'ट यू?)
टिकट के बारे में क्या हुआ? वे तुम्हारे पास हैं, नहीं क्या?

Ganapati : I do, I had checked them in my pocket when we started from home and after arriving here.
(आई डू, आई हैड चेक्ड देम इन माई पॉकेट व्हेन वी स्टार्टेड फ्रॉम होम एंड आफ्टर अराइविंग हियर।)
हैं मेरे पास, मैंने उन्हें अपनी जेब में घर से चलते समय तथा यहाँ आकर जाँचा था।

Alka : I'm proud of you, you're a responsible guy.
(आइ'ऐम प्राउड ऑव यू, यू'आर ए रिस्पॉन्सिबल गाए।)
मुझे तुम पर गर्व है। तुम एक भरोसेमंद लड़के हो।

Ganapati : Just listen to the announcement, when the train will arrive.
(जस्ट लिसेन टू द एनॉउंसमेंट, व्हेन द ट्रेन विल अराइव।)
जरा, घोषणा सुनो कि रेल कब आ रही है।

Alka : It's on time, a ten to fifteen minutes delay is usual for the railways.
(इट्स ऑन टाइम, ए टेन टू फिफ्टीन मिनिट्स डिले इज यूजुअल फॉर द रेलवेज।)
यह समय पर आ रही है। दस से पंद्रह मिनट की देरी रेलवे के लिए सामान्य बात है।

III

Alka : Look, we can see the train in the horizon.
(लुक, वी कैन सी द ट्रेन इन द हॉराइजन।)
देखो, हम रेल को आते हुए देख सकते हैं।

Ganapati : But you should realise that it is dangerous to lean over the rails. After all, the train is going to arrive here itself. Why should we show anxiety then?
(बट यू शुड रियलाइज दैट इट इज डेंजॅरस टू लीन ओवर द रेल्स। आफ्टर ऑल, द ट्रेन इज गोइंग टू अराइव हियर इटसेल्फ। व्हाय शुड वी शो एंग्जायटी देन?)
लेकिन हमें यह महसूस करना चाहिए कि पटरियों के ऊपर झुकना

खतरनाक हो सकता है। वैसे भी, रेल यहीं आने वाली है। तब हमें चिंता क्यों करनी चाहिए?

Alka : I think we can buy a packet of pakoras. It should be enjoyable while in the journey.
(आई थिंक वी केन बाय ए पैकेट ऑव पकोड़ाज। इट शुड बी एंजोयेबल व्हाइल इन द जर्नी।)
मेरे विचार से हमें पकोड़ों का एक पैकट खरीद लेना चाहिए। यात्रा में इससे मजा आना चाहिए।

Ganapati : I don't believe eating things which are prepared and sold in the open.
(आई डों'ट बिलीव ईटिंग थिंग्स व्हिच आर प्रीपेअर्ड एंड सोल्ड इन द ओपन।)
मेरा उन चीजों पर विश्वास नहीं है, जो खुले में बनाई व बेची जाती हों।

Alka : But that pakorawala has displayed things under a mesh. It should be safe to eat.
(बट दैट पकोड़ावाला हैज डिस्प्लेड थिंग्स अंडर ए मेश। इट शुड बी सेफ टू ईट।)
लेकिन उस पकोड़ेवाले ने चीजों को जाली के भीतर रखा है। वे खाने में सुरक्षित होंगी।

Ganapati : I've heard that the railways take due precautions as far as the vendors are concerned.
(आइव हर्ड दैट द रेलवेज टेक ड्यू प्रीकॉशंज एज फार एज द वेंडर्ज आर कंसर्न्ड।)
मैंने सुना है कि रेलवे इन विक्रेताओं के संबंध में पर्याप्त सावधानी बरतती है।

Alka : Then we must have some pakoras. I can't resist their flavour. What about you?
(दैन वी मस्ट हैव सम पकोड़ाज। आय कांट रिसिस्ट देअर फ्लेवर। व्हाट एबाउट यू?)
तब तो हमें कुछ पकोड़े खाने चाहिए। मैं उनकी खुशबू सूँघकर रह नहीं सकती। तुम्हारा क्या विचार है?

Ganapati : So am I. Here I go to buy them.
(सो एम आई। हियर आई गो टू बाइ दैम।)
मैं भी। यह लो मैं चला उन्हें खरीदने।

Alka : Hurry up, the train is right here as well.
(हरी अप, द ट्रेन इज राइट हियर एज वेल।)
जल्दी करो, ट्रेन बिलकुल यहाँ पहुँच गई है।

MISCELLANY

Silent Letters (साइलेंट लेटर्स) अनुच्चरित वर्ण

B अनुच्चरित

comb (कॉम) कंघी
bomb (बॉम) बम
lamb (लैम) भेड़ का बच्चा
tomb (टॉम) मकबरा
debt (डैट) कर्ज
thumb (थम) अँगूठा
doubt (डाउट) शक
dumb (डम) गूँगा

D अनुच्चरित

knowledge (नॉलेज) ज्ञान
ridge (रिज) पर्वत
sledge (स्लेज) बर्फ की गाड़ी
edge (एज) किनारा

C अनुच्चरित

scissors (सिजर्स) कैंची
scene (सीन) दृश्य
science (साइंस) विज्ञान
muscle (मसल) मांसपेशी
scion (साइअन) वंशज
scent (सेंट) गंध

E अनुच्चरित

rose (रोज) गुलाब
score (स्कोर) हिसाब
bore (ब्रोर) रूचिहीन
tone (टोन) ध्वनि, सुर
sore (सोर) नाराज होना
more (मोर) ज्यादा
one (वन) एक
shone (शोन) चमका

G अनुच्चरित

strength (स्ट्रेंथ) शक्ति
sign (साइन) हस्ताक्षर
foreign (फॉरेन) विदेश
judge (जज) न्यायाधीश
design (डिजाइन) नमूना, योजना
reign (रेन) शासन
resign (रिजाइन) त्याग देना
bridge (ब्रिज) पुल

pledge (प्लैज) प्रतिज्ञा

edge (एज) किनारा

H अनुच्चरित

honour (ऑनर) सम्मान

hour (आवर) घंटा

honest (ऑनेस्ट) ईमानदार

K अनुच्चरित

knot (नॉट) गाँठ

knave (नेव) गुलाम

knife (नाइफ) चाकू

knight (नाइट) योद्धा

know (नो) जानना

knock (नॉक) खटखटाना

L अनुच्चरित

balm (बाम) मरहम

should (शुड) चाहिए

would (वुड) गा, गी, गे

could (कुड) सका

talk (टॉक) बातचीत करना

walk (वॉक) चलना

half (हाफ) आधा

calf (काफ) बछड़ा

palm (पाम) हथेली

folk (फॉक) लोग

chalk (चॉक) खड़िया

N अनुच्चरित

damn (डैम) बद्दुआ देना

condemn (कंडेम) निंदा करना

autumn (ऑटम) पतझड़

hymn (हाइम) भजन

column (कॉलम) स्तंभ

solemn (सोलम) गंभीर

P अनुच्चरित

pneumonia (न्यूमोनिया) ज्वर

pneumatic (न्यूमैटिक) वायवीय

pseudo (स्यूडो) जाली, झूठा

receipt (रिसीट) रसीद

psychology (साइकोलॉजी) मनोविज्ञान

campbell (कैबेल)

psyche (साइकी) मन

psalm (साम) भजन

R अनुच्चरित

warm (वॉम) गरम

butter (बटॅर) मक्खन

fetter (फेटॅ) हथकड़ी

S अनुच्चरित

viscount (विकाउंट) एक पद

island (आइलैंड) टापू

isle (आईल) बहुत से टापू

T अनुच्चरित

snatch (स्नैच) छीनना

stitch (स्टिच) सिलना

fetch (फैच) लाना
catch (कैच) पकड़ना
often (ऑफन) प्रायः
hastle (हैसल) शीघ्रता करना
soften (सॉफन) मुलायम करना
castle (कैसल) किला
bouquet (बुके) गुलदस्ता
restaurant (रैस्टरां) रेस्टोरैंट
waist coat (वेस कोट) जैकेट
latch (लैच) सिटकिनी
jostle (जॉसल) धक्कम-धक्का करना
hasten (हेसन) जल्दी करना
listen (लिसेन) सुनना
debut (डेब्यू) प्रथम प्रयास
buffet (बफे) स्वयं सेवा भोजन
ballet (बैले) नृत्य-नाट्य

U अनुच्चरित

guess (गैस) अनुमान
plague (प्लेग) प्लेग
rogue (रोग) शैतान
guest (गेस्ट) अतिथि
guard (गाड) रक्षक
guarantee (गारंटी) गारंटी
sour (सोर) खट्टा
tongue (टंग) जुबान
colleague (कॅलीग) साथी
vague (वेग) अस्पष्ट
mosque (मॉस्क) मसजिद
vanguard (वैन्गाड) नेता, दिग्दर्शक
four (फोर) चार

W अनुच्चरित

wrap (रैप) लपेटना
wright (राइट) कारीगर
wrath (रैथ) गुस्सा
write (राइट) लिखना
sword (सौर्ड) तलवार
answer (आंसर) उत्तर
wring (रिंग) निचोड़ना
wrong (रॉन्ग) गलत

GH अनुच्चरित

weight (वेट) वजन
through (थ्रू) बीच से
eight (एट) आठ
high (हाई) ऊँचा
right (राइट) ठीक या दायाँ
fright (फ्राइट) भय
freight (फ्रेट) किराया
thigh (थाई) जाँघ
thorough (थॉरो) पूर्णतया
bright (ब्राइट) चमकीला
knight (नाइट) योद्धा
straight (स्ट्रेट) सीधा
might (माइट) ताकत

□

SAMPLE DIALOGUES

1. Thanks, thank you very much.
   (थैंक्स, थैंक यू वेरी मच।)
   आपका धन्यवाद।
2. No mention, please.
   (नो मेंशन, प्लीज।)
   कहने की आवश्यकता नहीं।
3. You are welcome.
   (यू आर वेलकम।)
   आपका स्वागत है।
4. It's my pleasure.
   (इट्स माई प्लेसर।)
   यह मेरे लिए हर्ष की बात है।
5. That's all right.
   (दैट्स आल राइट।)
   ठीक है।
6. Please, listen to me.
   (प्लीज लिसेन टू मी।)
   कृपया, मेरी बात सुनिए।
7. Please, be seated.
   (प्लीज, बी सीटेड।)
   कृपया, बैठ जाइए।
8. Please attend to me.
   (प्लीज, अटेंड टू मी।)
   कृपया, मेरी ओर ध्यान दें।
9. I'm extremely sorry.
   (आई'ऐम एक्सट्रीमली सॉरी।)
   मुझे अत्यंत खेद है।
10. Sorry to interrupt you.
    (सॉरी टू इंटरप्ट यू।)
    व्यवधान के लिए क्षमा चाहता हूँ।

11. After you.
(आफ्टर यू ।)
पहले आप ।

12. Kindly allow me to leave.
(काइंडली एलाउ मी टू लीव ।)
कृपया, मुझे विदा लेने की आज्ञा दें ।

13. She was serving a life sentence for murder.
(शी वाज सर्विंग ए लाइफ सेंटेंस फॉर मर्डर ।)
वह कत्ल करने के कारण आजीवन कैद की सजा भुगत रही थी ।

14. Why did Nisha agree to the demand of dowry in the first place?
(व्हाय डिड निशा एग्री टू द डिमांड ऑव डाउरी इन द फर्स्ट प्लेस ?)
सबसे पहला प्रश्न है कि निशा ने दहेज की माँग क्यों मानी ?

15. How did the fire spread?
(हाउ डिड द फायर स्प्रेड ?)
आग कैसे फैली ?

16. Most of the affected people are the residents of Rohini.
(मोस्ट ऑव द अफैक्टेड पीपल आर दॅ रेजीडेंट्स ऑव रोहिणी ।)
प्रभावितों में से अधिकतर लोग रोहिणी के निवासी हैं ।

17. There was some uncertainty about the number of the dead.
(देअर वाज सम अनसर्टेनटी एबाउट द नंबर ऑव दॅ डेड ।)
मृतकों की संख्या के बारे में कुछ अनिश्चितता थी ।

18. However, the local officials have denied the report.
(हाउएवर, द लोकल ऑफिशियल्स हैव डिनाइड द रिपोर्ट ।)
लेकिन स्थानीय अधिकारियों ने समाचार को झुठलाया है ।

19. RK Bajpai has made it to the Guinness records for a rare feat.
(आरके बाजपेई हैज मेड इट टू द गिनीज रिकॉर्ड्स फॉर ए रेअर फीट ।)
आरके बाजपेयी ने एक असंभव से कारनामे के कारण गिनिज रिकॉर्ड्स में प्रवेश पाया है ।

20. The Kerala police have been put on high alert.
(द केरला पोलिस हैव बीन पुट ऑन द हाई एलर्ट ।)
केरल पुलिस को सावधान कर दिया गया है ।

21. All incoming calls remain free.
(आल इनकमिंग कॉल्ज रिमेन फ्री ।)

सभी आने वाली कॉलें मुफ्त बनी रहेंगी।

22. We need to give cricket a chance.
(वी नीड टू गिव क्रिकेट ए चांस।)
हमें क्रिकेट को एक अवसर देना चाहिए।

23. Thank God!
(थैंक गॉड!)
अच्छा हुआ!

24. Of course!
(ऑव कोर्स!)
बेशक!

25. All right!
(ऑल राइट!)
ठीक है!

PRACTICE DIALOGUES

1. That's *all right*.

fine	boring
interesting	vexatious
good	nice

2. I'm *extremely* sorry.

very	pitifully
honestly	really
fully	truly

3. Sorry to *interrupt* you.

call	disturb
bother	forget
miss	abuse

4. Kindly allow me to *leave*.

write	sing
run	participate
jump	stand

5. She was serving a life sentence for *murder*.

fraud	fighting
theft	dacoity
accident	kidnapping

6. Why did Nisha *agree to* the demand of dowry in the first place?

refuse	consent to
accept	tell
telephone for	invite

7. How did the *fire* spread?

flu	disease
rumour	unhappiness
secret	infection

8. There was some *uncertainty* about the number of the dead.

confusion	clarity
clue	hint
fact	truth

9. However, the local officials have *denied* the report.

confirmed	reiterated
accepted	rendered
submitted	returned

10. The *Kerala police* have been put on high alert.

magistrates	ministers
taxation officials	doctors
army units	people

VOCABULARY

mention (मेंशन) कथन, चर्चा
attend (अटेंड) ध्यान देना, उपस्थित होना
extremely (एक्स्ट्रीमली) बहुत ही, अत्यंत
allow (एलाउ) आज्ञा देना
serve (सर्व) सेवा करना, भुगतना
murder (मर्डर) कत्ल
dowry (डाउरी) दहेज
most (मोस्ट) अधिकांश
resident (रेजीडेंट) निवासी
about (अबाउट) के बारे में
local (लोकल) स्थानीय
rare (रेअर) अनूठा, अतुल्य, अनोखा
incoming (इनकमिंग) भीतर आने वाला
pleasure (प्लेजर) हर्ष
interrupt (इंटरप्ट) व्यवधान डालना
after (आफ्टर) बाद में
leave (लीव) जाना, छोड़ना, छुट्टी
sentence (सेंटेंस) दंड, कारावास, वाक्य
demand (डिमांड) माँग
spread (स्प्रेड) फैलना
affected (अफैक्टेड) प्रभावित
uncertainty (अनसर्टेनटी) अनिश्चितता
dead (डेड) मृतक
deny (डिनाइ) झुठलाना
feat (फीट) कारनामा, कार्य
need (नीड) आवश्यकता होना

chance (चांस) अवसर
vexatious (वैक्सेशियस) उद्वेगपूर्ण
fully (फुल्ली) पूर्णरूप से
bother (बॉदर) परेशान करना
abuse (एब्यूज) गाली देना
fraud (फ्रॉड) धोखा
dacoity (डकॉयटी) डकैती
refuse (रिफ्यूज) मना करना
invite (इनवाइट) निमंत्रण देना
rumour (र्‌यूमर) अफवाह
clarity (क्लैरिटी) स्पष्टता
confirm (कनफर्म) प्रमाणित करना
render (रेंडर) जमा करना
interesting (इंटरेस्टिंग) रोचक
pitifully (पिटिफुली) दयापूर्णता के साथ
truly (ट्रूली) सच में
miss (मिस) खोना
participate (पार्टीसिपेट) भाग लेना
theft (थेफ्ट) चोरी
kidnapping (किडनैपिंग) अगवा करना
consent to (कॅनसेंट) सहमति देना
disease (डिजीज) बीमारी
infection (इनफैक्शन) संक्रमण
clue (क्लू) सूत्र
reiterate (रिइटरेट) दोहराना

TIPS

जिस प्रकार हम हिंदी में क्रिया को कर्ता के पुरुष (Person) तथा संख्या (Number) के आधार पर प्रयोग करते हैं, उसी प्रकार हमें अंग्रेजी में भी क्रिया (Verb) का प्रयोग संख्या (Number) तथा पुरुष (Person) के आधार पर करना चाहिए। इस संबंध में हम आपको जानकारी विभिन्न पाठों में दे रहे हैं।

Number: हम आपको बता चुके हैं कि अंग्रेजी में दो Number होते हैं : Singular Number (एकवचन) तथा Plural Number (बहुवचन)। Singular Number से एक व्यक्ति या वस्तु का ज्ञान होता है, जबकि Plural Number से दो या अधिक का।

Person: आप जानते हैं कि Person तीन होते हैं :

First Person : जो बात को कहता है; जैसे–I, we, आदि।
Second Person : जिससे बात की जाती है; जैसे–you.
Third Person : जिसके बारे में बात कही जाती है; जैसे–he, she, they, आदि।

Gender: Gender चार प्रकार के होते हैं :

Masculine Gender से किसी प्राणी या व्यक्ति के पुरुष होने का ज्ञान होता है; जैसे– boy, lion, prince आदि।

Feminine Gender से किसी प्राणी या व्यक्ति के स्त्री होने का ज्ञान होता है; जैसे–

girl, lioness, princess आदि।

Common Gender से यह ज्ञात करना कठिन होता है कि प्राणी स्त्री है या पुरुष; जैसे–friend, parent, doctor, thief आदि।

Neuter Gender से किसी वस्तु के बारे में यह पता नहीं चलता कि वह स्त्री है या पुरुष है तथा यह जीवित भी नहीं होती; जैसे–book, computer, telephone, desk, television, आदि।

Masculine Gender को Feminine Gender में बदलने के नियम इस प्रकार हैं :

(a) कुछ Masculine शब्दों में ess जोड़कर; जैसे–author—authoress, giant—giantess, poet—poetess आदि।

(b) कुछ Masculine शब्दों में आखिरी vowel हटाकर तथा ess जोड़कर; जैसे–actor—actress, hunter—huntress, tiger—tigress आदि।

(c) किसी शब्द के Masculine भाग के लिए Feminine शब्द प्रयुक्त कर; जैसे–boy-friend—girl-friend, milkman—milkmaid, salesman—saleswoman आदि।

(d) अन्य प्रकार से; जैसे–hero—heroine, czar—czarina, signor—signora, sultan—sultana आदि

(e) बिलकुल भिन्न शब्द प्रयुक्त कर; जैसे–cow—hen, nephew—niece, uncle—aunt आदि।

Newspaper Headings

1. BJP eyes assembly polls : भाजपा ने विधानसभा चुनावों को अपना लक्ष्य बनाया
2. New drive today to tame auto drivers : आज ऑटो चालकों को सीधा करने के लिए नया अभियान
3. Narcotics seized from former CBI officer's house : पूर्व सीबीआई अधिकारी के निवास से नशीली दवाइयाँ पकड़ी गईं
4. Aussies humiliate Windies to extend winning streak : ऑस्ट्रेलिया ने वेस्ट इंडीज को बुरी तरह हराकर अपना विजय अभियान आगे बढ़ाया
5. No end in sight to textile units' woes : कपड़ा मिलों की परेशानियों का कोई अंत नहीं दिखाई दे रहा
6. Al Qaeda more secretive, still lethal : अल कायदा और अधिक गुप्त, अभी भी खतरनाक

7. Indonesia begins Aceh offensive : इंडोनेशिया ने एसेह विद्रोहियों के विरुद्ध आक्रमण आरंभ किया
8. No major changes likely in the Cabinet : मंत्रिपरिषद् में किसी बड़े परिवर्तन की संभावना नहीं
9. Militants may announce ceasefire : आतंकवादियों के युद्धविराम की घोषणा की संभावना
10. EC detects more flaws in Madhya Pradesh rolls : चुनाव आयोग ने मध्य प्रदेश की चुनाव सूचियों में और कमियाँ पकड़ीं

AT A BANK

I

Meena : Excuse me sir. I want to open an account with this bank.
(एक्सक्यूज मी सर। आई वांट टू ओपन ऐन एकाउंट विद दिस बैंक।)
क्षमा कीजिए, श्रीमान्। मैं इस बैंक में एक खाता खोलना चाहती हूँ।

Clerk : Which account do you wish to open—current or saving?
(व्हिच एकाउंट डू यू विश टू ओपन—करेंट ऑर सेविंग?)
आप कैसा खाता खोलना चाहती हैं—चालू या बचत?

Meena : Saving, of course, I'm no businesswoman.
(सेविंग, ऑफ कोर्स, आई'ऐम नो बिजनेसवुमैन।)
निःसंदेह बचत ही, मैं कोई व्यापारी महिला नहीं हूँ।

Clerk : Please, go to counter number 3. You can get the form there.
(प्लीज गो टू काऊंटर नंबर थ्री। यू केन गैट द फॉर्म देअर।)
कृपया काऊंटर संख्या तीन पर जाएँ। आप वहाँ से फार्म प्राप्त कर सकती हैं।

Meena : What else will I need to open an account with?
(व्हाट एल्स विल आई नीड टू ओपन एन एकाउंट विद?)
मुझे खाता खोलने के लिए और किस चीज की आवश्यकता होगी?

Clerk : You'll need filled up form along with a photocopy of Aadhar Card, your recent photo and One thousand rupees.

(यूल नीड फिल्ड अप फॉर्म एलौंग विद ए फोटोकॉपी ऑव आधार कार्ड योर रीसेंट फोटो ऐंड वन थाउजेंड रुपीज ।)

आपको भरे हुए फार्म के साथ राशन कार्ड की फोटोकॉपी अपना नवीनतम फोटो तथा एक हजार रुपए चाहिए।

Meena : I don't have a Aadhar card. What should I do now?
(आई डोंट हैव ए आधार कार्ड। व्हाट शुड आई डू नाउ?)
मेरे पास राशन कार्ड नहीं है। अब मुझे क्या करना चाहिए?

Clerk : You can give any other document which speaks about your residential address.
(यू कैन गिव ऐनी अदर डॉक्यूमेंट व्हिच स्पीक्स एबाउट योर रेजिडेंश्यिल एड्रेस।)
आप और कोई दस्तावेज दे सकती हैं जो आपके घर के पते के बारे में प्रमाण देता हो।

Meena : Here is the filled up form and copy of electricity bill.
(हियर इज दें फिल्ड अप फॉर्म ऐंड कॉपी ऑफ इलेक्ट्रिसिटी बिल।)
यह लीजिए भरा हुआ फार्म और बिजली के बिल की कॉपी।

Clerk : Please get yourself verified by an account holder with this bank.
(प्लीज गैट योरसेल्फ वैरिफाइड बाइ ऐन एकाउंट होल्डर विद दिस बैंक।)
कृपया स्वयं को इस बैंक के किसी खाताधारक से सत्यापित करा लें।

Meena : I do not know anyone here.
(आई डू नॉट नो एनीवन हियर।)
मैं यहाँ क़िसी को नहीं जानती।

Clerk : You can request people here. Someone might want to help you.
(यू कैन रिक्वेस्ट पीपल हियर। समवन माइट वांट टू हैल्प यू।)
आप यहाँ लोगों से निवदेन कर सकती हैं। कोई आपकी सहायता करने की इच्छा कर सकता है।

Meena : Okay, I'll see what can be done.
(ओके, आइ'ल सी व्हाट कैन बी डन।)
ठीक है, मैं देखती हूँ कि क्या किया जा सकता है।

II

Meena : I had deposited a cheque of two thousand rupees in my account five days ago. It has not been credited till date.
(आई हैड डिपोजिटेड ए चैक ऑव टू थाउजैंड रुपीज इन माइ एकाउंट फाइव डेज एगो। इट हैज नॉट बीन क्रेडिटेड टिल डेट।)
मैंने अपने खाते में दो हजार रुपए का चैक पाँच दिन पहले जमा कराया था। यह अभी तक मेरे खाते में जमा नहीं हुआ है।

Clerk : Was it an outstation cheque or a local one?
(वाज इट एन आउटस्टेशन चैक ऑर ए लोकल वन?)
यह बाहर का चैक था या इसी शहर का?

Meena : It was a local one.
(इट वाज ए लोकल वन।)
यह इसी शहर का था।

Clerk : It should have come by now. Just wait, I'll see if it has bounced.
(इट शुड हैव कम बाइ नाउ। जस्ट वेट, आइ'ल सी इफ इट हैज बाउंस्ड।)
इसे तो अब तक आ जाना चाहिए था। थोड़ी देर प्रतीक्षा करें, मैं देखता हूँ कहीं यह अनादरित तो नहीं हो गया।

Meena : It cannot bounce, I'm sure. It was issued by my husband.
(इट कैननॉट बाउंस, आइ'ऐम श्योर। इट वाज इश्यूड बाइ माई हसबैंड।)
यह अनादरित नहीं हो सकता। यह मेरे पति द्वारा दिया गया था।

Clerk : It has come in the clearing today. It will be credited in your account tomorrow.
(इट हैज कम इन दॅ क्लियरिंग टुडे। इट विल बी क्रेडिटेड इन योर एकाउंट टुमॉरो।)
यह आज क्लियरिंग में आया है। यह आपके खाते में कल जमा हो जाएगा।

Meena : It has taken a little too much time.
(इट हैज टेकन ए लिटिल टू मच टाइम।)
इसने कुछ ज्यादा ही समय ले लिया।

Clerk : It was probably due to weekend enjoined with public holiday on Monday.

(इट वाज प्रोबेबली ड्यू टू वीकऐंड एनज्वायंड विद पब्लिक होलीडे ऑन मनडे।)

ऐसा शायद सप्ताहांत के साथ सोमवार को सार्वजनिक अवकाश के कारण हुआ है।

Meena : Any way, thank you.
(ऐनी वे, थैंक यू।)
कोई बात नहीं, धन्यवाद।

III

Meena : I want a loan. How can I get it?
(आई वांट ए लोन। हाउ कैन आई गैट इट?)
मुझे एक ऋण चाहिए। मैं इसे कैसे पा सकती हूँ?

Clerk : What kind of loan would you like to avail?
(व्हाट कांइंड ऑव लोन वुड यू लाइक टू अवेल?)
आप किस प्रकार का ऋण लेना चाहेंगी?

Meena : I want to buy a colour television.
(आई वांट टू बाय ए कलर टेलीविजन।)
मैं एक रंगीन टेलीविजन खरीदना चाहती हूँ।

Clerk : Are you an income tax payee? We need income tax returns for three years.
(आर यू एन इनकम टैक्स पेई? वी नीड इनकम टैक्स रिटर्न्स फॉर थ्री इयर्स।)
क्या आप आयकरदाता हैं? हमें तीन साल का आयकर रिटर्न चाहिए।

Meena : That I am, but I started paying income tax just two years back.
(दैट आई ऐम, बट आई स्टार्टेड पेइंग इनकम टैक्स जस्ट टू इयर्स बैक।)
वो तो मैं हूँ, लेकिन मैंने आयकर भरना केवल दो वर्ष पहले ही आरंभ किया है।

Clerk : Oh! You can do one thing. You can go to the manager. He can advise if the bank can help you.
(ओह! यू कैन डू वन थिंग। यू कैन गो टू द मैनेजर। ही केन एडवाइज इफ द बैंक कैन हैल्प यू।)
ओह! आप एक काम कर सकती हैं। आप मैनेजर के पास जा सकती हैं। वह आपको सलाह दे सकता है कि बैंक आपकी किस प्रकार सहायता कर

सकता है ।

Meena : I've already spoken to him. He says that I can get it.
(आइ'व ऑलरेडी स्पोकन टू हिम । ही सेज दैट आई कैन गैट इट ।)
मैंने उनसे पहले ही बात कर ली है । वह कहते हैं कि मुझे मिल सकता है ।

Clerk : Then fill the form please, and attach the documents as required by it.
(देन फिल द फॉर्म प्लीज, ऐंड अटैच दॅ डॉक्यूमेंट्स ऐज रिक्वायर्ड बाइ इट ।)
तब कृपया, फार्म भर दीजिए तथा साथ में आवश्यकतानुसार प्रमाण-पत्र भी लगा दीजिए ।

Meena : What is the rate of interest?
(व्हाट इज द रेट ऑव इनटरेस्ट?)
ब्याज की क्या दर है?

Clerk : It's 8 percent per annum on reducing balance.
(इट्स 8 परसेंट पर ऐनम ऑन रिड्यूसिंग बैलेंस ।)
यह आठ प्रतिशत प्रतिवर्ष है, जो कम होते बैलेंस पर लागू होती है ।

Meena : Thank you. I'll deposit the form tomorrow.
(थैंक यू । आइ'ल डिपोजिट द फॉर्म टुमॉरो ।)
धन्यवाद । मैं कल फार्म जमा कर दूँगी ।

Clerk : You're welcome.
(यू आर वेलकम ।)
आपका स्वागत है ।

MISCELLANY

Masculine	**Feminine**
actor (ऐक्टर) अभिनेता	actress (ऐक्ट्रेस) अभिनेत्री
bachelor (बैचलर) कुँआरा	maid, spinster (मेड, स्पिंस्टर) कुँआरी
boy (ब्वॉय) लड़का	girl (गर्ल) लड़की
boy-friend (ब्वॉय-फ्रैंड) पुरुष मित्र	girl-friend (गर्ल-फ्रैंड) स्त्री मित्र
brother (ब्रदर) भाई	sister (सिस्टर) बहन
buck (बक) नर सांबर	doe (डो) मादा सांबर
bull, ox (बुल, ऑक्स) साँड	cow (काउ) गाय
bullock (बुलॉक) बैल	heifer (हेफर) बछिया

businessman (बिजनेसमैन) पुरुष व्यापारी	businesswoman (बिजनेसवुमैन) स्त्री व्यापारी
cock (कॉक) मुर्गा	hen (हेन) मुर्गी
colt (कोल्ट) बछेड़ा	filly (फिली) बछिया
dog (डॉग) कुत्ता	bitch (बिच) कुतिया
drake (ड्रेक) नर बतख	duck (डक) मादा बतख
drone (ड्रोन) नर मधुमक्खी	bee (बी) मादा मधुमक्खी
earl (अर्ल) पुरुष प्रमुख (इंगलैंड)	countess (काउंटैस) स्त्री प्रमुख (इंगलैंड)
father (फादर) पिता	mother (मदर) माता
fox (फॉक्स) लोमड़ी	vixen (विक्सेन) लोमड़
gander (गांडर) हंस	goose (गूज) हंसिनी, बतख
gentleman (जेंटलमैन) पुरुष	lady (लेडी) स्त्री
grandfather (ग्रैंडफादर) बाबा	grandmother (ग्रैंडमदर) दादी
hart (हार्ट) हिरन	roe (रो) मादा हिरन
horse (हॉर्स) घोड़ा	mare (मेअर) घोड़ी
husband (हसबैंड) पति	wife (वाइफ) पत्नी
king (किंग) राजा	queen (क्वीन) रानी
landlord (लैंडलॉर्ड) जमींदार	landlady (लैंडलेडी) जमींदारिन
lord (लॉर्ड) मालिक	lady (लेडी) मालकिन
male (मेल) नर	female (फीमेल) मादा
man (मैन) पुरुष	woman (वुमैन) स्त्री
man-servant (मैन-सर्वेंट) नौकर	maid-servant (मेड-सर्वेंट) नौकरानी
milkman (मिल्कमैन) दूधवाला	milk-woman (मिल्क-वूमैन) दूधवाली
monk, friar (मंक, फ्रायर) तपस्वी	nun (नन) तपस्विनी
nephew (नैफ्यू) भतीजा	niece (नीस) भतीजी
papa (पापा) पिता	mamma (माम्मा) माता
peacock (पीकॉक) मोर	peahen (पीहेन) मोरनी
policeman (पुलिसमैन) पुलिसवाला	policewoman (पोलिस-वुमैन) पुलिसवाली
ram (रैम) मेढ़ा	ewe (इयू) मेढ़ी
salesman (सेल्समैन) विक्रेता	sales-woman (सेल्स-वूमैन) स्त्री-विक्रेता

□

SAMPLE DIALOGUES

1. Don't be angry.
   (डोंट बी एंग्री ।)

   गुस्सा न हों ।

2. It's none of your business.
   (इट्'स नन ऑव योर बिजनेस ।)

   तुम्हारा इससे कोई मतलब नहीं ।

3. Go to hell.
   (गो टू हैल ।)

   दफा हो जाओ ।

4. I wasn't with him.
   (आई वाजं'ट विद हिम ।)

   मैं उसके साथ नहीं था ।

5. It was false.
   (इट वाज फाल्स ।)

   यह गलत था ।

6. He was blind of one eye.
   (ही वाज ब्लाइंड ऑव वन आई ।)

   वह एक आँख से काना था ।

7. The screwdriver was blunt.
   (द स्क्रूड्राइवर वाज ब्लंट ।)

   पेचकस तेज नहीं था ।

8. The knife was sharp.
   (द नाइफ वाज शार्प ।)

   चाकू तेज था ।

9. The bed was comfortable.
   (दै ड वाज कम्फर्टेबल ।)

   बिस्तर आरामदायक था ।

10. It was out of my control.
    (इट वाज आउट ऑव माई कंट्रोल ।)

    यह मेरे बस के बाहर था ।

11. The market is closed for weekend.
(द मार्केट इज क्लोज्ड फॉर वीकएंड।)
बाजार सप्ताहांत के लिए बंद है।

12. It was afternoon.
(इट वाज आफ्टरनून।)
यह दोपहर का समय था।

13. Health is wealth.
(हेल्थ इज वेल्थ।)
स्वास्थ्य ही पूँजी है।

14. He is crazy.
(ही इज क्रेजी।)
वह पागल है।

15. She is glutton.
(शी इज ग्लॅटन।)
वह पेटू है।

16. He is good at singing.
(ही इज गुड ऐट सिंगिंग।)
वह गाने में अच्छा है।

17. Is the doctor in?
(इज द डॉक्टर इन?)
क्या डॉक्टर क्लीनिक में हैं?

18. Father is not at home.
(फादर इज नॉट ऐट होम।)
पिताजी घर पर नहीं हैं।

19. Mangoes taste sweet.
(मैंगोज टेस्ट स्वीट।)
आम मीठे होते हैं।

20. Flowers smell good.
(फ्लॉवर्स स्मेल गुड।)
फूल अच्छी खुशबू देते हैं।

21. You are in a hurry.
(यू आर इन ए हरी।)

तुम जल्दी में हो।

22. You are at fault.
(यू आर ऐट फॉल्ट।)
तुम गलती पर हो।

23. He was an able officer.
(ही वाज ऐन ऐबुल ऑफिसर।)
वह एक योग्य अधिकारी था।

24. He is not the captain of the hockey team.
(ही इज नॉट द कैप्टेन ऑव दें हॉकी टीम।)
वह हॉकी टीम का कप्तान नहीं है।

25. Would you like to work in a factory?
(वुड यू लाइक टू वर्क इन ए फैक्टरी?)
क्या तुम किसी फैक्टरी में काम करना पसंद करोगे?

PRACTICE DIALOGUES

1. Don't be *angry*.

happy	funny
crazy	rustic
foolish	enthusiastic

2. I wasn't with *him*.

aunt	father
mother	my friend
my wife	Roshni

3. It was *false*.

right	true
faulty	wrong
correct	estimated

4. The bed was *comfortable*.

luxurious	soft
silky	high
good	pleasant

5. It was out of my *control*.

imagination	reach
thinking	plan
domination	power

6. He is good at <u>*singing*</u>.

speaking	dancing
running	batting
aerobatics	yoga

7. <u>*Father*</u> is not at home.

mother	brother
Shilpa	uncle
Sunny	sister

8. You are <u>*at fault*</u>.

in the wrong
absolutely right
noddy

in the right
totally incorrect
useless

9. I was not <u>*with*</u> him.

beside	behind
in front of	after
along with	agreeable to

10. Would you like to work in <u>*a factory*</u>?

a shop	an industry
an office	a permanent project
computer	an individual project

VOCABULARY

none (नन) कोई नहीं
hell (हेल) नर्क
screwdriver (स्क्रूड्राइवर) पेचकस
weekend (वीकएंड) सप्ताहांत
glutton (ग्लटन) पेटू
fault (फाल्ट) गलती
team (टीम) दल
rustic (रस्टिक) गँवार
estimated (एस्टीमेटेड) अनुमानित
pleasant (प्लेजेंट) सुखदाई
soft (सॉफ्ट) मुलायम
reach (रीच) पहुँच
aerobatics (एअरोबेटिक्स) हवाई करतब
business (बिजनेस) व्यापार, मतलब
blind (ब्लाइंड) अंधा
comfortable (कम्फर्टेबल) आरामदायक
wealth (वेल्थ) धन
hurry (हरी) जल्दी
able (एबल) काबिल
funny (फनी) मजाकिया
enthusiastic (एंथ्यूसियास्टिक) उत्साही
luxurious (लग्जूरियस) विलासितापूर्ण
silky (सिल्की) मखमली
imagination (इमेजिनेशन) कल्पना
domination (डॉमिनेशन) नियंत्रण, वश
absolutely (एबसोल्यूटली) पूरी तरह से

noddy (नॉडी) शैतान
beside (बिसाइड) बगल में
in front of (इन फ्रंट ऑव) सामने, आगे
agreeable to (एग्रीएबल टू) के अनुसार
useless (यूजलेस) बेकार
behind (बिहाइंड) पीछे
along with (एलौंग विद) साथ में
individual (इंडीविजुअल) व्यक्तिगत

TIPS

Parts of Speech: अंग्रेजी में शब्दों को आठ प्रकार में बाँटा जा सकता है। इस विभाजन को Parts of Speech कहा जाता है। ये इस प्रकार के हैं :

(1) Noun (संज्ञा) : किसी व्यक्ति, स्थान, पशु या वस्तु के नाम को Noun कहते हैं; जैसे—man, wife, city, town, dog, monkey, pen, table आदि।

(2) Pronoun (सर्वनाम) : किसी Noun के स्थान पर प्रयोग होने वाले शब्द को Pronoun कहते हैं; जैसे—he, she, they, I, we, it, you आदि।

(3) Adjective (विशेषण) : जो शब्द किसी Noun या Pronoun के अर्थ में कुछ जोड़ता है, उसे Adjective कहते हैं; जैसे—good, kind, honest, bad, black, sweet, sour, poor आदि।

(4) Verb (क्रिया) : जो शब्द किसी व्यक्ति या वस्तु के बारे में कुछ बताता है या किसी कार्य के होने के बारे में वर्णन करता है उसे Verb कहते हैं; जैसे—go, do, come, walk, sleep, add, write आदि।

(5) Adverb (क्रिया-विशेषण) : जो शब्द किसी Verb, Adjective या किसी दूसरे Adverb की विशेषता बताता है या उसके अर्थ में कुछ जोड़ता है, उसे Adverb कहते हैं; जैसे—very, quite, rather, after, already, absolutely आदि। Adjective से बनने वाले अधिकांश Adverb में ly लगा होता है; जैसे—sweetly, bitterly, ably, bravely, foolishly, wisely आदि।

(6) Conjunction(संयोजक) : जो शब्द दो शब्दों, उपवाक्यों या वाक्यों को जोड़ने का कार्य करता है, उसे Conjunction कहते हैं; जैसे—and, but, or, if आदि।

(7) Preposition (संबंधसूचक अवयव) : वे शब्द जो किसी Noun या Pronoun से पहले प्रयुक्त होकर उसका संबंध अन्य शब्दों से बताते हैं, Preposition कहलाते हैं; जैसे—in, of, before, behind, at, by, for, from, till, to, with आदि।

(8) Interjection (विस्मयादिबोधक अवयव) : वे शब्द जो अचानक उठे भावों को अभिव्यक्ति प्रदान करते हैं, Interjection कहलाते हैं; जैसे—hurrah! bravo! ha! hush! fie! आदि।

Newspaper Headings

1. Ramchandran shopping complex to be attached : रामचंद्रन के शॉपिंग कॉम्पलेक्स की कुर्की होगी
2. Now a facelift for Victoria Memorial : अब विक्टोरिया मेमोरियल को सुधारा जाएगा
3. Government unlikely to accept changes in Article 12 : सरकार के आर्टिकल 12 में परिवर्तन की स्वीकृति की संभावना नहीं
4. Food-for-work plan helps, but not enough : काम के लिए भोजन सहायक, लेकिन नाकाफी
5. Congress directs state units to go for membership drive : कांग्रेस ने प्रदेश इकाइयों को सदस्यता अभियान शुरू करने के लिए कहा
6. Sikkim—Reopen the Himalayan trade route with China : सिक्किम ने कहा कि चीन के साथ हिमालयन व्यापार मार्ग को दोबारा खोला जाए
7. NGOs resent frequent changes of guidelines : गैर-सरकारी संस्थाओं ने निर्देशों में बार-बार परिवर्तन का विरोध किया
8. Patna jeweller rescued, nine abductors held : पटना के सुनार को रिहा कराया, नौ अपहरणकर्ता गिरफ्तार
9. Shops to be shifted to ease traffic : ट्रैफिक को सुधारने के लिए दुकानों को स्थानांतरित किया जाएगा
10. Dewoo workers fight takeover battle : देवू कर्मियों ने विक्रय युद्ध को लड़ा

Telephonic Conversation

I

Hari : Is it 5679245?
(इज इट 5679245 ?)
क्या यह 5629245 है?

Gautam : Yes, it is. May I know who is speaking?
(यस, इट इज। मे आई नो हू इज स्पीकिंग?)
जी हाँ, है। क्या मैं जान सकता हूँ कि कौन बोल रहा है?

Hari : It's Hari. I want to speak to Geetesh.
(इट्स हरि। आई वांट टू स्पीक टू गीतेश।)

मैं हरि हूँ। मैं गीतेश से बात करना चाहता हूँ।

Gautam : Presently he is not at home. He is expected back in two hours.
(प्रेजेटली ही इज नॉट ऐट होम। ही इज एक्स्पेक्टेड बैक इन टू आवर्स।)
इस समय तो वह घर पर नहीं है। उसके दो घंटों में लौटने की संभावना है।

Hari : Where has he gone? I had an urgent piece of work with him.
(व्हेयर हैज ही गॉन? आई हैड ऐन अर्जेंट पीस ऑव वर्क विद हिम।)
कहाँ गया है वह? मुझे उससे एक काम था।

Gautam : I do not know exactly. You can leave a message if you would like to.
(आई डू नॉट नो एग्जैक्टली। यू कैन लीव ए मैसेज इफ यू वुड लाइक टू।)
मुझे ठीक प्रकार से नहीं पता। यदि तुम चाहो तो संदेश छोड़ सकते हो।

Hari : Just ask him to give me a ring as soon as he returns.
(जस्ट आस्क हिम टू गिव मी ए रिंग ऐज सून ऐज ही रिटर्न्स।)
जैसे ही वह आए, उससे कहना कि मुझे टेलीफोन करे।

Gautam : Just wait, I remember, he has mobile with him. Ring him up.
(जस्ट वेट, आई रिमेंबर, ही हैज मोबाइल विद हिम। रिंग हिम अप।)
एक मिनट, मुझे याद आ रहा है, उसके पास मोबाइल है। उसे टेलीफोन कर लो।

Hari : That's nice. What's the number?
(दैट्'स नाइस। व्हाट्'स द नंबर?)
यह अच्छा है। नंबर क्या है?

Gautam : It's 9245112345.
(इट्'स 9245112345।)
यह 9245112345 है।

Hari : Thank you very much.
(थैंक यू वेरी मच।)
बहुत-बहुत धन्यवाद।

II

Geetesh : Hello, who is speaking?
(हैलो, हू इज स्पीकिंग?)

कौन बोल रहा है?

Hari : Geetesh, Hari this side.
(गीतेश, हरि दिस साइड।)
गीतेश, मैं हरि हूँ।

Geetesh : Oh! I'm sorry that I could not come to your place. Daddy wanted me to go to the clinic.
(ओह! आई'ऐम सॉरी दैट आई कुड नॉट कम टू योर प्लेस। डैडी वांटेड मी टू गो टू द क्लीनिक।)
आह! मैं क्षमा प्रार्थी हूँ कि मैं तुम्हारे यहाँ नहीं आ सका। पिताजी चाहते थे कि मैं क्लीनिक जाऊँ।

Hari : It would have been really enjoyable in your company. I just got bored up without you.
(इट वुड हैव बीन रियली एंजॉएबल इन योर कंपनी। आय जस्ट गॉट बोर्ड अप विदाउट यू।)
तुम्हारा साथ रहने पर बहुत ही आनंददायक होता। तुम्हारे बिना मैं तो बोर हो गया।

Geetesh : I'll come to you in the evening. We'll talk a lot then.
(आइ'ल कम टू यू इन द ईवनिंग। वीइ'ल टॉक ए लॉट देन।)
मैं शाम को तुम्हारे पास आऊँगा। तब हम खूब बातें करेंगे।

Hari : Not in the evening, you know, it's Friday. I've my class for music today.
(नॉट इन द ईवनिंग, यू नो, इट्'स फ्राइडे। आइ'व माई क्लास फॉर म्यूजिक टुडे।)
शाम को नहीं, तुम जानते हो कि आज शुक्रवार है। आज मेरी संगीत की कक्षा है।

Geetesh : If you say, I'll accompany you to your class and join it too.
(इफ यू से, आइ'ल एकंपनी यू टू योर क्लास ऐंड जॉइन इट टू।)
यदि तुम कहो तो मैं तुम्हारी कक्षा तक तुम्हारे साथ चलूँगा और इसमें सम्मिलित भी हो जाऊँगा।

Hari : Are you really interested in music? I never knew.
(आर यू रियली इनटेरेस्टेड इन म्यूजिक? आई नेवर न्यू।)

क्या तुम्हें वास्तव में संगीत में रुचि है? मुझे पता नहीं था।

Geetesh : Your friendship got to have some impact.
(योर फ्रेंडशिप गॉट टू हैव सम इंपैक्ट।)

तुम्हारी दोस्ती का कुछ तो असर होना ही था।

Hari : Then I'll wait for you. Come by six.
(देन आइ'ल वेट फॉर यू। कम बाई सिक्स।)

तब मैं तुम्हारी प्रतीक्षा करूँगा। छः बजे तक आ जाना।

Geetesh : Sure, I'll be there.
(श्योर, आइ'ल बी देअर।)

निश्चित रूप से, मैं वहाँ होऊँगा।

III

Amit : Hello!
(हैलो!)

हैलो!

Hari : Amit! Hari is calling this end.
(अमित! हरि इज कॉलिंग दिस एंड।)

अमित! मैं हरि बोल रहा हूँ।

Amit : Yes, Hari. How do you do? How is your music going on?
(यस, हरि। हाउ डू यू डू? हाउ इज योर म्यूजिक गोइंग ऑन?)

हाँ, हरि। तुम कैसे हो? तुम्हारा संगीत कैसा चल रहा है?

Hari : It's going on nicely. I'm going to participate in the state level music competition next month.
(इट्स गोइंग ऑन नाइसली। आई'ऐम गोइंग टू पार्टीसिपेट इन द स्टेट लेवल म्यूजिक कॉम्पिटिशन नेक्स्ट मंथ।)

अच्छा चल रहा है। मैं अगले महीने प्रदेश स्तर की संगीत प्रतियोगिता में भाग ले रहा हूँ।

Amit : That's nice to know. You must prepare well. There is no substitute for hard work.
(दैट्'स नाइस टू नो। यू मस्ट प्रिपेअर वैल। देअर इज नो सब्स्टीट्यूट फॉर हार्ड वर्क।)

यह जानकर बहुत अच्छा लगा। तुम्हें अच्छी तरह तैयारी करनी चाहिए।

मेहनत का और कोई स्थानापन्न नहीं है।

Hari : I'm putting in everything. You might know Geetesh too is interested in joining the class.
(आई'ऐम पुटिंग इन एवरीथिंग। यू माइट नो गीतेश टू इज इन्टरेस्टेड इन जॉइनिंग दॅ क्लास।)
मैं अपना सब कुछ दाँव पर लगा रहा हूँ। तुम्हें पता हो कि गीतेश भी कक्षा में शामिल होने का इच्छुक है।

Amit : Really? He is a dullard. I'm not sure if he would learn even the spelling of music.
(रियली? ही इज ए डलार्ड। आई'ऐम नॉट श्योर इफ ही वुड लर्न इवन द स्पेलिंग ऑव म्यूजिक।)
सच? वह तो मूर्ख है। मैं नहीं समझता कि वह संगीत की वर्तनी भी सीख पाएगा।

Hari : Don't undermine him. He's talented, he only needs exposure.
(डों'ट अंडरमाइन हिम। ही इज टैलेंटेड, ही ओनली नीड्स एक्सपोजर।)
उसे कम मत समझो। उसमें योग्यता है, केवल उसे उभारने की आवश्यकता है।

Amit : I know, he can do anything only if he concentrates. I'm coming to your house to celebrate his joining the class.
(आई नो, ही कैन डू एनीथिंग ओनली इफ ही कंसनट्रेट्स। आई'ऐम कमिंग टू योर हाउस टू सेलीब्रेट हिज जॉइनिंग दॅ क्लास।)
मैं जानता हूँ, उसे केवल ध्यान देने की आवश्यकता है। मैं उसके कक्षा में सम्मिलित होने की खुशी को मनाने के लिए तुम्हारे घर आ रहा हूँ।

Hari : You're welcome. It should be fun. Good-bye.
(योर वेलकम। इट शुड बी फन। गुड-बाय।)
आ जाओ। मजा आएगा। नमस्ते।

MISCELLANY

Minerals (मिनरल्स) खनिज पदार्थ

antimony (ऐंटीमनी) सुरमा
arsenic (आर्सेनिक) संखिया
asphalt (एसफॉल्ट) डामर
bitumen (बिटुमन) शिलाजीत
blue vitriol (ब्लू विट्रियल) नीला थोथा
bronze (ब्रॉन्ज) काँसा

chalk (चॉक) खड़िया
cinnabar (सिनेबर) शिगरफ
coaltar (कोलटार) तारकोल
cornelian (कॉर्नेलियन) अकीक
gray tin (ग्रे टिन) धूसल बंग
iron ore (आयरन ओर) खनिज लोहा
kerosene oil (केरोसीन ऑयल) मिट्टी का तेल
marble (मार्बल) संगमरमर
mica (माइका) अभ्रक
muscovite (मस्कोवाइट) सफेद अबरक
ore (ओर) अयस्
ochre (ऑकर) गेरू
red ochre (रेड ऑकर) लाल गेरू
shale (शेल) स्लेटी पत्थर
soap stone (सोप स्टोन) सेलखड़ी
steel (स्टील) पक्का लोहा
tin (टिन) रांग
white lead (व्हाइट लेड) सफेदा
yellow ochre (येलो ऑकर) रामरज
charcoal (चारकोल) लकड़ी का कोयला
coal (कोल) पत्थर का कोयला
copper (कॉपर) ताँबा
flint (फ्लिंट) चकमक पत्थर
grey copper (ग्रे-कॉपर) भूरा ताँबा
iron (आयरन) लोहा
lead (लेड) सीसा
magnet (मैगनेट) अयस्कांत
mercury (मर्करी) पारा
mine (माइन) खान
oil (ऑयल) तेल
orpiment (ऑर्पिमेंट) हरताल
plastic-clay (प्लास्टिक-क्ले) सुघट्य मिट्टी
rock oil (रॉक ऑयल) शैल तेल पेट्रोलियम
silver (सिल्वर) चाँदी
steatite (स्टिऐटाइट) स्टिऐटाइट
sulphur (सल्फर) गंधक
touchstone (टचस्टोन) कसौटी
vermilion (वर्मिलियन) सिंदूर
zinc (जिंक) जस्ता

□

SAMPLE DIALOGUES

1. Silver is a precious metal.
(सिल्वर इज ए प्रीशियस मेटल ।)
चाँदी एक बहुमूल्य धातु है।
2. Curd is made from milk.
(कर्ड इज मेड फ्रॉम मिल्क ।)
दही दूध से बनता है।
3. Lead is very heavy.
(लैड इज वेरी हैवी ।)
सिक्का बहुत भारी होता है।
4. The coal mined here is of good quality.
(द कोल माइंड हियर इज ऑफ गुड क्वालिटी ।)
यहाँ से खनित कोयला अच्छी गुणवत्ता का होता है।
5. They were thankful for the help we did to them.
(दे वर थैंकफुल फॉर द हैल्प वी डिड टू देम ।)
वे उस सहायता के लिए कृतार्थ थे जो हमने उनकी की।
6. Take these five rupees for the bread you gave me.
(टेक दीज फाइव रुपीज फॉर द ब्रेड यू गेव मी ।)
ये लो पाँच रुपए उस रोटी के लिए जो आपने मुझे दी।
7. Lunch is eaten at 2 o'clock.
(लंच इज ईटन ऐट टू ओ'क्लॉक ।)
दोपहर का भोजन दो बजे खाया जाता है।
8. Dinner is prepared after 7 o'clock.
(डिनर इज प्रिपेअर्ड आफ्टर सेवन ओ'क्लॉक ।)
रात्रि भोजन सात बजे के बाद तैयार किया जाता है।
9. The dinner at the hotel was tasteless.
(द डिनर ऐट द होटल वाज टेस्टलेस ।)
होटल का रात्रि भोजन बेस्वाद था।

10. We enjoyed the food that she gave us.
(वी एंजॉएड द फूड दैट शी गेव अस।)
हमने उस खाने को बहुत चाव से खाया जो उसने हमें दिया।

11. Apples are grown in hilly areas.
(ऐपल्स आर ग्रोन इन हिली एरियाज़।)
सेब पहाड़ी क्षेत्रों में उगाए जाते हैं।

12. The apples of Kashmir are delicious.
(द ऐपल्स ऑव कश्मीर आर डिलीशियस।)
कश्मीर के सेव बहुत स्वादिष्ट होते हैं।

13. Cricket is a game that requires great concentration.
(क्रिकेट इज ए गेम दैट रिक्वायर्स ग्रेट कंसनट्रेशन।)
क्रिकेट एक ऐसा खेल है जिसमें बहुत ध्यान की आवश्यकता होती है।

14. Learning chess needs hard work.
(लर्निंग चैस नीड्स हार्ड वर्क।)
शतरंज सीखने के लिए कड़ी मेहनत की आवश्यकता होती है।

15. We are leaving for America next week.
(वी आर लीविंग फॉर अमेरिका नेक्स्ट वीक।)
हम अगले सप्ताह अमेरिका जा रहे हैं।

16. Prime Minister Modi is likely to inaugurate the function.
(प्राइम मिनिस्टर मोदी इज लाइकली टू इनॉग्युरेट दॅ फंक्शन।)
प्रधानमंत्री वाजपेयी के कार्यक्रम का उद्घाटन करने की संभावना है।

17. I bought this shirt in a shop at the West End Road.
(आई बॉट दिस शर्ट इन ए शॉप ऐट द वेस्ट ऐंड रोड।)
मैंने इस कमीज को वेस्ट ऐंड रोड की एक दुकान से खरीदा।

18. There are large showrooms in Esplanade Square.
(देअर आर लार्ज शोरूम्स इन एस्प्लेनेड स्क्वायर।)
एस्प्लेनेड स्क्वायर पर बड़े शोरूम (भव्य दुकानें) हैं।

19. Delhi stands on the Yamuna.
(देल्ही स्टैंड्स ऑन द यमुना।)
दिल्ली यमुना के तट पर बसी है।

20. The *God of Small Things* is a great fiction.
(द गॉड ऑव स्मॉल थिंग्स इज ए ग्रेट फिक्शन।)
द गॉड ऑव स्मॉल थिंग्स एक महान् उपन्यास है।

21. Man is the only creature with power of speech.
(मैन इज द ओनली क्रिएचर विद पावर ऑव स्पीच।)
मानव ही अकेला बोलने की शक्ति रखने वाला जीव है।

22. The children go to school to study.
(द चिल्ड्रन गो टू स्कूल टू स्टडी।)
बच्चे विद्यालय पढ़ने जाते हैं।

23. I went to the railway station to have a cup of coffee.
(आई वेंट टू द रेलवे स्टेशन टू हैव ए कप ऑव कॉफी।)
मैं रेलवे स्टेशन एक कप कॉफी पीने गया।

24. The submarine travels under the water.
(द सबमेरीन ट्रेवल्स अंडर दँ वाटर।)
पनडुब्बी पानी के भीतर चलती है।

25. Water in that stream is not worth drinking.
(वाटर इन दैट स्ट्रीम इज नॉट वर्थ ड्रिंकिंग।)
उस झरने का पानी पीने योग्य नहीं है।

PRACTICE DIALOGUES

1. *Silver* is a precious metal.

Gold	Lead
Iron	Aluminium
Steel	Copper

2. *Curd* is made from *milk*.

Flour	wheat
Pudding	rice
Chocolate	cinchona
Hut	mud
Purse	leather
Shirt	cloth

3. They were *thankful* for the help we did to them.

thankless	grateful
hopeful	hopeless
absolutely needy	callous

4. The dinner at the hotel was *tasteless*.

delicious	tasty
luscious	sour
Continental	Oriental

5. We enjoyed the *food* that she gave us.

lecture	juice
ice-cream	treat
CD	company

6. Cricket is a game that requires *great concentration*.

physical fitness	hard work
perseverance	initiative
practice	time

7. The children go to school to *study*.

play	learn
enjoy	entertain
gain knowledge	practise

8. I went to the railway station to *have a cup of coffee*.

have my dinner	buy a ticket
get my seat reserved	meet my friend
interview the passengers	bring my luggage

9. The *submarine* travels *under the water*.

ship	on the water
aeroplane	in the air
car	on the road
train	on the rails
boat	on the water
satellite	in the space

10. *Water in that stream* is not worth taking.

Shirt in that almirah	Biscuit in the packet
Juice in that shop	Travel in the car
Vegetable with that vendor	Tour in that area

VOCABULARY

silver (सिल्वर) चाँदी

curd (कर्ड) दही

prepare (प्रिपेअर) तैयार करना

grow (ग्रो) पैदा कराना, उगाना

require (रिक्वायर) आवश्यकता होना

concentration (कंसनट्रेशन) ध्यान

precious (प्रीशियस) कीमती

mine (माइन) खान, खनन करना

tasteless (टेस्टलेस) स्वादहीन

delicious (डिलीशियस) स्वादिष्ट

great (ग्रेट) महान्, ज्यादा, अधिक

need (नीड) आवश्यकता होना

inaugurate (इनॉग्युरेट) उद्घाटन करना
stand (स्टैंड) खड़ा होना, निश्चित होना
creature (क्रिएचर) जीव
submarine (सबमरीन) पनडुब्बी
worth (वर्थ) योग्य
gold (गोल्ड) सोना
flour (फ्लोर) आटा
pudding (पुडिंग) खीर
mud (मड) मिट्टी
grateful (ग्रेटफुल) कृतज्ञ
hopeless (होपलेस) निराश
callous (कैलस) दयाहीन, बिना ध्यान दिए
perseverance (पर्सिवरेंस) दीर्घ प्रयत्न
entertain (एंटरटेन) मनोरंजन करना
reserve (रिजर्व) आरक्षण करना
space (स्पेस) अंतरिक्ष
vendor (वेंडर) विक्रेता
function (फंक्शन) कार्यक्रम
fiction (फिक्शन) कल्पना, उपन्यास
speech (स्पीच) भाषण, बोलना
stream (स्ट्रीम) झरना
iron (आयरन) लोहा
copper (कॉपर) ताँबा
wheat (व्हीट) गेहूँ
rice (राइस) चावल
leather (लैदर) चमड़ा
hopeful (होपफुल) आशावान
needy (नीडी) जरूरतमंद
sour (सार) कड़वा
physical (फिजीकल) शारीरिक
gain (गेन) प्राप्त करना
interview (इंटरव्यू) साक्षात्कार करना
vegetable (वेजीटेबल) सब्जी

TIPS

अकसर यह देखा गया है कि अंग्रेजी प्रयोगकर्ता Article संबंधी गलतियाँ सबसे अधिक करते हैं। अतः इनके प्रयोग के बारे में अधिक विस्तार से जानना चाहिए क्योंकि इनके गलत प्रयोग से अर्थ में परिवर्तन की संभावना बनी रहती है।

Article दो प्रकार के होते हैं : Indefinite Article तथा Definite Article.

Indefinite Article: यह दो होते हैं : a तथा an.

Definite Article: यह होता है the.

Use of A: A का प्रयोग उन शब्दों से पहले होता है जो Consonant की ध्वनि से बोले जाते हैं; जैसे–a boy, a good boy, a really good boy आदि।

क्योंकि A का प्रयोग Consonant की ध्वनि से बोले जाने वाले शब्दों से होता है, अतः इसका प्रयोग उन शब्दों के साथ भी होगा, जिनकी वर्तनी किसी Vowel से आरंभ होती है; जैसे–a university, a unique apple, a European country आदि।

Use of An: An का प्रयोग उन शब्दों के साथ होता है जो Vowel की ध्वनि से बोले

जाते हैं चाहे उनकी वर्तनी किसी Consonant से ही आरंभ क्यों न हो; जैसे--an apple, an inkpot, an established custom, an honorarium, an honest boy आदि।

Use of The: The का प्रयोग निश्चित वस्तुओं या शब्दों से पहले होता है; जैसे– There was a lion. The lion was fierce./There was an old woman. The old woman lived in a hut. The hut had no roof आदि।

Non-Use of The: निम्नलिखित अवस्थाओं में the का प्रयोग नहीं किया जाता।

(a) उन वस्तुओं के साथ इसका प्रयोग नहीं किया जाता जो सामान्य प्रकार से प्रयोग होते हैं; जैसे :

Iron is a strong metal.
Bread alone cannot fill the stomach.

लेकिन यदि यह किसी विशेष प्रकार के लिए प्रयुक्त होता है तो इसके साथ the का प्रयोग किया जाता है; जैसे :

The iron mined here is of poor quality.
The bread made of this flour is superb.

(b) उपर्युक्त सिद्धांत भोजन के बारे में भी लागू होता है; जैसे :

Breakfast must be the main meal of the day.
लेकिन, The breakfast with gram is a wholesome meal.

(c) खेलों के नाम के आगे the का प्रयोग न करें; जैसे :

She goes to stadium to play tennis.

(d) देशों के नाम के साथ the का प्रयोग नहीं किया जाता, लेकिन यदि किसी देश का नाम विभिन्न भागों को दर्शाता है तो इसका प्रयोग किया जाता है; जैसे :

He lives in America.
लेकिन, He lives in the United States of America.

India is a great country.
लेकिन, The Republic of India is a great country.

लेकिन वासियों के नाम के साथ the का प्रयोग किया जाता है; जैसे

The Indians are a great people.
The Russians live in Russia.

(e) नाम के साथ जुड़े पद के साथ the का प्रयोग नहीं किया जाता; जैसे :

Major Chawla was awarded the Army Medal.
लेकिन, The major is a senior officer in army.

(f) पर्वत व पर्वत श्रेणियों के साथ the का प्रयोग किया जाता है, लेकिन किसी चोटी या विशेष

पहाड़ का नाम बिना the का प्रयोग किए प्रयुक्त होता है; जैसे–the Himalayas, the Alps, लेकिन, Mount Everest, Mount Suleiman आदि।

(g) सरकारी विभागों व व्यापारिक प्रतिष्ठानों के नाम के साथ the का प्रयोग होता है, लेकिन यदि उनका नाम किसी व्यक्तिगत नाम से आरंभ होता है तो इसका प्रयोग नहीं होता; जैसे–the Ministry of Defence, the Punjab National Bank, the Nescafe, लेकिन, Peter Photo Gallery, Sushma Sarees आदि।

(h) जहाजों तथा रेलों के नाम के साथ the का प्रयोग होता है; जैसे the Elizabeth, the Titanic, the Frontier Mail आदि। लेकिन किसी वाहन का नाम साधारण प्रकार से प्रयोग में होने पर उसके साथ इसका प्रयोग नहीं किया जाता; जैसे–

He travels by car/by bus/by train/by air.

(i) Man शब्द जब संपूर्ण मानव जाति के लिए प्रयुक्त होता है तो इसके साथ the का प्रयोग नहीं होता।

(j) जब किसी Singular Noun को उसकी संपूर्ण जाति या प्रकार का प्रतिनिधि मान लिया जाता है तो उसके साथ the का प्रयोग होता है; जैसे–

The lion is the strongest animal in the forest.
The train is the cheapest means of travel.
The dog is a faithful animal.

(k) किसी स्थान के नाम के साथ the का प्रयोग उस अवस्था में नहीं होता जब उस स्थान पर जाने का अर्थ वहाँ होने वाले कार्य के अतिरिक्त और कोई कार्य करना हो। इसका अर्थ यह है कि यदि बच्चा विद्यालय पढ़ने जाता है तो कहा जाएगा The child goes to school, लेकिन यदि वह पढ़ने के अतिरिक्त और किसी अन्य कार्य से जाएगा तो school के साथ the का प्रयोग किया जाएगा; जैसे–He went to the school to meet the principal.

यही नियम अन्य स्थानों पर भी लागू होगा; जैसे–office, railway station, cinema, market, shop आदि।

Newspaper Headings

1. Cops abort evidence in rape case : पुलिस ने बलात्कार केस में गवाही को समाप्त किया
2. Indian Army to raise US-type Special Forces : भारतीय सेना अमेरिका की तरह विशेष दस्ते तैयार करेगी
3. CM—Power companies have not done their job : मुख्यमंत्री के अनुसार,

बिजली कंपनियों ने अपना काम नहीं किया है

4. Hurriyat included in offer of dialogue : हुर्रियत को वार्त्ता प्रस्ताव में शामिल किया गया
5. Karan takes a look at news channels : करण समाचार चैनलों पर एक निगाह डालेंगे
6. Bhupati-Mirnyi enter final : भूपति-मिर्नई ने फाइनल में प्रवेश किया
7. India win, but fail to qualify in final : भारत जीता, लेकिन फाइनल में प्रवेश में असफल
8. Australia recover after early setbacks : ऑस्ट्रेलिया आरंभिक कमियों के बाद सुधरा
9. The glitter of gold blinds SAI : सोने की चमक ने एसएआई को बाँधा
10. TRAI, operators reach interim pact : टीआरएआई तथा ऑपरेटर अंतरिम समझौते पर पहुँचे

TALKING WEATHER

I

Ravi : It's too hot today.
(इट्'स टू हॉट टुडे।)
आज बहुत गरमी है।

Manish : Indeed, if it doesn't rain in a day or two, it will be the worst summer then.
(इंडीड, इफ इट डज्ं'ट रेन इन ए डे ऑर टू, इट विल बी द वर्स्ट समर देन।)
वास्तव में, यदि एक या दो दिन में बारिश नहीं होती तो यह सबसे बेकार गरमी होगी।

Ravi : A few clouds were seen in the sky in the morning but they have all vanished.
(ए फ्यू क्लाउड्स वर सीन इन द स्काइ इन द मॉर्निंग बट दे हैव ऑल वैनिश्ड।)
सुबह आसमान में कुछ बादल दिखाई दिए थे लेकिन वे सब गायब हो गए हैं।

Manish : I think the best way is to go to a hilly station.

(आई थिंक द बेस्ट वे इज टू गो टू ए हिली स्टेशन।)

मेरे विचार में यह अच्छा रहेगा कि किसी पर्वतीय नगर में चला जाए।

Ravi : I very much want to go, but my last examination is scheduled for next Monday.

(आई वेरी मच वांट टू गो, बट माई लास्ट एग्जामिनेशन इज शेड्यूल्ड फॉर नेक्स्ट मनडे।)

मैं बिलकुल जाना चाहता हूँ लेकिन मेरी आखिरी परीक्षा अगले सोमवार को होनी निश्चित हुई है।

Manish : Then you won't need to go to a hilly station. The weatherman has declared that there would be rain in a couple of days.

(देन यू वों'ट नीड टू गो टू ए हिली स्टेशन। द वेदरमैन हैज डिक्लेयर्ड दैट देअर वुड बी रेन इन ए कपल ऑव डेज।)

तब तुम्हें किसी पर्वतीय पर्यटन स्थल पर जाने की आवश्यकता नहीं होगी। मौसम विज्ञानियों ने घोषणा की है कि दो दिनों में बारिश होगी।

Ravi : You believe weather forecasts, do you? They are seldom right.

(यू बिलीव वेदर फोरकास्ट्स, डू यू? दे आर सेलडम राइट।)

तुम मौसम की भविष्यवाणी पर विश्वास करते हो, क्या सच में? वे बहुत ही कम सही होते हैं।

Manish : I'm aware of that, but let's hope for the best.

(आई'ऐम अवेअर ऑव दैट, बट लेट्स होप फॉर द बेस्ट।)

मैं जानता हूँ लेकिन हमें भले की कामना करनी चाहिए।

Ravi : For now we can do nothing but that.

(फॉर नाउ वी कैन डू नथिंग बट दैट।)

इस समय तो हम इसके अतिरिक्त और कुछ नहीं कर सकते है।

II

Ravi : Oh, what a great day! This rain has brought much sought-after relief from heat.

(ओह, व्हाट ए ग्रेट डे! दिस रेन हैज ब्रॉट मच सॉट-आफ्टर रिलीफ फ्रॉम हीट।)

ओह, क्या शानदार दिन है! यह बारिश गरमी से बहुत ही इच्छित आराम

लेकर आई है।

Manish : Thank God, at least we can hope that weather would remain nice for two-three days.
(थैंक गॉड, ऐट लीस्ट वी कैन होप दैट वेदर वुड रिमेन नाइस फॉर टू-थ्री डेज।)
ईश्वर को धन्यवाद है, कम-से-कम हम आशा तो कर सकते हैं कि मौसम दो-तीन दिन तक ठीक रहेगा।

Ravi : Don't be overenthusiastic. After the clouds have gone, there would bright sunshine taking the temperature up again.
(डों'ट बी ओवरइन्थ्यूसियास्टिक। आफ्टर दँ क्लाउड्स हैव गॉन, देअर वुड बी ब्राइट सनशाइन टेकिंग द टेंपरेचर अप अगेन।)
ज्यादा उत्साही मत बनो। बादलों के जाने के बाद कड़क धूप निकलेगी और तापमान फिर ऊपर उठ जाएगा।

Manish : It would mean even harsher heat waves because of humidity.
(इट वुड मीन इवेन हार्शर हीट वेव्स बिकॉज ऑव ह्यूमिडिटी।)
इसका मतलब होगा कि उमस के कारण और भी गरम हवाएँ।

Ravi : Why should we spoil our enjoyment for now? Let's enjoy the pleasant weather now.
(वाइ शुड वी स्पॉयल आवर एंजॉयमेंट फॉर नाउ? लेट्स एंजॉय द प्लेजेंट वेदर नाउ।)
हम अपना इस समय का मजा क्यों खराब करें? आओ, हम सुहावने मौसम का आनंद उठाएँ।

Manish : Yes, you're right. We spoil our enjoyment thinking about future. This negative thinking brings sorrow.
(यस, यु'आर राइट। वी स्पॉयल अवर एंजॉयमेंट थिंकिंग एबाउट फ्यूचर। दिस नेगेटिव थिंकिंग ब्रिंग्स सॉरो।)
हाँ, तुम ठीक कहते हो। हम भविष्य के बारे में सोच-सोचकर अपना मजा खराब कर लेते हैं। इस नकारात्मक सोच के कारण दुःख होता है।

Ravi : Oh, look! Hailstorm has started. How big are the ice cubes!
(ओह, लुक! हेलस्टॉर्म हैज स्टार्टेड। हाउ बिग आर द आइस क्यूब्ज!)

ओह, देखो! ओले गिरने शुरू हो गए हैं। कितने बड़े-बड़े ओले हैं!

Manish : Hope that it doesn't destroy the crops. Commodities are shooting up as it is.
(होप दैट इट डजं'ट डिस्ट्रॉय द क्रॉप्स। कॅमोडिटीज आर शूटिंग अप ऐज इट इज।)
हमें आशा करनी चाहिए कि यह फसलों को बरबाद न कर दे। वैसे भी चीजों के दाम ऊपर उठ रहे हैं।

III

Ravi : It's really chilly.
(इट्'स रियली चिली।)
बहुत ठंड है।

Manish : If it keeps snowing for another three hours, it's likely that the temperature would go below zero.
(इफ इट कीप्स स्नोइंग फॉर अनदर थ्री आवर्स, इट्'स लाइकली दैट द टेम्परेचर वुड गो बिलो जीरो।)
यदि बर्फ तीन घंटे और गिरती रही तो हो सकता है कि तापमान शून्य से नीचे चला जाए।

Ravi : That is another thing. But think that all the roads would be blocked for a few days. How are we going to go back home?
(दैट इज अनदर थिंग। बट थिंक दैट ऑल द रोड्स वुड बी ब्लॉक्ड फॉर ए फ्यू डेज। हाउ आर वी गोइंग टू गो बैक होम?)
यह तो दूसरी बात है। लेकिन सोचो कि सारी सड़कें कुछ दिनों के लिए बंद हो जाएँगी। तब हम घर कैसे जाएँगे?

Manish : It was your foolish idea to see it snow in Simla.
(इट वाज योर फुलिश आइडिया टू सी इट स्नो इन शिमला।)
यह तुम्हारा मूर्खतापूर्ण विचार था कि शिमला में बर्फ गिरते हुए देखेंगे।

Ravi : Look, how everything has gone silvery. The snow is falling like pieces of cotton.
(लुक, हाउ एवरीथिंग हैज गॉन सिल्वरी। दॅ स्नो इज फॉलिंग लाइक पीसेज ऑव कॉटन।)
देखो, कैसे सभी चीजें चाँदी सी हो गई हैं। बर्फ रुई के फाहों की तरह गिर रही है।

Manish : The most wonderful part is that it does not drench the clothes.
(द मोस्ट वंडरफुल पार्ट इज दैट इट डज नॉट ड्रेंच द क्लोद्र्स ।)
सबसे आश्चर्यजनक बात यह है कि यह कपड़ों को गीला नहीं करती ।

Ravi : Come, we'll play with snowballs.
(कम, वीइ'ल प्ले विद स्नोबॉल्स ।)
आओ, हम बर्फ की गेंदों से खेलेंगे ।

Manish : No, I would like to make a snowman first.
(नो, आई वुड लाइक टू मेक ए स्नोमैन फर्स्ट ।)
नहीं, मैं पहले बर्फ का पुतला बनाऊँगा ।

Ravi : Let's get going then.
(लेट्स गेट गोइंग देन ।)
तो चलो आओ करें शुरुआत ।

MISCELLANY

Building and Its Parts (बिल्डिंग ऐंड इट्स पार्ट्स) भवन और उसके भाग

arch (आर्च) महराब
attic (ऐटिक) अटारी
attic/portico (एटिक/पोर्टिको) बरसाती
aviary (ऐवियरी) चिड़ियाखाना
bagglement (बैगलमेंट) मुंडेर
bar (बार) छड़
barracks (बैरक्स) सेना निवास
bathroom (बाथरूम) स्नानगृह
beam (बीम) शहतीर
bedroom (बेडरूम) शयनागार
booking office (बुकिंग ऑफिस) टिकटघर
bracket (ब्रैकेट) कोनिया
brick (ब्रिक) इंट
bungalow (बंगलो) बंगला
ceiling (सीलिंग) छत (कमरे की)
cement (सीमेंट) सीमेंट
chain (चेन) जंजीर
chimney (चिमनी) धुआँकश
church (चर्च) गिरजाघर
cinema hall (सिनेमा हॉल) सिनेमाघर
college (कॉलेज) महाविद्यालय
cornice (कॉर्निस) कॉर्निस
cottage (कॉटेज) झोंपड़ी
courtyard (कोर्टयार्ड) आँगन
dais (डायस) मंच
dome (डोम) गुंबद
door (डोर) दरवाजा
door-frame (डोर-फ्रम) चौखट
doorsill (डोरसिल) चौखट
drain (ड्रेन) नावदान
drawing room (डॉइंग रूम) बैठक

factory (फैक्टरी) कारखाना
fort (फोर्ट) किला
fountain (फाउंटेन) फव्वारा
granary (ग्रेनेरी) खलिहान
gymnasium (जिम्नेजियम) व्यायामशाला
hospital (हॉस्पिटल) अस्पताल
ice-factory (आइस-फैक्टरी) बर्फखाना
kitchen (किचन) रसोईघर
latrine (लैट्रिन).टट्टी
library (लाईब्रेरी) पुस्तकालय
monastery (मोनास्टरी) मठ
mosque (मॉस्क) मसजिद
octroi-post (आक्ट्रॉय-पोस्ट) चुंगीघर
orphanage (आर्फ्रेनेज) अनाथालय
parapet (पैरापेट) चबूतरा
peg (पैग) खूँटी
plaster (प्लास्टर) पलस्तर
rafter (रैफ्टर) शहतीर
roof (रूफ) छत (बाहर वाली)
shed (शेड) छप्पर
slaughter-house (स्लॉटर-हाउस) कसाईखाना
stone (स्टोन) पत्थर
storey (स्टोरी) खंड
terrace (टैरेस) चौरस छत
threshold (थ्रैशोल्ड) ड्योढी
underground cell (अ'न्डरग्राउड सेल) तहखाना
ventilator (वेंटिलेटर) रोशनदान
window (विंडो) खिड़की
floor (फ्लोर) फर्श
foundation (फाउंडेशन) नींव
gallery (गैलरी) गलियारा
gutter (गटर) परनाला
hearth (हर्थ) अँगीठी
house (हाउस) मकान
inn (इन) सराय
laboratory (लेबोरेटरी) रसायनशाला
lattice (लैटिस) जाली
lunatic asylum (लुनाटिक असाइलम) पागलखाना
niche (निशे) आला
office (ऑफिस) दफ्तर
palace (पैलेस) महल
peep-hole (पीप-होल) झरोखा
picture-hall (पिक्चर हॉल) सिनेमाघर
platform (प्लैटफॉर्म) चबूतरा
railing (रेलिंग) जंगला
room (रूम) कमरा
sitting room (सिटिंग रूम) बैठक
stair (स्टेयर) सीढ़ी
steeple (स्टीपल) मीनार
storeroom (स्टोररूम) भंडार-गृह
study room (स्टडी रूम) अध्ययन कक्ष
theatre (थियेटर) सिनेमाघर
tile (टाइल) खपरैल
university (यूनिवर्सिटी) विश्वविद्यालय
urinal (यूरिनल) पेशाबखाना
verandah (वरैंडा) बरामदा
zoo (जू) चिड़ियाघर

SAMPLE DIALOGUES

1. Same to you!
   (सेम टू यू!)
   आपको भी!

2. May it be so!
   (मे इट बी सो!)
   ईश्वर ऐसा ही करे!

3. I'm sorry.
   (आइ'ऐम सॉरी।)
   मुझे क्षमा करें।

4. I'm extremely sorry.
   (आइ'ऐम एक्सट्रीमली सॉरी।)
   मुझे अत्यंत खेद है।

5. It's all yours.
   (इट्'स ऑल योर्स।)
   इसे अपना ही समझिए।

6. Beg my apologies.
   (बेग माई अपॉलॉजीस।)
   मेरी ओर से क्षमा माँग लीजिए।

7. Would you mind moving a bit?
   (वुड यू माइंड मूविंग ए बिट?)
   क्या आप थोड़ा सा खिसकने का कष्ट करेंगे?

8. Feel at home.
   (फील ऐट होम।)
   इसे अपना ही घर समझिए।

9. See you again.
   (सी यू अगेन।)
   फिर मिलेंगे।

10. The leader spoke and the people listened to him peacefully.
    (द लीडर स्पोक ऐंड द पीपल लिसेंड टू हिम पीसफुली।)

नेता ने भाषण दिया तथा लोगों ने शांतिपूर्वक सुना।

11. He is poor but he is honest.
(ही इज पुअर बट ही इज ऑनेस्ट।)

वह गरीब है लेकिन ईमानदार है।

12. Though he is plump yet he runs fast.
(दो ही इज प्लंप येट ही रंस फास्ट।)

हालाँकि वह मोटा है लेकिन वह तेज दौड़ता है।

13. You must work hard or you will fail.
(यू मस्ट वर्क हार्ड ऑर यू विल फेल।)

तुम्हें कड़ी मेहनत करनी चाहिए, वरना तुम फेल हो जाओगे।

14. Run fast else you will miss the train.
(रन फास्ट एल्स यू विल मिस द ट्रेन।)

तेज दौड़ो वरना ट्रेन छूट जाएगी।

15. Since you did not run fast, you will lose the race.
(सिंस यू डिड नॉट रन फास्ट, यू विल लूज द रेस।)

अगर तुम तेज नहीं दौड़े, तुम दौड़ हार जाओगे।

16. Either he or she will have written the letter.
(आइदर ही ऑर शी विल हैव रिटेन द लेटर।)

या तो उसने या उसने पत्र लिखा होगा।

17. He is neither intelligent nor brave.
(ही इज नाइंदर इंटेलिजेंट नॉर ब्रेव।)

वह न तो बुद्धिमान है, न ही बहादुर।

18. I do not know whether he has seen the book or not.
(आई डू नॉट नो वेदर ही हैज सीन द बुक ऑर नॉट।)

मैं नहीं जानता कि उसने पुस्तक देखी है या नहीं।

19. When the lion roared loudly, the hunter's attention was drawn to him.
(व्हेन दॅ लॉयन रोर्ड लाउड्ली, दॅ हंटर्स अटेंशन वाज ड्रॉन टू हिम।)

जब शेर जोर से गरजा, शिकारी का ध्यान उसकी ओर गया।

20. If you help me, I shall help you.
(इफ यू हैल्प मी, आई शैल हेल्प यू।)

यदि तुम मेरी सहायता करोगे तो मैं तुम्हारी सहायता करूँगा।

21. Don't abuse lest the teacher should punish you.
(डोंट एब्यूज लैस्ट द टीचर शुड पनिश यू।)
गाली मत दो, कहीं अध्यापक तुम्हें दंड न दे।

22. He cheated not only his friends but also his parents.
(ही चीटेड नॉट ओनली हिज फ्रैंड्स बट ऑलसो हिज पैरेंट्स।)
उसने न केवल अपने दोस्तों, बल्कि अपने माता-पिता को भी धोखा दिया।

23. The thief carried away both the box and the purse.
(द थीफ कैरिड अवे बोथ द बॉक्स ऐंड द पर्स।)
चोर न केवल संदूक ले गया, बल्कि बटुआ भी ले गया।

24. You may insert either the CD or the floppy.
(यू मे इनसर्ट आइदर दॅ सीडी ऑर द फ्लॉपी।)
आप या तो सीडी डाल सकते हो या फ्लॉपी।

25. I shall go either by bus or by train.
(आई शैल गो आइदर बाइ बस ऑर बाइ ट्रेन।)
मैं या तो बस से जाऊँगा या ट्रेन से।

PRACTICE DIALOGUES

1. Would you mind *moving a bit*.

getting aside	keeping quiet
coming near	searching your soul
keeping shut	closing the door

2. The *leader* spoke and the people listened to him peacefully.

teacher	minister
saint	gangster
village-head	member

3. He is *poor* but he is *honest*.

weak	true
rich	miserly
illiterate	civilised
educated	dull
young	wise
old	active

4. Though he is *plump* yet he *runs fast*.

sane	acts crazy
tall	walks so slowly
short	takes long strides
an officer	abuses
well paid	accepts bribe
creative	does not make use of them

5. You must *work hard* or you will *fail*.

write fast	not complete the essay
speak slowly	be misunderstood
telephone him	not find him at home
write to him	not be helped
wear good clothes	look ugly
go to school	remain idiot

6. Since you did not *run fast*, you will *lose the race*.

speak politely	not be given help
give me your pen	not get the ink
tell the truth	be prosecuted
arrive on time	not be permitted to enter
buy ticket	not enter the auditorium
remind me	have to come again

7. I do not know whether *he has seen the book* or not.

they have come	Sachin is batting
she telephoned you	you have a computer
you can dance	I would be employed

8. If you *help* me, I shall *help you*.

come to	come to
love	love
abuse	abuse
hit	hit
praise	praise
speak to	do favours to

9. Don't *abuse* lest the teacher should punish you.

run on the road	write on the wall
soil the notebook	make a noise
make a nuisance	quarrel

10. The thief carried away both the *box* and the *purse*.

computer	mouse
pen	notebook
plate	glass
painting	brush
money	cheque
clothes	ticket

VOCABULARY

same (सेम) समान, जैसा
apology (एपोलॉजी) क्षमा
feel (फील) महसूस करना
peacefully (पीसफुली) शांतिपूर्वक
honest (ऑनेस्ट) ईमानदार
miss (मिस) छूट जाना
neither...nor (नाइदर... नॉर) या... या (नकारात्मक)
attention (अटेंशन) ध्यान
lest...should (लेस्ट... शुड) कहीं
quiet (क्वाएट) चुप, शांत
shut (शट) बंद, चुप
gangster (गैंगस्टर) गुंडा, अपराधी
member (मेंबर) सदस्य
weak (वीक) कमजोर
illiterate (इल्लिटरेट) अनपढ़
educated (एजूकेटेड) शिक्षित
active (ऐक्टिव) कार्यशील
strides (स्ट्राइड्स) कदम
creative (क्रिएटिव) रचनात्मक
ugly (अगली) भद्दा
idiot (इडियट) पागल, निर्बुद्धि
prosecute (प्रॉसीक्यूट) मुकदमा चलाना
auditorium (ऑडिटोरियम) सभा-मंडप
praise (प्रेज) प्रशंसा करना

so (सो) वैसा
a bit (ए बिट) थोड़ा-सा
again (अगेन) दोबारा
poor (पुअर) गरीब
plump (प्लंप) मोटा
either...or (आइदर... ऑर) या... या
whether...or (व्हैदर... ऑर) है... या
draw (ड्रॉ) खींचना
insert (इनसर्ट) भीतर डालना
search (सर्च) ढूँढना
saint (सेंट) संत
village-head (विलेज-हेड) पंच, सरपंच
miserly (माइजर्ली) कंजूस
civilised (सिविलाइज्ड) सभ्य
dull (डल) मंद
sane (सेन) स्वस्थचित्त
bribe (ब्राइब) रिश्वत
misunderstand (मिसअंडरस्टैंड) गलत समझना
politely (पोलाइटली) नम्रता से
remind (रिमाइंड) याद दिलाना
employ (एंप्लॉय) नौकर रखना, नियुक्त करना

nuisance (न्यूसैंस) शरारत

quarrel (क्वारल) झगड़ा

mouse (माउस) कंप्यूटर का एक यंत्र, चूहा

TIPS

Conjunction: Conjunction किसी भी भाषा में बहुत महत्त्वपूर्ण भूमिका निभाते हैं। अंग्रेजी में चार प्रकार के Conjunction प्रयोग किए जाते हैं :

(a) Cumulative Conjunctions: इनका प्रयोग किन्हीं दो बराबर स्तर या महत्त्व के शब्दों, शब्द-समूहों या वाक्यों को जोड़ने के लिए किया जाता है; जैसे—and, also, too, no less than, as well as, both, not only...but also, moreover आदि।

(b) Adversative Conjunctions: इनका प्रयोग दो कथनों के बीच विरोधाभास को प्रकट करने के लिए होता है; जैसे—but, still, yet, only, nevertheless, while, whereas, however, on the other hand आदि।

(c) Alternative Conjunctions: इनका प्रयोग किन्हीं दो या अधिक विकल्पों के बीच चुनाव के लिए होता है; जैसे—either...or, neither...nor, else, or, otherwise आदि।

(d) Illative Conjunctions: इनका प्रयोग किसी पहले कहे गए कथन का प्रभाव दर्शाने के लिए होता है; जैसे—for, therefore, so, then, hence, accordingly, consequently आदि।

कुछ Conjunction जोड़े में प्रयुक्त होते हैं। इन्हें Correlatives कहा जाता है। इनमें मुख्य हैं : either...or, neither...nor, both...and, though...yet, not only...but also, so...that, hardly...when, no sooner...than, if...then, lest...should, whether...or, when...(,), if...(,), आदि।

NEWSPAPER HEADINGS

1. Go green, cut costs : हरियाली लाओ, खर्च बचाओ
2. 1100 foundation stones to be laid down today : आज 1100 नींव के पत्थर लगाए जाएँगे
3. AIIMS turns away SARS 'patient' : एम्स ने सार्स के 'मरीज' को वापस भेजा
4. Modi distances himself from Sinha's remarks : मोदी ने स्वयं को सिन्हा के कथन से दूर किया
5. Depressed cop shoots self : मानसिक दबाव से पीड़ित पुलिसकर्मी ने स्वयं को गोली मारी

6. Prices have reduced in some areas—Government : सरकार के अनुसार, कुछ क्षेत्रों में मूल्य कम हुए हैं
7. Mayawati opposes law to ban conversions : मायावती ने धर्म-परिवर्तन विरोधी कानून का विरोध किया
8. HC stays order to arrest Amar : उच्च न्यायालय ने अनर को हिरासत में लेने की आज्ञा को स्टे दिया
9. Bodoland accord challenged in SC : बोडोलैंड समझौते को उच्चतम न्यायालय में चुनौती दी गई
10. 'Hope PM helps me find my son' : आशा है कि प्रधानमंत्री मेरे पुत्र को पाने में मेरी मदद करेंगे

On The Road

I

Dhanu : Excuse me, can you tell me where Sector four is?
(एक्सक्यूज़ मी, कैन यू टेल मी व्हेयर सेक्टर फोर इज?)
क्षमा करें, क्या आप बता सकते हैं कि सेक्टर चार कहाँ है?

Passerby : It's right behind you. Who are you looking for?
(इट्ज राइट बिहाइंड यू। हू आर यू लुकिंग फॉर?)
यह आपके ठीक पीछे है। आप किसे ढूँढ़ रहे हैं?

Dhanu : I'm looking for Mr. Rakesh. He works with a bank.
(आई'ऐम लुकिंग फॉर मिस्टर राकेश। ही वर्क्स विद ए बैंक।)
मैं श्रीमान् राकेश को ढूँढ़ रहा हूँ। वह एक बैंक में काम करते हैं।

Passerby : It would be difficult to know from only name and work because Sector 4 is quite expansive. Do you have the house number?
(इट वुड बी डिफिकल्ट टू नो फ्रॉम ओनली नेम ऐंड वर्क बिकॉज सेक्टर फोर इज क्वाइट एक्सपैंसिव। डू यू हैव दॅ हाउस नंबर?)
केवल नाम और काम से ढूँढ़ना तो मुश्किल होगा क्योंकि सेक्टर 4 तो बड़ा है। आपके पास मकान नंबर है क्या?

Dhanu : I'll just check in his visiting card. Yes, here it is, it's 334.
(आइल जस्ट चेक इन हिज विजिटिंग कार्ड। यस, हियर इट इज, इट्स 334।)

मैं अभी उसका विजिटिंग कार्ड जाँचता हूँ। हाँ, यह रहा, यह 334 है।

Passerby : Numbers starting from 300 are situated in the third street on your right.
(नंबर्स स्टार्टिंग फ्रॉम 300 आर सिचुएटेड इन द थर्ड स्ट्रीट ऑन योर राइट।)
तीन सौ से आरंभ होने वाले नंबर आपके दाहिने से तीसरी गली में स्थित हैं।

Dhanu : So kind of you.
(सो काइंड ऑव यू।)
आप कितने दयालु हैं।

II

Maya : We need to go to Jaipur. How can you help us?
(वी नीड टू गो टू जयपुर। हाउ कैन यू हेल्प अस?)
हमें जयपुर जाना है। आप कैसे हमारी सहायता कर सकते हैं?

Tour-operator : We run various kinds of vehicles to many places all over North India. Which vehicle would you like to take?
(वी रन वेरियस काइंड्स ऑव वेहिकल्स टू मेनी प्लेसेज ऑल ओवर नॉर्थ इंडिया। व्हिच वेहिकल वुड यू लाइक टु टेक?)
हम समस्त उत्तर भारत के बहुत से स्थानों के लिए विभिन्न प्रकार के वाहन चलाते हैं। आप कौन-सा वाहन लेना पसंद करेंगे?

Maya : Tell the one which is comfortable and easy on the pocket.
(टेल द वन व्हिच इज कंफर्टेबल ऐंड ईजी ऑन दॅ पॉकेट।)
ऐसा कोई बताएँ जो आरामदायक हो और जेब पर भी हलका पड़े।

Tour-operator : We have eight-seater van if you are so many members or you can choose to travel with other passengers.
(वी हैव एट-सीटर वैन इफ यू आर सो मेनी मेंबर्स ऑर यू कैन चूज़ टू ट्रेवल विद अदर पैसेंजर्स।)
हमारे पास आठ सीट वाली वैन है यदि आप इतने सदस्य हैं या फिर आप दूसरे यात्रियों के साथ यात्रा कर सकते हैं।

Maya : That could be very disturbing because of varied needs.

What other transport do you have?
(दैट कुड बी वेरी डिस्टर्बिंग बीकॉज ऑव वेरियस नीड्स। व्हाट अदर ट्रांसपोर्ट डू यू हैव?)

विभिन्न आवश्यकताओं के कारण यह तो बहुत परेशानी भरा हो सकता है। और कौन-सा वाहन है आपके पास?

Tour operator : We have two kinds of buses, both in the luxury category two-by-two and two-by-three.
(वी हैव टू काइंड्स ऑव बसेज, बोथ इन द लग्जरी कैटेगरी टू-बाइ-टू ऐंड टू-बाइ-थ्री।)

हमारे पास दो तरह की बसें भी हैं, दोनों ही लग्जरी श्रेणी की टू-बाइ-टू तथा टू-बाइ-थ्री।

Maya : I think two-by-three would not be that comfortable.
(आई थिंक टू-बाइ-थ्री वुड नॉट बी दैट कंफर्टेबल।)

मेरा ख्याल है कि टू-बाय-थ्री उतनी आरामदायक नहीं होगी।

Tour-operator : The more you pay, the more comfort you get. That's an established rule.
(दॅ मोर यू पे, द मोर कंफर्ट यू गेट। दैट्स ऐन इस्टैब्लिश्ड रूल।)

आप जितना ज्यादा अदा करेंगे, उतना ज्यादा ही आपको आराम मिलेगा। यह तो स्थापित सिद्धांत है।

Maya : Then I should go for two-by-two. After all, one doesn't go on holidays very often.
(देन आई शुड गो फॉर टू-बाइ-टू। आफ्टर ऑल, वन डज्'ट गो ऑन हॉलीडेज वैरी ऑफन।)

तब तो मुझे टू-बाइ-टू के लिए जाना चाहिए। वैसे भी कोई छुट्टियों पर बार-बार नहीं जाता।

Tour-operator : If you look at your pockets very frequently, you cannot enjoy your holidays either.
(इफ यू लुक ऐट योर पॉकेट्स वेरी फ्रिक्वेंटली, यू कैननॉट एंजॉय योर हॉलीडेज आइदर।)

यदि आप अपनी जेब की ओर बार-बार देखते रहे तो आप अपनी छुट्टियों का मजा नहीं ले पाएँगे।

Maya : Please book two seats for Jaipur in two-by-two bus.

Here is the money.
(प्लीज बुक टू सीट्स फॉर जयपुर इन टू-बाइ-टू बस। हियर इज द मनी।)
कृपया टू-बाइ-टू बस से जयपुर के लिए दो सीटें बुक कर दो। ये रहे रुपए।

III

Tourist : Sir, I'm looking for the Oriental Bank according to this tourist map. I seem to be on the right place but the bank is proving to be illusive.
(सर, आइ'ऐम लुकिंग फॉर द ओरिएंटल बैंक एकॉर्डिंग टू दिस टूरिस्ट मैप। आई सीम टू बी ऑन द राइट प्लेस बट दॅ बैंक इज प्रूविंग टू बी इलुजिव।)
श्रीमान्, मैं इस पर्यटन नक्शे के अनुसार ओरिएंटल बैंक ढूँढ़ रहा हूँ। मुझे लगता है कि मैं सही स्थान पर हूँ लेकिन बैंक मेरे लिए मायावी साबित हो रहा है।

Shopkeeper : Sir, for the Oriental Bank, you need to go ahead to the next square, from there turn to the right and walk about fifty steps. You'll reach a school with a red building. The bank is right next to it.
(सर, फॉर द ओरिएंटल बैंक, यू नीड टू गो अहेड टू दॅ नेक्स्ट स्क्वायर, फ्रॉम देअर टर्न टू दॅ राइट ऐंड वॉक एबाउट फिफ्टी स्टेप्स। यु'ल रीच ए स्कूल विद ए रेड बिल्डिंग। दॅ बैंक इज राइट नेक्स्ट टू इट।)
श्रीमान्, ओरिएंटल बैंक के लिए आपको आगे अगले चौक पर जाना होगा, वहाँ से आप दाहिने मुड़िए तथा लगभग पचास कदम चलिए। आप एक लाल इमारत वाले स्कूल पर पहुँच जाएँगे। बैंक इससे ठीक अगला है।

Tourist : Thank you, but please guide where I have gone wrong. Here is the map. I am at this spot, ain't I?
(थैंक यू, बट प्लीज गाइड व्हेयर आई हैव गौन रौंग। हियर इज दॅ मैप। आई ऐम ऐट दिस स्पॉट, एंट आई?)
धन्यवाद, लेकिन कृपया मार्गदर्शन करें कि मैं कहाँ गलत हो गया। यह रहा नक्शा। मैं इस स्थान पर हूँ, नहीं क्या?

Shopkeeper : You are not at this spot, rather you're at this spot. You are holding the map upside down.
(यू आर नॉट ऐट दिस स्पॉट, रादर यू आर ऐट दिस स्पॉट। यू आर होल्डिंग द मैप अपसाइड डाउन।)

आप इस स्थान पर नहीं हैं, बल्कि आप इस स्थान पर हैं। आपने नक्शे को उलटा पकड़ रखा है।

Tourist : Oh, I'm sorry for troubling you.
(ओह, आइ'ऐम सॉरी फॉर ट्रबलिंग यू।)
ओह, आपको कष्ट देने के लिए क्षमा चाहता हूँ।

Shopkeeper : You're welcome. I should advise you that you carry a compass. It would help you see the map properly.
(यू आर वैलकम। आई शुड एडवाइस यू दैट यू कैरी ए कंपास। इट वुड हेल्प यू सी द मैप प्रॉपर्ली।)
आपका स्वागत है। मैं आपको सलाह देता हूँ कि आप एक दिशासूचक लेकर चला करें। यह आपको नक्शा ढंग से देखने में सहायता करेगा।

Tourist : I'll heed to your advice right away. I'll buy it from the first stationery shop I come across. Thank you.
(आइ'ल हीड टू योर एडवाइस राइट अवे। आइ'ल बाइ इट फ्रॉम द फर्स्ट स्टेशनरी शॉप आय कम एक्रॉस। थैंक यू।)
मैं आपकी सलाह का पालन करूँगा। मैं इसे उस स्टेशनरी की दुकान से खरीद लूँगा जो मेरे रास्ते में सबसे पहले आएगी। धन्यवाद।

MISCELLANY

Important Collective Phrases (इंपॉर्टेंट कलैक्टिव फ्रेजेज)

आवश्यक समूहवाचक शब्द

A herd of swines (ए हर्ड ऑव स्वाइंस) सुअरों का झुंड

A pack of wolves (ए पैक ऑव वूल्व्स) भेड़ियों का झुंड

A herd of deer (ए हर्ड ऑव डियर) हिरणों का झुंड

A heap of stones or sand (ए हीप ऑव स्टोंस या सैंड) बजरी या रेत का ढेर

A swarm of flies (ए स्वार्म ऑव फ्लाइस) मक्खियों का झुंड

A group of women (ए ग्रुप ऑव वीमेन) औरतों का झुंड

A herd of elephants (ए हर्ड ऑव एलीफेन्ट्स) हाथियों का झुंड

A herd of lions (ए हर्ड ऑव लायन्स) शेरों का झुंड

A heap of money (ए हीप ऑव मनी) रुपयों का ढेर

A flight of birds (ए फ्लाइट ऑव बर्ड्स) पक्षियों का झुंड

A hive of bees (ए हाइव ऑव बीज) मधुमक्खियों का झुंड

A bouquet of flowers (ए बुके ऑव फ्लावर्स) फूलों का गुच्छा
A bunch of grapes (ए बंच ऑव ग्रेप्स) अंगूरों का गुच्छा
A grove of trees (ए ग्रोव ऑव ट्रीज) पेड़ों का झुंड
A bundle of faggots (ए बंडल ऑव फैगट्स) लकड़ियों का गट्ठर
A group of labourers (ए ग्रुप ऑव लेबरर्स) मजदूरों की टोली
A chain of locusts (ए चेन ऑव लोकस्ट्स) टिड्डियों का झुंड
A chain of mountains (ए चेन ऑव माउंटेंस) पहाड़ों की शृंखला
A group of islands (ए ग्रुप ऑव आइलैंड्स) द्वीपों का समूह
A herd of cattle (ए हर्ड ऑव कैटल) जानवरों का झुंड
A galaxy of stars (ए गैलेक्सी ऑव स्टार्स) तारों का समूह
A fleet of ships (ए फ्लीट ऑव शिप्स) जहाजों का बेड़ा
An infantry of soldiers (ऐन इनफैंटरी ऑव सोल्जर्स) पैदल सिपाहियों का समूह
A regiment of soldiers (ए रेजीमेंट ऑव सोल्जर्स) सैनिकों की टुकड़ी
A range of cliffs (ए रेंज ऑव क्लिफ्स) चोटियों की शृखंला
A heap of rubbish (ए हीप ऑव रबिश) कूड़े का ढेर
A pack of hounds (ए पैक ऑव हाउंड्ज) शिकारी कुत्तों का झुंड
A pair of shoes (ए पेअर ऑव शूज) जूतों का जोड़ा
A pair of socks (ए पेअर ऑव सॉक्स) मोजों का जोड़ा
A pair of scissors (ए पेअर ऑव सिजर्स) कैंची
A bunch of keys (ए बंच ऑव कीज) चाबियों का गुच्छा
A crowd of people (ए क्राउड ऑफ पीपल) लोगों का समुदाय, भीड़
A flock of sheep and goats (ए फ्लॉक ऑव शीप ऐंड गोट्स) भेड़-बकरियों का झुंड

Death (डेथ) मृत्यु

bier (बायर) अर्थी
burial (ब्यूरियल) अंतिम संस्कार, शव को गाड़ना
cenotaph (सेनोटैफ) खाली मकबरा
deceased (डिसीज्ड) मृत
epitaph (एपीटैफ) समाधिस्थ लेख
obituary (ऑबीच्यूरी) मृत्यु समाचार
requiem (रिक्वीम) मृत के लिए प्रार्थना
rites (राइट्स) संस्कार

□

SAMPLE DIALOGUES

1. Same to you!
(सेम टू यू!)
आपको भी!

2. Marvellous!
(मार्वलस!)
बहुत सुंदर, वाह!

3. Oh God!
(ओह गॉड!)
हे राम!

4. Hush!
(हुश!)
चुप!

5. Wonderful!
(वंडरफुल!)
आश्चर्यजनक!

6. Certainly!
(सर्टेंली)
निश्चित ही!

7. Beware!
(बीवेअर!)
सावधान!

8. O dear!
(ओ डियर!)
प्यारे!

9. Congratulations!
(कॉन्ग्रेचुलेशंस!)
बधाई!

10. So kind of you!
(सो काइंड ऑव यू!)
आपकी बड़ी मेहरबानी!

11. I'm fond of sleeping.
(आयम फॉन्ड ऑव स्लीपिंग।)
मैं सोने का शौकीन हूँ।

12. The boy is absent from the class.
(द ब्वॉय इज ऐबसेंट फ्रॉम द क्लास।)
लड़का कक्षा से अनुपस्थित है।

13. Neha was in the room.
(नेहा वाज इन द रूम।)
नेहा कमरे में थी।

14. Neha walked into the room.
(नेहा वॉक्ड इंटू द रूम।)
नेहा कमरे में गई।

15. He will sell his house by auction.
(ही विल सेल हिज हाउस बाइ ऑक्शन।)
वह अपना घर नीलामी द्वारा बेचेगा।

16. The man threw the ball against the wall.
(द मैन थ्रू द बॉल अगेंस्ट द वॉल।)
आदमी ने गेंद को दीवार पर फैंका।

17. Where are you going to?
(व्हेयर आर यू गोइंग टू?)
आप कहाँ जा रहे हैं?

18. Where are you coming from?
(व्हेयर आर यू कमिंग फ्रॉम?)
आप कहाँ से आ रहे हैं?

19. I wrote this letter with my pen.
(आई रोट दिस लेटर विद माई पेन।)
मैंने यह पत्र अपनी कलम से लिखा।

20. The farmer tied the cow to the tree.
(द फार्मर टाइड द काउ टू दॅ ट्री।)
किसान ने गाय को पेड़ से बाँध दिया।

21. I have brought a gift for you.
(आई हैव ब्रॉट ए गिफ्ट फॉर यू ।)
मैं तुम्हारे लिए एक उपहार लाया हूँ ।

22. The citizens are worried about the rising prices.
(द सिटिजंस आर वरीड एबाउट द राइजिंग प्राइसेज ।)
नागरिक बढ़ती कीमतों को लेकर चिंतित हैं ।

23. The aeroplane flew over the head.
(द एअरोप्लेन फ्लू ओवर द हेड ।)
हवाई जहाज सिर के ऊपर से उड़ा ।

24. He placed the cap on the table.
(ही प्लेस्ड दॅ कैप ऑन द टेबल ।)
उसने टोपी मेज पर रखी ।

25. She was the girl I was looking at.
(शी वाज द गर्ल आइ वाज लुकिंग ऐट ।)
यह वह लड़की थी जिसे मैं देख रहा था ।

Practice Dialogues

1. I'm fond of <u>*sleeping*</u>.

playing cricket	singing
going for long walks	travelling
seeing movies	philately

2. The boy is absent from the <u>*class*</u>.

house	school
practice	game
picnic	shooting

3. Neha <u>*walked*</u> into the room.

crawled	stepped
entered	ran
peeped	looked

4. He will sell his house <u>*by auction*</u>.

to the first person he meets	by bank draft
on first come first serve basis	on cash-down basis
in lieu of another good house	for one lakh rupees

5. The man threw the ball _against the ball_.

in the pond	into the well
on the ground	over the tree
upon the roof	into the air

6. I wrote this letter _with my pen_.

in ink	in the morning
on the table	in the class
to her	crying loudly

7. The farmer tied the _cow_ to the tree.

bag	rope
boy	radio
tiffin	turban

8. I have _**brought**_ a gift for you.

bought	carried
taken	chosen
fixed	demanded

9. The citizens are worried about _the rising prices_.

non-availability of gas	corruption
law and order situation	traffic jams
the impending storm	rising crimes

10. She was the girl I was _looking at_.

speaking about	talking about
pointing at	dancing with
playing with	in love with

VOCABULARY

fond (फॉड) शौकीन
auction (ऑक्शन) नीलामी
against (अगेंस्ट) के विरुद्ध
rising (राइजिंग) बढ़ते हुए
place (प्लेस) स्थान, रखना
crawl (क्रॉल) रेंगना
peep (पीप) झाँकना
basis (बेसिस) आधार
in lieu of (इन ल्यू ऑव) के बदले में
absent (ऐबसेंट) अनुपस्थित
wall (वॉल) दीवार
farmer (फार्मर) किसान
price (प्राइस) दाम
philately (फिलाटेली) डाक टिकट एकत्र करना
step (स्टेप) कदम रखना
first come first serve (फर्स्ट कम फर्स्ट सर्व) पहले आओ पहले पाओ
cry (क्राइ) चीखना, रोना

corruption (करप्शन) भ्रष्टाचार
law and order (लॉ ऐंड ऑर्डर) शांति
crime (क्राइम) अपराध
impending (इंपेंडिंग) आने वाला
non-availability (नॉन-अवेलेबिलिटी) अनुपलब्धता
point (प्वॉइंट) बिंदु, इशारा करना
storm (स्टॉर्म) तूफान

TIPS

Preposition. Prepositions किसी Noun या Pronoun का संबंध वाक्य में किसी अन्य शब्दों से जोड़ते हैं। इन्हें दो भागों में विभाजित किया जा सकता है :

(a) Simple Prepositions. यह साधारण या एक शब्दीय होते हैं; जैसे—at, by, for, from, in, of, off, on, out, through, till, to, up, with, until आदि।

(b) Compound Prepositions. ऐसे Preposition दो या अधिक शब्दों से मिलकर बने होते हैं; जैसे—about, across, above, along, among, amongst, around, before, behind, below, beneath, beside, between, beyond, inside, outside, underneath, within, without, आदि।

इनके अतिरिक्त कुछ Prepositional Phrases भी हैं, जैसे—with a view to, in the event of, in regard of, with regard to, along with, on behalf of, with reference to, for the sake of, in comparison to, in favour of, according to, instead of, in reference to, in order to, by means of, because of, in case of, in addition to, in consequence to, owing to, on account of, in spite of, in place of, in lieu of, in accordance with, by virtue of, by dint of, in compliance of, in course of, agreeable to, आदि।

सामान्यतया Preposition का स्थान संबंधित शब्द से पहले होता है; जैसे :

Raghav studies in convent.
Sushil travels by bus.

लेकिन कुछ परिस्थितियों में यह बाद में भी आ सकता है।

(a) जब Interrogative Pronoun का प्रयोग हो; जैसे :

What are you thinking about?
Where did you come from?

(b) जब Relative Pronoun का प्रयोग हो; जैसे :

This is the pen I wrote the letter with.
That is the teacher she came behind.

NEWSPAPER HEADINGS

1. US presses Israel for concessions : अमेरिका ने छूटों के लिए इजरायल पर दबाव डाला

2. Court rejects bail petitions of 56 Godhra accused : न्यायालय ने 56 गोधरा दोषियों की जमानत याचिका खारिज की
3. Pak ultras could get hold of nukes : पाक आतंकवादी न्यूक्लियर हथियार पा सकते हैं
4. Government officer's son dies in mishap : सरकारी अधिकारी के बेटे की दुर्घटना में मृत्यु
5. Cops collude with car-sellers' gang : पुलिस की कार-विक्रेता गुट से साठ-गाँठ
6. Three more arrested in DDA scam : डीडीए घोटाले में तीन और को हिरासत में लिया
7. First suspected case in Delhi : दिल्ली में पहला संदेहास्पद केस
8. Pills, rules, threats—The dope saga goes on : गोलियाँ, नियम, धमकी–खिलाड़ियों द्वारा प्रतिबंधित दवाइयाँ लेना जारी
9. Gambhir grabbed the opportunity with both hands : गंभीर ने अवसर को दोनों हाथों से भुनाया
10. Idea Cellular partners infuse another Rs. 120 cr : आइडिया सेल्यूलर साझीदार 120 करोड़ रुपए और डालेंगे

Day And Time

I

Mummy : Get up, Sunil. You're getting late.
(गेट अप, सुनील। यूआर गेटिंग लेट।)
उठो सुनील। तुम्हें देर हो रही है।

Sunil : Let me sleep, Mummy. It's Sunday today.
(लेट मी स्लीप, मम्मी। इट्स संडे टुडे।)
मुझे सोने दो, मम्मी। आज रविवार है।

Mummy : It's not Sunday, it's Friday. You're getting late for college.
(इट्'स नॉट संडे, इट्'स फ्राइडे। यू'आर गेटिंग लेट फॉर कॉलेज।)
आज रविवार नहीं, शुक्रवार है। तुम्हें कॉलेज के लिए देर हो रही है।

Sunil : I have to go late. Let me sleep for another one hour.
(आइ हैव टू गो लेट। लेट मी स्लीप फॉर एनदर वन आवर।)
मुझे देरी से जाना है। मुझे एक घंटा और सोने दो।

Mummy	:	What time do you need to go? (व्हाट टाइम डू यू नीड टू गो?) तुम्हें किस समय जाना है?
Sunil	:	At 7 o'clock. (ऐट सेवन ओ'क्लॉक।) सात बजे।
Mummy	:	Then hurry up, it's already quarter past seven. (देन हरी अप, इट्'स ऑलरेडी क्वार्टर पास्ट सेवन।) तब जल्दी करो, इस समय सवा सात हो चुके हैं।
Sunil	:	Okay, Mummy, I should rise now. (ओके। मम्मी, आई शुड राइज नाउ।) ठीक है मम्मी, अब मुझे उठना चाहिए।

II

Anu	:	What's the day today? (व्हाट्'स द डे टुडे?) आज क्या दिन है?
Anita	:	It's Monday. (इट्'स मनडे।) आज सोमवार है।
Anu	:	What's the time by your watch? (व्हाट्स द टाइम बायइ योर वाच?) आपकी घड़ी में क्या समय हुआ है?
Anita	:	It's half past twelve. What happened to your watch? (इट्'स हाफ पास्ट ट्वेल्व। व्हाट हैप्पंड टू योर वाच?) साढ़े बारह हुए हैं। आपकी घड़ी को क्या हुआ?
Anu	:	My watch went out of order. What time do you get up in the morning? (माई वॉच वेंट आउट ऑव ऑर्डर। व्हाट टाइम डू यू गेट अप इन दँ मॉर्निंग?) मेरी घड़ी खराब हो गई है। तुम सुबह किस समय उठती हो?
Anita	:	Usually six o'clock. (युजअली सिक्स ओ'क्लॉक।) आमतौर पर छः बजे।

Anu : Look, the teacher has come. We should enter the class.
(लुक, द टीचर हैज कम। वी शुड एंटर द क्लास।)
देखो, अध्यापक आ गए हैं। हमें कक्षा में जाना चाहिए।

Anita : True, we must. Time and tide wait for none.
(ट्रू, वी मस्ट। टाइम ऐंड टाइड वेट फॉर नन।)
हमें जाना ही चाहिए। समय और लहर किसी की प्रतीक्षा नहीं करते।

Anu : We must never idle away our time.
(वी मस्ट नेवर आइडल अवे आर टाइम।)
हमें अपना समय कभी खराब नहीं करना चाहिए।

III

Subbu : I hear someone knocking at the door.
(आई हियर समवन नॉकिंग ऐट द डोर।)
मैं दरवाजे पर दस्तक सुनता हूँ।

Bharati : It must be Gopal. He had taken an appointment from me at three o'clock.
(इट मस्ट बी गोपाल। ही हैड टेकन ऐन अपॉइंटमेंट फ्रॉम मी ऐट थ्री ओ क्लॉक।)
यह गोपाल होगा। उसने तीन बजे मुझसे मिलने का समय ले रखा है।

Subbu : But it's only quarter to three. He should not come so early.
(बट इट्'स ओनली क्वार्टर टू थ्री। ही शुड नॉट कम सो अर्ली।)
लेकिन अभी तो केवल पौने तीन बजे हैं। उसे इतनी जल्दी नहीं आना चाहिए।

Bharati : He is a well-disciplined boy. He is always before time.
(ही इज ए वैल-डिसीप्लिंड ब्वॉय। ही इज ऑलवेज बीफोर टाइम।)
वह बहुत ही अनुशासित लड़का है। वह हमेशा समय से पहले रहता है।

Subbu : Those who respect time, time respects them. For them, good days are never far-off.
(दोज हू रिस्पेक्ट टाइम, टाइम रिस्पेक्ट्स दैम। फॉर दैम, गुड डेज आर नेवर फार-ऑफ।)
जो समय का आदर करते हैं, समय उनका आदर करता है। उनके लिए अच्छे दिन कभी भी बहुत दूर नहीं होते।

Bharati	:	Time once lost cannot be regained. I must go and open the door. It's hot outside. Gopal, come in. How do you do? (टाइम वंस लॉस्ट कैननॉट बी रीगेंड। आई मस्ट गो ऐंड ओपन द डोर। इट्'स हॉट आउटसाइड। गोपाल, कम इन। हाउ डू यू डू?) खोया हुआ समय दोबारा हाथ नहीं आता। मुझे जाकर दरवाजा खोलना चाहिए। बाहर गरमी है। गोपाल, भीतर आओ। तुम कैसे हो?
Gopal	:	I'm fine with your grace. I hope that I'm not late. (आइ'ऐम फाइन विद योर ग्रेस। आइ होप दैट आई'ऐम नॉट लेट।) आपकी कृपा से मैं अच्छा हूँ। मैं आशा करता हूँ कि मैं देरी से नहीं हूँ।
Bharati	:	You're rather early. Come in and sit down. (यू'आर रादर अर्ली। कम इन ऐंड सिट डाउन।) बल्कि तुम समय से पहले हो। भीतर आओ और बैठो।

MISCELLANY

Idioms (**इडियम्स**) **मुहावरे**

1. Act upon (अमल करना) : We should act upon the advice of our elders.
2. Agree to (किसी प्रस्ताव से सहमत होना) : I do not agree to your proposal.
3. Agree with (किसी व्यक्ति से सहमत होना) : I do not agree with you in this matter.
4. Ask for (माँगना) : What are you asking for?
5. Answer for (जिम्मेदार होना) : Remember you will have to answer for your own deeds.
6. Be off (चले जाना) : "Be off," shouted the teacher.
7. Be over (खत्म होना) : When your meeting is over, we shall go together.
8. Back out (वचन तोड़ना) : Do not back out from your promise?
9. Blow out (बुझाना) : Do not bring the lighted candle in the open?
10. Believe in (विश्वास करना) : Do you believe in astrology?
11. Bear with (सहन करना) : I cannot bear with this insult.
12. Break out (फूट पड़ना) : The cholera broke out in the city.
13. Break down (अचानक रुक जाना) : My scooter broke down

14. Break into (बलपूर्वक प्रवेश करना) : The extremists broke into the house and killed him.
15. Burn down (जल कर नष्ट हो जाना) : The house was burnt down by his enemies.
16. Bring up (पालन-पोषण करना) : I was brought up by my uncle,
17. Bring out (बाहर निकलना) : Talents are brought out by my uncle.
18. Call for (लेने के लिए आना) : The landlord has called for rent.
19. Call at (घर में मिलने के लिए जाना) : I avoid to call at my friend's house.
20. Clear out (चले जाना) : "Clear out my house," the old man shouted at his son.
21. Change hands (बदलना) : Remember, money changes hands.
22. Carry out (आज्ञा का पालन करना) : I shall do my best to carry out your orders.
23. Carry on (जारी रखना) : Though there were many hurdles, yet they carried on with their plan.
24. Call on (मिलने जाना) : I shall call on you tomorrow morning.
25. Call off (रद्द कर देना) : I had to call off all my programmes because of my illness.
26. Cook up (मनगढ़ंत कहानी) : Do not cook up a story for your being late, speak the truth.
27. Come out (स्पष्ट होना) : It comes out now that his own brother committed the theft.
28. Close down (सदा के लिए बंद कर देना) : The shop has closed down.
29. Close up (कुछ समय के लिए बंद करना) : He has closed up his study-centre for vacation.
30. Cry out (चिल्लाना) : Do not cry out as no one will come for your help.
31. Count on (विश्वास करना) : You cannot count on his loyalty.
32. Count in (सम्मिलित करना) : If you are going to see the movie, please count me in.
33. Cut up (दुःखी कर देना) : Your rude behaviour has greatly cut me up.
34. Cut in (बीच में बोल पड़ना) : It is bad habit to cut in when two people are talking.

35. Cut short (समय से पहले समाप्त करना) : Please cut short your speech as we are running out of time now.
36. Deal in (व्यापार करना) : We deal in sugar.
37. Deal with (किसी के साथ व्यापार करना) : He is a cheat, I shall not deal with him.
38. Dispose of (बेच देना) : I want to dispose of my scooter.
39. Do over (पुनः करना) : I could not understand this sum, please do over.
40. Do without (किसी चीज के बिना गुजारा कर लेना) : I can do without tea.
41. Draw near (पास आना) : The examinations are drawing near.
42. Drop in (अचानक आ जाना) : I am very busy as a few guests dropped in.
43. Drop out (अचानक आ जाना) : The selection committee has dropped out Sohan from the team.
44. Eat into (खा जाना, चाट जाना) : Worries eat into a man.
45. Explain away (बहाना बनाना) : Do not explain away your mistake. We all understand it.
46. Enlarge upon (किसी महत्त्वहीन चीज पर अधिक बोलना) : Do not enlarge upon your delay.
47. Figure out (समझना) : I could not figure out what you wanted to say.
48. Feel like (इच्छा होना) : I feel like sleeping.
49. Feel for (इच्छा होना) : I feel for going out.
50. Fall out (झगड़ा करना) : The two friends have fallen out over a triffle.
51. Fall through (पूरा न होना) : His scheme has fallen through for want of money.
52. Flare up (क्रोध का आना) : It is not good for a grown up man to flare up over a small issue.
53. Follow suit (अनुसरण करना) : One sheep fell into a well, the rest followed suit.
54. Foot away (बरबाद करना) Do not foot away your hard earned money.
55. Get ahead (आगे बढ़ना) : Work hard if you want to get ahead of the class.
56. Get along (आगे बढ़ना) : Work hard if you want to get along with your new class.

57. Get at (कोशिश से प्राप्त करना) : Our efforts should be to get at the root of this evil.
58. Get away (भाग जाना) : We tried our best to arrest him but he got away in darkness.
59. Get down (सवारी से उतरना) : When the master got down from his horse, the servant took away the horse.
60. Get off (किसी गाड़ी से उतरना) : The passenger are getting off the train.
61. Get on (किसी गाड़ी पर सवार होना) : I saw him when he was getting on the bus.
62. Get over (छुटकारा पाना) : I will get over this problem.
63. Get up (उठना) : I generally get up at six.
64. Give away (बाँटना) : The principal gave away prizes to the players.
65. Go out (बुझ जाना) : The candle went out when a gust of wind came.
66. Go off (धमाके से फटना) : If you rub the balloon, it goes off.
67. Go back (मुकर जाना) : Do not go back on your promise.
68. Give up (हार मानना) : Only cowards give up in the middle of a work.
69. Go with (मेल खाना) : White shirt and red trouser will not go with your yellow tie.
70. Go wrong (खराब होना) : Something has gone wrong with my scooter as it does not stand.
71. Hand in (दे देना) : Hand in your answer sheet as the time is up.
72. Hand over (सौंपना) : The previous officer has handed over the charge to the new officer.

□

Sample Dialogues

1. You are welcome in my house.
(यू आर वेलकम इन माई हाउस ।)
मेरे घर में आपका स्वागत है ।
2. For your good health!
आपकी सेहत के लिए (जाम)!
3. What a sweet song!
कितना मधुर गीत!
4. O my goodness!
हे मेरे ईश्वर!
5. What a big bore!
कितना उकताऊ!
6. Bravo!
शाबाश!
7. Would you like to accept a gift from me?
(वुड यू लाइक टू एक्सेप्ट ए गिफ्ट फ्रॉम मी?)
क्या आप मुझसे एक उपहार लेना पसंद करेंगे?
8. Can you have dinner with me tonight?
(कैन यू हैव डिनर विद मी टूनाइट?)
क्या आज रात आप मेरे साथ रात्रिभोज ले सकते हैं?
9. Nobody knows where he has gone.
(नोबॉडी नोज व्हेयर ही हैज गॉन ।)
कोई नहीं जानता कि वह कहाँ चला गया है ।
10. Raman passed but Sunita failed.
(रमन पास्ड बट सुनीता फेल्ड ।)
रमन उत्तीर्ण हो गया है लेकिन सुनीता अनुत्तीर्ण हो गई है ।
11. He goes to school but his sister studies at home.
(ही गोज टू स्कूल बट हिज सिस्टर स्टडीज ऐट होम ।)

वह विद्यालय जाता है, लेकिन उसकी बहन घर पर ही पढ़ती है।

12. I know the man who came and abused everybody.
(आई नो द मैन हू केम ऐंड एब्यूज्ड एवरीबोडी।)
मैं उस व्यक्ति को जानता हूँ, जो आया और सबको गाली दी।

13. When the teacher is away, the students will play.
(व्हेन द टीचर इज अवे, द स्टुडेंट्स विल प्ले।)
जब अध्यापक नहीं होगा तो विद्यार्थी खेलेंगे।

14. The sun shone brightly and we perspired badly.
(दॅ सन शोन ब्राइटली ऐंड वी पर्सपायर्ड बैडली।)
सूरज तेज चमका और हम बुरी तरह पसीने से नहा गए।

15. It rained heavily and we all got wet thoroughly.
(इट रेंड हैविली ऐंड वी ऑल गॉट वेट थॉरोली।)
तेज बारिश हुई और हम सब पूरी तरह भीग गये।

16. They stopped only when evening came.
(दे स्टॉप्ड ओनली व्हेन ईवनिंग केम।)
वे तभी रुके जब शाम हो गई।

17. The boxers entered the ring and embraced each other.
(द बॉक्सर्स एंटर्ड द रिंग ऐंड एंब्रेस्ड ईच अदर।)
मुक्केबाज अखाड़े में उतरे और एक-दूसरे को गले लगाया।

18. Walk quickly else you will lag behind.
(वॉक क्विक्ली एल्स यू विल लैग बिहाइंड।)
तेज चलो वरना पीछे रह जाओगे।

19. I agree to your suggestion because I think it is reasonable.
(आई एग्री टू योर सजेशन बिकॉज आई थिंक इट इज रीजनेबल।)
मैं आपके सुझाव से सहमत हूँ क्योंकि मैं सोचता हूँ कि यह न्यायसंगत है।

20. He tried hard but did not succeed.
(ही ट्राइड हार्ड बट डिड नॉट सक्सीड।)
उसने बहुत मेहनत की, लेकिन सफल नहीं हो सका।

21. Success comes with hard work and perseverance.
(सक्सेस कम्स विद हार्ड वर्क ऐंड परसिवरेंस।)
सफलता मेहनत तथा निरंतर उद्यम से प्राप्त होती है।

22. We must eat to live, and not the other way round.
(वी मस्ट ईट टू लिव, ऐंड नॉट द अदर वे राउंड।)
हमें जीने के लिए खाना चाहिए, न कि इसके विपरीत।

23. Control your emotions or they will control you.
(कंट्रोल योर ईमोशंस ऑर दे विल कंट्रोल यू।)
अपनी भावनाओं को नियंत्रित कीजिए वरना वे आपको नियंत्रित करेंगी।

24. Listen carefully to what the teacher says.
(लिसेन केअरफुली टू व्हाट द टीचर सेज।)
अध्यापक जो कहता है उसे ध्यान से सुनो।

25. A long staying guest is liked least of all.
(ए लॉन्ग स्टेइंग गेस्ट इज लाइक्ड लीस्ट ऑव ऑल।)
ज्यादा रहने वाला मेहमान सबसे कम पसंद किया जाता है।

Practice Dialogues

1. Would you like to accept a gift from *me*?

him	her
us	them
your wife	Gayatri

2. Nobody knows where he has *gone*.

written the letter	taken the purse
hidden the papers	kept the note
invented the pen	discovered the secret

3. Raman *passed* but Sunita *failed*.

ran	walked
entered	exited
laughed	cried
spoke	listened
ordered	followed
quarrelled	pacified

4. He *goes to school* but her sister *studies at home*.

is employed in a firm	runs her own business
idles away his time	works hard
loves to run	loves to walk
is reading a newspaper	is writing a letter
has been to his office	has been to her house
was sound asleep	was cooking food

5. I know the man who <u>came and abused everybody</u>.

hit the boy on the road	helped the beggar
cycled for three days	built this building
loved to sing	read this letter

6. They stopped only when <u>evening came</u>.

the work was finished	night fell
it was 12 o'clock	it was midnight
they were fully tired	their father arrived

7. I agree to your suggestion because <u>*I think they are reasonable*</u>.

it is inevitable	I am helpless
there is no other way	it is necessary
people are suffering	it will help you

8. He <u>*tried hard*</u> but did not <u>*succeed*</u>.

read the book	understand
looked at me	recognise me
went for the movie	get ticket
looked for my house	find it
learnt it by heart	remember it
was against it	oppose

9. Control your <u>*emotions*</u> or they will control you.

feelings	subordinates
employees	servants
offspring	evil deeds

10. Listen carefully to <u>*what the teacher says*</u>.

how the things are done	when we arrived
how the police solved the case	what we did
who committed the crime	where it all happened

VOCABULARY

accept (ऐक्सेप्ट) स्वीकार करना
nobody (नोबडी) कोई नहीं
badly (बैडली) बुरी तरह से
thoroughly (थॉरोली) पूरी तरह से
ring (रिंग) अखाड़ा
suggestion (सजेशन) सुझाव
tonight (टुनाइट) आज रात
perspire (पर्सपायर) पसीना आना
wet (वेट) गीला
boxer (बॉक्सर) मुक्केबाज
lag behind (लैग बीहाइंड) पीछे रह जाना
reasonable (रीजनेबल) उचित, न्यायसंगत

other way round (अदर वे राउंड) दूसरी तरह से, इसके विपरीत
least (लीस्ट) सबसे कम
invent (इन्वेंट) आविष्कार करना
exit (एक्जिट) बाहर जाना
follow (फॉलो) पीछे आना, पालन करना
run (रन) दौड़ना, प्रबंध करना
sound sleep (साउंड स्लीप) गहरी निद्रा
hit (हिट) चोट या टक्कर मारना
cycle (साइकिल) साइकिल, साइकिल चलाना
tired (टायर्ड) थका हुआ
helpless (हेल्पलेस) मजबूर
recognise (रिकॉग्नाइज) पहचान करना
solve (सॉल्व) हल करना
employee (एंपलॉयी) नौकर
deed (डीड) कार्य
emotion (इमोशन) भावना
carefully (केअरफुली) ध्यानपूर्वक
hide (हाइड) छुपाना
discover (डिस्कवर) पाना, ढूँढना
order (ऑर्डर) आज्ञा, आज्ञा देना
pacify (पैसीफाई) शांत करना
idle away (आइडल अवे) बेकार करना
pavement (पेवमेंट) खड़ंजा, उपमार्ग
beggar (बेगर) भिखारी
inhabitant (इनहैबिटेंट) निवासी
midnight (मिडनाइट) मध्यरात्रि
inevitable (इनएविटेबल) आवश्यक
suffer (सफर) कष्ट सहन करना
feeling (फीलिंग) भावना
subordinate (सबॉर्डिनेट) कनिष्ठ कर्मचारी
offspring (ऑफस्प्रिंग) बच्चा

TIPS

Sentence. कार्य के आधार पर हम कह सकते हैं कि वाक्य तीन प्रकार के होते हैं :

1. Simple Sentences. इस प्रकार के वाक्यों में एक Subject तथा एक Finite Verb होते हैं; जैसे :

   The teacher spoke about medieval times.

2. Compound Sentences. इस प्रकार के वाक्यों में दो या अधिक भाग किसी Coordinating Conjunction द्वारा जुड़े होते हैं। इनकी विशेषता यह होती है कि इनका प्रत्येक भाग अपने आप में स्वतंत्र होता है तथा उसका अपना पूरा अर्थ निकलता है; जैसे :

   Come here and I will help you.
   Come tomorrow, fill the form and get your money.

आप देख सकते हैं कि प्रत्येक भाग का अर्थ अपने आप में संपूर्ण है; अतः ये Compound Sentences हैं।

3. Complex Sentences. इस प्रकार के वाक्यों में एक मुख्य भाग तथा एक या अधिक Subordinating Clause होती हैं। Subordinate clause का अर्थ है कि एक भाग अर्थ अपने आप में पूर्ण नहीं होता तथा उसके ठीक अर्थ को निकालने के लिए मुख्य भाग पर आश्रित रहना होता है; जैसे :

I have gone to the place where people speak English.

इस वाक्य में where people speak English का अपना स्वतंत्र अर्थ नहीं निकल सकता, क्योंकि यह व्याकरण के अनुसार गलत हो जाएगा। दूसरे शब्दों में, यह मुख्य भाग पर आश्रित है।

NEWSPAPER HEADINGS

1. UN pegs India GDP growth at 5.1% : संयुक्त राष्ट्र ने भारत की जीडीपी को 5.1% माना
2. Saddam's half-brother captured in Baghdad : सद्दाम का सौतेला भाई बगदाद में पकड़ा गया
3. Bush asks UN to lift curbs : बुश ने संयुक्त राष्ट्र को रोक हटाने के लिए कहा
4. Truckers' stir loses steam : ट्रकों की हड़ताल की हवा निकली
5. Action plan to be finalised on Thursday : कार्य-योजना को बृहस्पतिवार को अंतिम रूप दिया जाएगा
6. Centre moves to limit size of ministries : केंद्र ने मंत्रिमंडलों के आकार को सीमित करने का कदम उठाया
7. Breakthrough in treatment of malaria : मलेरिया के इलाज में नया आविष्कार
8. Sricharan breaks into top ten of ATP list : श्रीचरन ने एटीपी सूची में सर्वोच्च दस में स्थान बनाया
9. Olympic champion hires tainted coach : ओलंपिक चैंपियन ने दोषी कोच की सेवाएँ लीं
10. State Bank gets Rs. 700 crore from Harshad treasure trove : स्टेट बैंक को हर्षद की अकूत संपत्ति से रु. 700 करोड़ मिले

INVITATION

I

Ali : May I come in, Sabina?
(मे आई कम इन, सबीना?)
सबीना, क्या मैं भीतर आ सकता हूँ?

Sabina : You're welcome, Ali. It's great to have you here after so many days.
(यू'आर वेलकम, अली। इट्'स ग्रेट टू हैव यू हियर ऑफ्टर सो मेनी डेज।)
तुम्हारा स्वागत है, अली। तुम्हें इतने दिन के बाद यहाँ देखकर बहुत अच्छा लगा।

Ali : You know, life has become too busy to take out time. This is why I planned to invite all my relatives and friends to a dinner.
(यू नो, लाइफ हैज बीकम टू बिजी टू टेक आउट टाइम। दिस इज व्हाय आई प्लांड टू इनवाइट ऑल माई रिलेटिव्ज ऐंड फ्रैंड्स टू ए डिनर।)
आप जानती ही हैं कि जिंदगी इतनी व्यस्त हो गई है कि समय निकालना कठिन हो गया है। यही कारण है कि मैंने सभी संबंधियों तथा मित्रों को एक रात्रिभोज पर निमंत्रित करने की योजना बनाई है।

Sabina : That's great. What's the occasion?
(दैट्'स ग्रेट। व्हाट्'स द ओकेजन?)
यह तो बहुत अच्छी बात है। क्या अवसर है?

Ali : The occasion is not much important, but the feelings of my heart are. I want all of you to come and join us. The occasion is Nafis birthday.
(द ओकेजन इज नॉट मच इम्पॉर्टेंट, बट दॅ फीलिंग्स ऑव माई हार्ट आर। आई वांट ऑल ऑव यू टू कम ऐंड जॉइन अस। द ओकेजन इज नफीस'स बर्थडे।)
अवसर इतना महत्त्वपूर्ण नहीं है, लेकिन मेरे दिल की भावनाएँ हैं। मैं चाहता हूँ कि आप सब आएँ और हमारे साथ सम्मिलित हों। अवसर नफीस का जन्मदिन है।

Sabina : He must be seven years old, isn't he?
(ही मस्ट बी सेवन ईयर्स ओल्ड, इजं'ट ही?)
वह तो सात साल का हो गया होगा, नहीं क्या?

Ali : That's correct. Here is the invitation card. Cake cutting ceremony will be held at 8 PM and the dinner will start at 9 PM next Sunday. But you have to arrive before lunch.

(दैट्स करेक्ट। हियर इज द इंविटेशन कार्ड। केक कटिंग सेरिमनी विल बी हेल्ड ऐट पीएम ऐंड द डिनर विल स्टार्ट ऐट नाइन पीएम नेक्स्ट सनडे। बट यू हैव टू अराइव बिफोर लंच।)

जी हाँ। यह रहा निमंत्रण-पत्र। अगले रविवार को केक रात्रि 8 बजे काटा जाएगा तथा रात्रिभोज 9 बजे आरंभ होगा, लेंकिन आपको दोपहर के भोजन से पहले आना है।

Sabina : That will be a pleasure to be with you. We all will be there well before lunch.

(दैट विल बी ए प्लेजर टू बी विद यू। वी ऑल विल बी देअर वेल बिफोर लंच।)

तुम्हारे साथ रहना बहुत ही आनंददायक होगा। हम सब दोपहर के भोजन से बहुत पहले पहुँच जाएँगे।

Ali : Thank you.

(थैंक यू।)

धन्यवाद।

II

Ali : Hi Ahmed! How do you do?

(हाय अहमद! हाउ डू यू डू?)

अहमद, कैसे हो?

Ahmed : How did you happen to forget the way?

(हाउ डिड यू हैपन टू फॉरगेट द वे?)

रास्ता कैसे भूल गए तुम?

Ali : You have always lived in my heart, only scarcity of time makes things difficult.

(यू हैव ऑलवेज लिव्ड इन माई हार्ट, ओनली स्कार्सिटी ऑव टाइम मेक्स थिंग्स डिफिकल्ट।)

तुम हमेशा मेरे दिल में रहे हो, केवल समय की कमी ने चीजों को मुश्किल बना दिया है।

Ahmed : Last week I saw you pass by this street, didn't you?

(लास्ट वीक आई सॉ यू पास बाय दिस स्ट्रीट, डिडं'ट यू?)

पिछले सप्ताह मैंने तुम्हें इस गली से होकर गुजरते देखा था, नहीं क्या?

Ali : I did, but I had my client with me. How could I bring him here? Anyway, I'm here to invite you to Nafis's birthday on next Sunday.

(आई डिड, बट आई हैड माई क्लाएंट विद मी। हाउ कुड आई ब्रिंग हिम हियर। ऐनीवे, आइ'ऐम हियर टू इनवाइट यू टू नफीस'स बर्थडे ऑन नेक्स्ट सनडे।)

मैं गुजरा था, लेकिन मेरे साथ मेरा एक ग्राहक था। मैं उसे यहाँ कैसे ला सकता था? बहरहाल, मैं यहाँ आपको नफीस के जन्मदिन के लिए अगले रविवार को निमंत्रण देने आया हूँ।

Ahmed : I'm sorry I would not be able to make it. I'm proceeding outstation this Saturday and I am not likely to be back by Sunday.

(आइ'ऐम सॉरी आई वुड नॉट बी एबल टू मेक इट। आइ'ऐम प्रोसीडिंग आउटस्टेशन दिस सैटरडे ऐंड आई एम नॉट लाइकली टू बो बैक बाइ सनडे।)

मैं क्षमा चाहता हूँ कि मैं नहीं आ पाऊँगा। मैं इस शनिवार को बाहर जा रहा हूँ और मैं रविवार तक नहीं आ पाऊँगा।

Ali : I'm not convinced. You have to come at any cost. Friends must always be on the side when one is celebrating something.

(आइ'ऐम नॉट कनविंस्ड। यू हैव टू कम ऐट एनी कॉस्ट। फ्रेंड्स मस्ट ऑलवेज बी ऑन द साइड व्हेन वन इज सेलिब्रेटिंग समथिंग।)

मैं नहीं जानता। तुम्हें किसी भी कीमत पर आना है। मित्र हमेशा साथ होने चाहिएँ, जब कोई उत्सव मना रहा हो।

Ahmed : Please try to understand my problem. My departure is inevitable. However, my wife and children will certainly join you.

(प्लीज ट्राइ टू अंडरस्टैंड माई प्रॉब्लम। माई डिपार्चर इज इनएविटेबुल। हाउएवर, माई वाइफ ऐंड चिल्ड्रन विल सरटेनली जॉइन यू।)

कृपया मेरी समस्या समझने का प्रयत्न करो। मेरा प्रस्थान आवश्यक है। लेकिन मेरी पत्नी व बच्चे निश्चित ही आपके साथ सम्मिलित होंगे।

Ali : It would have been enjoying to be with you. Anyway,

permit me to leave. I've to go to several friends and relatives.

(इट वुड हैव बीन एंजॉइंग टू बी विद यू। ऐनीवे, परमिट मी टू लीव। आइ'व टू गो टू सेवरल फ्रेंड्स ऐंड रिलेटिव्ज ।)

तुम्हारे साथ रहना मनोरंजक रहता। कोई बात नहीं, मुझे जाने की आज्ञा दो। मुझे बहुत से मित्रों तथा रिश्तेदारों के यहाँ जाना है।

Ahmed : You must come when you're comparatively free. Goodbye.

(यू मस्ट कम व्हेन यू'आर कमपैरेटिवली फ्री। गुडबाइ ।)

तुम तब जरूर आना जब तुम्हारे पास कुछ समय हो। अथवा समय मिलने पर जरूर आना अलविदा।

III

Ali : Here is the invitation card for Nafis' birthday on Sunday next. I'm looking forward to your company.

(हियर इज द इनविटेशन कार्ड फॉर नफीस'स बर्थडे ऑन सनडे नेक्स्ट। आइ'ऐम लुकिंग फॉरवर्ड टू योर कंपनी ।)

यह निमंत्रण-पत्र अगले रविवार को नफीस के जन्मदिन के उपलक्ष्य में है। मैं आपके साथ की अपेक्षा रखता हूँ।

Khalil : How have you turned up to invite me on this occasion when you forgot me when inaugurating your office last year? I cannot come.

(हाउ हैव यू टर्न्ड अप टू इनवाइट मी ऑन दिस ऑकेजन व्हेन यू फॉरगॉट मी व्हेन इनॉग्युरेटिंग योर ऑफिस लास्ट ईयर। आई कैननॉट कम ।)

तुम इस अवसर पर मुझे निमंत्रित करने यहाँ कैसे आ गए जब तुम पिछले साल अपने कार्यालय का उद्घाटन करते समय मुझे भूल गए थे? मैं नहीं आ सकता।

Ali : That happened so suddenly, you know, that I hardly got time to invite my near and dear ones! You will realise that only my wife and children were present. You should not mind that.

(दैट हैप्पंड सो सडनली, यू नो, दैट आय हार्ड्ली गॉट टाइम टू इनवाइट माई नियर ऐंड डियर वंस। यू विल रियलाइज दैट ओनली माई वाइफ ऐंड चिल्ड्रन वर प्रेजेंट। यू शुड नॉट माइंड दैट ।)

वह तो इतना अचानक हुआ, तुम्हें पता है, कि मुझे अपने मित्रों तथा रिश्तेदारों को बुलाने का समय ही नहीं मिल पाया! तुम इस बात को महसूस करोगे कि वहाँ केवल मेरी पत्नी तथा बच्चे उपस्थित थे। तुम्हें उसका बुरा नहीं मानना चाहिए।

Khalil : I've right to mind it. You didn't even telephone, let alone meet me.
(आइ'व राइट टू माइंड इट। यू डिडं'ट इवन टेलीफोन, लेट अलोन मीट मी।)
मुझे बुरा मानने का अधिकार है। तुमने फोन तक नहीं किया, मिलने की तो बात ही छोड़ो।

Ali : It has happened only because of being busy. I'm all the time on my toes. I'm working almost 16 hours a day.
(इट हैज हैप्पंड ओनली बीकॉज ऑव बींग बिजी। आइ'ऐम ऑल द टाइमस ऑन माई टोज। आइ'ऐम वर्किंग ऑलमोस्ट 16 आवर्स ए डे।)
यह मेरे व्यस्त रहने के कारण हुआ है। मैं हमेशा जल्दी में रहता हूँ। मैं लगभग 16 घंटे रोज काम कर रहा हूँ।

Khalil : That's too long. You must take care of your health too.
(दैट्स टू लॉन्ग। यू मस्ट टेक केअर ऑव योर हेल्थ टू।)
यह तो बहुत लंबा समय है। तुम्हें अपने स्वास्थ्य का भी ध्यान रखना चाहिए।

Ali : It will take another two or three years for me to settle down fully. Then I would not have to work that hard. Anyway, I will be anxiously waiting for you for the birthday party.
(इट विल टेक अनदर टू ऑर थ्री ईयर्स फॉर मी टू सेटल डाउन फुल्ली। दैन आई वुड नॉट हैव टू वर्क दैट हार्ड। ऐनीवे, आई विल बी एंकश्यिस्ली वेटिंग फॉर यू फॉर द बर्थडे पार्टी।)
मुझे पूरी तरह स्थापित होने में और दो तीन साल लगेंगे। तब मुझे इतनी कड़ी मेहनत नहीं करनी पड़ेगी। ठीक है, मैं जन्मदिन पार्टी नें अधीरता से तुम्हारी प्रतीक्षा करूँगा।

Khalil : I'll come only because it's the birthday of Nafis. Had it been yours, I would never have turned up.

(आइ'ल कम ओनली बीकॉज इट्स द बर्थडे ऑव नफीस। हैड इट बीन योर्स, आई वुड नेवर हैव टर्न्ड अप।)
मैं केवल इसलिए आऊँगा क्योंकि यह नफीस का जन्मदिन है। यदि यह तुम्हारा होता तो मैं कभी न आता।

MISCELLANY

Household Articles (हाउसहोल्ड आर्टिकल्स) घरेलू सामान

almirah (आलमिरा) अलमारी
axe (ऐक्स) कुल्हाड़ी
bangle (बैंगल) चूड़ी
bedsheet (बेडशीट) चादर
bench (बेंच) बेंच
bobbin (बॉबिन) अंटी
bottle (बॉटल) बोतल
bowl (बाउल) प्याला
broom (ब्रूम) झाड़ू
bulb (बल्ब) बल्ब
candle (कैंडल) मोमबत्ती
cauldron (कॉल्ड्रन) कड़ाही
censer (सेंसर) धूपदानी
chandelier (शैंडिलियर) फानूस
churn stick (चर्न स्टिक) मथानी
cobweb (कॉबवेब) शृंगारदान
cot (कॉट) चारपाई
cradle (क्रैडल) पालना
cupboard (कबॅर्ड) अलमारी (दीवार में)
desk (डेस्क) डेस्क, मेज
diwan (दीवान) दीवान
flagon (फ्लैगन) सुराही
footmat (फुटमैट) पायदान
frying pan (फ्राईंग पैन) कड़ाही
attache case (अटैची केस) छोटा संदूक
balance (बैलेंस) तराजू
basket (बास्केट) टोकरी
bedstead (बेडस्टीड) पलंग
blanket (ब्लैंकेट) कंबल
books (बुक्स) किताबें
bowl (बाउल) डोंगा
box (बॉक्स) डिब्बा, संदूक
bucket (बकेट) बाल्टी
button (बटन) बटन
canister (कैनिस्टर) कनस्तर
casket (कास्केट) सिंगारदान
chair (चेयर) कुर्सी
chimney (चिमनी) चिमनी
cinder (सिंडर) अंगारा
comb (कॉम) कंघी
cream (क्रीम) क्रीम
cup (कप) प्याला
curd (कर्ड) दही
dish (डिश) थाली
earthen lamp (अर्देन लैंप) दीया
flower-vase (फ्लॉवर-वॉस) फूलदान
fork (फॉर्क) काँटा
fuel (फ्यूल) ईंधन

funnel (फनल) कीप
glass pane (ग्लास पेन) शीशा
hearth (हर्थ) अँगीठी
iron (आयरन) इस्तिरी
jug (जग) सुराही
key (की) चाबी
ladle (लैडल) करघुन
lid (लिड) ढकना
mat (मैट) चटाई
match-stick (मैच-स्टिक) दियासलाई
mortar (मोर्टार) ओखली
palanquin (पैलंक्विन) पालकी
paper (पेपर) कागज
phial (फायल) शीशी
pillow (पिलो) तकिया
pincers (पिंसर्स) संडसी
pot (पॉट) बरतन
roller (रोलर) बेलन
sauce pan (सॉस पैन) देगची
sieve (सीव) चलनी, छलनी
spinning wheel (स्पिनिंग व्हील) चरखा
spoon (स्पून) चमचा
stool (स्टूल) स्टूल
swing (स्विंग) झूला
tap (टैप) नल
thimble (थिंबल) अंगुस्ताना
toothpick (टूथपिक) दंत खोदनी
tray (ट्रे) ट्रे
twig-brush (ट्विग-ब्रश) दातून
watch (वॉच) घड़ी
wire (वायर) तार

glass (ग्लॉस) गिलास
grate (ग्रेट) ज़ाली (चूल्हे की)
hubble-bubble (हबल-बबल) हुक्का
jar (जार) गगरा, मर्तबान
kettle (केटल) केतली
knitting stick (निटिंग स्टिक) सलाई
lamp (लैंप) लैंप
lock (लॉक) ताला
match-box (मैच-बॉक्स) माचिस
mirror (मिरर) आईना
nut-cutter (नट-कटर) सरौता
pan (पैन) पतीली, तवा
pastry-board (पेस्ट्री-बोर्ड) चकला
pillow cover (पिलो कवर) तकिए का गिलाफ
pitcher (पिचर) घड़ा
purse (पर्स) बटुआ
safe (सेफ) तिजोरी
saucer (सॉसर) तश्तरी
soap (सोप) साबुन
spittoon (स्पीटून) पीकदान
stick (स्टिक) छड़ी
stove (स्टोव) चूल्हा
table-desk (टेबल-डेस्क) लेखनीकार
tea-pot (टी-पॉट) चायदानी
tong (टोंग) चिमटा
tooth-powder (टूथ-पाउडर) दंत मंजन
tub (टब) टब
umbrella (अंब्रेला) छाता
wardrobe (वार्डरोब) अलमारी
wick (विक) बत्ती

□

SAMPLE DIALOGUES

1. I can lift this box.
   (आई कैन लिफ्ट दिस बॉक्स।)
   मैं इस संदूक को उठा सकता हूँ।
2. I cannot speak French.
   (आई कैननॉट स्पीक फ्रेंच।)
   मैं फ्रांसीसी नहीं बोल सकता।
3. How can I do it?
   (हाउ कैन आई डू इट?)
   मैं यह कैसे कर सकता हूँ?
4. Can you believe us?
   (केन यू बिलीव अस?)
   क्या तुम हमारा विश्वास कर सकते हो?
5. Can I use your telephone?
   (केन आई यूज योर टेलीफोन?)
   क्या मैं तुम्हारा टेलीफोन प्रयोग कर सकता हूँ?
6. You can leave now.
   (यू केन लीव नाउ।)
   अब तुम जा सकते हो।
7. Could you connect me to 386?
   (कुड यू कनेक्ट मी टू 386?)
   क्या आप मुझे (कमरा या फोन संख्या) 386 से जोड़ सकते हो?
8. We could perform the play with difficulty.
   (वी कुड परफॉर्म द प्ले विद डिफिकल्टी।)
   हम नाटक को मुश्किल से कर पाए।
9. We couldn't change her mind.
   (वी कुडं'ट चेंज हर माइंड।)
   हम उसका मन परिवर्तित नहीं कर पाए।
10. They could do nothing for their parents.

(दे कुड डू नथिंग फॉर देअर पेरेंट्स।)

वे अपने माता-पिता के लिए कुछ नहीं कर पाए।

11. We should abide by the law.
(वी शुड अबाइड बाय द लॉ।)

हमें कानून का पालन करना चाहिए।

12. Work properly lest you should commit a mistake.
(वर्क प्रॉपर्ली लेस्ट यू शुड कमिट एं मिस्टेक।)

ठीक से काम करो, कहीं गलती न कर बैठो।

13. You should serve your old parents.
(यू शुड सर्व योर ओल्ड पेरेंट्स।)

तुम्हें अपने बूढ़े माता-पिता की सेवा करनी चाहिए।

14. If he should see me here, he will chase me.
(इफ ही शुड सी मी हियर, ही विल चेज मी।)

यदि वह मुझे यहाँ देखेगा तो वह मेरा पीछा करेगा।

15. They would rather starve than beg.
(दे वुड रादर स्टार्व देन बेग।)

वे भूखा मरना पसंद करेंगे लेकिन भीख नहीं माँगेंगे।

16. Would that I were a bird.
(वुड दैट आई वर ए बर्ड।)

काश, मैं चिड़िया होता!

17. He would sit for long seeing the tiny tots play.
(ही वुड सिट फॉर लॉन्ग सीइंग द टाइनी टॉट्स प्ले।)

वह देर तक बैठकर बच्चों को खेलते हुए देखता था।

18. Would you like to have lunch with me?
(वुड यू लाइक टु हैव लंच विद मी?)

क्या आप मेरे साथ दोपहर का भोजन लेना पसंद करेंगे?

19. May I come in, sir?
(मे आई कम इन सर?)

क्या मैं भीतर आ सकता हूँ श्रीमान्?

20. May God bless you!
(मे गॉड ब्लेस यू!)

ईश्वर आपका कल्याण करे!

21. Work hard so that you may achieve success.
(वर्क हार्ड सो दैट यू मे अचीव सक्सेस।)
कड़ी मेहनत करो जिससे आप सफलता प्राप्त कर सकें।

22. It might rain tomorrow.
(इट माइट रेन टुमॉरो।)
कल बारिश हो सकती है।

23. You may give a little more time to this aspect of the problem.
(यू मे गिव ए लिटिल टाइम टू दिस आस्पेक्ट ऑव द प्रॉब्लम।)
आपको समस्या के इस पक्ष की ओर कुछ और समय देना चाहिए।

24. Don't be rash; you might have hit the pole.
(डोंट बी रैश; यू माइट हैव हिट द पोल।)
उतावले मत होओ; तुम खंबे पर टक्कर मार देते।

25. Fatima might have gone with Saroj.
(फातिमा माइट हैव गॉन विद सरोज।)
फातिमा सरोज के साथ गई होगी।

Practice Dialogues

1. I can <u>*lift this box*</u>.

fight the enemy	work on a computer
reveal the secret	open the room
jump into the river	fly in the air

2. How can <u>*I do it*</u>?

we come to the party	they tell me
the aeroplane fly	the soldiers flee
she read the book	you say it

3. We could <u>*perform the play*</u> with difficulty.

face the enemy	solve the question
speak the dialogue	carry the load
cross the river	cook the food

4. They could <u>*do nothing*</u> for their parents.

do everything	do something
sing a song	arrange money
bring happiness	buy clothes

5. We should *abide by the law*.

follow the rules	observe etiquette
stop at the gate	remove the impediment
participate in the event	meet the requirements

6. If he should see me, he will *chase* me.

help	beat
kill	request
allow to enter	forbid

7. Would that I were *a bird*!

a millionaire	a minister
President	a businessman
an officer	a landlord

8. Would you like to *have lunch with me*?

help me travel	extend a hand of friendship
read this book	give this shirt a try
have a lift in my car	go for this house

9. *Work hard* so that you may achieve success.

be positive	study for longer periods
gain knowledge	gain experience
work under some expert	be enterprising

10. Don't be rash; you might have *hit the pole*.

crushed the girl	defaced the website
been arrested	run into the shop
broken the wall	fallen in the nullah

VOCABULARY

believe (बिलीव) विश्वास करना
connect (कनेक्ट) संबंध बनाना
play (प्ले) नाटक, खेल
abide (अबाइड) पालन करना
starve (स्टार्व) भूखों मरना
rather (रादर) वरन्, बल्कि
achieve (अचीव) प्राप्त करना
pole (पोल) खंबा
flee (फ्ली) भाग जाना
leave (लीव) छोड़ना, जाना
perform (परफॉर्म) पूरा करना, करना
mind (माइंड) मन, मस्तिष्क
serve (सर्व) सेवा करना, नौकरी करना
beg (बेग) भीख माँगना
tiny tot (टाइनी टॉट) छोटा बच्चा
aspect (आस्पेक्ट) पक्ष
reveal (रिवील) खोलना, उजागर करना
face (फेस) सामना करना, चेहरा

solve (सॉल्व) सुलझाना
load (लोड) भार, बोझ
etiquette (एटिकेट) शिष्टाचार
impediment (इम्पेडिमेंट) कठिनाई, रुकावट
forbid (फॉरबिड) मना करना
landlord (लैंडलॉर्ड) जमींदार
positive (पोजिटिव) सकारात्मक
expert (एक्सपर्ट) अनुभवी, दक्ष
deface (डिफेस) शक्ल खराब कर देना
dialogue (डायलॉग) संवाद
observe (ऑब्जर्व) पालन करना
remove (रिमूव) हटाना, समाप्त करना
requirement (रिक्वायरमेंट) आवश्यकता
chase (चेज) पीछा करना
millionaire (मिलियनेयर) लखपती
extend (एक्सटेंड) आगे बढ़ाना
experience (एक्सपीरिएंस) अनुभव
crush (क्रश) कुचल देना
nullah (नल्लाह) नाला

Tips

Can. Can का प्रयोग विभिन्न अर्थ दर्शा सकता है :

- Capacity (क्षमता); जैसे : I can climb the hill.
- Ability (योग्यता); जैसे : He can use computer well.
- Permission (अनुमति); जैसे : You can use my pen.
- Possibility (संभावना); जैसे : It can rain any time.

Could. Could का प्रयोग निम्नलिखित अर्थों में किया जाता है :

- Can के Past Tense (भूतकाल के लिए); जैसे : He said that he could be available.
- Anyhow (किसी तरह) करना; जैसे : We could cross the river with difficulty.
- Capable of doing but could not (क्षमता के बावजूद नहीं कर सका); जैसे : He could have performed better.
- Polite request (नम्र निवेदन); जैसे : Could you lend me your pen?

Should. Should का प्रयोग निम्नलिखित अवस्थाओं में किया जाता है :

- Duty or moral obligation (कर्तव्य या नैतिक कर्तव्य); जैसे : One should keep one's promise.
- Caution or purpose (सावधानी या कारण); जैसे : Don't run on the wall lest you should fall down.
- Advice or suggestion (सलाह या सुझाव); जैसे : You should come on time.

- Guess or assumption (अनुमान); जैसे : Should it rain, he will not come.

Would. Would का प्रयोग निम्न प्रकार से होता है :

- Wish (इच्छा); जैसे : She would rather fail than copy.
- Habit (आदत); जैसे : The elderly would talk about the olden times.
- Polite request (नम्र निवेदन); जैसे : Would you like to come with me?
- Imagination (कल्पना); जैसे : Would that I were a minister.

May. May का प्रयोग निम्नलिखित अर्थों के लिए किया जाता है :

- Seek and give permission (आज्ञा लेना तथा देना); जैसे : May I disturb you for a while?
- Bless a boon or curse (आशीर्वाद या श्राप); जैसे : May you succeed in life!
- Purpose (कारण); जैसे : He toils day and night so that he may succeed.

Might. Might का प्रयोग निम्नलिखित दशाओं में किया जाता है :

- इसका प्रयोग may से अधिक रुक्षतापूर्ण होता है या नकारात्मक अर्थ में होता है; जैसे–Might I borrow your pen?
- Dissatisfaction or reproach (असंतोष या झिड़की); जैसे : You might have looked into it more carefully.
- Possibility (संभावना); जैसे : He might have done it.

Newspaper Headings

1. Petty politics may scuttle textile sector reforms : छोटी (स्थानीय) राजनीति कपड़ा क्षेत्र सुधारों को नष्ट कर सकती है
2. Landmine blast kills 6 civilians, injures 11 : लैंडमाइन धमाके से 6 लोगों की मृत्यु, 11 घायल
3. Leader lays down lathi laws for rally : नेता ने रैली के लिए लाठी नियम बनाए
4. Karunakaran urges Sonia to be generous : करुणाकरण ने सोनिया से दयालु बनने की प्रार्थना की

5. Dacoits nabbed minutes after robbery : डकैती के कुछ ही देर बाद डकैत गिरफ्तार
6. Groom shot at wedding in coma : बारात में दूल्हे को गोली लगी, बेहोश
7. Uphaar victims win compensation : उपहार के पीड़ितों ने हरजाना जीता
8. Cabinet for making truth a defence for contempt : मंत्रिमंडल सच को अवमानना के लिए एक रक्षा कवच बनाने के पक्ष में
9. Delhi HC holds Ansals, Government guilty in civil suit : दिल्ली उच्च न्यायालय ने अंसल तथा सरकार को सिविल मुकदमे में दोषी ठहराया
10. Wipro to buy US-based Nerve Wire for Rs. 89 cr : विप्रो अमेरिका स्थित नर्व वायर को 89 करोड़ रुपए में खरीदेगा।

AT HOME

I

Jagjeet : Aren't you going to the Company Garden?
(आरं'ट यू गोइंग टू द कंपनी गार्डन?)
क्या तुम कंपनी बाग नहीं जा रहे?

Baljeet : No, I am not. I'm planning to stay back home for a crucial rest.
(नो, आइ नॉट। आइ'ऐम प्लानिंग टू स्टे बैक होम फॉर ए क्रूशियल रेस्ट।)
नहीं, मैं नहीं जा रहा। मैं आराम के लिए घर पर ही रहने की योजना बना रहा हूँ।

Jagjeet : Rest? What has happened to the agile guy? Are you all right?
(रेस्ट? व्हाट हैज हैप्पंड टू द एजाइल गाइ? आर यू ऑल राइट?)
आराम? इस मेहनती लड़के को क्या हुआ? ठीक तो हो?

Baljeet : I'm absolutely fine. I've been going for running to the garden for over a month. I've decided to take a rest today.
(आइ'ऐम एबसोल्यूटली फाइन। आइव बीन गोइंग फॉर रनिंग टू द गार्डन फॉर ओवर ए मंथ। आइ'व डिसाइडेड टू टेक ए रेस्ट टुडे।)
मैं बिलकुल ठीक हूँ। मैं एक महीने से अधिक समय से बाग में रोज दौड़ लगाता आ रहा हूँ। इसलिए मैंने फैसला किया कि आज आराम किया जाए।

Jagjeet : I can smell something fishy. Tell me the truth.
(आई कैन स्मेल समथिंग फिशी। टेल मी द ट्रुथ।)
मुझे कुछ गाड़बड़ लग रही है। मुझे सच बताओ।

Baljeet : I'm blushing. In fact, Raji Kaur is coming today.
(आइ'ऐम ब्लशिंग। इन फैक्ट, राजी कौर इज कमिंग टुडे।)
मुझे शर्म आ रही है। वास्तव में, आज राजी कौर आ रही है।

Jagjeet : O I see, now I know what's the reason of your taking rest. Wish you a happy rest.
(ओ आई सी, नाउ आई नो व्हाट्'स दॅ रीजन ऑव योर टेकिंग रेस्ट। विश यू ए हैप्पी रेस्ट।)
ओ अच्छा, अब मुझे पता चला कि तुम्हारे आराम का क्या कारण है। तुम्हारे प्रसन्नतादायक आराम की कामना करता हूँ।

Baljeet : Can't you stay back just to give me moral support? You know, I become so tense before her.
(कांट यू स्टे बैक जस्ट टू गिव मी मॉरल सपोर्ट? यू नो, आई बिकम सो टेंस बिफोर हर।)
क्या तुम मुझे नैतिक बल देने के लिए रुक नहीं सकते? तुम्हें तो पता है कि मैं उसके सामने इतना तनावग्रस्त हो जाता हूँ।

Jagjeet : No middlemen, O dear. You've got to tackle her on your own. Bye.
(नो मिडिलमैन, ओ डियर। यू'व गॉट टू टैकल हर ऑन योर ओन। बाइ।)
कोई मध्यस्थ नहीं, प्यारे। तुम्हें उसे खुद ही सँभालना होगा। अलविदा।

II

Raji : Where's Auntie?
(व्हेयरेर्स आंटी?)
आंटी कहाँ हैं?

Baljeet : She's at home, er...I mean, she's gone to market.
(शीज ऐट होम, अर... आई मीन, शी'ज गॉन टू मार्केट।)
वह घर पर है, अअ... मेरा मतलब है, वह बाजार गई है।

Raji : Oh, when is she likely to be back?
(ओह, व्हेन इज शी लाइकली टू बी बैक?)
ओह, उनके कब आने की संभावना है?

Baljeet	:	She must be on her way back home. Come in and make yourself comfortable. (शी मस्ट बी ऑन हर वे बैक होम। कम इन ऐंड मेक योरसेल्फ कंफर्टेबल।) वह वापसी पर ही होंगी। भीतर आ जाओ और आराम करो।
Raji	:	I would rather go to Rani's house for some time. (आई वुड रादर गो टू रानी'ज हाउस फॉर सम टाइम।) बल्कि मैं कुछ देर के लिए रानी के घर जाऊँगी।
Baljeet	:	I covet your company so much. Can't you really come in? I want to show you something. (आई कॉवेट योर कंपनी सो मच। कैन नॉट यू रियली कम इन? आई वांट टू शो यू समथिंग।) मैं तुम्हारे साथ की बहुत कामना करता हूँ। क्या तुम वास्तव में भीतर नहीं आ सकतीं? तुम्हें कुछ दिखाना चाहता हूँ।
Raji	:	I'll surely come in. Now, show me what you wanted to. (आई विल श्योरली कम इन। नाउ, शो मी व्हाट यू वांटेड टू।) मैं निश्चित ही भीतर आऊँगी। अब मुझे दिखाओ जो तुम दिखाना चाहते थे?
Baljeet	:	First tell me what you would like to have—hot or cold? (फर्स्ट टेल मी व्हाट यू वुड लाइक टू हैव–हॉट ऑर कोल्ड?) पहले मुझे बताओ कि तुम क्या लेना पसंद करोगी–गरम या ठंडा?
Raji	:	No formalities, a simple glass of water will do. (नो फॉर्मेलिटीज, ए सिंपल गिलास ऑव वाटर विल डू।) औपचारिकता की आवश्यकता नहीं, सादा पानी का गिलास दे दो।
Baljeet	:	It's no formality. Feel at home and be frank. What about a cup of coffee? (इट इज नो फॉर्मेलिटी। फील ऐट होम ऐंड बी फ्रैंक। व्हाट एबाउट ए कप ऑव कॉफी?) यह कोई दिखावा नहीं है। इसे अपना ही घर समझो तथा खुल कर रहो। एक कप कॉफी के बारे में क्या विचार है?
Raji	:	It's too hot. Moreover, if I nod, you'll ask me to go to kitchen to make it, won't you?

(इट इज टु हॉट। मोरओवर, इफ आई नॉड, यू विल आस्क मी टू गो टू किचन टू मेक इट, वुड नोट यू?)

बहुत गरमी है। इसके साथ ही, यदि मैं हाँ कहूँ तो तुम मुझे इसे बनाने के लिए रसोई में जाने को कहोगे, नहीं क्या?

Baljeet : I really like to see you moving around my house. I feel elated in your presence.

(आई रियली लाइक टू सी यू मूविंग अराउंड माई हाउस। आई फील इलेटेड इन योर प्रेजेंस।)

मैं वास्तव में तुम्हें अपने घर में इधर-उधर चलते देखना चाहता हूँ। मैं तुम्हारी उपस्थिति में प्रसन्नता महसूस करता हूँ।

Raji : To save you the trouble, get me a glass of water. I'll come later.

(टू सेव यू द ट्रबल, गेट मी ए ग्लास ऑव वाटर। आई विल कम लेटर।)

अपनी परेशानी बचाने के लिए, मुझे केवल एक गिलास पानी दो। मैं बाद में आऊँगी।

III

Raji : All right, Baljeet, I'll come later.

(ऑल राइट, बलजीत, आई विल कम लेटर।)

ठीक है बलजीत, मैं बाद में आऊँगी।

Baljeet : Someone is ringing the doorbell. I think Mummy is back.

(समवन इज रिंगिंग द डोरबेल। आई थिंक मम्मी इज बैक।)

कोई दरवाजे की घंटी बजा रहा है। मुझे लगता है कि मम्मी वापस आ गई है।

Mummy : What a pleasant surprise! Raji is here. I wanted to see you too.

(व्हाट ए प्लेजेंट सरप्राइज! राजी इज हियर। आई वांटेड टु सी यू टू।)

कितना सुखद आश्चर्य! राजी यहाँ है। मैं भी तुमसे मिलना चाहती थी।

Raji : Heart knows the call of the heart. Probably I'm here for that. How do you do Auntie?

(हर्ट नोज द कॉल ऑव द हर्ट। प्रोबेब्ली आई'ऐम हियर फॉर दैट। हाउ डू यू डू आंटी?)

दिल दिल की आवाज पहचानता है। शायद मैं इसीलिए यहाँ हूँ। आप कैसी हैं आंटी?

Mummy : I'm absolutely fine. Have you finished your engineering course?
(आइ'ऐम एबसोल्यूटली फाइन। हैव यू फिनिश्ड योर इंजीनियरिंग कोर्स?)
मैं बिल्कुल ठीक हूँ। तुम्हारा इंजीनियरिंग कोर्स समाप्त हो गया है क्या?

Raji : I'm in the final year. Next year I'll be an engineer. A building company has already selected me as a trainee engineer.
(आइ'ऐम इन द फाइनल ईयर। नेक्स्ट ईयर आइ'ल बी ऐन इंजीनियर। ए बिल्डिंग कंपनी हैज ऑलरेडी सेलेक्टेड मी ऐज ए ट्रेनी इंजीनियर।)
मैं अंतिम वर्ष में हूँ। अगले साल मैं एक इंजीनियर बन जाऊँगी। एक बिल्डिंग कंपनी ने मुझे पहले ही प्रशिक्षु इंजीनियर के रूप में चुन लिया है।

Mummy : But you don't have to join a service. You did engineering only because you wanted to. I'm against your joining a service.
(बट यू डों'ट हैव टू जॉइन ए सर्विस। यू डिड इंजीनियरिंग ओनली बीकॉज यू वांटेड टू। आय'म अगेंस्ट योर जॉइनिंग ए सर्विस।)
लेकिन तुम्हें नौकरी करने की कोई आवश्यकता नहीं है। तुमने इंजीनियरिंग केवल इसलिए की क्योंकि तुम इसे करना चाहती थीं। मैं तुम्हारे नौकरी करने के विरुद्ध हूँ।

Raji : Mummy doesn't object to it, not even Papa does it. Then why should you?
(मम्मी डजं'ट ऑब्जेक्ट टू इट, नॉट ईवन पापा डज इट। देन व्हाय शुड यू?)
मम्मी इसके लिए मना मत करिए, पापा भी नहीं करते। तो आप क्यों करती हो?

Mummy : Because you are going to get married into this house. I want you to construct a home and not the buildings.
(बिकॉज यू आर गोइंग टू गेट मैरिड इनटू दिस हाउस। आई वांट यू टू कंसट्रक्ट ए होम ऐंड नॉट द बिल्डिंग्स।)
क्योंकि तुम्हारा इस घर में विवाह होने वाला है। मैं चाहती हूँ कि तुम एक घर बनाओ न कि इमारतें।

Baljeet : I feel we have much time at our disposal to think and decide about that.
(आई फील वी हैव मच टाइम ऐट अवर डिस्पोजल टू थिंक ऐंड डिसाइड एबाउट दैट।)
मैं महसूस करता हूँ कि इस बारे में सोचने व फैसला करने के लिए हमारे पास बहुत समय है।

MISCELLANY

Musical Instruments (म्यूजिकल इंस्ट्रुमेंट्स) संगीत वाद्य

banjo (बैंजो) बैंजो
bell (बेल) घंटी
bugle (ब्यूगल) सिंघा
clarion (क्लैरियन) तुरही
clarionet (क्लैरियनेट) शहनाई
conch (कौंच) शंख
cymbal (सिंबल) छैना
drum (ड्रम) ढोल, नगाड़ा
drumet (ड्रमेट) डुगडुगी
flute (फ्लूट) बाँसुरी
guitar (गिटार) गिटार
harmonium (हारमोनियम) हारमोनियम
harp (हार्प) चग अथवा सारंगी
Jew's harp (ज्यू'ज हार्प) मृदंग
mouth organ (माउथ ऑर्गन) बाजा
piano (पियानो) पियानो
sarod (सरोद) सरोद
tabor(टेबर) तबला
tambourine (टैंबरीन) डफली
tom-tom (टॉमटॉम) ढोलक
violin (वायलिन) बेला
whistle (व्हिसल) सीटी

Animals (ऐनिमल्स) जानवर

alligator (ऐलीगेटर) घड़ियाल
antelope (एंटीलोप) नीलगाय
ant-eater (ऐंट-ईटर) चींटीखोर
ape (ऐप) लंगूर
ass (ऐस़) गधा
bandicoot (बैंडीकूट) घूँस
bear (बीयर) भालू
beast (बीस्ट) पशु
bitch (बिच) कुतिया
boar (बोर) जंगली सूअर
buffalo (बुफैलो) भैंस
bull (बुल) सांड
calf (कॉफ) बछड़ा
camel (कैमल) ऊँट
cat (कैट) बिल्ली
cheetah, panther (चीता, पैंथर) चीता
chimpanzee (चिपैंज़ी) वनमानुष
cole (कोल) घोड़ी का बच्चा

cow (काउ) गाय
dog (डॉग) कुत्ता
ewe (यू) मादा भेड़
fox (फॉक्स) लोमड़ी
goat (गोट) बकरी
hare (हेअर) खरहा
hind (हाइंड) बारहसिंगी
hoof (हूफ) खुर
horse (हॉर्स) घोड़ा
hyena (हायना) लकड़बग्घा
kangaroo (कंगारू) कंगारू
lamb (लैम) भेड़ का बच्चा
lion (लायन) सिंह
mole (मोल) छछूंदर
monkey (मंकी) बंदर
mule (म्यूल) खच्चर
ox (ऑक्स) बैल
pig (पिग) सुअर
porcupine (पोर्क्यूपाइन) साही अथवा सेही
ram (रैम) मेढ़ा
rhinoceros (राहिनोसेरॅस) गैंडा
sheep (शीप) भेड़
spaniel (स्पैनियल) झबरा कुत्ता
stag (स्टैग) बारहसिंगा
tail (टेल) दुम
wolf (वुल्फ) भेड़िया

deer (डियर) हिरन
elephant (ऐलीफैंट) हाथी
fawn (फॉन) हिरन का बच्चा
giraffe (जिराफ) जिराफ़
gorilla (गोरिल्ला) गोरिल्ला
he-goat (ही-गोट) बकरा
hippopotamus (हिपोपोटैमस) दरियाई घोड़ा
horn (हॉर्न) सींग
hound (हाउंड) शिकारी कुत्ता
jackal (जैकाल) सियार अथवा गीदड़
kid (किड) मेमना
leopard (लैपॅर्ड) तेंदुआ
mare (मेअर) घोड़ी
mongoose (मौंगूज) नेवला
mouse, rat (माउस, रैट) चूहा
musk-deer (मस्क डियर) कस्तूरी मृग
panther (पैंथर) चीता
pony (पोनी) टट्टू
puppy (पपी) पिल्ला
rabbit (रैबिट) खरगोश
rat (रैट) चूहा
she-calf (शी-काफ) बछिया
sire (सायर) प्रजनक सांड
squirrel (स्क्विरल) गिलहरी
swine (स्वाइन) सुअर
tiger (टाइगर) बाघ
zebra (जेब्रा) गोरखर, जेबरा

□

SAMPLE DIALOGUES

1. You must improve your working.
(यू मस्ट इंप्रूव योर वर्किंग।)
तुम्हें अपनी कार्य पद्धति सुधारनी चाहिए।
2. We must solve the problems properly.
(वी मस्ट सॉल्व द प्रॉब्लम्स प्रॉपर्ली।)
हमें समस्याओं को ठीक तरह से सुलझाना चाहिए।
3. You must not come late.
(यू मस्ट नॉट कम लेट।)
तुम्हें देर से नहीं आना चाहिए।
4. All the students must be present in the class before nine.
(ऑल द स्टूडेंट्स मस्ट बी प्रजेंट इन द क्लास बिफोर नाइन।)
सभी छात्र कक्षा में नौ बजे से पहले उपस्थित होने चाहिए।
5. They must have already performed the job.
(दे मस्ट हैव आलॅरेडी परफॉर्म्ड द जॉब।)
उन्होंने पहले ही कार्य कर लिया होगा।
6. We ought to serve our motherland.
(वी ऑट टू सर्व अवर मदरलैंड।)
हमें अपनी मातृभूमि की सेवा करनी चाहिए।
7. I ought to be at home soon.
(आई ऑट टू बी ऐट होम सून।)
मुझे शीघ्र ही घर पर होना चाहिए।
8. You ought not to trouble others.
(यू ऑट नॉट टू ट्रबल अदर्स।)
तुम्हें दूसरों को सताना नहीं चाहिए।
9. We ought not to speak ill of others.
(वी ऑट नॉट टू स्पीक इल ऑव अदर्स।)
हमें दूसरों की बुराई नहीं करनी चाहिए।

10. We ought to pity the poor.
(वी ऑट टू पिटी दँ पुअर ।)
हमें गरीबों पर दया दिखानी चाहिए ।

11. You need not worry about this problem.
(यू नीड नॉट वरी एबाउट दिस प्रॉब्लम ।)
तुम्हें इस समस्या के बारे में चिंतित होने की आवश्यकता नहीं ।

12. Need I contact him on this issue?
(नीड आई कॉन्टेक्ट हिम ऑन दिस इश्यू?)
क्या मुझे उससे इस मामले में संपर्क बनाना चाहिए?

13. I need hardly take anyone's help.
(आई नीड हार्डली टेक एनीवंस हैल्प ।)
मुझे किसी की सहायता लेने की मुश्किल से ही जरूरत है ।

14. One needs to be cautious.
(वन नीड्स टू बी कॉशस ।)
प्रत्येक व्यक्ति को सावधान रहना चाहिए ।

15. He dare not face me.
(ही डेअर नॉट फेस मी ।)
वह मेरा सामना नहीं कर सकता ।

16. How dare he!
(हाउ डेअर ही!)
उसकी इतनी हिम्मत!

17. He doesn't dare speak to me.
(ही डजं'ट डेअर स्पीक टू मी ।)
वह मुझसे बात नहीं कर सकता ।

18. We have got what we wanted.
(वी हैव गॉट व्हाट वी वांटेड ।)
हमें वह मिल गया है जो हम चाहते थे ।

19. They have to accomplish the task at all costs.
(दे हैव टू एकॉम्पलिश द टास्क एट ऑल कॉस्ट्स ।)
उन्हें इस काम को किसी भी कीमत पर करना है ।

20. Have you to take this much trouble?
(हैव यू टू टेक दिस मच ट्रबल ?)
क्या तुम्हें इतनी मुसीबत लेने की आवश्यकता है ?

21. We had to wait for him.
(वी हैड टू वेट फॉर हिम ।)
हमें उसका इंतजार करना पड़ा ।

22. You had not to do what you were asked to.
(यू हैड नॉट टू डू व्हाट यू वर आस्क्ड टू ।)
तुमसे जो कुछ कहा गया उसे तुम्हें करने की कोई आवश्यकता नहीं थी ।

23. You will have to come before six to go with us.
(यू विल हैव टू कम बिफोर सिक्स टू गो विद अस ।)
तुम्हें हमारे साथ चलने के लिए छः बजे से पहले आना होगा ।

24. I used to go to this park to play when I was a child.
(आई यूज्ड टू गो टू दिस पार्क टू प्ले व्हेन आय वाज ए चाइल्ड ।)
जब मैं बच्चा था तब मैं इस बाग में खेलने के लिए जाया करता था ।

25. I was used to taking coffee in the morning.
(आई वाज यूज्ड टू टेकिंग कॉफी इन द मॉर्निंग ।)
मैं सुबह कॉफी पीने का आदी था ।

PRACTICE DIALOGUES

1. You must improve your _working_.

hand-writing	standard of living
standard of clothes	way of thinking
house	writing

2. All the _students_ must be present in the _class_ before nine.

employees	work places
players	field
engineers	sites
farmers	fields
wrestlers	arena
children	park

3. They must have already _performed the job_.

finished the task	dug the pit
withdrawn support	written the letter
read the newspaper	stopped smoking

4. We ought to *serve our motherland*.

respect our teachers	look after the elders
help the needy	love our youngers
know society's interests	abide by the law

5. You need not *worry about this problem*.

think about him any more	be wary about this issue
work so hard at night	feel pity on him
be over-cautious in this regard	come to my house

6. I need hardly *take anyone's help*.

take his notice	work any more
earn money	be careful
read the law	speak to him

7. We have got what we *wanted*.

had applied for	desired for
dreamt for	asked for
requested for	came here for

8. They have to *accomplish the task* at all costs.

come here	fight the case
arrange a party	marry each other
survive	sacrifice themselves

9. We had to *wait for him*.

await his instructions	walk all through
speak to him	work hard day and night
lie prostrate	stop him

10. You will have to come before six to *go with us*.

do the work	get entry
see the patient	see the advocate
meet the target	speak to the member

VOCABULARY

improve (इंप्रूव) सुधारना
motherland (मदरलैंड) मातृभूमि
ill (इल) बुरा, बीमार
hardly (हार्डली) शायद ही
at all costs (एट ऑल कॉस्ट्स) सभी कीमत पर या किसी भी कीमत पर
properly (प्रोपर्ली) ठीक प्रकार से
trouble (ट्रबल) सताना
contact (कॉन्टेक्ट) संपर्क बनाना
dare not (डेअर नॉट) हिम्मत न होना
used to (यूज्ड टू) करता था
way (वे) रास्ता, तरीका

sites (साइट्स) कार्यक्षेत्र

arena (अरेना) अखाड़ा

pit (पिट) गड्ढा

support (सपोर्ट) अवलंब

look after (लुक आफ्टर) देखभाल करना

interests (इंटेरेस्ट्स) कल्याण, हित

wary (वैरी) सतर्क

take notice (टेक नोटिस) ध्यान देना

dream (ड्रीम) सपना देखना

arrange (अरेंज) प्रबंध करना

await (अवेट) प्रतीक्षा करना

advocate (एडवोकेट) वकील

member (मेंबर) सदस्य

wrestler (रेस्लर) पहलवान

dig (डिग) खोदना

withdraw (विदड्रॉ) वापिस लेना

smoke (स्मोक) धुआँ, तंबाकू पीना

needy (नीडी) जरूरतमंद

abide by (अबाइड बाई) पालन करना

over-cautious (ओवर-कॉशस) अधिक सतर्क

earn (अर्न) कमाना

case (केस) मुकदमा

lie prostrate (लाई प्रॉस्ट्रेट) सीधा लेटना

patient (पेशेंट) मरीज

target (टार्गेट) लक्ष्य

TIPS

Must. Must का प्रयोग निम्नलिखित अर्थों में होता है :

- Obligation or necessity (बंधन या आवश्यकता); जैसे : We must repulse the enemy attack.
- वक्ता द्वारा स्वयं पर बनाए गए बंधन के लिए भी प्रयुक्त होता है; जैसे : I must go for a walk in the morning.
- Determination (दृढ़ निश्चय); जैसे : We must overcome the problem.
- Reasonable inference (कारण-कारणीयता); जैसे : Speaking to him must be difficult.

Ought to. Ought to का प्रयोग निम्नलिखित अवस्थाओं में हो सकता है :

- Moral obligation (नैतिक दायित्व); जैसे : We ought to help the poor.
- इसका प्रयोग वक्ता की नाराजगी दिखाने के लिए भी होता है; जैसे : You ought not ignore the welfare of mankind.
- Probability (संभावना); जैसे : The box ought to be made of gold.

Need. Need तथा Need not का प्रयोग Necessity or obligation (आवश्यकता या दायित्व) को दरसाने के लिए होता है; जैसे : He need not interfere in this matter.

Dare not. Dare not का प्रयोग हिम्मत होना के अर्थ में किया जाता है :

He dare not come near.

How dare he call me names.

Have to. Have to का प्रयोग दायित्व या आवश्यकता दरसाने के लिए किया जाता है; जैसे:

We have to fill the bucket.

Used to. Used to का प्रयोग किसी ऐसी आदत को दरसाने के लिए होता है जो अब व्यवहार में नहीं है; जैसे :

He used to study late at night.

NEWSPAPER HEADINGS

1. US tells Iran not to interfere in Iraq : अमेरिका ने ईरान को इराक में दखल देने से मना किया
2. Hurriyat rules out dialogue with Vohra : हुर्रियत ने वोहरा के साथ वार्त्ता से मना किया
3. Rain worsens plight of storm-hit Assam areas : बारिश ने तूफान-ग्रस्त असम इलाकों को और दुखःमय बनाया
4. Keep VAT in abeyance, BJP tells Jaswant : भाजपा जसवंत से कहा कि वैट को प्रतीक्षारत रखो
5. Opposition accepts PM plea on Pak : विपक्ष ने प्रधानमंत्री के पाकिस्तान संबंधी कथन को स्वीकार किया
6. Cops hushing up my son's murder : पुलिसकर्मी मेरे पुत्र की हत्या को ढक रहे हैं
7. Noida residents want guns banned at weddings : नोएडा निवासी चाहते हैं कि विवाहों में बंदूकों पर प्रतिबंध लगे
8. Woman found murdered in guest house : अतिथि गृह में औरत की हत्या
9. Six of city's high-rises to be sealed by fire department : शहर की छः ऊँची इमारतों को अग्निशमन विभाग सील करेगा
10. SARS-scared pilots punished : सार्स से भयभीत पायलटों को दंडित किया गया

HEALTH

I

Varun : Vipul, where are you going to?
(विपुल, व्हेयर आर यू गोइंग टू?)
विपुल, तुम कहाँ जा रहे हो?

Vipul : I'm going to hospital.
(आइ'ऐम गोइंग टू हॉस्पिटल।)
मैं अस्पताल जा रहा हूँ।

Varun : What happened? Are you all right?
(व्हाट हैप्पंड? आर यू ऑल राइट?)
क्या हुआ? तुम ठीक तो हो न?

Vipul : I'm fine with God's grace. Actually, Vasu is admitted in the hospital.
(आइ'ऐम फाइन विद गॉड्स ग्रेस। एक्च्युली, वसु इज एडमिटेड इन दॅ हॉस्पिटल।)
ईश्वर की कृपा से मैं कुशल हूँ। वास्तव में, वसु अस्पताल में भर्ती है।

Varun : What is he ailing from? I saw him fine last week.
(व्हाट इज ही एलिंग फ्रॉम? आई सॉ हिम फाइन लास्ट वीक।)
उसे क्या बीमारी हो गई है? उसे पिछले सप्ताह मैंने स्वस्थ देखा था।

Vipul : He was all right even yesterday. He met with an accident this morning. He has hurt his arm.
(ही वाज ऑल राइट इविन यस्टरडे। ही मैट विद एन एक्सीडेंट दिस मॉर्निंग। ही हैज हर्ट हिज आर्म।)
वह तो कल भी बिलकुल ठीक था। वह आज सुबह दुर्घटनाग्रस्त हो गया। उसके हाथ को चोट लगी है।

Varun : He must have been plastered if there is a fracture.
(ही मस्ट हैव बीन प्लास्टर्ड इफ देअर इज ए फ्रैक्चर।)
यदि उसकी हड्डी टूटी हुई है तो उस पर प्लास्तर हो गया होगा।

Vipul : Here only the problem lies. The doctors have not been able to confirm the kind of fracture. So, they have called for a specialist from Delhi.
(हियर ओनली दॅ प्रॉब्लम लाइज। दॅ डॉक्टर्ज हैव नॉट बीन एबुल टू कन्फर्म दॅ काइंड ऑव फ्रैक्चर। सो, दे हैव कॉल्ड ए स्पेशलिस्ट फ्रॉम देलही।)
यही तो समस्या है। डॉक्टर इस बात को सुनिश्चित नहीं कर सके हैं कि फ्रैक्चर किस प्रकार का है। इसलिए उन्होंने दिल्ली से एक विशेषज्ञ बुलाया है।

Varun : It's so bad. I feel I should come with you to see him.

(इट्'स सो बैड। आई फील आई शुड कम विद यु टू सी हिम।)

यह तो बहुत बुरा है। मेरी इच्छा है कि मुझे उसे देखने के लिए तुम्हारे साथ चलना चाहिए।

II

Vipul : See, how gloomy the hospital looks to be! You find ailing and sick everywhere.

(सी, हाउ ग्लूमी द हॉस्पिटल लुक्स टू बी! यू फाइंड एलिंग ऐंड सिक एवरीव्हेयर।)

देखो, अस्पताल कितना विषादपूर्ण दिखता है! तुम्हें हर तरफ पीड़ित और बीमार मिलते हैं।

Varun : This is what the hospitals are made for, to give much needed respite to the suffering people.

(दिस इज व्हाट द हॉस्पिटल्स आर मेड फॉर, टू गिव मच नीडेड रैस्पाइट टू दॅ सफरिंग प्यूपिल।)

इसी काम के लिए तो अस्पताल बने हैं, पीड़ित लोगों को इच्छित आराम देने के लिए।

Vipul : The cost of treatment has risen sharply. An average person cannot afford treatment in private hospitals and nursing homes, while there is hardly anyone to care for him in the government hospitals. The situation is really pathetic.

(द कॉस्ट ऑव ट्रीटमेंट हैज रिजन शार्पली। एन एवरेज पर्सन कैननॉट अफोर्ड ट्रीटमेंट इन प्राइवेट हॉस्पिटल्स ऐंड नर्सिंग होम्स, व्हाइल देअर इज हार्डली एनीवन टू केअर फॉर हिम इन दॅ गवर्नमेंट हॉस्पिटल्स। दॅ सिचुएशन इज रियली पैथेटिक।)

इलाज की दरें बहुत ऊँची हो गई हैं। आम आदमी प्राइवेट अस्पतालों तथा नर्सिंग होमों में इलाज नहीं करवा सकता, जबकि सरकारी अस्पतालों में उसका ध्यान रखने वाला शायद ही कोई है। स्थिति वास्तव में बहुत कारुणिक है।

Varun : The government servants consider it their fundamental right to ignore their duties. There must be sufficient checks on their working.

(द गवर्नमेंट सर्वेंट्ज कंसीडर इट देअर फंडामेंटल राइट टू इग्नोर देअर

ड्यूटीज। देअर मस्ट बी सफिशिएंट चैक्स ऑन देअर वर्किंग।)

सरकारी नौकर तो अपने कर्तव्य को अनदेखा करना अपना प्राथमिक अधिकार समझते हैं। उनके काम पर पर्याप्त रोक होनी चाहिए।

Vipul : This is room No. 19. He is admitted here. Hello, Vasu, how are you feeling now?
(दिस इज रूम नंबर 19। ही इज एडमिटेड हियर। हैलो, वसु, हाउ आर यू फीलिंग नाउ?)
यह कमरा संख्या 19 है। वह यहाँ भर्ती है। हैलो, वसु, तुम अब कैसा महसूस कर रहे हो?

Vasu : Please, sit down. I've terrible pain in the wrist.
(प्लीज, सिट डाउन। आइ'व टेरिबल पेन इन द रिस्ट।)
कृपया बैठ जाइए। मेरी कलाई में भयंकर दर्द है।

Varun : Have the doctors diagnosed the kind of fracture?
(हैव द डॉक्टर्स डायग्नोज्ड द काइंड ऑव फ्रैक्चर?)
क्या डॉक्टरों ने फ्रैक्चर बताया है?

Vasu : Yes, they have been able to after a great labour. I'm likely to be plastered soon. Here is the ward boy to take me to the operation theatre.
(यस, दे हैव बीन एबल टू आफ्टर ए ग्रेट लेबर। आइ'ऐम लाइकली टू बी प्लास्टर्ड सून। हियर इज द वार्ड ब्वाय टू टेक मी टू दॅ ऑपरेशन थिएटर।)
हाँ, वे कड़ी मेहनत के बाद कर पाए हैं। मुझे जल्द ही प्लास्टर चढ़ा दिया जाएगा। यह लो यह रहा वार्ड ब्वॉय, जो मुझे ऑपरेशन थिएटर में ले जाने के लिए आया है।

III

Varun : I think I should call on my neighbour who too is admitted here. He's suffering from asthma.
(आई थिंक आई शुड कॉल ऑन माई नेबर हू टू इज एडमिटेड हियर। ही इज सफरिंग फ्रॉम अस्थमा।)
मेरा विचार है कि मैं अपने पड़ोसी को भी देख लूँ, जो यहाँ पर भर्ती है। उसे दमा है।

Vipul : Asthma is a dangerous disease. It is caused due to unhealthy living conditions.

(अस्थमा इज ए डेंजरस डिजीज। इट इज कॉज्ड ड्यू टू अनहैल्दी लिविंग कंडीशंस।)

दमा एक भयंकर बीमारी है। यह अस्वास्थ्यकर वातावरण में रहने के कारण होता है।

Varun : People in India do not take care of their health properly. Hardly one percent of the people take exercise daily.

(पीपॅल इन इंडिया डू नॉट टेक केअर ऑव देअर हैल्थ प्रोपर्ली। हार्डली वन परसेंट ऑव दॅ पीपॅल टेक एक्सरसाइज डेली।)

भारत के लोग स्वास्थ्य का उचित प्रकार से ध्यान नहीं रखते। मुश्किल से एक प्रतिशत लोग प्रतिदिन व्यायाम करते हैं।

Vipul : By the time they realise that they need to take physical exercise, they are too old to do it.

(बाई द टाइम दे रियलाइज दैट दे नीड टू टेक फिजिकल एक्सरसाइज, दे आर टू ओल्ड टू डू इट।)

जब तक वे इस बात को पहचान पाते हैं कि उन्हें शारीरिक व्यायाम की आवश्यकता है तब तक वे इतने बूढ़े हो चुके होते हैं कि वे इसे कर नहीं पाते।

Varun : There are many other reasons for our poor health; unhealthy food is one of them.

(देअर आर मैनी अदर रीजंस फॉर अवर पुअर हैल्थ; अनहैल्दी फूड इज वन ऑव देम।)

हमारे बुरे स्वास्थ्य के और भी अनेक कारण हैं; अस्वस्थ खाना उनमें से एक है।

Vipul : The situation deteriorates further with smoking and drinking. Even tea, if taken more than two times a day can cause severe problems.

(द सिचुएशन डिटिरियोरेट्स फर्दर विद स्मोकिंग ऐंड ड्रिंकिंग। इविन टी, इफ टेकन मोर देन टू टाइम्स ए डे कैन कॉज सिवियर प्रॉब्लम्स।)

यह स्थिति धूम्रपान तथा मद्यपान के साथ और भी खराब हो जाती है। चाय भी यदि दिन में दो बांर से ज्यादा ली जाए तो बहुत बुरी समस्याओं का कारण बन सकती है।

Varun : Unless people change their attitude toward life, they would continue to face problems. We must become more active to enjoy the fruits of healthy life.
(अनलैस पीपल चेंज देअर एटीट्यूड टवार्ड लाइफ, दे वुड कंटीन्यू टू फेस प्रॉब्लम्स। वी मस्ट बिकम मोर एक्टिव टू एंजाय दॅ फ्रूट्स ऑव हैल्दी लाइफ।)
जब तक लोग जीवन के बारे में अपना दृष्टिकोण नहीं बदलेंगे, वे समस्याओं का सामना करते रहेंगे। हमें और अधिक कार्यशील होना चाहिए, ताकि स्वस्थ जीवन के फल का आनंद ले सकें।

Vipul : The asthma department is in front. Which room have we to go?
(द अस्थमा डिपार्टमेंट इज इन फ्रंट। व्हिच रूम हैव वी टू गो?)
दमा विभाग सामने है। हमें किस कमरे में जाना है?

Varun : I'm not sure of the room number. Let us enquire at the reception.
(आइ'ऐम नॉट श्योर ऑव द रूम नंबर। लैट्स एंक्वायर एट द रिसेप्शन।)
मैं कमरा संख्या के बारे में निश्चित नहीं हूँ। आओ, स्वागत कक्ष में पता करते हैं।

MISCELLANY

Professions and Occupations (प्रोफेशंस ऐंड ऑक्यूपेशन्स)

पेशा और व्यवसाय

actor (एक्टर) अभिनेता
advocate (एडवोकेट) वकील
agent (एजेंट) अभिकर्ता
artisan (आर्टीजन) कारीगर, शिल्पकार
artist (आर्टिस्ट) कलाकार
artist, painter (आर्टिस्ट, पेंटर) चित्रकार
auctioneer (ऑक्शनियर) नीलाम कर्ता
author (आथर) ग्रंथकार, लेखक
baker (बेकर) नानबाई
barber (बारबर) हज्जाम
bearer (बीयरर) बेरा
betel-seller (बीटल-सेलर) तमोली या पनवाड़ी
beggar, mendicant (बैगर, मैंडिकैंट) भिक्षुक
blacksmith (ब्लैकस्मिथ) लोहार
boatman (बोटमैन) मल्लाह
bookbinder (बुक-बाइंडर) जिल्दसाज
brasier (ब्रेसियर) ठठेरा
broker (ब्रोकर) दलाल
butcher (बूचर) कसाई

butler (बटलर) भंडारी
carpenter (कार्पेंटर) बढ़ई
cashier (कैशियर) रोकड़िया
chemist (कैमिस्ट) रसायनी, दवा विक्रेता
clerk (क्लर्क) मुंशी
cobbler (कॉबलर) मोची
compounder (कंपाउंडर) औषधि बनाने वाला
contractor (कान्ट्रेक्टर) ठेकेदार
cook (कुक) रसोइया
dancer (डांसर) नर्तक, नर्तकी
doctor (डॉक्टर) डॉक्टर
dramatist (ड्रामेटिस्ट) नाटककार
draper (ड्रेपर) बजाज
drummer (ड्रमर) ढोलकिया
enameller (इनेमलर) मीनाकार
examiner (एग्जामिनर) परीक्षक
fisherman (फिशरमैन) मछुआरा
glazier (ग्लेजियर) शीशा लगाने वाला
grass-cutter (ग्रास-कटर) घसियारा
grocer (ग्रोसर) पंसारी
haberdasher (हेबरडैशर) बिसाती
inkman (इंकमैन) रोशनाई वाला
landlord (लैंडलॉर्ड) जमींदार
manager (मैनेजर) प्रबंधकर्ता
mechanic (मैकेनिक) मिस्त्री
messenger (मैसेंजर) दूत
milkman (मिल्कमैन) अहीर, दूधवाला
newspaper vendor (न्यूजपेपर वेंडर) अखबार विक्रेता

carder (कार्डर) धुनिया
carrier (कैरियर) माल ढोने वाला
chauffeur (शोफर) कार चालक
cleaner (क्लीनर) मशीन साफ रखने वाला
coachman (कोचमैन) कोचवान, गाड़ीवान
compositor (कंपोजिटर) टाइप लगाने वाला
conductor (कंडक्टर) बस का टिकट देने वाला
confectioner (कन्फैक्शनर) हलवाई
constable (कॉन्सटेबल) पुलिस का सिपाही
coolie (कुली) कुली
dentist (डेंटिस्ट) दंत चिकित्सक
draftsman (ड्राफ्ट्समैन) नक्शा बनाने वाला, नक्शानवीस
druggist (ड्रगिस्ट) दवा फरोश
editor (एडिटर) संपादक
engineer (इंजीनियर) अभियंता
farmer (फार्मर) किसान
gardener (गार्डनर) माली
goldsmith (गोल्डस्मिथ) सुनार
green vendor (ग्रीन वेंडर) सब्जी विक्रेता
groom (ग्रूम) साइस, घोड़ेवान
hawker (हॉकर) फेरी वाला
inspector (इंस्पेक्टर) निरीक्षक
magician (मैजिशियन) जादूगर
mason (मेजन) राज
merchant (मर्चेंट) सौदागर
mid-wife (मिडवाइफ) दाई
musician (म्यूजिशियन) संगीतकार
nurse (नर्स) धाय
oilman (ऑयलमैन) तेली

painter (पेंटर) रंगसाज
photographer (फोटोग्राफर) फोटो खींचने वाला
poet (पोयट) कवि
postman (पोस्टमैन) डाकिया
priest (प्रीस्ट) पुरोहित
professor (प्रोफेसर) प्राध्यापक
prose-writer (प्रोज-राइटर) गद्य-लेखक
retailer (रिटेलर) फुटकर व्यापारी
seedsman (सीड्समैन) बीज विक्रेता
spy, detective (स्पाई, डिटेक्टिव) जासूस
shopkeeper (शॉपकीपर) दुकानदार
sweeper (स्वीपर) मेहतर
tailor (टेलर) दर्जी
teacher (टीचर) शिक्षक
turner (टर्नर) खरादी
waiter (वेटर) होटल में खाना खिलाने वाला
washerman (वाशरमैन) धोबी
water-carrier (वाटर-कैरियर) भिश्ती
writer (राइटर) लेखक
perfumer (पर्फ्यूमर) इत्र बेचने वाला
physician (फिजिशियन) वैद्य, डॉक्टर
plumber (प्लमर) नल ठीक करने वाला
politician (पॉलिटिशियन) राजनीतिज्ञ
potter (पोटर) कुम्हार
printer (प्रिंटर) मुद्रक
proprietor (प्रोपराइटर) मालिक
publisher (पब्लिशर) प्रकाशक
sailor (सेलर) माझी, नाविक
shoe-maker (शू-मेकर) जूता निर्माता
dyer (डायर) रंगरेज
surgeon (सर्जन) शल्य वैद्य, जर्राह
tabla-player (तबला-प्लेयर) तबलची
trainer, instructor (ट्रेनर, इंस्ट्रक्टर) प्रशिक्षक
treasurer (ट्रेजरर) खजांची
vaccinator (वेक्सीनेटर) टीके लगाने वाला
washer-woman (वाशर-वूमैन) धोबिन
watchman (वाचमैन) चौकीदार
weaver (वीवर) जुलाहा

□

SAMPLE DIALOGUES

1. Please, spare a little time for us.
(प्लीज, स्पेअर ए लिटिल टाइम फॉर अस।)
कृपया, हमारे लिए कुछ समय निकालिए।
2. Let me do my work, please.
(लैट मी डू माइ वर्क, प्लीज।)
कृपया मुझे अपना कार्य करने दो।
3. Will you stop smoking, please?
(विल यू स्टॉप स्मोकिंग, प्लीज?)
क्या कृपया आप धूम्रपान बंद करेंगे?
4. Rekha is beautiful.
(रेखा इज ब्यूटिफुल।)
रेखा सुंदर है।
5. Sushma is more beautiful than Rekha.
(सुषमा इज मोर ब्यूटिफुल दैन रेखा।)
सुषमा रेखा से अधिक सुंदर है।
6. Aish is the most beautiful of all girls.
(एश इज द मोस्ट ब्यूटिफुल ऑव आल गर्ल्ज।)
एश सभी लड़कियों में सबसे अधिक सुंदर है।
7. She painted the building red.
(शी पेंटेड द बिल्डिंग रैड।)
उसने इमारत पर लाल पेंट किया।
8. Her elder brother loves her.
(हर एल्डर ब्रदर लव्ज हर।)
उसका बड़ा भाई उसे प्यार करता है।
9. I prefer tea to coffee.
(आई प्रेफर टी टू कॉफी।)
मैं कॉफी से अधिक चाय पसंद करता हूँ।
10. The honest are certainly kind people.
(द ऑनेस्ट आर सरटेनली क़ाइंड पीपल।)
ईमानदार निश्चित ही दयालु लोग होते हैं।

11. We have some work.
(वी हैव सम वर्क।)
हमें कुछ काम है।

12. Have you any work?
(हैव यू एनी वर्क?)
तुम्हारे पास कोई काम है?

13. Every voter must bring his identity card.
(एवरी वोटर मस्ट ब्रिंग हिज आइडेंटिटि कार्ड।)
प्रत्येक मतदाता के लिए अपना पहचान-पत्र लाना आवश्यक है।

14. Each student of the class failed.
(ईच स्टूडेंट ऑव द क्लास फेल्ड।)
कक्षा का प्रत्येक विद्यार्थी अनुत्तीर्ण हो गया।

15. The rich have little concern for the poor.
(द रिच हैव लिटिल कन्सर्न फॉर द पुअर।)
धनी निर्धनों के लिए कम ही चिंता करते हैं।

16. There was a little milk in the bottle.
(देअर वाज ए लिटिल मिल्क इन द बॉटल।)
बोतल में थोड़ा सा दूध था।

17. The little milk that was there in the bottle fell down.
(द लिटिल मिल्क दैट वाज देअर इन द बॉटल फैल डाउन।)
बोतल में जितना दूध था सारा गिर गया।

18. There are few people in the market.
(देअर आर फ्यू पीपल इन द मार्केट।)
बाजार में न के बराबर लोग हैं।

19. There are a few customers in the shop.
(देअर आर ए फ्यू कस्टमर्स इन द शॉप।)
दुकान में थोड़े से ग्राहक हैं।

20. The few customers in the shop went away without buying anything.
(द फ्यू कस्टमर्स इन द शॉप वैंट अवे विदाउट बाईंग एनीथिंग।)
दुकान में जितने भी ग्राहक थे वे बिना कुछ खरीदे चले गए।

21. Of all the books I have read, this is the most interesting.
(ऑव ऑल द बुक्स आई हैव रैड, दिस इज द मोस्ट इंटेरेस्टिंग।)
मैंने जितनी भी पुस्तकें पढ़ी हैं, उनमें से यह सबसे अधिक रुचिपूर्ण है।

22. The patient is not very well today.
(द पेशेंट इज नॉट वैल टुडे।)
रोगी आज बहुत ठीक नहीं है।

23. This idea is more modern than the other one.
(दिस आइडिया इज मच बैटर दैन द अदर वन।)
यह विचार दूसरे से बहुत अधिक अच्छा है।

24. Annu was stronger of the two wrestlers.
(अन्नू वाज स्टॉन्गर ऑव द टू रैसलर्ज।)
अन्नू दो पहलवानों में अधिक ताकतवर था।

25. Meenu is taller than Reenu, but Seenu is taller still.
(मीनू इज टॉलर दैन रीनू, बट सीनू इज टॉलर स्टिल।)
मीनू रीनू से लंबी है, लेकिन सीनू और भी अधिक लंबी है।

PRACTICE DIALOGUES

1. Will you *stop smoking*, please?

stop abusing	stop harassing people
stop making a noise	connect me to the officer
give my register back	behave nicely

2. Sushma is *more beautiful* than Rekha.

taller	more courageous
bolder	quicker
duller	busier

3. Aish is the most *beautiful* of all girls.

adventurous	careful
carefree	dangerous
doubtful	agreeable

4. Have you any *work*?

money	success
contact	approach
suggestion	solution

5. Every *voter* must bring his *identity card*.

student	bag
examinee	stationery
participant	shoes
boy	kit
husband	wife
player	gloves

6. There was a little *milk in the bottle*.

money in the purse	clothing in the bag
cotton in the packet	rubbish in the room
hope for them	paint in the tin

7. The few customers in the shop went away *without buying anything*.

without selecting things	paying for the articles
offering to buy something	admiring the products
with bagsful of commodities	promising to come next day

8. Of all the *books I have read*, this is the most interesting.

pictures I have bought	paintings I have made
movies I have seen	people I have met
girls I know	cartoons I have

9. This idea is more *modern* than the other one.

rewarding	interesting
boring	filthy
novel	improvised

10. Meenu is *taller* than Reenu, but Seenu is *taller* still.

sweeter	younger
abler	wiser
lazier	thinner

VOCABULARY

spare (स्पेअर) बचाना
certainly (सरटेनली) निश्चित रूप से
identity card (आइडेंटिटि काडी) पहचान-पत्र
each (ईच) प्रत्येक
concern (कंसर्न) चिंता, संबंधित
customer (कस्टमर) ग्राहक
harass (हैरेस) परेशान करना
behave (बीहेव) व्यवहार करना
courageous (करेजियस) बहादुर
quick (क्विक) जल्द
adventurous (एडवंचरस) साहसी
doubtful (डाउटफुल) शकपूर्ण, संदेहास्पद
approach (एप्रोच) पहुँच
elder (एल्डर) से बड़ा (संबंधी)
voter (वोटर) मतदाता
every (एवरी) प्रत्येक
little (लिटिल) थोड़ा
few (फ्यू) थोड़ा
still (स्टिल) और भी अधिक
connect (कनेक्ट) जोड़ना, संपर्क करना
nicely (नाइसली) अच्छी प्रकार से
bold (बोल्ड) खुली हुई, वीर
dull (डल) बेकार, भद्दा
carefree (केअरफ्री) चिंतामुक्त, स्वतंत्र
agreeable (एग्रीएबल) अनुरूप
examinee (एग्जामीनि) परीक्षार्थी

glove (ग्लव) दस्ताना
rubbish (रबिश) कूड़ा
product (प्रोडक्ट) वस्तु
novel (नॉवल) उपन्यास, नया
lazy (लेजी) आलसी
cotton (कॉटन) रुई
commodity (कॅमोडिटि) वस्तु
rewarding (रिवार्डिंग) इनामी
thin (थिन) पतला

TIPS

Adjective: Adjective का प्रयोग सामान्यतया उस शब्द से पहले होता है जिसकी वह विशेषता बताता है; जैसे–

The strong soldiers took on the mighty enemy.

लेकिन, Adjective उस शब्द के बाद निम्नलिखित अवस्थाओं में आ सकता है :

(a) जब एक से अधिक Adjective का प्रयोग हो रहा हो; जैसे–

The players, young and agile, did their part well.

(b) जब किसी Adjective का प्रयोग पद के रूप में हो; जैसे–Akbar the great, Rana Pratap the brave आदि।

(c) जब Adjective का संबंध Noun से अधिक Verb से हो; जैसे–

They cut the grass clean.

तुलनात्मक दृष्टि से Adjective की तीन श्रेणियाँ होती हैं :

1. Positive Degree: यह साधारण रूप से किसी गुण आदि का वर्णन करती है; जैसे–sweet, bright, ugly आदि।

2. Comparative Degree: यह दो या अधिक वस्तुओं या व्यक्तियों के गुणों की तुलना करती है; जैसे–sweeter, brighter, uglier आदि।

3. Superlative Degree: यह किसी गुण को सर्वाधिक मात्रा में दर्शाती है; जैसे–sweetest, brightest, ugliest आदि।

Little का अर्थ होता है शायद ही कुछ।

A little का अर्थ होता है कुछ।

The little का अर्थ होता है थोड़ा लेकिन जितना है वह सभी।

Few का अर्थ होता है लगभग न के बराबर।

A few का अर्थ होता है कुछ।

The few का अर्थ होता है कम लेकिन जितने हैं वे सभी।

NEWSPAPER HEADINGS

1. New strike as Powell calls Parvez : नया आतंकी हमला जबकि पॉवेल ने परवेज

से मुलाकात की

2. Saddam, his son most likely in Iraq : सद्दाम तथा उसके पुत्र के इराक में ही होने की बहुत संभावना

3. Indian companies hold their own against MNCs : भारतीय कंपनियाँ बहुदेशीय कंपनियों के विरुद्ध मुकाबला करती हैं

4. India score six-wicket win over Nepal : भारत ने नेपाल पर 6 विकट से जीत हासिल की

5. Red FM set to hit Delhi on Monday : रैड एफएम दिल्ली में सोमवार को आरंभ होगा

6. Oldies rule the music world : अनुभवियों ने संगीत संसार पर साम्राज्य कायम किया

7. Advani likely to discuss seat-sharing with Maya : आडवाणी माया के साथ सीटों बँटवारे की वार्ता करेंगे

8. Kalyan signals truce with BJP : कल्याण ने भारतीय जनता पार्टी के साथ शांति का संकेत दिया

9. Protest over use of POTA against minority youths : अल्पसंख्यक नौजवानों के विरुद्ध पोटा के प्रयोग का विरोध

10. Eradication of corruption must for making India a developed nation : भारत को उन्नत देश बनाने के लिए भ्रष्टाचार को उखाड़ फेंकना आवश्यक

ARRANGING A PARTY

I

Tilak : I'm turning 16 next week. I should celebrate my birthday.
(आइ'ऐम टर्निंग 16 नेक्स्ट वीक। आई शुड सेलिब्रेट माइ बर्थडे।)
अगले सप्ताह मैं 16 साल का हो रहा हूँ। मुझे अपना जन्मदिन मनाना चाहिए।

Mona : Yes, you must. One doesn't celebrate one's birthday everyday.
(यस, यू मस्ट। वन डजंट सेलेब्रेट वन'स बर्थडे एवरीडे।)
हाँ, जरूर मनाना चाहिए। कोई भी अपना जन्मदिन रोज नहीं मनाता।

Tilak : Just advise how I should celebrate it. What about

holding a party in the hotel for friends?
(जस्ट एडवाइज हाउ आइ शुड सेलेब्रेट इट। व्हाट एबाउट होल्डिंग ए पार्टी इन द होटल फॉर फ्रेंड्स?)
जरा सलाह दो कि मुझे इसे कैसे मनाना चाहिए। दोस्तों के लिए होटल में पार्टी देने के बारे में क्या विचार है?

Mona : The idea is not certainly bad, but the real enjoyment of holding a party is arranging for it. You must hold it at your home.
(द आइडिया इज नॉट सरटेनली बैड, बट द रियल एंजॉयमेंट ऑव होल्डिंग ए पार्टी इज अरेंजिंग फॉर इट। यू मस्ट होल्ड इट एट योर होम।)
यह विचार निश्चित रूप से बुरा नहीं है, लेकिन पार्टी का असली मजा इसका प्रबंध करने में है। तुम्हें यह अपने घर पर करनी चाहिए।

Tilak : You know I've so many friends and my family too is large. It would take much effort for it.
(यू नो आइ'व सो मैनी फेंड्स एंड माइ फैमिली टु इज लार्ज। इट वुड टेक मच एफर्ट फॉर इट।)
तुम्हें पता हो कि मेरे बहुत से मित्र हैं तथा मेरा परिवार भी बड़ा है। इसके लिए बहुत अधिक प्रयत्न करना होगा।

Mona : Don't worry, I'm here to help you. Besides there are other friends.
(डों'ट वरी, आइ'ऐम हियर टू हैल्प यू। बिसाइड्स देअर आर अदर फ्रेंड्स।)
चिंता न करो, मैं तुम्हारी सहायता के लिए यहाँ हूँ। इसके अलावा दूसरे मित्र भी हैं।

Tilak : What should we plan—cake cutting followed by dinner or light refreshment?
(व्हाट शुड वी प्लान–केक कटिंग फॉलोड बाइ डिनर ऑर लाइट रिफ्रेशमेंट?)
हमें क्या योजना बनानी चाहिए–केक काटने के बाद रात्रि भोजन या हलका नाश्ता?

Mona : I suggest cake cutting followed by light refreshment and DJ.

(आइ सजेस्ट केक कटिंग फॉलोड बाइ लाइट रिफ्रेशमेंट एंड डीजे।)

मेरा प्रस्ताव है कि केक काटने के बाद हल्का नाश्ता तथा डीजे होना चाहिए।

Tilak : That's a good idea. Let's take a paper and pen and note down everything.

(दैट्स ए गुड आइडिया। लैट्स टेक ए पेपर एंड पेन एंड नोट डाउन एवरीथिंग।)

यह अच्छा विचार है। हमें कागज कलम लेकर सभी कुछ लिख लेना चाहिए।

II

Vinay : So we've finished all paper decorations. I feel I should go for a rest.

(सो वीइ'व फिनिश्ड ऑल पेपर डेकोरेशंस। आई फील आइ शुड गो फॉर ए रैस्ट।)

तो हमने कागजी सजावट पूरी कर ली है। मैं समझता हूँ कि अब हमें आराम कर लेना चाहिए।

Tilak : Have you checked in the list that everything has been brought?

(हैव यू चैक्ड इन द लिस्ट दैट एवरीथिंग हैज बीन ब्रॉट?)

क्या तुमने सूची में देख लिया कि सबकुछ लाया जा चुका है?

Vinay : Only three things were left for which Mona has gone to market.

(ऑनली थ्री थिंग्ज वर लैफ्ट फॉर व्हिच मोना हैज गोन टू मार्केट।)

केवल तीन चीजें रह गई थीं, जिनके लिए मोना बाजार गई है।

Tilak : What about cake?

(व्हाट एबाउट केक?)

और केक का क्या हुआ?

Vinay : It has been ordered. I'll bring it while coming in the evening.

(इट हैज बीन ऑर्डर्ड। आइ'ल ब्रिंग अट व्हाइल कमिंग इन द ईवनिंग।)

इसके लिए कह दिया गया है। शाम को आते समय मैं इसे ले आऊँगा।

Tilak : Here comes Mona. Have you bought everything?

(हियर कम्स मोना। हैव यू बॉट एवरीथिंग?)

लो मोना आ रही है। क्या तुमने सबकुछ खरीद लिया?

Mona	:	I couldn't get plastic spoons. Rest all has been arranged. The tent house owner says that he will put everything in place by noon. (आई कुडंट गैट प्लास्टिक स्पून्ज। रैस्ट ऑल हैज बीन अरेंज्ड। द टैंट हाउस ओनर सेज दैट ही विल पुट एवरीथिंग इन प्लेस बाइ नून।) मुझे प्लास्टिक की चम्मच नहीं मिल सकी। बाकी सब का प्रबंध हो गया है। टैंट हाउस के मालिक का कहना है कि वह दोपहर तक सबकुछ सही जगह लगवा देगा।
Vinay	:	Don't worry about spoons. I'll fetch them too. I'll leave for now. (डों'ट वरी एबाउट स्पूंज। आइ'ल फैच देम टु। आइ'ल लीव फॉर नाउ।) चम्मचों के बारे में चिंता न करो। मैं उन्हें भी ले आऊँगा। अब मैं चलता हूँ।
Tilak	:	Father wanted to see you. See him before you leave. (फादर वांटेड टू सी यू। सी हिम बिफोर यू लीव।) पिताजी तुमसे मिलना चाहते थे। जाने से पहले उनसे मिल लेना।
Vinay	:	Good morning, Uncle. Did you look for me? (गुड मॉर्निंग, अंकल। डिड यू लुक फॉर मी?) नमस्ते, अंकल। क्या आप मुझे ढूँढ रहे थे?
Uncle	:	I did. You've done a good job. It's really enjoyful to celebrate a party with friends. May God bless you! (आई डिड। यूईव डन ए गुड जॉब। इट्'स रियली एंजॉयफुल टू सेलेब्रेट ए पार्टी विद फ्रेंड्स। मे गॉड ब्लैस यू!) हाँ। तुमने बहुत अच्छा काम किया है। दोस्तों के साथ पार्टी मनाने में वास्तव में बहुत मजा है। भगवान आपको आशीर्वाद दे!
Vinay	:	It's your blessings which guide us. (इट्स योर ब्लैसिंग्ज व्हिच गाइड अस।) यह तो आपका आशीर्वाद है, जो हमारा मार्गदर्शन करता है।
Uncle	:	You must take rest now so that you're fresh in the evening. Go to my bedroom. (यू मस्ट टेक रैस्ट नाउ सो दैट यूआर फ्रैश इन द ईवनिंग। गो टू माइ बैडरूम।) अब तुम्हें आराम करना चाहिए ताकि तुम शाम को तरोताजा रहो। मेरे शयनकक्ष में चले जाओ।

Vinay : Uncle, I'm going back home. I'll be here in the evening in time. Goodbye.
(अंकल, आइ'ऐम गोइंग बैक होम। आइ'ल बी हियर इन द ईवनिंग इन टाइम। गुडबाय।)
अंकल, मैं घर वापस जा रहा हूँ। मैं शाम को यहाँ समय से रहूँगा। नमस्ते।

III

Tilak : I think everything has been arranged properly.
(आई थिंक एवरीथिंग हैज बीन अरेंज्ड प्रॉपर्ली।)
मैं सोचता हूँ कि सबकुछ ठीक प्रकार से प्रबंध हो गया है।

Mona : Yes, no doubt. Hope that nothing goes wrong.
(यस, नो डाउट। होप दैट नथिंग गोज रोंग।)
हाँ, इसमें कोई शक नहीं। आशा करते हैं कि कुछ भी गलत न हो जाए।

Vinay : We've thought out everything in minute detail. In my view everything has been well arranged.
(वी'इव थॉट आउट एवरीथिंग इन माइन्यूट डिटेल। इन माई व्यू एवरीथिंग हैज बीन वैल अरेंज्ड।)
हमने हर चीज के बारे में बहुत बारीकी से विचार किया है। मेरे विचार में हर चीज का प्रबंध भली-भांति हो गया है।

Tilak : It's all because of both of you that this party could be arranged. When are the friends likely to come?
(इट्'ज आल बिकॉज ऑव बोथ ऑव यू दैट दिस पार्टी कुड बी अरेंज्ड। व्हेन आर द फ्रेंड्स लाइकली टू कम?)
यह तुम दोनों के कारण है कि इस पार्टी का प्रबंध किया जा सका। मित्रगणों के कब आने की संभावना है?

Vinay : We asked them to come by seven. It's only quarter to seven.
(वी आस्क्ड दैम टू कम बाइ सेवन। इट्ज ऑनली क्वार्टर टू सेवन।)
हमने उन्हें सात बजे आने के लिए कहा था। अभी केवल पौने सात बजे हैं।

Mona : We should look forward to an eventful evening with lot of dancing and eating.
(वी शुड लुक फॉरवर्ड टू एन इवेंटफुल ईवनिंग विद लॉट ऑव डांसिंग एंड ईटिंग।)

हम आशा करते हैं कि यह शाम बहुत ही घटनापूर्ण रहेगी, जिसमें बहुत सा नाच तथा खाना होगा।

Vinay : Here only we've committed a mistake.
(हियर ऑनली वीइ'व कमिटेड ए मिस्टेक।)
हमने यहीं पर एक गलती की है।

Tilak : What's that?
(व्हाट्ज दैट?)
वह क्या है?

Vinay : We've forgotten about the cake cutting ceremony.
(वीइ'व फॉगॉटेन एबाउट द केक कटिंग सेरेमॅनी।)
हम केक काटने के उत्सव को भूल गए हैं।

Mona : How can we forget about that? Everything is in place as planned.
(हाउ कैन वी फॉरगेट एबाउट दैट? एवरीथिंग इज इन प्लेस एज प्लांड।)
हम उसे कैसे भूल सकते हैं? योजना के अनुसार हर चीज ठीक स्थान पर है।

Vinay : But without a knife how are you going to cut the cake?
(बट विदाउट ए नाइफ हाउ आर यू गोइंग टू कट द केक?)
लेकिन चाकू के बिना तुम केक कैसे काटने जा रहे हो?

Mona : That's really a blunder. Vinay, just hurry up and arrange for one knife.
(दैट्'स रियली ए ब्लंडर। विनय, जस्ट हरी अप ऐंड अरेंज फॉर वन नाइफ।)
यह तो वास्तव में बहुत बड़ी गलती है। विनय, जरा जल्दी करो और एक चाकू का प्रबंध करो।

Vinay : That of course I'll.
(दैट ऑव कोर्स आइ'ल।)
वह तो मैं करूँगा ही।

MISCELLANY

Formation of Comparative and Superlative Degrees

Positive Degree से Comparative Degree तथा Superlative Degree बनाने के नियम निम्नलिखित है :

नियम 1. Positive Degree के Adjective के बाद *'er'* बढ़ाने से Comparative और *'est'* बढ़ाने से Superlative Degree के Adjectives बन जाते हैं, जैसे :

Positive	**Comparative**	**Superlative**
small (छोटा)	smaller	smallest
deep (गहरा)	deeper	deepest
cold (ठंडा)	colder	coldest
high (ऊँचा)	higher	highest
great (बड़ा)	greater	greatest
poor (निर्धन)	poorer	poorest
kind (दयालु)	kinder	kindest

नियम 2. यदि Positive Degree के Adjective के अंत में *'e'* हो तो Comparative Degree बनाने के लिए उसमें *'r'* और Superlative Degree बनाने के लिए *'st'* बढ़ा देते हैं, जैसे :

Positive	**Comparative**	**Superlative**
wise (बुद्धिमान)	wiser	wisest
fine (अच्छा)	finer	finest
large (बड़ा)	larger	largest
brave (वीर)	brave	bravest
noble (श्रेष्ठ)	nobler	noblest

नियम 3. यदि किसी Adjective के अंत में *'y'* हो और उससे पहले कोई Consonant हो तो Comparative Degree में *'y'* के स्थान पर *'ier'* लगाते हैं और Superlative Degree के लिए *'y'* के स्थान पर *'iest'* लिखते है, जैसे :

Positive	**Comparative**	**Superlative**
wealthy (धनी)	wealthier	wealthiest
happy (प्रसन्न)	happier	happiest
merry (प्रसन्न)	merrier	merriest
heavy (भारी)	heavier	heaviest
easy (सरल)	easier	easiest

नोट : A, E, I, O, U स्वर हैं। इनके अतिरिक्त वर्णमाला के शेष सभी अक्षर Consonants हैं।

नियम 4. यदि किसी Adjective के अंतिम Consonant से पहले कोई Vowel हो तो Comparative Degree में *'er'* और Superlative Degree में *'est'* बढ़ाने से पहले अंतिम Consonant (अर्थात् अक्षर) को दो बार लिखते हैं, जैसे :

Positive	Comparative	Superlative
wet (भीगा)	wetter	wettest
fat (मोटा)	fatter	fattest
red (लाल)	redder	reddest
hot (गरम)	hotter	hottest
thin (पतला)	thinner	thinnest
sad (दुःखी)	sadder	saddest
big (बड़ा)	bigger	biggest

नियम 5. कुछ Adjectives की Comparative Degree में *'more'* और Superlative Degree बनाने के लिए *'most'* का प्रयोग Adjective से पहले करते हैं, जैसे :

Positive	Comparative	Superlative
courageous (साहसी)	more courageous	most courageous
beautiful (सुंदर)	more beautiful	most beautiful
difficult (कठिन)	more difficult	most difficult

नियम 6. कुछ Adjectives ऐसे हैं जिनकी Comparative Degree तथा Superlative Degree बनाने में उपर्युक्त नियमों में से कोई भी नियम लागू नहीं होता है, जैसे :

Positive	Comparative	Superlative
well (ठीक)	better	best
bad (बुरा)	worse	worst
old (बड़ा, बूढ़ा)	older, elder	oldest, eldest
little (छोटा)	less	least
good (अच्छा)	better	best
late (देर का, बाद का)	later, latter	latest, last
much (अधिक)	more	most (मात्रात्मक)
many (बहुत-से)	more	most (संख्यावाचक)

□

Sample Dialogues

1. He always speaks rudely to others.
(ही ऑलवेज स्पीक्स रयूडली टू अदर्स।)
वह दूसरों से हमेशा धृष्टता से बोलता है।
2. She has never washed clothes in her life.
(शी हैज नैवर वाश्ड क्लॉद्ज इन हर लाइफ।)
उसने अपने जीवन में कभी भी कपड़े नहीं धोए हैं।
3. Have you ever seen a tiger?
(हैव यू एवर सीन ए टाइगर?)
क्या तुमने कभी चीता देखा है?
4. We sometimes jump from the springboard straight into the pond.
(वी समटाइम्स जंप फ्रॉम द स्प्रिंगबोर्ड स्ट्रेट इनटू द पॉण्ड।)
कई बार हम स्प्रिंगबोर्ड से सीधा तालाब में कूदते हैं।
5. They usually have their dinner after 10 o'clock.
(दे यूज्यली हैव देअर डिनर आफ्टर 10 ओ' क्लॉक।)
वे साधारणतया अपना रात्रिभोजन दस बजे के बाद खाते हैं।
6. You often commit this mistake.
(यू ऑफन कमिट दिस मिस्टेक।)
तुम यह गलती अकसर करते हो।
7. He seldom speaks the truth.
(ही सैलडम स्पीक्स द ट्रुथ।)
वह कम ही सच बोलता है।
8. The man was never without a fault.
(द मैन वाज नेवर विदाउट ए फाल्ट।)
वह व्यक्ति कभी भी बिना गलती के नहीं था।

9. This part of the forest is always in bloom.
(दिस पार्ट ऑव द फॉरेस्ट इज ऑलवेज इन ब्लूम।)
जंगल का यह भाग हमेशा खिला रहता है।

10. He was kind enough to help the poor.
(ही वाज काइंड एनफ टू हैल्प द पुअर।)
वह इतना दयालु था कि गरीबों की सहायता करता था।

11. The student designed the page nicely.
(द स्टूडेंट डिजाइन्ड द पेज नाइसली।)
विद्यार्थी ने पृष्ठ को अच्छी तरह चित्रित किया।

12. She sang only for three hours.
(शी सैंग ऑनली फॉर थ्री आवर्स।)
उसने केवल तीन घंटे गाया।

13. Only Ram spoke on the dais.
(ओनली राम स्पोक ऑन द डायस।)
केवल राम मंच पर बोला।

14. Therefore, we must move forward and capture the post.
(देअरफोर, वी मस्ट मूव फॉरवर्ड ऐंड कैप्चर द पोस्ट।)
इसलिए हमें आगे बढ़ना चाहिए तथा पोस्ट पर कब्जा करना चाहिए।

15. However, the soiled clothes fetched a good price.
(हाउएवर, द सॉयल्ड क्लॉदृज फैच्ड ए गुड प्राइस।)
फिर भी गंदे कपड़ों के अच्छे दाम मिल गए।

16. This is a lovely picnic spot.
(दिस इज ए लवली पिकनिक स्पॉट।)
यह एक प्यारा पिकनिक का स्थान है।

17. His daily routine includes going for a walk in the morning.
(हिज डेली रुटीन इन्क्लूड्स गोइंग फॉर ए वॉक इन द मॉर्निंग।)
उसकी दिनचर्या में सुबह घूमने जाना शामिल है।

18. He goes for a walk daily.
(ही गोज फॉर ए वॉक डेली।)
वह प्रतिदिन घूमने के लिए जाता है।

19. The tight lid on the jar made it impossible to open it.
(द टाइट लिड ऑन द जार मेड इट इंपॉसिबुल टू ओपन इट।)

जार के कसे ढक्कन ने इसे खोलना असंभव बना दिया।

20. He hit the lid tight on the jar.
(ही हिट द लिड टाइट ऑन द जार।)

उसने मारकर ढक्कन को जार पर कस दिया।

21. He tried hard to finish the task early.
(ही ट्राइड हार्ड टू फिनिश दू टास्क अर्ली।)

उसने काम शीघ्र ही समाप्त करने का प्रयत्न किया।

22. Hardly had he overcome the first hurdle when he was faced with another one.
(हार्डली हैड ही ओवरकम द फर्स्ट हर्डल व्हेन ही वाज फेस्ड विद अनॉदर वन।)

उसने मुश्किल से पहली रोक पार की थी कि उसे दूसरी का सानना करना पड़ा।

23. The audience consisted mostly of women.
(द ऑडिएंस कंसिस्टेड मोस्टली ऑव वूमेन।)

श्रोताओं में अधिकतर महिलाएँ थीं।

24. The book was fairly interesting.
(द बुक वाज फेअरली इंटॅरेस्टिंग।)

पुस्तक पर्याप्त रुचिपूर्ण थी।

25. The play was rather badly attended.
(द प्ले वाज रादर बैडली अटैंडेड।)

नाटक में कम ही लोग (दर्शक) थे।

Practice Dialogues

1. He <u>*always*</u> speaks rudely to others.

mostly	never
hardly	sometimes
usually	often

2. She has never <u>*washed clothes*</u> in her life.

sung a song	gone to a hilly station
spoken loudly	run a race
been to a beach	dived in the pond

3. He was kind enough to <u>*help the poor*</u>.

lead us out of the cave	point out the danger
give us to eat	warn us of the impediment
call the police	bring medicine

4. Only Ram <u>spoke on the dais</u>.

succeeded in the endeavour	ascended the hill
wrote the essay	spoke to the officer
convinced the masses	went to exile

5. *<u>Therefore</u>*, we must move forward and capture the post.

rather	however
so	further
on the contrary	consequently

6. His daily routine includes *<u>going for a walk</u>* in the morning.

having a cup of tea	taking exercise
going in the woods	reading a book
dancing for one hour	running up to the garden

7. He hit the lid *<u>tight</u>* on the jar.

loose	fit
fixed	attached
shut	revolve

8. He *<u>tried hard</u>* to finish the task early.

hardly tried	barely tried
fairly tried	scarce tried
never tried	mostly tried

9. The *<u>audience</u>* consisted mostly of women.

spectators	people
crowd	students
members	judges

10. The book was *<u>fairly</u>* interesting.

rather	mostly
very	much
least	most

VOCABULARY

always (ऑलवेज) हमेशा
ever (एवर) कभी
pond (पॉन्ड) तालाब
usually (यूज्यूली) साधारणतया
seldom (सेलडम) कम ही
bloom (ब्लूम) खिलना
rude (र्‌यूड) धृष्ट
sometimes (समटाइम्स) कभी-कभी, कुछ बार
often (ऑफन) अकसर
never (नेवर) कभी नहीं
enough (एनफ) पर्याप्त

design (डिजाइन) चित्रित करना
forward (फॉरवर्ड) आगे
soil (सॉयल) गंदे करना, मिट्टी
audience (ऑडिएंस) श्रोतागण
dive (डाइव) डुबकी लगाना
cave (केव) गुफा
endeavour (एंडेवर) प्रयत्न
convince (कनविंस) प्रतीति या विश्वास कराना
exile (एग्जाइल) वन प्रवास
attach (अटैच) बाँधना या लगाना
woods (वुड्ज) जंगल
barely (बेअरली) मुश्किल से
spectators (स्पैक्टेटर्स) दर्शक
dais (डायस) मंच
capture (कैप्चर) कब्जा करना
lid (लिड) ढक्कन
beach (बीच) समुद्र का किनारा
lead (लीड) नेतृत्व करना
impediment (इंपैडिमेंट) कष्ट, रोक
ascend (एसेंड) ऊपर चढ़ना
masses (मासेज) लोग, आम लोग
loose (लूज) ढीला
revolve (रिवॉल्व) घूमना
hardly (हार्डली) मुश्किल से
scarce (स्कार्स) कम ही
least (लीस्ट) सबसे कम

TIPS

Adverb: Adverb का प्रयोग निम्न प्रकार से होता है :

(a) Interrogative Adverb जैसे when, where, how, what आदि का प्रयोग वाक्य के आरंभ में होता है।

(b) जब कोई Adverb किसी Intransitive Verb के अर्थ में कुछ परिवर्तन लाता है तो इसका प्रयोग उस Verb के बाद होता है; जैसे The sun shone brightly.

(c) कुछ Adverb उस शब्द से पहले प्रयुक्त होते हैं जिसकी वे विशेषता बताते हैं। इनमें से मुख्य हैं always, never, ever, usually, sometimes, often, generally, seldom, previously आदि। लेकिन इनका प्रयोग Verb-to be (is, are, am, was, were) आदि के बाद होता है।

(d) Enough का प्रयोग उस शब्द के बाद होता है, जिसकी वह विशेषता बताता है

(e) Adverb का प्रयोग या तो Verb तथा Object के बाद होना चाहिए, या इसका प्रयोग Verb से पहले होना चाहिए। इसका प्रयोग Verb तथा Object के बीच गलत होता है। उदाहरण के लिए :

Reema beautifully painted the picture.
Reema painted the picture beautifully.

(f) Adverb का प्रयोग Helping Verb तथा Main Verb के बीच होना चाहिए।

(g) Only तथा even का प्रयोग उस शब्द से पहले होता है, जिसकी वे विशेषता बताते हैं; जैसे :

The teacher only told about the solution. (अध्यापक ने केवल हल के बारे में बताया। *और किसी चीज के बारे में नहीं।*)

Only the teacher told about the solution. (केवल अध्यापक ने हल के बारे में बताया। *और किसी ने नहीं।*)

(h) जब Adverb पूरे वाक्य से संबंध रखता है तो उसे वाक्य के आरंभ में लगाना चाहिए; जैसे :

Therefore, the jury decided to punish the guilty.

(i) अधिकतर Adverb में ly लगा होता है; जैसे brightly, coldly, lazily आदि। ये Adverb, Adverbs of Manner कहलाते हैं।

(j) लेकिन किसी शब्द में ly लगा देखकर सावधान हो जाना चाहिए कि वह Adjective भी हो सकता है। Ly में समाप्त होने वाले कुछ Adjective हैं : lovely, lowly, lonely, likely, friendly, cowardly, beastly, brotherly, earthly, fatherly, motherly, manly, leisurely, lively, princely, scholarly, queenly, soldierly आदि।

(k) कुछ शब्द Adjective तथा Adverb, दोनों के रूप में प्रयोग किए जा सकते हैं। इनमें से कुछ हैं : daily, weekly, yearly, monthly, fast, early, straight, tight आदि।

(l) Fairly का प्रयोग सकारात्मक अर्थ में ही होता है, जबकि rather का प्रयोग नकारात्मक अर्थ में भी हो सकता है।

Newspaper Headings

1. BJP for SC quota in private sector : भाजपा अनुसूचित जाति के लिए व्यक्तिगत क्षेत्र में आरक्षण के पक्ष में
2. Contempt law reforms need to come from judiciary—Sibbal : सिब्बल के अनुसार, अनादर के कानून को अदालत से आना चाहिए
3. Two car thieves killed in encounter at Noida : नोएडा में दो कार चोर भिड़ंत में मारे गए
4. Rs 1-cr worth pirated software seized : एक करोड़ का नकली सॉफ्टवेअर मिला
5. Pilot stir jolted, 20 join duty : पायलट हड़ताल को धक्का लगा, 20 काम पर लौटे

6. 57-kg cake as Jogi turns 57 : जोगी के 57 वर्ष का होने पर 57 किलो का केक
7. Amrinder ready for kar seva to restore gurdwara in Baghdad : अमरिंदर बगदाद में गुरुद्वारे के पुनरुद्धार में कारसेवा के लिए तैयार
8. McGrath back for 3rd Test : मैकग्रा तीसरे टैस्ट के लिए वापस
9. Sachin undergoes hand surgery at Baltimore hospital : सचिन के हाथ की बाल्टीमोर अस्पताल में शल्यचिकित्सा हुई
10. Glaxo steps up work on SARS vaccine : ग्लैक्सो सार्स बीमारी के लिए दवाई बनाने के कार्य में तेजी लाया

AWARD WINNING

I

Rupa : Congratulations, Sameer! You've shown the way how awards are won.
(कॉन्ग्रेचुलेशंस, समीर! यूइव शोन द वे हाउ अवाड्र्स आर वान।)
बधाई हो, समीर! तुमने मार्ग दिखाया है कि इनाम किस प्रकार जीते जाते हैं।

Sameer : Thank you, Rupa. It's thrilling to win an award.
(थैंक यू, रूपा। इट्ज थ्रिलिंग टू विन एन अवार्ड।)
धन्यवाद, रूपा। कोई इनाम जीतना रोमांचकारी है।

Rupa : You must have worked really hard to win this award.
(यू मस्ट हैव वर्क्ड रियली हार्ड टू विन दिस अवार्ड।)
तुमने इस इनाम को जीतने के लिए वास्तव में कठिन परिश्रम किया होगा।

Sameer : It was a bit of luck too. Most of the questions asked in the final examination came true on my guess and I had prepared them well. That made a lot of difference.
(इट वाज ए बिट ऑव लक टु। मोस्ट ऑव द क्वेश्चंस आस्क्ड इन द फाइनल एग्जामिनेशन केम ट्रू ऑन माइ गैस एंड आइ हैड प्रिपेअर्ड दैम वैल। दैट मेड ए लॉट ऑव डिफरेंस।)
इसमें कुछ भाग्य भी था। अंतिम परीक्षा में पूछे गए प्रश्नों में से अधिकतर मेरे अनुमानित थे और मैंने उन्हें अच्छी तरह तैयार किया था। इससे बहुत अंतर आया।

Rupa : I've heard that the stage of interview was really tough, the interviewers were asking obsolete questions.

(आइ'व हर्ड दैट द स्टेज ऑव इंटरव्यू वाज रियली टफ, द इंटरव्यूअर्स वर आस्किंग ऑब्सोलीट क्वेश्चंस।)

मैंने सुना है कि साक्षात्कार का समय वास्तव में बहुत मुश्किल था, साक्षात्कार-कर्ता बहुत अप्रचलित प्रश्न पूछ रहे थे।

Sameer : In fact, they weren't asking for correct answers. Rather they were looking for traits in the candidates. I was careful to exhibit the positive qualities.

(इन फैक्ट, दे वरं'ट आस्किंग फॉर करेक्ट आंसर्स। रादर दे वर लुकिंग फॉर ट्रेट्स इन द कैंडीडेट्स। आइ वाज केअरफुल टू एग्जीबिट द पॉजीटिव क्वालिटीज।)

वास्तव में वे ठीक उत्तरों को नहीं खोज रहे थे, वरन् वे अभ्यर्थियों में गुणों को खोज रहे थे। मैं इस बारे में सावधान था कि अपने सकारात्मक गुणों को उजागर करूँ।

Rupa : Which one, you feel, was the toughest question of the interview?

(व्हिच वन, यू फील, वाज द टफेस्ट क्वेश्चन ऑव द इंटरव्यू?)

आपके विचार में कौन सा प्रश्न साक्षात्कार का सबसे कठिन प्रश्न था?

Sameer : One of the interviewers asked what I felt was more important as a soldier—earning money through salary or serving the motherland.

(वन ऑव द इंटरव्यूर्स आस्क्ड व्हाट आई फैल्ट वाज मोर इंपोर्टेंट एज ए सोल्जर–अर्निंग मनी थ्रू सैलरी ऑर सर्विंग द मदरलैंड।)

एक साक्षात्कार कर्ता ने पूछा कि एक सिपाही के रूप में मैं क्या महसूस करता हूँ कि क्या अधिक महत्त्वपूर्ण है–वेतन द्वारा पैसे कमाना या मातृभूमि की सेवा करना।

Rupa : What was your answer to it?

(व्हाट वाज युअर आंसर टू इट?)

इसके लिए आपका उत्तर क्या था?

Sameer : I said that both the factors were equally important, serving the motherland throughout one's life without enjoying basic amenities could not be conceived.

(आई सैड दैट बोथ द फैक्टर्स वर ईक्वली इंपॉर्टेंट, सर्विंग द मदरलैंड

थ्रूआउट वन्स लाइफ विदाउट एंजॉयिंग बेसिक अमेनिटिज कुड नॉट बी कंसीव्ड।)

मैंने कहा कि दोनों ही पक्ष समान महत्त्वपूर्ण थे, प्राथमिक आवश्यकताओं की पूर्ति के बिना जीवन पर्यंत मातृभूमि की सेवा करना विचारणीय नहीं हो सकता।

Rupa : That was great for an answer. Wish you all the best.
(दैट वाज ग्रेट फॉर एन आंसर। विश यू ऑल द बैस्ट।)
यह तो बहुत ही अच्छा उत्तर था। तुम्हारे लिए सर्वोत्तन की कामना करती हूँ।

II

Rupa : Sameer, in a few minutes the chief guest will be here. He will award you the medal and citation.
(समीर, इन ए फ्यू मिनट्स द चीफ गैस्ट विल बी हियर। ही विल अवार्ड यू द मैडल ऐंड साइटेशन।)
समीर, कुछ ही देर में मुख्य अतिथि यहाँ होंगे। वे तुम्हें पदक तथा प्रशस्ति-पत्र देंगे।

Sameer : Yes, I'm a little nervous how I am going to speak at the dais. I'm afraid that I'll stutter. I hope that I am not asked to speak to the audience.
(यस, आइ'ऐम ए लिटिल नर्वस हाउ आई एम गोइंग टू स्पीक एट द डायस। आइ'ऐम आफरेड दैट आइ'ल स्टटर। आई होप दैट आई एम नॉट आस्क्ड टू स्पीक टू द ऑडिएंस।)
हाँ, मैं थोड़ा घबराया हुआ हूँ कि मैं मंच पर कैसे बोलूँगा। मैं डरता हूँ कि मैं हकला जाऊँगा। मैं आशा करता हूँ कि मुझे मंच पर बोलने के लिए न कहा जाए।

Rupa : Have courage and conviction in your ability. When you speak at the dais, don't look into the eyes of the audience; rather look a little above them. This way you will look natural as well as not be confronted with searching eyes.
(हैव करेज एंड कन्विक्शन इन योर एबीलिटी। व्हेन यू स्पीक एट द डायस, लुक इनटू द आइज ऑव द ऑडिएंस; रादर लुक ए लिटिल एबॅव

दैम। दिस वे यू विल लुक नेचुरल एज वैल एज नॉट बी कंफ्रंटेड विद सर्चिंग आइज।)

अपनी योग्यता में साहस व दृढ़ विश्वास रखना। जब आप मंच पर बोलें तो दर्शकों की आँखों में मत देखना; बल्कि उनसे कुछ ऊपर देखना। इस प्रकार आप स्वाभाविक दिखाई देंगे, साथ ही अन्वेषण करती आँखों से भी सामना मत करना।

Sameer : And what happens if I stammer?
(एंड व्हाट हैप्पंस इफ आई स्टैमर?)

और क्या होगा यदि मैं हकलाने लगा?

Rupa : Just repeat in your mind what you are going to say. Secondly, say it without hurrying up. Speak as if you're alone in the auditorium.
(जस्ट रिपीट इन युअर माइंड व्हाट यू आर गोइंग टू से। सैकंडली, से इट विदाउट हरींग अप। स्पीक एज इफ यू'आर एलोन इन द ऑडिटोरियम।)

अपने दिमाग में दोहराओ जो कुछ तुम कहने जा रहे हो। दूसरा, इसे बिना शीघ्रता किए कहो। इस प्रकार बोलो जैसे सभागार में और कोई नहीं है।

Sameer : All these instructions sound good only in theory. When you are actually confronted with audience, you tend to forget all of them.
(ऑल दीज इंसट्रक्शंस साउंड गुड ओनली इन थ्योरी। व्हेन यू आर एक्चुअली कंफ्रंटेड विद ऑडिएंस, यू टैंड टू फॉरगैट ऑल ऑव दैम।)

ये सब शिक्षाएँ केवल सिद्धांत में ही अच्छी लगती हैं। जब तुम वास्तव में दर्शकों के सामने हो तो तुम वह सबकुछ भूल जाते हो।

Rupa : If winning the award was not difficult, how can this award ceremony trouble you in any way? Have confidence and you will sail through without any problem.
(इफ विनिंग द अवार्ड वाज नॉट डिफिकल्ट, हाउ कैन दिस अवार्ड सेरेमॅनी ट्रबल यू इन एनी वे? हैव कॉन्फीडेंस एंड यू विल सेल थ्रू विदाउट एनी प्रॉब्लम।)

यदि इनाम जीतना मुश्किल नहीं था तो यह इनाम का उत्सव किस प्रकार तुम्हें परेशान कर सकता है? विश्वास रखो तुम बिना किसी समस्या के पार पा जाओगे।

Sameer : Your talk has given me confidence. Thank you. I'll keep your words in my heart.
(योर टॉक हैज गिविन मी कॉन्फीडेंस। थैंक यू। आइ'ल कीप युअर वड्र्स इन माइ हार्ट।)
आपकी बातों ने मुझे विश्वास दिया है। धन्यवाद! मैं आपकी शिक्षा को अपने दिल में रखूँगा।

III

Rupa : Congratulations first for winning the award and then for accepting it confidently.
(कॉन्ग्रेचुलेशन्ज फर्स्ट फॉर विनिंग द अवार्ड एंड दैन फॉर एक्सेप्टिंग इट कॉन्फिडेंटली।)
पहले तो इनाम जीतने के लिए तथा फिर इसे विश्वासपूर्वक लेने के लिए बधाई।

Sameer : It was you who boosted my confidence, else I was much nervous.
(इट वाज यू हू बूस्टेड माइ कॉन्फिडेंस, एल्स आइ वाज मच नर्वस।)
यह तुम थे जिसने मेरा विश्वास बढ़ाया, वरना मैं तो काफी घबराया हुआ था।

Rupa : Now tell me, how you felt in your heart while taking the medal.
(नाउ टैल मी, हाउ यू फैल्ट इन योर हार्ट व्हाइल टेकिंग द मैडल।)
अब मुझे बताओ कि तमगा लेते समय तुम्हें अपने दिल में कैसा लगा।

Sameeer : When my name was called, I stood up and looked up and down my clothes to see that I looked proper. It gave me a sense of self-confidence that I was well dressed.
(व्हेन माइ नेम वाज कॉल्ड, आई स्टुड अप एंड लुक्ड अप एंड डाउन माइ क्लॉथ्स टू सी दैट आई लुक्ड प्रॉपर। इट गेव मी ए सेंस ऑव सैल्फ-कॉन्फिडेंस दैट आई वाज वैल ड्रैस्ड।)
जब मेरा नाम बुलाया गया तो मैं खड़ा हुआ तथा अपने कपड़ों को ऊपर-नीचे देखा कि मैं सही दिखाई देता हूँ। इससे मुझे आत्मविश्वास हुआ कि मैं ठीक प्रकार से कपड़े पहने हुए था।

Rupa : I saw you falter at the stairs. How did you manage that?
(आई सॉ यू फाल्टर एट दू स्टेअर्ज। हाउ डिड यू मैनेज दैट?)
मैंने तुम्हें सीढ़ियों पर लड़खड़ाते हुए देखा था। तुमने उसे कैसे सँभाला?

Sameer : I walked looking at the face of the chief guest. It was my mistake. As I tripped on the stairs, I realised this mistake and then walked with my glance on the ground ahead of me.
(आई वॉक्ड लुकिंग एट द फेस ऑव द चीफ गैस्ट। इट वाज माइ मिस्टेक। एज आय ट्रिप्ड ऑन द स्टेअर्ज, आय रियलाइज्ड दिस मिस्टेक एंड देन वॉक्ड विद माइ ग्लांस ऑन द ग्राउंड अहैड ऑव मी।)
मैं मुख्य अतिथि के चेहरे की ओर देखकर जा रहा था। यह मेरी गलती थी। जैसे ही मैं सीढ़ियों पर लड़खड़ाया, मैंने यह गलती पहचानी तथा उसके बाद मैं अपने सामने जमीन पर देखकर चला।

Rupa : Why did you touch the feet of the chief guest?
(व्हाय डिड यू टच द फीट ऑव द चीफ गैस्ट?)
आपने मुख्य अतिथि के पैर क्यों छुए?

Sameer : I felt as if the chief guest was a fatherly figure, a towering personality. I do not know how I was inspired to touch his feet, but it really felt good.
(आई फैल्ट एज इफ द चीफ गैस्ट वाज ए फादर्ली फिगर, ए टॉवरिंग पर्सनेलिटी। आई डू नॉट नो हाउ आई वाज इंस्पायर्ड टू टच हिज फीट, बट इट रियली फैल्ट गुड।)
मुझे ऐसा लगा कि मुख्य अतिथि एक पिता समान व्यक्ति थे, एक गरिमामय व्यक्तित्व के धनी। मुझे नहीं पता कि मैं उनके पैर छूने के लिए क्यों प्रेरित हुआ, लेकिन यह वास्तव में अच्छा लगा।

Rupa : Most of the people appreciated this on your part. You've really done well. Keep it up.
(मोस्ट ऑव द पीपल एप्रीशिएटेड दिस ऑन योर पार्ट। यू'इव रियली डन वैल। कीप इट अप।)
अधिकतर लोगों ने आपके इसे कृत्य को सराहा है। आपने वास्तव में बहुत अच्छा किया है। इसे बनाए रखो।

MISCELLANY

Correct Usage of Some Words (करेक्ट यूसेज ऑव सम वर्ड्स)

कुछ शब्दों का उचित प्रयोग

1. **Advise** (ऐडवाइज) सलाह देना : The doctor has advised me not to work at night. (डॉक्टर ने मुझे रात में काम न करने की सलाह दी।)

   Advice (एडवाइज) सलाह : The doctor's advice had no effect on him. (डॉक्टर की सलाह का उस पर कोई प्रभाव न पड़ा।)

2. **Accept** (एसेप्ट) स्वीकार करना : I cannot accept all your conditions. (मैं तुम्हारी सभी शर्तें नहीं मान सकता।)

   Except (एक्सेप्ट) अतिरिक्त : Everyone was present except Leena. (लीना के अतिरिक्त सभी लोग उपस्थित थे।)

3. **Excess** (एक्सेस) अधिकता : Excess of work has told upon his health. (काम की अधिकता से उसकी सेहत पर बुरा प्रभाव पड़ा।)

   Access (ऐसेस) पहुँच : I have no access to the D.C. (मेरी डी.सी. तक पहुँच नहीं है।)

4. **Affect** (अफेक्ट) प्रभाव डालना : Your words affected him. (आपके शब्दों का उस पर प्रभाव पड़ा।)

   Effect (इफैक्ट) प्रभाव : There was no effect of your advice upon him. (आपकी सलाह का उस पर कोई प्रभाव नहीं था।)

5. **Alter** (आल्टर) बदलना : I cannot alter my programme. (मैं अपना कार्यक्रम नहीं बदल सकता।)

   Altar (आल्टार) वेदी, मंच : The priest bent down before the altar of the goddess. (पुजारी देवी की वेदी के सामने झुका।)

6. **Apposite** (अपोजिट) बिलकुल ठीक : My argument in this content is apposite. (मेरी दलील इस संदर्भ में बिलकुल ठीक है।)

   Opposite (अपोजिट) सामने या उलट : Your house is opposite to the hospital. (आपका घर हॉस्पिटल के सामने है।)

7. **Assent** (असैंट) स्वीकृति : Before finalising this tour the principal's assent is must. (टूर के कार्यक्रम को अंतिम रूप देने से पहले प्रधानाध्यापक की स्वीकृति आवश्यक है।)

Ascent (ऐसेंट) चढ़ाई : The ascent to this hill is quite easy. (इस पहाड़ी पर चढ़ना बहुत आसान है।)

8. **Invent** (इनवेंट) आविष्कार करना : Stephenson invented steam engine. (स्टीफेंसन ने रेलवे इंजन का आविष्कार किया।)

   Discover (डिसकवर) खोज निकालना : Columbus discovered America. (कोलंबस ने अमेरिका को खोजा था।)

9. **Drown** (ड्राउन) डूब जाना : The boy drowned in the canal. (लड़का नहर में डूब गया।)

   Sink (सिंक) डूबना : The ship sank in the sea. (जहाज समुद्र में डूब गया।)

10. **Dye** (डाई) रंग देना : Please dye it blue. (कृपया इसे नीला रंग दें।)

    Die (डाई) मर जाना : Everyone has to die. (प्रत्येक मनुष्य को मरना है।)

11. **Disease** (डिजीज) बीमारी : T.B. is a terrible disease. (तपेदिक एक भयानक रोग है।)

    Decease (डिसीस) मृतक : His deceased father was a great leader. (उसके मृतक पिता एक महान् नेता थे।)

12. **Elder** (ऐल्डर) ज्येष्ठ : His elder brother is dead. (उसका बड़ा भाई मर गया है।)

    Older (ओल्डर) पुराना : The older, the better. (जितनी पुरानी उतनी अच्छी।)

13. **Eminent** (ऐमीनेंट) श्रेष्ठ : Newton was an eminent scientist. (न्यूटन श्रेष्ठ वैज्ञानिक था।)

    Imminent (इमीनैंट) निकट : War between India and Pakistan is imminent. (भारत-पाक युद्ध अवश्यंभावी है।)

15. **Fare** (फेयर) किराया : What is the train fare from Delhi to Mumbai? (दिल्ली से मुंबई तक रेल का कितना भाड़ा है?)

    Fair (फेयर) मेला : His only son was lost in a fair. (उसका इकलौता पुत्र मेले में खो गया।)

16. **Farther** (फारदर) दूर : I shall not go farther. (मैं अब और आगे नहीं जाऊँगा।)

    Further (फरदर) आगे : She live further from us. (वह हमसे आगे रहती है।)

17. **Farmer** (फार्मर) किसान : The farmer is ploughing the field. (किसान हल चला रहा है।)

    Former (फॉरमर) पहला : Formerly he was a teacher. (वह पहले अध्यापक था।)

18. **Freedom** (फ्रीडम) स्वतंत्रता : We got freedom on 15th August 1947. (हमें 15 अगस्त, 1947 को आजादी मिली ।)

Liberty (लिबर्टी) अपनी इच्छा द्वारा स्वतंत्रता : You are at liberty now. (अब आप अपनी मर्जी के अनुसार जो चाहें करें ।)

19. **Honorary** (ऑनरेरी) अवैतनिक : He is an honorary magistrate. (वह अवैतनिक मजिस्ट्रेट है ।)

Honourable (ऑनरेबल) सम्मानित : He is an honourable man. (वह इज्जतदार आदमी है ।)

20. **Human** (ह्यूमैन) मानव : To err is human. (मनुष्य गलतियों का पुतला है ।)

Humane (ह्यूमेन) दयालु : This humame treatment impressed me much. (उसके दयालु व्यवहार ने मुझे बहुत प्रभावित किया ।)

21. **Custom** (कस्टम) पुराने रीति-रिवाज : People do not want to give up old customs. (लोग पुराने रीति-रिवाज छोड़ना नहीं चाहते ।)

Habit (हैबिट) आदत : He is in the habit of drinking. (उसे शराब पीने की आदत है ।)

22. **Industrial** (इंडस्ट्रियल) दस्तकारी : He wants to start an industrial college. (वह दस्तकारी विद्यालय प्रारंभ करना चाहता है ।)

Industrious (इंडस्ट्रीयस) मेहनती : He is an industrious boy. (वह मेहनती लड़का है ।)

23. **Imperial** (इंपीरियल) शाही : He is an imperial guest. (वह शाही मेहमान है ।)

Imperious (एंपीरिअस) अभिमानी : His imperious nature will bring his downfall. (उसका अभिमानी स्वभाव पतन का कारण होगा ।)

24. **Judicious** (जुडीशियस) उचित रूप : You have a judicious choice. (आपका चुनाव उचित है ।)

Judicial (जूडीशियल) अदालती : He brought many judicial reforms. (उसने कई अदालती सुधार किए ।)

25. **Journey** (जर्नी) यात्रा : He went on a long journey. (वह एक लंबी यात्रा पर गया ।)

Voyage (वॉयेज) जल-यात्रा : Sindabad went on a long voyage. (सिंदबाद एक लंबी समुद्र यात्रा पर गया ।)

26. Lose (लूज) छोड़ना : Do not lose your heart in difficulties. (विपत्ति में दिल न छोटा करो।)

Loose (लूज) ढीला : Your shirt is loose. (आपकी कमीज ढीली है।)

27. Continuous (कंटीन्यूअस) लगातार : He is continuously working right from morning. (वह प्रातः से ही लगातार काम कर रहा है।)

Continual (कंटीन्यूअल) बिना रुकावट के : His continual efforts bore fruit. (उसके निरंतर प्रयत्न फलीभूत हुए।)

28. Later (लेटर) बाद में : Please come later on. (आप ठहर कर आना।)

Latter (लैटर) बाद वाला या दूसरा : Of Hani and Mani, the latter is very handsome. (हनी और मनी में से, दूसरा बहुत सुंदर है।)

29. Lay (ले) जमा करना : We must lay something for rainy days. (हमें जरूरत के लिए कुछ बचाना चाहिए।)

Lie (लाई) लँटना : Why don't you lie down? (आप लेट क्यों नहीं जाते?)

30. Lion (लायन) शेर : I have never seen a lion. (मैंने कभी शेर नहीं देखा।)

Loin (लोइन) लंगोटा : Wrestlers generally wear lion-cloth when they wrestle. (जब पहलवान कुश्ती लड़ते हैं, तो लँगोटा पहनते हैं।)

31. Lazy (लेजी) आलसी : He is a lazy man. (वह आलसी व्यक्ति है।)

Idle (आइडिल) निकम्मा या बेकार : He is idle these days. (आजकल वह बेकार है।)

32. Main (मेन) प्रमुख : It is the main market of the city. (यह इस शहर का प्रमुख बाजार है।)

Mane (मेन) घोड़े की गरदन के बाल : Do not cut mane of the horse. (घोड़े की गरदन के बाल न काटो।)

33. Mail (मेल) डाक : The mail will be late today. (डाक आज लेट होगी।)

Male (मेल) मर्द या नर : Without male a female has little value. (बिना पुरुष के स्त्री का मूल्य नहीं।)

34. Notorious (नॅटोरियस) कुख्यात : Man Singh was a notorious dacoit. (मानसिंह एक कुख्यात डाकू था।)

Famous (फेमस) प्रसिद्ध : Nehru was a famous leader. (नेहरू एक प्रसिद्ध नेता थे।)

Popular (पापुलर) सर्वप्रिय : He is a popular teacher. (वह सर्वप्रिय अध्यापक है।)

35. **Peace** (पीस) शांति : I want peace. (मुझे शांति चाहिए।)

Piece (पीस) टुकड़ा : A piece of bread must be given to the hungry. (भूखे को रोटी का टुकड़ा अवश्य दो।)

36. **Practice** (प्रैक्टिस) अभ्यास : Practice makes a man perfect. (अभ्यास मनुष्य को पूर्ण बनाता है।)

Practise (प्रैक्टाइज़) अभ्यास करना : He is practising law. (वह वकालत कर रहा है।)

37. **Principal** (प्रिंसीपल) मुख्य अध्यापक : He is the principal of this college. (वे इस विद्यालय के प्रधानाध्यापक हैं।)

Principle (प्रिंसीपल) सिद्धांत : He is a man of principle. (वह नियमानुसार जीवन व्यतीत करने वाला व्यक्ति है।)

38. **Practical** (प्रैक्टिकल) व्यावहारिक : He is a practical man. (वह व्यावहारिक व्यक्ति है।)

Practicable (प्रैक्टीसेबल) जिसे अभ्यास में लाया जा सके : This is a practicable scheme. (वह योजना व्यावहारिक है।)

39. **Roof** (रूफ) छत : The roof is slanting. (छत तिरछी है।)

Ceiling (सीलिंग) छत के अंदर का भाग : The ceiling of your room is quite decorative. (आपके कमरे की छत बहुत सजी हुई है।)

40. **Rite** (राइट) रस्म : His last rites will be performed today. (उसकी अंतिम रस्म आज की जाएगी।)

Right (राइट) अधिकार : Freedom is our birth right. (स्वतत्रंता हमारा जन्मसिद्ध अधिकार है।)

41. **Respectable** (रैस्पेक्टेबल) माननीय : He belongs to respectable family. (वह एक सम्मानित परिवार से संबंध रखता है।)

Respectful (रस्पेक्टफुल) आदर सहित : Respectfully I beg to request for four days leave.

□

SAMPLE DIALOGUES

1. To speak politely is a good habit.
(टू स्पीक पोलाइटली इज ए गुड हैबिट।)
नम्रतापूर्वक बोलना एक अच्छी आदत है।

2. To waste your time is a bad habit.
(टू वेस्ट योर टाइम इज ए बैड हैबिट।)
समय बर्बाद करना एक बुरी आदत है।

3. It is wrong to pluck flowers in a garden.
(इट इज रॉन्ग टू प्लक फ्लॉवर्स इन ए गार्डेन।)
बाग में फूल तोड़ना गलत है।

4. It is selfish to not share your eatables among your friends.
(इट इज सैल्फिश टू नॉट शेअर युअर ईटिबल्ज अमंग योर फ्रैंड्ज।)
अपनी खाने की वस्तुओं को मित्रों के बीच न बाँटना स्वार्थ है।

5. It is a pity to see the weak embrace death helplessly.
(इट इज ए पिटी टू सी द वीक एंब्रेस डैथ हैल्पलैसली।)
किसी कमजोर को मृत्यु का आलिंगन करते देखना करुणामय है।

6. It is good for us to learn swimming.
(इट इज गुड फॉर अस टू लर्न स्विमिंग।)
हमारे लिए तैराकी सीखना अच्छा है।

7. It was impossible for them to jump over the boundary wall.
(इट वाज इंपॉसिबल फॉर दैम टू जंप ओवर द बाउंडरी वॉल।)
यह उनके लिए असंभव था कि वे चारदीवारी के पार कूद सकें।

8. It's a pleasure for me to see you.
(इट्स ए प्लेजर फॉर मी टू सी यू।)
आपका मिलना मेरे लिए आनंददायक है।

9. It was kind of your father to give us a helping hand.
(इट वाज काइंड ऑव योर फादर टू गिव अस ए हैल्पिंग हैंड।)
आपके पिता ने हमें सहायता देकर दयालुता दिखाई।

10. It was cruel of the soldiers to beat the old man.
(इट वाज क्रुएल ऑव द सोल्जर्स टू बीट द ओल्ड मैन।)
सिपाहियों का बूढ़े आदमी को मारना क्रूरता थी।

11. The guard commanded the stranger to halt.
(द गार्ड कमांडेड द स्ट्रेंजर टू हाल्ट।)
संतरी ने आगंतुक को रुकने की आज्ञा दी।

12. Your sister wishes you to telephone him in the evening.
(योर सिस्टर विशेज यू टू टेलीफोन हिम इन द ईवनिंग।)
तुम्हारी बहन चाहती है कि तुम उसे शाम को टेलीफोन करो।

13. They felt the house tremble.
(दे फैल्ट द हाउस ट्रेंबल।)
उन्हें घर हिलता हुआ लगा।

14. The teacher made the pupil read aloud the story.
(द टीचर मेड द पीपल रीड अलाउड द स्टोरी।)
अध्यापक ने शिष्य को कहानी जोर से पढ़ने के लिए बाध्य किया।

15. Have you ever known it (to) rain in March?
(हैव यू एवर नोन इट (टू) रेन इन मार्च?)
क्या तुमने कभी मार्च में बारिश होते सुना है?

16. I have never seen him to lose his patience.
(आई हैव नेवर सीन हिम टू लूज हिज पेशेंस।)
मैंने उसे कभी भी अपना संयम खोते हुए नहीं देखा है।

17. Stomach full of food will allow you take rest for long.
(स्टॉमक फुल ऑव फूड विल एलाउ यू टेक रेस्ट फॉर लॉन्ग।)
भोजन से भरा पेट आपको लंबे समय तक आराम करने की इजाजत देगा।

18. He was made to sing a song again.
(ही वाज मेड टू सिंग ए सॉन्ग अगेन।)
उससे दोबारा गाना गवाया गया।

19. The envoy was seen to order the servant to come.
(द एन्वॉय वाज सीन टू ऑर्डर द सर्वेंट टू कम।)
राजदूत को नौकर को आने के लिए कहते हुए देखा गया।

20. The bright sunshine caused the colour to fade.
(द ब्राइट सनशाइन कॉज्ड द कलर टू फेड।)
तेज धूप के कारण रंग हलका हो गया।

21. The rules require us to sign for the tools we borrow.
(द रूल्ज रिक्वायर अस टू साइन फॉर द टूल्ज वी बॉरो।)
नियमों के अनुसार हमें उन यंत्रों के लिए हस्ताक्षर करने होते हैं जिन्हें हम ऋण पर लेते हैं।

22. I want a book that is easy to read.
(आई वांट ए बुक दैट इज ईजी टू रीड।)
मैं एक ऐसी पुस्तक चाहता हूँ जो पढ़ने में आसान हो।

23. The result of such ruthless acts is horrible to imagine of.
(द रिजल्ट ऑव सच रूथलेस एक्ट्स इज हॉरिबुल टू इमेजिन ऑव।)
ऐसे उतावलेपन के कार्यों का फल कल्पना में भी भयंकर होता है।

24. The pupil asked the teacher permission to go out.
(द पीपल आस्क्ड द टीचर परमिशन टू गो आउट।)
शिष्य ने अध्यापक से बाहर जाने की आज्ञा माँगी।

25. Is there anyone here who can tell us how to reach the main road?
(इज देअर एनीवन हियर हू कैन टेल अस हाउ टू रीच द मेन रोड?)
यहाँ कोई है जो हमें बता सके कि मुख्य सड़क पर कैसे पहुँचा जा सकता है?

PRACTICE DIALOGUES

1. To <u>*speak politely*</u> is a good habit.

respect teachers	serve the poor
take a bath daily	keep cleanliness
study hard	play for health

2. It is wrong to <u>*pluck flowers in a garden*</u>.

make a noise in the class	talk loudly in the street
rob others of money	tell a lie
take things without asking for them	make a nuisance

3. It is a pity to see the *weak embrace death helplessly*.

poor live in dilapidated huts	honest being robbed
innocents being frisked about	accidents take place
refugees die an unsung death	work not being done

4. It was impossible for them to *jump over the boundary wall*.

read the weird language	find out the secret
reveal the truth	solve the question
recognise the stranger	break the code

5. It was kind of your father to *give us a helping hand*.

tell the meaning of the sentence	warn us of the difficulty
speak about our career options	remember us
show us the old album	introduce us to the guests

6. The *teacher made the pupil* read aloud the story.

mother made the son	father made the daughter
brother made the sister	trainer made the parrot
nurse made the child	friend made the friend

7. Have you ever known it (to) *rain in March*?

blow hard winds in August	snow in November
happen this way	sound like this
allow people to enter	show time correctly

8. The envoy was seen to order the *servant* to come.

officer	guard
clerk	accountant
boy	driver

9. The *rules* require us to sign for the tools we borrow.

regulations	policies
officers	superiors
orders	standing instructions

10. Is there anyone here who can tell us how to *reach the main road*?

approach the bureaucrat	appear beautiful
lighten our burden	solve the problem
conceal us from the enemy	speak fluently

VOCABULARY

pluck (प्लक) तोड़ना

share (शेअर) बाँटना

selfish (सेल्फिश) स्वार्थी

among (अमंग) के बीच

embrace (एंब्रेस) गले लगाना
cruel (क्रुएल) क्रूर
command (कमांड) आज्ञा, आज्ञा देना
halt (हाल्ट) रुकना
make (मेक) बनाना, बाध्य करना
patience (पेशेंस) धीरज
envoy (एन्वॉय) दूत, राजदूत
fade (फेड) हलका या भद्दा करना
tool (टूल) औजार
horrible (हॉरिबुल) भयंकर
pupil (प्यूपिल) शिष्य
rob (रॉब) लूटना
dilapidated (डिलापीडेटेड) टूटा-फूटा
frisk (फ्रिस्क) तलाशी लेना
weird (वीर्ड) विलक्षण
code (कोड) गुप्त भाषा
introduce (इंट्रोड्यूस) परिचय कराना
option (ऑप्शन) विकल्प, इच्छा
parrot (पैरट) तोता
sound (साउंड) आवाज होना
wind (विंड) हवा
happen (हैपन) घटित होना
regulation (रेग्यूलेशन) व्यवस्था, नियम
standing (स्टैंडिंग) खड़े हुए, स्थायी
superior (सुपीरियर) वरिष्ठ
lighten (लाइटन) हलका करना, बोझ कम करना
fluently (फ्लूएंटली) तेजी से, धाराप्रवाह
boundary wall (बाउंडरी वॉल) चारदीवारी
stranger (स्ट्रेंजर) आगंतुक
tremble (ट्रेंबल) काँपना, हिलना
lose (लूज) खोना
stomach (स्टोमक) पेट
cause (कॉज) का कारण होना
require (रिक्वायर) आवश्यकता होती है
borrow (बॉरो) उधार लेना
imagine (इमेजिन) कल्पना करना
cleanliness (क्लीनलीनेस) सफाई
valuable (वैल्यूएबल) कीमती सामान
innocent (इनोसेंट) निर्बोध, निर्दोष
refugee (रिफ्यूजी) शरणार्थी
recognise (रिकॉग्नाइज) पहचानना
album (एलबम) चित्र पुस्तिका
career (कैरियर) जीवनवृत्ति, भविष्य
trainer (ट्रेनर) प्रशिक्षक
nurse (नर्स) दाई
blow (ब्लो) फूँक मारना, (हवा) चलना
snow (स्नो) बर्फ गिरना
sound (साउंड) आवाज, आवाज होना
policy (पॉलिसी) नीति
instruction (इन्स्ट्रक्शन) आदेश, निर्देश
bureaucrat (ब्यरोक्रैट) नौकरशाह
conceal (कंसील) छुपाना

TIPS

Infinitive: ये Verb की I form के साथ to का प्रयोग कर बनाए जाते हैं। ये Verb तथा Noun का कार्य करते हैं, अतः इन्हें Verbal Noun भी कहा जाता है। Infinitive का

प्रयोग निम्न प्रकार से होता है :

(a) Infinitive का प्रयोग Subject के रूप में निम्नवत होता है :

To play with fire is dangerous.

(b) उपर्युक्त वाक्य को It के प्रयोग द्वारा भी बनाया जा सकता है। इसमें Infinitive से पहले Adjective तथा Noun दोनों का प्रयोग किया जा सकता है :

It is dangerous to play with fire.
It was a pleasure to tour the different parts of the world.

(c) ऐसे वाक्यों में Infinitive का प्रयोग कुछ व्यक्तियों या वस्तुओं के लिए सीमित भी किया जा सकता है :

It was safe for us to hide in the pit.

(d) इसे Adjective के साथ of का प्रयोग कर भी बनाया जा सकता है :

It was stupid of him to speak like that.

(e) कुछ Verb के साथ Infinitive का प्रयोग करते समय to का प्रयोग किया जाता है, तथा कुछ के साथ नहीं :

He instructed the bank to stop the payment of the cheque.
He allows his students to discuss subjects frequently.

(f) किसी वस्तु से प्राप्त होने वाले अनुभव को Active Voice में प्रयोग करना चाहिए :

गलत : This cloth is easy to be washed.
सही : This cloth is easy to wash.
This cloth is easy to get washed.

NEWSPAPER HEADINGS

1. US troops open fire again, one killed : अमेरिकी फौजियों ने फिर गोलियाँ दागीं, एक मरा
2. Air-conditioners market gets hotter with competition : प्रतियोगिता के साथ वातानुकूलित्र का बाजार गरमाया
3. Journalists in J&K under threat from militants : जम्मू तथा कश्मीर में पत्रकार आतंकवादियों की धमकी में
4. Killer who posed as woman held : स्वयं को औरत के रूप में दरशाने वाला हत्यारा, पकड़ा गया
5. Shootout probe shows eunuch lived lavishly : गोलीकांड जाँच दिखाती है कि हिजड़ा शनो-शौकत से रहता था।

6. Ameena is a bride again, this time by choice : अमीना फिर दुलहन बनी, इस बार अपनी पसंद से
7. Jagmohan wants ASI to protect Jama Masjid : जगमोहन की इच्छाः जामा मसजिद की सुरक्षा पुरातत्त्व विभाग करे
8. Mayawati sacks tainted Tripathi : मायावती ने दागदार त्रिपाठी को पद से हटाया
9. I told them to back off–Waugh : मैंने उन्हें पीछे हटने के लिए कहा–वॉ
10. The Hurriyat should come to the negotiating table : हुर्रियत को वार्ता-मेज तक आना चाहिए

WITHIN FAMILY (1)

I

Father : How are your classes going on, Pramod?
(हाउ आर योर क्लासेज गोइंग ऑन, प्रमोद?)
तुम्हारी कक्षायँ कैसी चल रही हैं, प्रमोद?

Pramod : I'm afraid the tutor would not be able to finish the syllabus in English.
(आइ'ऐम आफरेड द ट्यूटर वुड नॉट बी एबल टू फिनिश द सिलेबस इन इंगलिश।)
मुझे डर है कि ट्यूटर अंग्रेजी का पाठ्यक्रम पूरा नहीं कर पाएगा।

Father : But why? I had asked him to not lag behind. What could be its reason?
(बट व्हाय? आई हैड आस्क्ड हिम टू नॉट लैग बिहाइंड। व्हाट कुड बी इट्स रीजन?)
लेकिन क्यों? मैंने उससे कहा था कि वह पिछड़ न जाए। इसका क्या कारण हो सकता है?

Pramod : Maths is his favourite subject. He devotes more time to it. He says syllabus of English can be covered in no time. I feel nervous about it.
(मैथ्स इज हिज फेवरिट सब्जेक्ट। ही डिवोट्स मोर टाइम टू इट। ही सेज सिलेबस ऑव इंगलिश कैन बी कवर्ड इन नो टाइम। आई फील नर्वस एबाउट इट।)
गणित उनका प्रिय विषय है। वह इसे अधिक समय देते हैं। वह कहते हैं कि अंग्रेजी का पाठ्यक्रम कुछ ही समय में पूरा हो सकता है। मुझे इस बारे

में घबराहट हो रही है।

Father : Are you sure you will face no problem in this arrangement? If not, I'll talk to him.
(आर यू श्योर यू विल फेस नो प्रॉब्लम इन दिस अरेंजमेंट? इफ नॉट, आइ'ल टॉक टू हिम।)
क्या तुम विश्वस्त हो कि इस प्रबंध से तुम किसी समस्या का सामना नहीं करोगे? यदि नहीं तो मैं उससे बात करूँगा।

Pramod : I'm pretty sure that I can do it. I've already studied through English on my own. I've got solved whatever doubts I had.
(आइ'ऐम प्रेटी श्योर दैट आई कैन डू इट। आइ'व आलरेडी स्टडीड थ्रू इंगलिश ऑन माई ओन। आइ'व गॉट सॉल्व्ड व्हाटेवर डाउट्स आई हैड।)
मैं एक सीमा तक निश्चित हूँ कि मैं इसे कर सकता हूँ। मैंने पहले ही अंग्रेजी को अपने आप पढ़ लिया है। मैंने वे सारे प्रश्न हल करा लिए हैं जो मुझे (करने) थे।

Father : That means you will face no problem. However, I'll speak to him to get assured. Anything else that you desire to bring to my notice?
(दैट मीन्स यू विल फेस नो प्रॉब्लम। हाउएवर, आइ'ल स्पीक टू हिम टू गैट एश्योर्ड। एनी थिंग एल्स दैट यू डिजायर टू ब्रिंग टू माइ नोटिस।)
इसका अर्थ यह हुआ कि तुम किसी समस्या का सामना नहीं करोगे। फिर भी, मैं उससे बात करूँगा ताकि मैं सुनिश्चित हो सकूँ। और कोई चीज जो तुम मेरे ध्यान में लाना चाहते हो?

Pramod : No, Papa. Thank you for your concern.
(नो, पापा। थैंक यू फॉर योर कन्सर्न।)
नहीं, पापा। आपके ध्यान के लिए धन्यवाद।

II

Sohan : This day next month falls our marriage anniversary.
(दिस डे नैक्स्ट मंथ फाल्स अवर मैरिज एनीवर्सरी।)
अगले महीने इस दिन हमारी शादी की वर्षगाँठ आ रही है।

Soni : And see, there have passed ten years. It seems as if we were married only yesterday.
(एंड सी, देअर हैव पास्ड टैन ईयर्स। इट सीम्स एज इफ वी वर मैरिड

ऑनली यस्टरडे।)

और देखो, दस वर्ष बीत गए हैं। ऐसा लगता है जैसे हमारी शादी कल ही हुई थी।

Sohan : Days have slipped by like a dream. Our son too has stood first in second.

(डेज हैव स्लिप्ड बाइ लाइक ए ड्रीम। अवर सन टु हैज स्टुड फर्स्ट इन सेकंड।)

दिन एक सपने की तरह बीत गए हैं। हमारे पुत्र ने भी कक्षा दो में पहला स्थान प्राप्त किया है।

Soni : There are other good things that have occurred. You had only a small shop at the end of the street. Now you have a large showroom in the centre of the market.

(देअर आर अदर गुड थिंग्ज दैट हैव अकर्ड। यू हैड ऑनली ए स्मॉल शॉप एट द एंड ऑव द स्ट्रीट। नाउ यू हैव ए लार्ज शोरूम इन द सेंटर ऑव द मार्केट।)

और दूसरी अच्छी चीजें भी घटित हुई हैं। बाजार के अंत में तुम्हारी केवल एक छोटी सी दुकान थी। अब तुम्हारा बाजार के बीच में एक बड़ा शोरूम है।

Sohan : It was because you have cooperated with me. Had you not been involved in my business, I would have been running the same old shop even today.

(इट वाज बिकॉज यू हैव कोऑपरेटेड विद मी। हैड यू नॉट बीन इन्वॉल्व्ड इन माइ बिजनेस, आइ वुड हैव बीन रनिंग द सेम ओल्ड शॉप ईविन टुडे।)

इसका कारण था कि तुमने मेरे साथ सहयोग किया। यदि तुम मेरे व्यापार में संलिप्त न होतीं तो मैं आज भी वही पुरानी दुकान चला रहा होता।

Soni : I'm your partner in all your endeavours.

(आइ'ऐम योर पार्टनर इन ऑल योर एंडेवर्स।)

मैं तुम्हारे सभी प्रयत्नों में तुम्हारी भागीदार हूँ।

Sohan : That I realise to the maximum extent, so only I contribute my bit in the kitchen.

(दैट आई रियलाइज टू द मैक्जिमम एक्सटेंट, सो ऑनली आई कॉन्ट्रीब्यूट माइ बिट इन द किचन।)

यह भी मैं अधिकतम सीमा तक पहचानता हूँ। केवल इसोलिए मैं रसोई में अपना थोड़ा सा सहयोग देता हूँ।

Soni : Cooking food in your company has been a great experience.
(कुकिंग फूड इन योर कंपनी हैज बीन ए ग्रेट एक्सपीरियंस।)
तुम्हारे साथ खाना बनाना एक अच्छा अनुभव है।

Sohan : Tomorrow I need to go to Delhi to place orders for goods. Wake me up in time. Good night.
(टुमॉरो आई नीड टू गो टू देलही टू प्लेस ऑर्डर्स फॉर गुड्स। वेक मी अप इन टाइम। गुड नाइट।)
कल मुझे माल का आदेश देने के लिए दिल्ली जाना पड़ेगा। मुझे समय से उठा देना। शुभ रात्रि।

III

Soni : Please get up, Sohan, good morning.
(प्लीज, गैट अप, सोहन, गुड मॉर्निंग।)
कृपया उठिए, सोहन, शुभ प्रभात।

Sohan : I'm late today. Just ring up the railway station to enquire if the train is in time. If it's, I'll have to go by bus.
(आइ'ऐम लेट टुडे। जस्ट रिंग अप द रेलवे स्टेशन टू इन्क्वायर इफ द ट्रेन इज इन टाइम। इफ इट्'स, आइ'ल हैव टू गो बाइ बस।)
आज मुझे देर हो गई है। जरा रेलवे स्टेशन फोन कर पता करो कि क्या ट्रेन समय पर है। यदि है तो मुझे बस से जाना होगा।

Soni : I've already enquired. The train is half an hour late, so only I woke you up a little late. You hardly get time for a proper rest.
(आइ'व आलरेडी इन्क्वायर्ड। द ट्रेन इज हाफ एन आवर लेट, सो ऑनली आई वोक यू अप ए लिटिल लेट। यू हार्डली गैट टाइम फॉर ए प्रॉपर रैस्ट।)
मैंने पहले ही पूछताछ कर ली है। ट्रेन आधा घंटा लेट है, इसीलिए मैंने तुम्हें थोड़ा देरी से उठाया है। तुम्हें ठीक प्रकार आराम के लिए कम ही समय मिल पाता है।

Sohan : You've a beautiful physique with a kind mind. Thank you for your concern.
(यूइ'व ए ब्यूटिफुल फिजिक विद ए काइंड माइंड। थैंक यू फॉर योर कन्सर्न।)
तुम्हारे पास एक सुंदर शरीर के साथ एक दयालु दिल है। तुम्हारे विचार के लिए धन्यवाद।

Soni : Now you don't have much time at your disposal to talk. Get to bathroom straight.
(नाउ यू डोंट हैव मच टाइम एट योर डिसपोजल टू टॉक। गैट टू बाथरूम स्ट्रेट।)
अब आपके पास बात करने का अधिक समय नहीं है। सीधा गुसलखाने में जाओ।

Sohan : Give me a towel and my shaving box.
(गिव मी ए टॉवेल एंड माइ शेविंग बॉक्स।)
मुझे एक तौलिया तथा मेरा शेविंग बॉक्स दो।

Soni : Everything you need is in the bath. Just go and get ready. In the meantime I'll prepare breakfast for you. Like to take lunch with you?
(एवरीथिंग यू नीड इज इन द बाथ। जस्ट गो एंड गैट रेडी। इन द मीनटाइम आइ'ल प्रीपेअर ब्रेकफास्ट फॉर यू। लाइक टू टेक लंच विद यू?)
हर वस्तु जिसकी तुम्हें आवश्यकता है गुसलखाने में है। जाओ और तैयार हो जाओ। इस बीच मैं तुम्हारे लिए नाश्ता तैयार करूँगी। क्या अपने साथ दोपहर का खाना ले जाना पसंद करोगे?

Sohan : No, our supplier insists on my taking lunch with him. So, I'll be eating with him.
(नो, अवर सप्लायर इन्सिस्ट्स ऑन माइ टेकिंग लंच विद हिम। सो, आइ'ल बी ईटिंग विद हिम।)
नहीं, हमारा सप्लायर जोर देता है कि मैं उसके साथ दोपहर का खाना खाऊँ। इसलिए, मैं उसके साथ खाना खाऊँगा।

MISCELLANY

Cries of Animals (क्राईज ऑव ऐनीमल्स) जानवरों की आवाजें

asses brey (ऐसिज ब्रे) गधे रेंकते हैं
bees hum (बीज हम) मधुमक्खियाँ भिनभिनाती हैं
camels grunt (कैमिल्स ग्रंट) ऊँट घुरघुराते हैं
cattle low (कैटल लो) जानवर रँभाते हैं
cows low (कॉउज लो) गाएँ रँभाती हैं
dogs bark (डॉग्स बार्क) कुत्ते भौंकते हैं
ducks quack (डक्स क्वैक) बत्तखें कें कें करती हैं
flies buzz (फ्लाइज बज) मक्खियाँ भिनभिनाती हैं
goats bleat (गोट्ज ब्लीट) बकरियाँ मिमियाती हैं
horses neigh (हार्सेज नी) घोड़े हिनहिनाते हैं
lions roar (लॉयंज रोर) शेर गरजते हैं
monkeys chatter (मंकीज चैटर) बंदर खों-खों करते हैं
owls hoot (आउल्स हूट) उल्लू हूँकते हैं
parrots talk (पैरट्स टॉक) तोते बोलते हैं
pigs grunt (पिग्स ग्रंट) सुअर गुर्राते हैं
puppies yelp (पपीज यैल्प) पिल्ले कूकते हैं
snakes hiss (स्नेक्स हिस) साँप फुफकारते करते हैं
wolves howl (वॉल्व्ज हाउल) भेड़िए गुर्राते हैं

bears growl (बीयर्स ग्राउल) रीछ गुर्राते हैं
birds chirp (बर्ड्स चर्प) चिड़ियाँ गाती हैं
buffaloes low (बफेलोज लो) भैंसें रंभाती हैं
cats mew (कैट्स म्यू) बिल्लियाँ म्याँऊ करती हैं
cocks crow (कॉक्स क्रो) मुर्गे कूकड़ूकूँ करते हैं
crows caw (क्रोज कॉ) कौए काँव-काँव करते हैं
doves coo (डॅव्स कू) फाख्ता गूटरगूँ करती हैं
elephants trumpet (ऐलीफैंट्स ट्रंपेट) हाथी चिंघाड़ते हैं
frogs croak (फ्रॉग्स क्रोक) मेंढक टर्राते हैं
geese cackle (गीज कैकिल) हंस कूकते हैं
hawks scream (हाक्स स्क्रीम) बाज हूटते हैं
hens cackle (हैंस कैकेल) मुर्गियाँ कूकती हैं
jackals howl (जैकाल्स हाउल) गीदड़ गुर्राते हैं
lambs bleat (लैंब्स ब्लीट) भेड़ के बच्चे में-में करते हैं
nightingales sing (नाइटिंगेल्स सिंग) बुलबुल गाती हैं
oxen low (ऑक्सन लो) बैल रँभाते हैं
pigeons coo (पिजंस कू) कबूतर गूटरगूं करते हैं
sheep bleat (शीप ब्लीट) भेड़ें मिमियाती हैं
skylarks sing (स्काईलार्क्स सिंग) चकवा गाते हैं
sparrows chirp (स्पैरोज चिर्प) चिड़िया गाती हैं

SAMPLE DIALOGUES

1. Cutting grass will make the garden beautiful.
   (कटिंग ग्रास विल मेक द गार्डन ब्यूटिफुल।)
   घास काटने से बगीचा सुंदर हो जाएगा।
2. Most students like studying in the morning hours.
   (मोस्ट स्टूडेंट्स लाइक स्टडींग इन द मॉर्निंग अवर्स।)
   अधिकतर विद्यार्थी सुबह के घंटों में पढ़ना पसंद करते हैं।
3. The most important feature of student's life is wandering about places.
   (द मोस्ट इंपोंटेंट फीचर ऑव स्टूडेंट्'स लाइफ इज वांडरिंग एबाउट प्लेसेज।)
   विद्यार्थी जीवन का सबसे महत्त्वपूर्ण पहलू विभिन्न स्थानों में घूमना है।
4. The teacher chided him for copying from the book.
   (द टीचर चाइडेड हिम फॉर कॉपीइंग फ्रॉम द बुक।)
   अध्यापक ने उसे पुस्तक से नकल करने के लिए डाँटा।
5. It is foolish trying to move the boulder.
   (इट इज फुलिश ट्राइंग टू मूव द बाउल्डर।)
   पत्थर को हटाने का प्रयत्न करते रहना मूर्खता है।
6. He does not prefer going by train.
   (ही डज नॉट प्रीफर गोइंग बाइ ट्रेन।)
   वह रेल द्वारा जाने को प्राथमिकता नहीं देता।
7. Do I like singing a song in the bathroom?
   (डू आई लाइक सिंगिंग ए सॉन्ग इन द बाथरूम?)
   क्या मैं गुसलखाने में गाना पसंद करता हूँ?

8. I'm interested in making use of this opportunity.
(आइ'ऐम इंटेरेस्टेड इन मेकिंग यूज ऑव दिस अर्पोच्युनिटी ।)
इस अवसर का लाभ उठाने में मेरी रुचि है ।

9. My father is averse to watching television.
(माइ फादर इज अवर्स टू वॉचिंग टेलीविजन ।)
मेरे पिता टेलीविजन देखने के विरुद्ध हैं ।

10. Our parents will never approve of our marriage.
(अवर पैरेंट्स विल नैवर एप्रूव ऑव अवर मैरिंग ईच अदर ।)
हमारे माता-पिता हमारी शादी को कभी स्वीकार नहीं करेंगे ।

11. We must keep on trying unless we have succeeded.
(वी मस्ट कीप ऑन ट्राइंग अनलैस वी हैव सक्सीडेड ।)
हमें तब तक प्रयत्न करते रहना चाहिए जब तक हम सफल न हो जाएँ ।

12. The minister desired to avoid signing the project.
(द मिनिस्टर डिजायर्ड टू एवॉयड साइनिंग द प्रॉजेक्ट ।)
मंत्री इस योजना पर हस्ताक्षर करने से बचना चाहते थे ।

13. They could not stop laughing.
(दे कुड नॉट स्टॉप लॉफिंग ।)
वे हँसना बंद नहीं कर सके ।

14. She stopped to look in the mirror.
(शी स्टॉप्ड टू लुक इन द मिरर ।)
वह शीशे में देखने के लिए रुकी ।

15. She stopped looking in the mirror.
(शी स्टॉप्ड लुकिंग इन द मिरर ।)
उसने शीशे में देखना बंद कर दिया ।

16. The reading aloud of a story teaches the child speaking skill.
(द रीडिंग एलाउड ऑव ए स्टोरी टीचेज द चाइल्ड स्पीकिंग स्किल ।)
किसी कहानी को जोर से पढ़ना बच्चे को बोलने में निपुणता बनाता है ।

17. The servant confessed to having stolen the purse.
(द सर्वेंट कॉन्फेस्ड टू हैविंग स्टोलन द पर्स ।)
नौकर ने बटुवे को चुराना स्वीकार कर लिया ।

18. His arriving here marks the high point of the occasion.
(हिज अराइविंग हियर मार्क्स द हाइ प्वायंट ऑव द ऑकेजन ।)
उसका यहाँ आगमन इस अवसर का उच्च बिंदु है ।

19. I love my wife's talking so much.
(आई लव माइ वाइफ'स टॉकिंग सो मच।)
मैं अपनी पत्नी का इतना अधिक बोलना बहुत पसंद करता हूँ।

20. Now stop crying.
(नाउ स्टॉप क्राइंग।)
अब रोना बंद करो।

21. He has faith in worshiping God daily.
(ही हैज फेथ इन वर्शिपिंग गॉड डेली।)
उसे प्रतिदिन ईश्वर की पूजा करने में विश्वास है।

22. The painter was afraid of being humiliated by the crowd.
(द पेंटर वाज आफरेड ऑव बीइंग ह्यूमिलिएटेड बाय द क्राउड।)
चित्रकार को डर था कि भीड़ से नीचा दिखा सकती है।

23. We dissuaded him from doing such a nasty thing.
(वी डिसुएडेड हिम फ्रॉम डुइंग सच ए नेस्टी थिंग।)
हमने उसे वैसी गंदी बातें करने से मना किया।

24. The conductor kept on asking us for tickets.
(द कंडक्टर कैप्ट ऑन आस्किंग अस फॉर टिकेट्स।)
सहचालक हमें टिकट के लिए पूछता रहा।

25. Sleeping is better than committing a mistake.
(स्लीपिंग इज बैटर दैन कमिटिंग ए मिस्टेक।)
गलती करने से अच्छा निद्रा लेना है।

PRACTICE DIALOGUES

1. *Cutting grass* will make the garden beautiful.

trimming the plants	brooming
putting on the fountain	planting more trees
laying children games	watering the plants

2. Most students like *studying* in the morning hours.

running	taking physical exercise
going for a walk	meeting friends
going to gymnasium	washing clothes

3. The most important feature of student's life is *wandering about places*.

gaining knowledge	reading books
making fun of others	befriending people
serving the motherland	making career

4. It is foolish *trying to move the boulder*.

wasting precious time	kicking stones
seeing movies	cracking jokes
wearing hanky-panky clothes	going after girls

5. I'm interested in making *use* of this opportunity.

money	fun
nuisance	gain
benefit	most

6. The servant confessed to having *stolen* the purse.

brought	opened
taken	robbed
concealed	thrown

7. I love my wife's *talking* so much.

dancing	cooking
dressing	writing
designing	painting

8. Now stop *crying*.

speaking	running
telephoning	complaining
shouting	sobbing

9. We dissuaded him from *doing such a nasty thing*.

going forward with the plan	playing with police
climbing the hillock	taking drugs
attempting the impossible	committing a crime

10. The conductor kept on *asking us for tickets*.

talking a lot	guiding the driver
driving the bus	punching the ticket
whistling every now and then	telling a story

VOCABULARY

grass (ग्रास) घास
feature (फीचर) पहलू
boulder (बाउल्डर) पत्थर
opportunity (अपोंच्युनिटी) अवसर
most (मोस्ट) अधिकतम
wander (वॅडर) घूमना
copy (कॉपी) नकल करना
averse (अवर्स) विरुद्ध

approve (एप्रूव) स्वीकार करना

mirror (मिरर) शीशा, आईना

skill (स्किल) निपुणता

mark (मार्क) चिह्न बनाना

humiliate (ह्यूमिलिएट) नीचा दिखाना

trim (ट्रिम) परिष्कृत करना

fountain(फाउंटेन) फव्वारा

physical (फिजिकल) शारीरिक

fun (फन) मजाक

joke (जोक) चुटकुला

benefit (बैनिफिट) लाभ

complain (कॅम्पलेन) शिकायत करना

climb (क्लाइंब) चढ़ना

now and then (नाउ ऐंड दैन) अकसर

whistle (व्हिसिल) सीटी बजाना

avoid (एवॉयड) बचना

aloud (एलाउड) जोर से

confess (कॉन्फैस) (अपराध) स्वीकार करना

faith (फेथ) विश्वास

dissuade (डिसुएड) मना करना

broom (ब्रूम) झाड़ू, झाड़ू लगाना

plant (प्लांट) पौधा आदि लगाना

befriend (बीफ्रैंड) मित्रता करना

precious (प्रेश्यिस) कीमती

hanky-panky (हैंकी-पैंकी) अनावश्यक फैशन के, अरुचिपूर्ण

sob (सॉब) आँसू बहाना

hillock (हिलॉक) पहाड़ी

punch (पंच) घूँसा मारना, चिह्नित या छिद्र करना

TIPS

Gerund: Gerund का कार्य Infinitive के समान होता है, यानी यह Verb तथा Noun का कार्य करता है; लेकिन इसमें Verb की I form के साथ ing का प्रयोग होता है।

(a) Gerund का प्रयोग Subject, Object, Complement या Preposition के Object के रूप में हो सकता है। यह ध्यान में रखना चाहिए कि कुछ Verb के साथ Infinitive का प्रयोग होता है तथा कुछ के साथ Gerund का। जिन Verb के साथ इन दोनों का प्रयोग हो सकता है, उनमें अर्थ में कुछ अंतर होता है; उदाहरण के लिए : We liked to go for a walk का अर्थ कि हमने घूमने जाना पसंद किया, अर्थात् किसी एक विशेष अवसर पर; जबकि We liked going for a walk का अर्थ है कि हम साधारणतया घूमने जाना पसंद करते थे।

(b) यह ध्यान में रखना चाहिए कि जो Verb किसी Preposition के साथ मिलकर अर्थ को पूरा करते हैं, जैसे—fond of, interested in, agreeable to, suitable for आदि; उनके साथ Gerund का प्रयोग ही उचित होता है।

NEWSPAPER HEADINGS

1. MTNL's Garuda slashes rates to take on Reliance : रिलायंस का सामना करने के लिए एमटीएनएल के गरुण ने दरें कम कीं
2. Shilpa's father granted bail : शिल्पा के पिता को जमानत मिली
3. Duty reduced on property deals : संपत्ति क्रय-विक्रय पर कर कम हुआ
4. Uncle Sam will take snaps, keep fingerprints of visitors : अंकल सैम (अमेरिका) आगंतुकों के फोटो खींचेगा तथा अंगुलियों के निशान रखेगा
5. Army busts 90 terror bases in Rajouri : सेना ने राजौरी में 90 आतंक के अड्डे नष्ट किए
6. Bhangra makes a mark on US music charts : भाँगड़ा ने अमेरिकी संगीत सूची में अपनी पहचान बनाई
7. Six non-whites in South Africa cricket team : दक्षिण अफ्रीकी क्रिकेट टीम में छः काले खिलाड़ी
8. Pakistan ride on Malik's knock to enter final : पाकिस्तान ने मलिक के रनों का सहारा पाकर फाइनल में प्रवेश किया
9. Rupee hits 2-yr high against dollar, breaches 47-mark : डॉलर के विरुद्ध रुपए ने 2 साल में सबसे अधिक दर प्राप्त की, 47 की सीमा को पार किया
10. Pakistan kept out of Commonwealth : पाकिस्तान को राष्ट्रकुल से बाहर रखा गया

WITHIN FAMILY (2)

I

Dinesh : Would that I was a magician! Then I would have solved all problems.
(वुड दैट आई वाज ए मैजिशियन! दैन आई वुड हैव सॉल्व्ड आल प्रॉब्लम्स।)
काश! मैं एक जादूगर होता! तब मैं सारी समस्याएँ सुलझा लेता।

Roma : Had life been all happiness alone, it would have no meaning. The enjoyment of life is in facing the problems and overcoming them.
(हैड लाइफ बीन आल हैपीनैस एलोन, इट वुड हैव नो मीनिंग। द एंजॉयमेंट ऑव लाइफ इज इन फेसिंग द प्रॉब्लम्स एंड ओवरकमिंग दैम।)

यदि जीवन में केवल सुख होता तो इसका कोई अर्थ नहीं होता। जीवन का आनंद समस्याओं का सामना करने में तथा उन पर जीत प्राप्त करने में है।

Dinesh : What you say is correct, but more problems than one can handle make a person desperate.
(व्हाट यू से इज करेक्ट, बट मोर प्रॉब्लम्स दैन वन कैन हैंडल मेक ए पर्सन डैस्परेट।)
आप जो कहती हैं वह सही है, लेकिन किसी की सामर्थ्य से अधिक समस्याएँ उसको हताश बना देती हैं।

Roma : I can see end to all our problems. Our son has graduated and he will soon get a job. We're looking for a groom for our daughter and she will be married sooner than later. And we have income from the fixed deposits to sustain us in old age.
(आई कैन सी एंड टू आल आवर प्रॉब्लम्स। अवर सन हैज ग्रेजुएटेड एंड ही विल सून गैट ए जॉब। वी'आर लुकिंग फॉर ए ग्रूम फॉर अवर डाटर एंड शी विल बी मैरिड सूनर दैन लेटर। एंड वी हैव इनकम फ्रॉम द फिक्स्ड डिपॉजिट्स टू ससटेन अस इन ओल्ड एज।)
मैं सारी समस्याओं की समाप्ति देख सकती हूँ। हमारा पुत्र स्नातक हो गया है और शीघ्र ही उसे नौकरी मिल जाएगी। हम अपनी बेटी के लिए वर देख रहे हैं तथा उसका विवाह भी देरी के बजाय जल्दी हो जाएगा। तथा हमारे पास मियादी जमा से आय आती है, जो हमारे बुढ़ापे में हमारा खयाल रखेगी।

Dinesh : I should say that the problems have just started. You see, it's not easy getting jobs these days. Our son will have to work hard to get one. Perhaps he might have to go for specialisation in some field; that would mean an expenditure of another four-five lacs.
(आई शुड से दैट द प्रॉब्लम्स हैव जस्ट स्टार्टेड। यू सी, इट्ज नॉट ईजी गैटिंग जॉब्स दीज डेज। अवर सन विल हैव टू वर्क हार्ड टू गैट वन। परहैप्स ही माइट हैव टू गो फॉर स्पेशियलाइजेशन इन सम फील्ड; दैट वुड मीन एन एक्सपैंडिचर ऑव अनादर फोर-फाइव लैक्स।)
मुझे कहना चाहिए कि समस्याएँ तो अभी शुरू हुई हैं। देखो, इन दिनों नौकरी मिलना आसान नहीं है। हमारे पुत्र को इसे पाने के लिए कड़ी

मेहनत करनी पड़ेगी। शायद उसे किसी क्षेत्र में विशेषज्ञता प्राप्त करने के लिए पढ़ना पड़े; इसका अर्थ यह होगा कि चार-पाँच लाख का खर्चा और।

Roma : That's part of life. As for our daughter, I have a handsome boy in sight.
(दैट्'स पार्ट ऑव लाइफ। एज फॉर अवर डाटर, आई हैव ए हैंडसम ब्वाय इन साइट।)
यह तो जीवन का भाग है। जहाँ तक हमारी बेटी का प्रश्न है, मेरी नजरों में एक सुंदर लड़का है।

Dinesh : Who's he?
(हू'ज ही?)
कौन है वह?

Roma : Pran, the son of Mr. Subodh. He should prove to be a good match for her. He's drawing a good salary too.
(प्राण, द सन ऑव मिस्टर सुबोध। ही शुड प्रूव टू बी ए गुड मैच फॉर हर। ही'इज ड्राइंग ए गुड सैलरी टू।)
प्राण, सुबोधजी का लड़का। वह उसके लिए योग्य वर सिद्ध होना चाहिए। उसे अच्छा वेतन भी मिल रहा है।

Dinesh : He is a good boy indeed, but will Subodh agree?
(ही इज ए गुड ब्वाय इँडीड, बट विल सुबोध एग्री?)
वह तो वास्तव में अच्छा लड़का है, लेकिन क्या सुबोध मान जाएगा?

Roma : We'll have to talk to him. Let us hope for the best.
(वी'इल हैव टू टॉक टू हिम। लैट अस होप फॉर द बैस्ट।)
हमें उनसे बात करनी होगी। हमें सर्वमंगल की कामना करनी चाहिए।

II

Mona : Papa, our school is going for a tour.
(पापा, अवर स्कूल इज गोइंग फॉर ए टुअर।)
पापा, हमारा विद्यालय घूमने जा रहा है।

Papa : I see, but why should you tell me about it?
(आई सी, बट व्हाय शुड यू टैल मी एबाउट इट?)
अच्छा, लेकिन तुम इसे मुझे क्यों बता रही हो?

Mona : I too want to go. All my friends too are going.
(आई टू वांट टू गो। आल माइ फ्रेंड्स टु आर गोइंग।)

मैं भी जाना चाहती हूँ। मेरे सभी मित्र जा रहे हैं।

Papa : Not this year; I don't think I can afford it. We'll see it next year.
(नॉट दिस ईयर; आई डोंट थिंक आई कैन एफोर्ड इट। वी'इल सी इट नेक्स्ट ईयर।)
इस साल नहीं; मुझे नहीं लगता कि मैं इसका खर्च उठा सकता हूँ। हम अगले साल देखेंगे।

Mona : You put forward the same point last year also. You didn't allow me to go for picnic even whereas you let Satish go for his trekking trip.
(यू पुट फॉरवर्ड द सेम पॉइंट लास्ट ईयर आलसो। यू डिडं'ट एलाउ मी टू गो फॉर पिकनिक इविन व्हेयरेज यू लैट सतीश गो फॉर हिज ट्रैकिंग ट्रिप।)
आपने पिछले साल भी यही बात कही थी। आपने मुझे पिकनिक पर भी नहीं जाने दिया, जबकि आपने सतीश को उसकी ट्रैकिंग यात्रा के लिए भेज दिया।

Papa : All right, I'll allow you to go, but on two conditions. You must fulfil them under all circumstances.
(ऑल राइट, आइ'ल एलाउ यू टू गो, बट ऑन टू कंडीशंज। यू मस्ट फुलफिल देम अंडर ऑल सर्कमस्टान्सेज।)
ठीक है, मैं तुम्हें जाने की आज्ञा दे दूँगा, लेकिन दो शर्तों पर। तुम्हें उन्हें हर हालत में पूरा करना होगा।

Mona : I accept the challenge.
(आई एक्सेप्ट द चैलेंज।)
मैं यह चुनौती स्वीकार करती हूँ।

Papa : First, you will have to complete your holiday homework fully. Secondly, you'll stand first in the next year annual examinations.
(फर्स्ट, यू विल हैव टू कंपलीट योर होलीडे होमवर्क फुली। सेकंडली, यू'इल स्टैंड फर्स्ट इन द नेक्स्ट ईयर एनुअल एग्जामिनेशंज।)
पहला तो तुम्हें अपना छुट्टियों का गृहकार्य पूरा करना पड़ेगा। दूसरा, अगले साल वार्षिक परीक्षा में तुम प्रथम स्थान प्राप्त करोगी।

Mona : I agree. My holiday homework is almost over. It's hardly a day's job left over.

(आई एग्री। माइ होलीडे होमवर्क इज आलनोस्ट ओवर। इट्'स हार्डली ए डे'ज जॉब लैफ्ट ओवर।)

मैं स्वीकार करती हूँ। मेरा छुट्टियों का गृहकार्य लगभग पूरा है। यह मुश्किल से एक दिन का बाकी है।

Papa : But you will have to be serious about your next year examinations. I won't like to see you coming last but one.

(बट यू विल हैव टू बी सीरियस एबाउट युअर नेक्स्ट ईयर एग्जामिनेशंस। आई वों'ट लाइक टू सी यू कमिंग लास्ट बट वन।)

लेकिन तुम्हें अगले वर्ष की परीक्षा के लिए गंभीर होना पड़ेगा। मैं तुम्हें नीचे से दूसरे स्थान पर नहीं देखना चाहता।

Mona : Rest assured, Papa, I'll put in my best.

(रैस्ट एश्योर्ड, पापा, आइ'ल पुट इन माइ बैस्ट।)

चिंता न करें, पापा, मैं कड़ी मेहनत लगा करूँगी।

III

Sonam : Here rings the telephone. It must be Daddy. Hello!

(हियर रिंग्ज द टेलीफोन। इट मस्ट बी डैडी। हैलो!)

यह टेलीफोन बजा। यह डैडी होंगे। हैलो!

Daddy : Your daddy here. How do you do, Sonam?

(योर डैडी हियर। हाउ डू यू डू, सोनम?)

तुम्हारे पिता हैं इस तरफ। तुम कैसी हो, सोनम?

Sonam : Daddy...Daddy, I was awaiting your call since morning. You don't care for me.

(डैडी... डैडी, आई वाज अवेटिंग योर कॉल सिंस मॉर्निंग। यू डों'ट केअर फॉर मी।)

डैडी... डैडी, मैं सुबह से आपके टेलीफोन की प्रतीक्षा कर रही थी। आप मेरी चिंता नहीं करते।

Daddy : You're my life, darling. I was too busy to ring you up. Just now I'm back from meeting.

(यु'आर माइ लाइफ, डॉर्लिंग। आई वाज टु बिजी टू रिंग यू अप। जस्ट नाउ आइ'ऐम बैक फ्रॉम मीटिंग।)

तुम मेरा जीवन हो, बेटी। मैं इतना व्यस्त था कि मैं तुम्हें टेलीफोन नहीं कर पाया। मैं मीटिंग से अभी आया हूँ।

Sonam : I've a happy news. My result is out. Guess my position.
(आइ'व ए हैपी न्यूज। माइ रिजल्ट इज आउट। गैस माइ पोजीशन।)
मेरे पास एक सुखद समाचार है। मेरा परिणाम आ गया है। मेरे स्थान का अनुमान लगाइए।

Daddy : You must have stood first in the college, haven't you?
(यू मस्ट हैव स्टुड फर्स्ट इन द कॉलेज, हैवंट यू?)
तुम विद्यालय में प्रथम आई होओगी, नहीं क्या?

Sonam : Not only that, Daddy, I've stood first in the district with two distinctions.
(नॉट ओनली दैट, डैडी, आइव स्टुड फर्स्ट इन द डिस्ट्रिक्ट विद टू डिस्टिंकशंस।)
न केवल इतना, डैडी, बल्कि मैं जिले में दो विशिष्ट्ताओं के साथ प्रथम आई हूँ।

Daddy : I'm proud of you, dear. Many, many congratulations. You've really worked hard.
(आइ'ऐम प्राउड ऑव यू, डियर। मैनी, मैनी कांग्रेच्यूलेशंस। यू'इव रियली वर्क्ड हार्ड।)
मुझे तुम पर गर्व है, बेटी। बहुत-बहुत बधाइयाँ। तुमने वास्तव में बहुत मेहनत की है।

Sonam : Its credit should go to you. It wouldn't have been possible without your guidance.
(इट्स क्रेडिट शुड गो टू यू। इट वुडं'ट हैव बीन पॉसिबुल विदाउट योर गाइडेंस।)
इसका श्रेय आपको जाना चाहिए। यह आपके मार्गदर्शन के बिना संभव नहीं हो पाता।

Daddy : You must now wait for a surprise gift. Now give the handset to your mummy. Bye.
(यू मस्ट नाउ वेट फॉर ए सरप्राइज गिफ्ट। नाउ गिव द हैंडसैट टू योर ममी। बाय।)
अब तुम्हें एक आश्चर्यजनक उपहार के लिए प्रतीक्षा करनी चाहिए। अब टेलीफोन अपनी मम्मी को दो। बाय।

MISCELLANY

Time Indicating Words (टाइम इंडीकेटिंग वड्र्स) समय-सूचक शब्द

afternoon (आफ्टरनून) दोपहर
day (डे) दिन
evening (ईवनिंग) शाम
half past seven (हाफ पास्ट सेवन) 7 बजकर 30 मिनट
midnight (मिडनाइट) मध्यरात्रि
minute (मिनट) मिनट
morning (मॉर्निंग) सुबह
quarter to nine (क्वार्टर टू नाइन) पौने नौ बजे
week (वीक) सप्ताह
century (सेंचुरी) शताब्दी
decade (डिकेड) दशाब्दी
five to twelve (फाइव टू ट्वेल्व) 12 बजने में 5 मिनट
hour (आवर) घंटा
millennium (मिलेनियम) सहस्राब्दि
month (मंथ) महीना
night (नाइट) रात
second (सेकंड) सेकंड
two o'clock (टू ओ' क्लॉक) दो बजे
year (ईयर) वर्ष

Relations (रिलेशंस) संबंध

adopted daughter (एडॉप्टेड डॉटर) दत्तक पुत्री
brother (ब्रदर) भाई
brother-in-law (ब्रदर-इन-लॉ) बहनोई/साला/जीजा
customer (कस्टमर) ग्राहक
daughter-in-law (डॉटर-इन-लॉ) पतोहू
elder sister (एल्डर सिस्टर) आपा, जीजी
friend (फ्रेंड) दोस्त
grandfather (ग्रैंडफादर) दादा
grandson (ग्रैंडसन) नाती
great grandson (ग्रेट ग्रैंडसन) परपोता
great grandmother (ग्रेट ग्रैंडमदर) परदादी
husband (हसबैंड) पति
aunt (आंट) काकी अथवा चाची
beloved (बिलॉव्ड) प्रेमिका
brother's wife (ब्रदर्स वाइफ) भाभी
client (क्लांइट) मुवक्किल
cousin (कजिन) चचेरा भाई, फुफेरा भाई
daughter (डॉटर) पुत्री, बेटी
disciple (डिसीपल) चेला या शिष्य
father (फादर) पिता
granddaughter (ग्रैंडडॉटर) नातिन
grandmother (ग्रैंडमदर) दादी
great granddaughter (ग्रेट ग्रैंडडॉटर) परपोती
great grandfather (ग्रेट ग्रैंडफादर) परदादा
guest (गैस्ट) अतिथि
heir (हेअर) वारिस
kept (कैप्ट) रखैल

landlady (लैंडलेडी) जमींदारिन

landlord (लैंड लार्ड) जमींदार

lover (लवर) प्रेमी

maternal aunt (मेटरनल आंट) मामी

maternal grandfather (मैटरनल ग्रैंडफादर) नाना

maternal grandmother (मैटरनल ग्रैंडमदर) नानी

maternal uncle (मैटरनल अंकल) मामा

mother (मदर) माता

mother-in-law (मदर-इन-लॉ) सास

mother's sister (मदर्स सिस्टर) मौसी

nephew (नेफ़्यू) भानजा या भतीजा

niece (नीस) भानजी या भतीजी

own (ओन) सगा

patient (पेशेंट) रोगी

preceptor (प्रिसैप्टर) गुरु

pupil (प्यूपिल) शिष्य

relation (रिलेशन) संबंध

relative (रिलेटिव) संबंधी

sister (सिस्टर) बहन

sister-in-law (सिस्टर-इन-लॉ) साली

sister-in-law (सिस्टर-इन-लॉ) जेठानी

son (सन) पुत्र

son-in-law (सन-इन-लॉ) दामाद

step brother (स्टेप ब्रदर) सौतेला भाई

step father (स्टेप फादर) सौतेला पिता

step mother (स्टेप मदर) सौतेली माता

step sister (स्टेप सिस्टर) सौतेली बहन

teacher (टीचर) अध्यापक

tenant (टेनेंट) किरायेदार

uncle (अंकल) काका अथवा चाचा

wife (वाइफ) पत्नी

□

Sample Dialogues

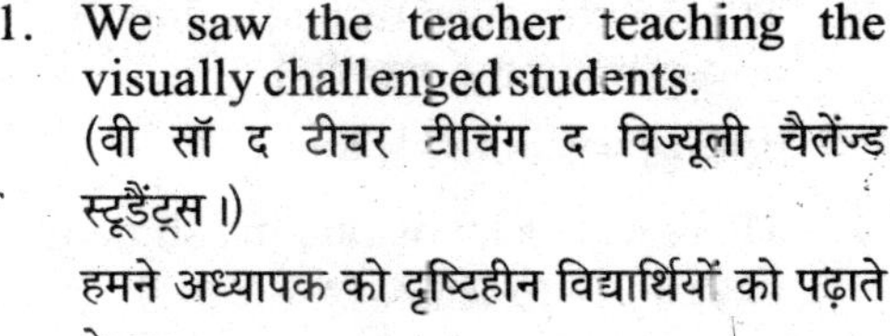

1. We saw the teacher teaching the visually challenged students.
(वी सॉ द टीचर टीचिंग द विज्यूली चैलेंज्ड स्टूडैंट्स।)
हमने अध्यापक को दृष्टिहीन विद्यार्थियों को पढ़ाते देखा।

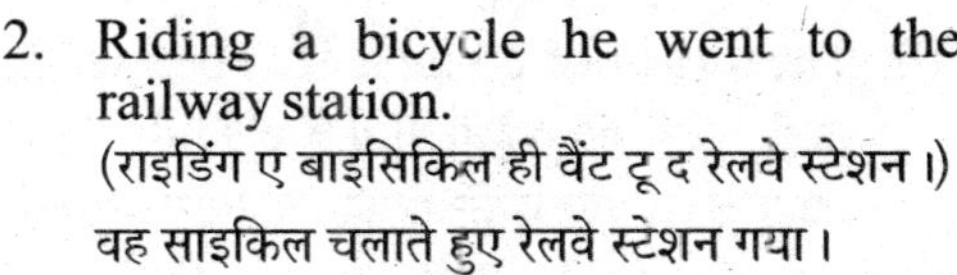

2. Riding a bicycle he went to the railway station.
(राइडिंग ए बाइसिकिल ही वैंट टू द रेलवे स्टेशन।)
वह साइकिल चलाते हुए रेलवे स्टेशन गया।
3. The old man, thinking all was safe, walked on the road.
(द ओल्ड मैन, थिंकिंग आल वाज सेफ, वॉक्ड ऑन द रोड।)
सब कुछ सुरक्षित समझते हुए बूढ़ा व्यक्ति सड़क पर चला।
4. Stopped by the guard, the stranger stood at the gate.
(स्टॉप्ड बाइ द गार्ड, द स्ट्रेंजर स्टुड एट द गेट।)
संतरी द्वारा रोकने के बाद आगंतुक फाटक पर खड़ा रहा।
5. One deceived by friends loses faith in all.
(वन डिसीव्ड बाइ फ्रेंड्स लूजेज फेथ इन आल।)
अपने मित्रों से धोखा खाने के बाद कोई भी सभी में विश्वास खो देता है।
6. We saw a girl laden with ornaments.
(वी सॉ ए गर्ल लेडन विद ओर्नामिंट्स।)
हमने एक लड़की को गहनों से लदे हुए देखा।
7. Having completed the work the students clapped their hands.
(हैविंग कंपलीटेड द वर्क द स्टूडेंट्स क्लैप्ड देअर हैंड्स।)

कार्य समाप्त करने के बाद विद्यार्थियों ने अपने हाथों से ताली बजाई।

8. The flowing river turned suddenly.
(द फ्लोइंग रिवर टर्न्ड सडनली।)
बहती हुई नदी अचानक घूम गई।

9. There were a lot of dancing students.
(देअर वर ए लॉट ऑव डांसिंग स्टूडेंट्स।)
वहाँ नाच करते हुए बहुत से विद्यार्थी थे।

10. The torn book could hardly be used again.
(द टॉर्न बुक कुड हार्डली बी यूज्ड अगेन।)
उस फटी हुई पुस्तक को शायद ही दोबारा प्रयोग किया जा सकता था।

11. A burnt child will keep away from fire.
(ए बंर्ट चाइल्ड विल कीप अवे फ्रॉम फायर।)
जला हुआ बच्चा आग से दूर रहेगा।

12. The painted scenery looked even better.
(द पेंटेड सीनरी लुक्ड ईविन बैटर।)
चित्रित सीनरी और भी अच्छी लगी।

13. Having seen the movie, the spectators took away the chairs.
(हैविंग सीन द मूवी, द स्पेक्टेटर्स टुक अवे द चेअर्स।)
फिल्म देखने के बाद दर्शक कुर्सियाँ ले गए।

14. The students looked worried.
(द स्टूडैंट्ज लुक्ड वरीड।)
विद्यार्थी चिंतित दिखाई दिए।

15. The weather being fine, we decided for an outing.
(द वैदर बीइंग फाइन, वी डिसाइडेड फॉर एन आउटिंग।)
मौसम अच्छा होने के कारण हमने बाहर जाने का निर्णय किया।

16. The first attempt having failed, we decided to go for the second.
(द फर्स्ट अटेंप्ट हैविंग फेल्ड, वी डिसाइडेड टू गो फॉर द सेकंड।)
पहला प्रयास असफल होने के बाद हमने दूसरे प्रयास का निर्णय किया।

17. God willing we shall succeed.
(गॉड विलिंग वी शैल सक्सीड।)
ईश्वर की इच्छा से हम सफल होंगे।

18. Going up the hill we saw a falling tree.
(गोइंग अप द हिल वी सॉ ए फालिंग ट्री।)
पहाड़ी पर ऊपर जाते हुए हमने एक पेड़ गिरते हुए देखा।

19. Taking into consideration his application, the officer decided to help him.
(टेकिंग इनटू कंसीडरेशन हिज एप्लीकेशन, द ऑफिसर डिसाइडेड टू हैल्प हिम।)
उसके प्रार्थना-पत्र को ध्यान में रखकर अधिकारी ने उसकी सहायता करने का निर्णय किया।

20. The helmet (being) on the head, the soldier advanced further.
(द हैलमेट (बीइंग) ऑन द हैड, द सोल्जर एडवांस्ड फर्दर।)
हैलमेट सिर पर पहने हुए, सिपाही आगे बढ़ा।

21. The lunch over, away went the guests.
(द लंच ओवर, अवे वेंट द गैस्ट्स।)
दोपहर के भोजन की समाप्ति के बाद मेहमान चले गए।

22. The man sitting in the corner lives next door.
(द मैन सिटिंग इन द कॉर्नर लिव्ज नेक्स्ट डुअर।)
कोने में बैठा हुआ आदमी अगले घर में रहता है।

23. The table being broken into pieces was bought for two hundred rupees.
(द टेबल बीइंग ब्रोकन इनटू पीसेज वाज बॉट फॉर टू हंड्रेड रुपीज।)
उस मेज को, जिसे टुकड़ों में तोड़ा जा रहा है, दो सौ रुपयों में खरीदा गया था।

24. Taking her hand in hand, he walked out silently.
(टेकिंग हर हैंड इन हैंड, ही वॉक्ड आउट साइलेटली।)
उसका हाथ अपने हाथ में लेकर वह चुपचाप बाहर चला गया।

25. The lady was looking into a broken mirror.
(द लेडी वाज लुकिंग इनटू ए ब्रोकन मिरर।)
महिला एक टूटे हुए शीशे में देख रही थी।

PRACTICE DIALOGUES

1. Riding a bicycle he <u>*went to the railway station*</u>.

remained on it for two days	went round the park
took a round around the stadium	caught a thief
showed various aerobatics	challenged the scooterist

2. The old man, <u>*thinking all was safe*</u>, walked on the road.

taking the box on the head	wearing the turban
limping helplessly	fearing the traffic
greeting the people	carrying a placard

3. Stopped by the guard, the stranger *stood at the gate*.

jumped over the wall	pleaded of him for entry
narrated his problem	went away peacefully
lay down on the ground	cried aloud

4. We saw a girl *laden with ornaments*.

surrounded by tigers	stopped by the sentry
encouraged by the parents	appreciated by the crowd
wanted by the police	caught by the principal

5. Having *completed the work* the students clapped their hands.

passed successfully	gone round the hill
seen the movie	used the computer
said the story	spoken the truth

6. There were a lot of *dancing students*.

blooming flowers	running athletes
working out players	practising advocates
running movies	singing couples

7. The weather being fine, we decided *for an outing*.

to go for trekking	to go to the garden
to play outside	against wasting time indoors
for an entertainment	ran to the river

8. God willing we shall *succeed*.

overcome the problem	reach in time
find out the secret	defeat the enemy
invite the minister	reduce our burden

9. Going up the hill we saw *a falling tree*.

a painted cottage	ripening fruits
rolling stones	singing birds
growling bears	dancing peacocks

10. The man sitting in the corner *lives next door*.

is an actor	teaches in my school
has been to America	is a habitual drunkard
never speaks the truth	was a mountaineer

VOCABULARY

visually (विज्यूली) दृष्टि से   challenged (चैलेंज्ड) पीड़ित

deceive (डिसीव) धोखा देना
clap (क्लैप) ताली बजाना
burnt (बर्न्ट) जला हुआ
worry (वरी) चिंता करना
attempt (अटेंप्ट) प्रयास
advance (एडवांस) आगे बढ़ना
silently (साइलेंटली) चुपचाप
round (राउंड) चारों ओर
turban (टर्बन) पगड़ी
limp (लिंप) लँगड़ाकर चलना
placard (प्लेकार्ड) बोर्ड, घोषणा-पत्र
lie down (लाई डाउन) नीचे लेटना
encourage (एंकरेज) साहस बढ़ाना
work out (वर्क आउट) अभ्यास करना
reduce (रीड्यूस) कम करना
ripen (राइपन) पकना
growl (ग्राउल) गुर्राना
drunkard (ड्रंकार्ड) पियक्कड़
laden (लेडन) तदा हुआ
torn (टॉर्न) फटी हुई
keep away (कीप अवे) दूर रहना
outing (आउटिंग) बाहर जाना
consideration (कंसीडरेशन) ध्यान
over (ओवर) के बाद
broken (ब्रोकन) टूटा हुआ
remain (रिमेन) रहना
scooterist (स्कूटरिस्ट) स्कूटर चालक
helplessly (हैल्पलैसली) असहाय सा
plead (प्लीड) प्रार्थना करना
surround (सराउंड) चारों ओर से घेरना
appreciate (एप्रीशियेट) प्रशंसा करना
entertainment (एंटरटेनमेंट) मनोरंजन
burden (बर्डन) बोझ
rolling (रॉलिंग) गिरते हुए, घूमते हुए
habitual (हैबिचुअल) आदतन

TIPS

Participle: Participle का प्रयोग Verb तथा Adjective के रूप में होता है। इसके तीन रूप होते हैं :

1. Present Participle, जिसमें Verb की I form के साथ ing जुड़ा होता है। यह किसी कार्य की निरंतरता को दर्शाता है।

2. Past Participle, जिसमें Verb की III form का प्रयोग होता है। यह किसी कार्य के पूर्ण होने को दर्शाता है।

3. Perfect Participle, जिसमें having के साथ Verb की III form का प्रयोग होता है। यह किसी अन्य कार्य के आरंभ होने से पहले किसी कार्य के पूर्ण होने को दर्शाता है।

Participle के प्रयोग में थोड़ी सावधानी बरतने की आवश्यकता होती है। यह जिसके लिए प्रयुक्त हो रहा है, उसका संदर्भ स्पष्ट रूप से देना चाहिए, नहीं तो अर्थ का अनर्थ हो सकता है; उदाहरण के लिए :

गलत : Drinking tea the cup fell down. इस वाक्य का अर्थ निकलता है कि चाय पीते समय कप गिर पड़ा, अर्थात् चाय कप पी रहा था, न कि कोई आदमी। इसे इस प्रकार बनाना चाहिए :

सही : The cup fell down when he was drinking tea. जब वह चाय पी रहा था तो कप गिर पड़ा।

Newspaper Headings

1. Sonia attacks NDA for rising unemployment : सोनिया ने एनडीए को बढ़ते बेरोजगार के लिए आक्रमण किया
2. Post-Godhra riots were not one-sided—Nanavati : गोधरा के बाद के दंगे एकतरफा नहीं थेः नानावती
3. Hospital tries to hush up missing baby case : अस्पताल ने बच्चे के खो जाने के मामले को दबाने का प्रयत्न किया
4. Hospital can't turn away accident victim, rules court : अदालत ने कहा अस्पताल दुर्घटना के शिकार को वापस नहीं भेज सकताः अदालत
5. Dowry law being abused—HC : दहेज कानून का दुरुपयोग हो रहा है उच्च न्यायालय
6. CAS on, but where are the set-tops? : कैस तो लागू होगा, लेकिन सैट-टॉप्स कहाँ हैं?
7. Sikh shot at in US 'hate crime' : सिख को अमेरिकी घृणा अपराध के अंतर्गत गोली मारी
8. Shilpa's family hires PR firm to restore image : शिल्पा के परिवार ने व्यक्तिगत संबंध कंपनी को अपनी इज्जत को पुनर्स्थापित करने के लिए सेवाएँ लीं
9. UK trying for security council seat for India : ब्रिटेन भारत के सभा में स्थान के लिए प्रयत्न कर रहा है
10. Shoaib Akhtar banned for two matches for ball-tampering : शोएब अख्तर को गेंद के साथ छेड़ छाड़ करने पर दो मैचों के लिए प्रतिबंधित किया

Business Trip

I

Lal : I've to go to Pune on the morrow. Please book a ticket for me in the Delhi-Pune flight tomorrow.

(आइ'व टू गो टू पुणे ऑन द मॉरो। प्लीज, बुक ए टिकट फॉर मी इन द देलही-पूणे फ्लाइट टूमॉरो।)

मुझे कल सुबह पुणे जाना है। कृपया दिल्ली-पुणे उड़ान में मेरे लिए एक टिकट बुक कर दीजिए।

Manager : Sir, that I've already done as you had instructed for it yesterday.
(सर, दैट आइ'व ऑलरेडी डन एज यू हैड इंसट्रक्टेड फॉर इट यस्टरडे।)

श्रीमान्, जैसा आपने कल निर्देश दिया था मैं इसे पहले ही कर चुका हूँ।

Lal : What all the things are to be discussed with M/s Bholanath & Brothers?
(व्हाट ऑल द थिंग्ज आर टू बी डिसकस्ड विद मैसर्स भोलानाथ एंड ब्रदर्स?)

मैसर्स भोलानाथ एंड ब्रदर्स से क्या-क्या चीजों की वार्त्ता करनी है?

Manager : Sir, it has to be made clear to them that they need to improve the quality of the goods. The number of complaints have gradually increased.
(सर, इट हैज टू बी मेड क्लीयर टू दैम दैट दे नीड टू इम्प्रूव द क्वालिटी ऑव द गुड्स। द नंबर ऑव कंप्लेंट्स हैव ग्रेजुएली इंक्रीज्ड।)

श्रीमान्, उन्हें यह बात स्पष्ट रूप से बतानी आवश्यक है कि उन्हें माल की गुणवत्ता अच्छी करने की आवश्यकता है। शिकायतों की संख्या धीरे-धीरे बढ़ गई है।

Lal : Yea, I'm afraid if this continues, we'll have to look for other avenues. Any thing else?
(यीआ, आइ'ऐम आफरेड इफ दिस कंटीन्यूज, वीइल हैव टू लुक फॉर अदर एवेन्यूज। एनीथिंग एल्स?)

हाँ, मुझे डर है कि यदि यह ऐसा ही चलता रहा तो हमें दूसरे रास्तों की ओर देखना पड़ेगा। और कुछ?

Manager : Will you touch Mumbai on your return journey?
(विल यू टच मुंबई ऑन योर रिटर्न जर्नी?)

क्या आप वापसी रास्ते पर मुंबई भी होकर आएँगे?

Lal : I think I should.
(आई थिंक आई शुड।)

मेरा विचार है कि मुझे ऐसा करना चाहिए।

Manager : It should be advisable to pay a visit to our franchisee there. It's been long for you to have been there.

(इट शुड बी एडवाइजेबुल टू पे ए विजिट टू अवर फ्रेंचाइजी देअर। इट्ज बीन लॉन्ग फॉर यू टू हैव बीन देअर।)

वहाँ हमारे फ्रेंचाइजी से मिलना चाहिए। आपको वहाँ गए बहुत लंबा समय हो गया है।

Lal : I'll keep that in mind.

(आइ'ल कीप दैट इन माइंड।)

मैं वह दिमाग में रखूँगा।

II

Lal : It's been a little disturbing to see the quality of the goods going down gradually.

(इट्'स बीन ए लिटिल डिस्टर्बिंग टू सी द क्वालिटी ऑव द गुड्स गोइंग डाउन ग्रजुएली।)

यह थोड़ा परेशान करने वाली बात है कि माल की गुणवत्ता धीरे-धीरे नीचे जा रही है।

Bholanath : We've been exhorting you to increase the rates for last six months. You see, the cost of raw material has shot up sharply. We're incurring losses dealing with you.

(वीइ'व बीन एक्जहोर्टिंग यू टू इंक्रीज द रेट्स फॉर लास्ट सिक्स मंथ्स। यू सी, द कॉस्ट ऑव रॉ मटीरियल हैज शॉट अप शार्पली। वी'आर इंकरिंग लॉसेज डीलिंग विद यू।)

पिछले छः महीने से हम आपसे प्रार्थना कर रहे हैं कि दाम बढ़ाइए। आप देखिए, कच्चे माल के दाम तेजी से बढ़ गए हैं। आपके साथ व्यापार करने में हमें नुकसान हो रहा है।

Lal : You would appreciate that competition in the market is cut-throat. There is hardly any room for increasing the prices.

(यु शुड एप्रीशियेट दैट कंपिटिशन इन द मार्केट इज कट-थ्रोट। देअर इज हार्डली एनी रूम फॉर इंक्रीजिंग द प्राइसेज।)

आप इस बात की अनदेखी नहीं करेंगे कि बाजार में गलाकाट प्रतियोगिता है। दाम बढ़ाने की शायद ही कोई जगह है।

Bholanath : I'm sorry to bring it to your knowledge that we won't be able to continue with this system for long.
(आइ'ऐम सॉरी टू ब्रिंग इट टू योर नॉलेज दैट वी वों'ट बी एबल टू कंटीन्यू विद दिस सिस्टम फॉर लॉन्ग।)
आपके ज्ञान में इस बात को लाते हुए मुझे दुख हो रहा है कि हम इस प्रबंध के साथ लंबे समय तक नहीं चल पाएँगे।

Lal : You'll have to improve the quality without increasing the prices. We've offers from your rivals for a better rate and quality. But we believe in continuity of relations with the existing parties.
(यू'इल हैव टू इम्प्रूव द क्वालिटी विदाउट इंक्रीजिंग द प्राइसेज। वी'इव ऑफर्स फ्रॉम योर राइवल्ज फॉर ए बैटर रेट एंड क्वालिटी। बट वी बिलीव इन कंटीन्यूटी ऑव रिलेशंज विद द एक्जिस्टिंग पार्टीज।)
आपको बिना दाम बढ़ाए हुए गुणवत्ता बढ़ानी होगी। आपके प्रतियोगियों से हमारे पास अधिक अच्छे दाम व गुणवत्ता के प्रस्ताव हैं, लेकिन हम अपनी वर्तमान पार्टियों से रिश्तों की निरंतरता में विश्वास रखते हैं।

Bholanath : Then how should we act so that none of us is the sufferer.
(दैन हाउ शुड वी एक्ट सो दैट नन ऑव अस इज द सफरर।)
तब हम क्या करें कि हममें से कोई भी नुकसान न सहे।

Lal : We can do one thing. Instead of transporting goods to our Delhi godown, we'll transport them direct to the parties from here. It would save the transportation costs from here to us. The costs thus saved can be divided between us. But there is a condition.
(वी कैन डू वन थिंग। इंस्टीड ऑव ट्रांसपोर्टिंग गुड्स टू अवर देलही गोडाउन, वी'इल ट्रांसपोर्ट दैम डायरेक्ट टू द पार्टीज फ्रॉम हियर। इट वुड सेव द ट्रांसपोर्टेशन कॉस्ट्स फ्रॉम हियर टू अस। द कॉस्ट्स दस सेव्ड कैन बी डिवाइडेड बिटवीन अस। बट देअर इज ए कंडीशन।)
हम एक काम कर सकते हैं। माल को दिल्ली गोदाम में ढोने के स्थान पर हम यहाँ से सीधा अपनी पार्टियों को भेज देंगे। इससे यहाँ से हम तक माल ढोने का खर्चा बच जाएगा। इस प्रकार जो खर्चा बच जायेगा वह हमारे बीच बँट सकता है। लेकिन एक शर्त है।

Bholanath : Please tell what it is.
(प्लीज टेल व्हाट इट इज।)
कृपया बताइए, क्या है।

Lal : You'll have to promise prompt service without compromising on quality.
(यू'इल हैव टू प्रॉमिस प्रॉम्प्ट सर्विस विदाउट कॉम्प्रोमाइजिंग ऑन क्वालिटी।)
गुणवत्ता से समझौता किए बगैर आपको अच्छी सेवा देने का वायदा करना होगा।

Bholanath : That we undertake. You need not worry about this.
(दैट वी अंडरटेक। यू नीड नॉट वरी एबाउट दिस।)
हम वायदा करते हैं। आपको इसके बारे में चिंता करने की आवश्यकता नहीं है।

III

Shakti : The problem with your goods has been late delivery. You take fifteen or more days in delivery. It causes us great inconvenience.
(द प्रॉब्लम विद योर गुड्स हैज बीन लेट डिलीवरी। यू टेक फिफ्टीन ऑर मोर डेज इन डिलीवरी। इट कॉजेज अस ग्रेट इनकॉन्विनियंस।)
आपके माल के साथ समस्या देरी से पहुँचने की है। आपको माल पहुँचाने में पंद्रह या अधिक दिन लगते हैं। इससे हमें बहुत असुविधा होती है।

Lal : The goods you order are ready to consume and their shelf life is less. If we make and store with us, I'm afraid, your customers will go unsatisfied. So you have to bear with us.
(द गुड्स यू ऑर्डर आर रेडी टू कंज्यूम एंड देअर शेल्फ लाइफ इज लैस। इफ वी मेक एंड स्टोर विद अस, आइ'ऐम अफरेड, योर कंज्यूमर्ज विल गो अनसैटिस्फाइड। सो यू हैव टू बियर विद अस।)
जिस माल का आप हमें आदेश देते हैं, वह उपभोग के लिए तैयार होता है तथा उसका संग्रह जीवन कम होता है। यदि हम माल बनाकर अपने पास इकट्ठा कर लें तो, मुझे डर है, कि आपके ग्राहक असंतुष्ट होकर चले जाएँगे। अतः आपको हमारे साथ यह परेशानी सहनी है।

Shakti : I don't want you to store goods with you in bulk. I've something else to say.
(आई डों'ठ वांट यू टू स्टोर गुड्स विद यू इन बल्क। आइ'व समथिंग एल्स टू से।)
मैं आपसे यह नहीं चाहता कि आप माल का अपने पास अधिक संग्रह करें। मुझे कुछ और कहना है।

Lal : Please let us know your point of view.
(प्लीज लैट अस नो योर पॉयंट ऑव व्यू।)
कृपया अपने दृष्टिकोण से हमें अवगत कराएँ।

Shakti : The goods supplied from your godown are first directed to a transit point midway before being finally transported to us. We desire that the transit point should be eliminated.
(द गुड्स सप्लाइड फ्रॉम योर गोडाउन आर फर्स्ट डायरेक्टेड टू ए ट्रांजिट पॉयंट मिडवे बिफोर बीइंग फाइनली ट्रांसपोर्टेड टू अस। वी डिजायर दैट द ट्रांजिट पॉयंट शुड बी इलीमिनेटेड।)
आपके गोदाम से प्रेषित होने वाला माल हमारे पास अंतिम रूप से प्रेषित होने से पहले बीच रास्ते में एक गमन बिंदु पर भेजा जाता है। हमारी इच्छा यह है कि इस गमन बिंदु को समाप्त कर दिया जाए।

Lal : That is our operational limitation. It's because the route is so long.
(दैट इज अवर ऑपरेशनल लिमिटेशन। इट्ज बिकॉज द रूट इज सो लॉन्ग।)
यह हमारी व्यापारिक सीमा है। इसका कारण मार्ग का बेहद लंबा होना है।

Shakti : But it increases the duration of the transportation. I've talked to a transporter and he says he can manage it direct from you to us. How about trying it?
(बट इट इंक्रीजेज द ड्यूरेशन ऑव द ट्रांसपोर्टेशन। आइ'व टॉक्ड टू ए ट्रांसपोर्टर एंड ही सेज ही कैन मैनेज इट डायरेक्ट फ्रॉम यू टू अस। हाउ एबाउट ट्राइंग इट?)
लेकिन इससे माल को लाने का समय बढ़ जाता है। मैंने एक ट्रांसपोर्टर से बात की है, तथा वह कहता है कि वह आपसे हम तक सीधा माल लाने का

प्रबंध कर सकता है। उसे परखने के बारे में क्या विचार है?

Lal : The suggestion is good, no doubt. Please ask the transporter to talk to me before we finally decide as to our approach in this matter.
(द सजेशन इज गुड, नो डाउट। प्लीज आस्क द ट्रांसपोर्टर टू टॉक टू मी बिफोर वी फाइनली डिसाइड एज टू अवर एप्रोच इन दिस मैटर।)
सुझाव बेशक अच्छा है। कृपया उस ट्रांसपोर्टर से कहिए कि इस बारे में हमारे अंतिम निर्णय लेने से पहले वह हमें मिले।

MISCELLANY

Ornaments and Jewels (ऑरनामेंट्स एंड ज्यूल्स) गहने और आभूषण

anklet (ऐंकलेट) पायजेब
bangle (बैंगल) चूड़ी
broach (ब्रॉच) जड़ाऊ पिन
chain (चेन) जंजीर, कड़ी
coral (कोरल) मूँगा
diamond (डायमंड) हीरा
ear stud (ईयर-स्टड) कान का तल्ला
frill (फ्रिल) झालर
hairpin (हेयर पिन) बालों की सुई
medal (मेडल) तमगा
muffler (मफलर) गुलुबंद
necklace (नेकलेस) माला या हार
nose ring (नोज रिंग) नथ
pearl (पर्ल) मोती
ruby (रूबी) मानिक
tiara (टायरा) मुकुट
tops (टॉप्स) कर्ण फूल
zircon (जिरकान) गोमेदक
armlet (आर्मलेट) बाजूबंद
bracelet (ब्रेसलेट) कड़ा, कंगन
cat's eye (कैट्स आई) लहसुनिया
clip (क्लिप) चिमटी
crown (क्राउन) मुकुट
earring (इअररिंग) कुंडल
emerald (एमरेल्ड) पन्ना
garland (गारलैंड) माला
jewellery (ज्यूलरी) गहने
mother of pearl (मदर ऑव पर्ल) मोती की सीव
nosepin (नोजपिन) कील, नाक का कोका
opal (ओपल) पोलकी या दूधिया पत्थर
ring (रिंग) अँगूठी
sapphire (सैफायर) नीलम
topaz (टोपाज) पुखराज
wristlet (रिस्टलेट) तोड़ा

□

SAMPLE DIALOGUES

1. Admission is refused by the guard.
(एडमिशन इज रिफ्यूज्ड बाइ द गार्ड।)
संतरी द्वारा प्रवेश मना कर दिया गया।

2. A toy is not bought by the baby.
(ए टॉय इज नॉट बॉट बाइ द बेबी।)
बच्चे द्वारा एक खिलौना नहीं खरीदा जाता।

3. Is he found guilty of murder?
(इज ही फाउंड गिल्टी ऑव मर्डर?)
क्या वह हत्या का दोषी पाया गया?

4. Balma was elected monitor of the class.
(बलमा वाज इलेक्टेड मॉनीअर ऑव द क्लास।)
बलमा को कक्षा का मॉनीटर चुना गया।

5. Salma was not praised by her mother.
(सलमा वाज नॉट प्रेज्ड बाइ हर मदर।)
सलमा अपनी माता द्वारा प्रशंसित नहीं हुई।

6. Was the road lined by the people?
(वाज द रोड लाइंड बाइ द पीपल?)
क्या सड़क लोगों द्वारा पंक्तिबद्ध थी?

7. We shall be blamed by everyone.
(वी शैल बी ब्लेम्ड बाइ एवरीवन।)
हम लोग प्रत्येक व्यक्ति द्वारा दोषी ठहराए जाएँगे।

8. The road will not be built in this street.
(द रोड विल नॉट बी बिइल्ट इन दिस स्ट्रीट।)
इस गली में सड़क का निर्माण नहीं होगा।

9. Why will the trees be felled there?
(व्हाय विल द ट्रीज बी फेल्ड देअर?)
वहाँ पेड़ क्यों गिराए जाएँगे?

10. The railway line is being laid by the labourers.
(द रेलवे लाइन इज बीइंग लेड बाइ द लेबरर्स।)

रेल की पटरियाँ मजदूरों द्वारा बिछाई जा रही हैं।

11. The thieves are not being caught by the police.
(द थीव्ज आर नॉट बीइंग कॉट बाइ द पुलिस।)
पुलिस द्वारा चोर नहीं पकड़े जा रहे हैं।

12. Where is the forest being destroyed by fire?
(व्हेयर इज द फॉरेस्ट बीइंग डैस्ट्रोएड बाइ फायर?)
जंगल आग द्वारा कहाँ नष्ट हो रहा है?

13. The child was being bitten by the dog.
(द चाइल्ड वाज बीइंग बिटिन बाइ द डॉग।)
बच्चा कुत्ते द्वारा काटा जा रहा था।

14. The child was not being chased by the dog.
(द चाइल्ड वाज नॉट बीइंग चेज्ड बाइ द डॉग।)
बच्चे का पीछा कुत्ते द्वारा नहीं हो रहा था।

15. Were the passengers not being whisked by the policemen?
(वर द पैसेंजर्स नॉट बीइंग व्हिस्क्ड बाइ द पुलिसमैन?)
क्या लोगों की तलाशी पुलिसकर्मियों द्वारा नहीं हो रही थी?

16. This building has been built by the trust.
(दिस बिल्डिंग हैज बीन बिइल्ट बाइ द ट्रस्ट।)
यह इमारत न्यास द्वारा बनाई गई है।

17. No one has been benefited by the plan.
(नो वन हैज बीन बैनेफिटेड बाइ द प्लान।)
योजना द्वारा किसी को लाभ नहीं हुआ है।

18. How has the plan been executed?
(हाउ हैज द प्लान बीन एग्जीक्यूटेड?)
योजना किस प्रकार कार्यान्वित हुई है?

19. All fruits had been eaten away by the guests.
(ऑल फ्रूट्स हैड बीन ईटेन अवे बाइ द गैस्ट्स।)
सारे फल मेहमानों द्वारा खा लिए गए।

20. He had not been laughed at by his friends.
(ही हैड नॉट बीन लाफ्ड एट बाइ हिज फ्रेंड्स।)
उसका अपने मित्रों द्वारा मजाक नहीं उड़ाया गया था।

21. Where had any promise been kept by the leader?
(व्हेयर हैड एनी प्रॉमिस बीन कैप्ट बाइ द लीडर?)

नेता द्वारा अपने वायदों को कहाँ निभाया गया था?

22. She will have persisted in her demand.
(शी विल हैव परसिस्टेड इन हर डिमांड।)
वह अपनी माँग पर अड़ी रही होगी।

23. Our work will not have been obstructed by the rioters.
(अवर वर्क विल नॉट हैव बीन ऑब्स्ट्रक्टेड बाइ द रायटर्स।)
हमारा काम दंगाइयों के कारण बाधित नहीं हुआ होगा।

24. Why will our application have been refused by the officer?
(व्हाय विल अवर एप्लीकेशन हैव बीन रिफ्यूज्ड बाइ द ऑफिसर?)
हमारा प्रार्थना-पत्र अधिकारी द्वारा क्यों अस्वीकृत हो गया होगा?

25. An amount of Rs. 500 will be given to you by Guni.
(एन एमाउंट ऑव रुपीज 500 विल बी गिवेन टू यू बाइ गुनी)
500 रुपए की रकम आपको गुनी द्वारा दी जायेगी।

PRACTICE DIALOGUES

1. Balma was elected <u>*monitor of the class*</u>.

captain of the team	minister in the cabinet
chairman of the organisation	cashier of the trust
headman of the village	best cadet of the camp

2. Salma was not <u>*praised*</u> by her mother.

admired	chided
allowed	bathed
combed	sent to college

3. The road will not be <u>*built*</u> in this street.

constructed	allowed
made	planned
approved	laid

4. Why will the <u>*trees be felled*</u> there?

meeting be held	guests be invited
students be gathered	building be constructed
goods be manufactured	transports be parked

5. The thieves are not being <u>*caught*</u> by the police.

chased	identified
held	imprisoned
stopped	searched

6. *No one* has been benefited by the plan.

everyone	someone
no man	every person
a resident	Siyaram

7. How has the plan been *executed*?

made	devised
set	performed
stopped	approved

8. He had not been *laughed at* by his friends.

ignored	invited
called	written
visited	informed

9. She will have *persisted in her demand*.

annoyed the invitees	bled in the arm
betrayed her parents' trust	created a furore
ensured her success	freed the prisoners

10. *An amount of Rs. 500* will be given to you by Guni.

a box of chocolate	a long lecture
a warm hug	an archaic phrase
a sweet kiss	a telephone number

VOCABULARY

admission (एडमिशन) प्रवेश
guilty (गिल्टी) अपराधी, दोषी
line (लाइन) पंक्ति, पंक्तिबद्ध करना
fell (फेल) गिराना
trust (ट्रस्ट) विश्वास, न्यास
execute (एग्जीक्यूट) कार्यान्वित करना
persist (परसिस्ट) दृढ़ रहना, आग्रह करना
rioter (रायटर) दंगाई
comb (कॉम्ब) कंघी करना
manufacture (मैन्यूफैक्चर) निर्माण करना
imprison (इंप्रीजन) कैद करना
ignore (इगनोर) अनदेखा करना
annoy (एनॉय) गुस्सा होना
refuse (रिफ्यूज) मना करना, अस्वीकृत करना
blame (ब्लेम) दोष लगाना, दोषी ठहराना
lay (ले) बिछाना, लगाना
benefit (बैनिफिट) लाभ उठाना
laugh at (लॉफ एट) मजाक उड़ाना
demand (डिमांड) माँग
cadet (कैडेट) सैनिक प्रशिक्षु
approve (एप्रूव) स्वीकार करना
park (पार्क) बाग, वाहन आदि खड़ा करना
devise (डिवाइज) बनाना, विचार करना
inform (इन्फॉर्म) सूचित करना
betray (बिट्रे) धोखा देना

bleed (ब्लीड) खून बहना

ensure (एंश्योर) सुनिश्चित करना

hug (हग) बाँहों में लेना

furor (फ्यूरोर) उत्तेजना

prisoner (प्रिजनर) कैदी

archaic (आर्काइक) प्राचीन, अप्रयोग में

TIPS

Active and Passive Voice. किसी भी भाषा में किसी वाक्य को बिना अर्थ में परिवर्तन किए विभिन्न प्रकार से कहा जा सकता है। अंग्रेजी में भी ऐसा अनेक प्रकार से होता है। Active तथा Passive Voice भी किसी वाक्य को विभिन्न प्रकार से कहने का ढंग है। जब किसी वाक्य में हम Subject को किसी कार्य का कर्ता दरशाते हैं तथा उसे अधिक महत्त्व प्रदान करते हैं तो वह वाक्य Active Voice में होता है। इसके विपरीत, यदि Object को उस Verb का प्राप्तकर्ता के रूप में अधिक महत्त्व प्रदान कर दिया जाए तो वाक्य Passive Voice में कहलाता है। उदाहरण के लिए :

Columbus discovered America.
America was discovered by Columbus.

यहाँ पहले वाक्य में Columbus को अधिक महत्त्व प्रदान किए जाने के कारण वह Active Voice कहलाता है तथा दूसरे वाक्य में America को अधिक महत्त्व दिए जाने के कारण वह Passive Voice में है।

Formulae

Active Voice से Passive Voice में बदलते समय वाक्य में निम्नलिखित परिवर्तन किए जाते हैं :

1. Subject को Object के स्थान पर तथा Object को Subject के स्थान पर प्रयोग किया जाता है।
2. Verb की III form का प्रयोग किया जाता है।
3. नए Object से पहले by का प्रयोग किया जाता है।
4. Helping Verb का प्रयोग निम्नवत होता है :

Present Indefinite Tense : is/are/am
Past Indefinite Tense : was/were
Future Indefinite Tense : will be/shall be
Present Continuous Tense : is being/are being/am being
Past Continuous Tense : was being/were being
Future Continuous Tense : इसमें Passive Voice नहीं बन सकता।

Present Perfect Tense : has been/have been
Past Perfect Tense : had been

Future Perfect Tense : will have been/shall have been

Present Perfect Continuous Tense : इसमें Passive Voice नहीं बन सकता।

Past Perfect Continuous Tense : इसमें Passive Voice नहीं बन सकता।

Future Perfect Continuous Tense : इसमें Passive Voice नहीं बन सकता।

5. Interrogative Sentences में Helping Verb को Subject से पहले प्रयोग किया जाता है।
6. ध्यान दें कि Passive Voice केवल उन वाक्यों का बन सकता है, जिनमें Transitive Verb का प्रयोग हुआ है; अर्थात् उनमें Object का प्रयोग होता है, चाहे Object का प्रयोग गौण ही हो; जैसे :

   The matter has been well considered (by the judiciary/by us/by them).
7. यदि वाक्य में दो या अधिक Object का प्रयोग हुआ है तो उनमें से किसी को भी Subject बनाया जा सकता है; उदाहरण के लिए :

   Active : Suresh teaches me English.
   Passive : English is taught to me by Suresh.
   I am taught English by Suresh.

NEWSPAPER HEADINGS

1. Sitting down to eat helps lose weight : बैठकर खाने से वजन कम करने में सहायता मिलती है
2. USA ends ban on n-research : अमेरिका ने न्यूक्लियर अनुसंधान पर से रोक हटाई
3. Bin Laden aide tells Muslims to wage war against US, Jews : बिन लादेन के सहयोगी ने मुसलिमों से अमेरिका तथा यहूदियों के विरुद्ध लड़ाई करने के लिए कहा
4. Bihar doc rescued, Samata MLA linked to kidnapping : बिहार के डॉक्टर को बचाया गया, समता विधानसभा सदस्य को अपहरण से जोड़ा गया
5. PM-Pak should implement curbs on Hizb sincerely : प्रधानमंत्री ने कहा कि पाकिस्तान को हिज्ब पर लगी रोकों को ईमानदारी से लागू करना चाहिए
6. 4 IPS officers booked in job scandal : 4 आईपीएस अफसर नौकरी घोटाले में पकड़े गए

7. Man wants to sell baby to feed kids : एक आदमी अपने एक दुधमुँहे बच्चे को बेचकर अपने बच्चों का पेट भरना चाहता है
8. Woman burnt to death in Meerut : मेरठ में औरत को जिंदा जलाया गया
9. Thieves strike at will in Inderpuri : इंद्रपुरी में चोरों ने अपनी इच्छा से जहाँ चाहा हमला किया
10. Union minister's assistant caught taking bribe : केंद्रीय मंत्री के सहयोगी को रिश्वत लेते पकड़ा गया

BUSINESS PAYMENTS

I

David : Hello, is it Nav Industries?
(हैलो, इज इट नव इंडस्ट्रीज?)
हैलो, क्या यह नव इंडस्ट्रीज है?

Navin : Yes, it is.
(यस, इट इज।)
जी हाँ।

David : Could I speak to Mr. Navin?
(कुड आइ स्पीक टू मिस्टर नवीन?)
क्या मैं श्री नवीन से बात कर सकता हूँ?

Navin : Speaking. May I know who is calling?
(स्पीकिंग। मे आइ नो हू इज कॉलिंग?)
बोल रहा हूँ। क्या मैं जान सकता हूँ कि कौन बात कर रहा है

David : It's David from Denim Forbes Ltd. How do you do?
(इट्ज डेविड फ्रॉम डेनिम फॉर्ब्ज लिमिटेड। हाउ डू यू डू?)
मैं डेनिम फॉर्ब्ज लिमिटेड से डेविड बोल रहा हूँ। आप कैसे हैं?

Navin : Everything is fine here. What's happened to the goods we ordered?
(एवरीथिंग इज फाइन हियर। व्हाट्स हैप्पंड टू द गुड्स वी ऑर्डर्ड?)
यहाँ सबकुछ ठीक है। उस माल का क्या हुआ जिसका हमने आदेश दिया था?

David : It has got delayed due to some shortage of raw goods. Also, we were awaiting your last payments.
(इट हैज गॉट डिलेड ड्यू टू सम शॉर्टेज ऑव रॉ गुड्ज। आलसो, वी वर अवेटिंग योर लास्ट पेमेंट्स।)

कच्चे माल की कुछ कमी के कारण इसमें देरी हो गई है तथा हम आपके पिछले भुगतान की प्रतीक्षा कर रहे थे।

Navin : We've already forwarded you the demand draft for the last bill amount. Haven't you received it?
(वी'हव आलरेडी फॉरवर्डेड यू द डिमांड ड्राफ्ट फॉर द लास्ट बिल एमाउंट। हैवं'ट यू रिसीव्ड इट?)
हमने पहले ही आपको पिछले बिल की रकम का डिमांड ड्राफ्ट भेज दिया है। क्या यह आपको नहीं मिला है?

David : It hasn't come to my notice. I'll ask my accounts department to look into it. Which courier did you send it by?
(इट हैजं'ट कम टू माइ नोटिस। आइ'ल आस्क माइ एकाउंट्स डिपार्टमेंट टू लुक इनटू इट। व्हिच कोरियर डिड यू सैंड इट बाइ?)
यह मेरे ज्ञान में नहीं आया है। मैं अपने लेखा विभाग से इस बारे में जाँचने के लिए कहूँगा। आपने इसे किस कोरियर के द्वारा भेजा है?

Navin : ABC Couriers; please do not worry. I'll just check with them and come back to you, thank you.
(एबीसी कोरियर्स; प्लीज डू नॉट वरी। आइ'ल जस्ट चैक विद दैम एंड कम बैक टू यू, थैंक यू।)
एबीसी कोरियर्स के द्वारा; कृपया चिंता न करें। मैं उनके पास जाँच करूँगा तथा पुनः आपको सूचित करूँगा, धन्यवाद।

II

David : Nothing has been heard of the last bill payment from your end. You see, we give cash discount at the rate of 2 per cent if paid within 15 days of bill date and don't give any such discount from 15 to 45 days. We charge interest @ 1.5 per cent per month for bills pending over 45 days. In your case it has been well over 60 days.
(नथिंग हैज बीन हर्ड ऑव द लास्ट बिल पेमेंट फ्रॉम योर एंड। यू सी, वी गिव कैश डिस्काउंट एट द रेट ऑव 2 पर सेंट इफ पेड विदिन 15 डेज ऑव बिल डेट एंड डोंट गिव ऐनी सच डिस्काउंट फ्रॉम 15 टू 45 डेज। वी चार्ज इंटॅरेस्ट एट द रेट ऑव 1.5 पर सेंट पर मंथ फॉर बिल्स पेंडिंग ओवर

45 डेज। इन योर केस इट हैज बीन वैल ओवर 60 डेज।)

आपकी ओर से पिछले बिल के भुगतान के बारे में कुछ सुना नहीं गया है। आप देखिए, यदि भुगतान बिल की तारीख से 15 दिन के भीतर कर दिया जाता है तो हम 2 प्रतिशत के हिसाब से कैश छूट देते हैं तथा 15 दिन से 45 दिन के भीतर होने वाले भुगतान पर ऐसी कोई छूट नहीं देते। उन बिलों के भुगतान के लिए जो 60 दिन से ऊपर के होते हैं, हम 1.5 प्रतिशत ब्याज लेते हैं। आपके मामले में 60 दिन से ऊपर हो चुके हैं।

Gaur : We were really glad to have received the supply as per our order. But we have not received any bill. On the contrary, we have written you on one occasion asking for the bill, but we are yet to hear from you on that count.

(वी वर रियली ग्लैड टू हैव रिसीव्ड द सप्लाई एज पर अवर ऑर्डर। बट वी हैव नॉट रिसीव्ड एनी बिल। ऑन द कॉन्ट्रेरी, वी हैव रिटेन यू ऑन वन ऑकेजन आस्किंग फॉर द बिल, बट वी आर यट टू हियर फ्रॉम यू ऑन दैट काउंट।)

हम अपने आदेश के अनुसार माल को प्राप्त कर वास्तव में बहुत प्रसन्न हुए हैं। लेकिन हमें कोई भी बिल प्राप्त नहीं हुआ है। दूसरी तरफ, हमने आपको एक बार बिल के लिए लिखा भी है, लेकिन इस मामले में आपसे कोई उत्तर प्राप्त नहीं हुआ है।

David : It's really a shortcoming on our part if you haven't received the bill. I'll immediately get it remade and despatched to you today itself.

(इट्'स रियली ए शॉर्टकमिंग ऑन आवर पार्ट इफ यू हैवं'ट रिसीव्ड द बिल। आइ'ल इमीजिएटली गैट इट रीमेड एंड डिस्पैच्ड टू यू टुडे इटसैल्फ।)

यदि आपको बिल नहीं मिला है तो यह वास्तव में हमारी एक कमी रही है। मैं तुरंत ही इसे दोबारा बनवाकर आपको आज ही भिजवा देता हूँ।

Gaur : You can rest assured about payments. We're in this business for over thirty years and all suppliers have faith in us. Please tell us the amount so that we can get a demand draft prepared and despatched to you pending receipt of the bill from your end.

(यू कैन रैस्ट एश्योर्ड एबाउट पेमेंट्स। वीआर इन दिस बिजनेस फॉर ओवर थर्टी ईयर्स एंड ऑल सप्लायर्स हैव फेथ इन अस। प्लीज टैल अस द एमाउंट सो दैट वी कैन गैट ए डिमांड ड्राफ्ट प्रीपेअर्ड एंड डिस्पैच्ड टू यू पेंडिंग रिसीप्ट ऑव द बिल फ्रॉम योर एंड।)

आप भुगतान के संबंध में विश्वस्त रह सकते हैं। हम इस व्यापार में तीस वर्षों से अधिक समय से हैं तथा सभी माल पूर्ति करने वाले हममें विश्वास रखते हैं। कृपया हमें भुगतान की राशि बता दें, ताकि हम डिमांड ड्राफ्ट बनवा सकें तथा आपके बिल आने से पहले ही आपको भुगतान किया जा सके।

David : That will be even better.
(दैट विल बी इविन बैटर।)
यह और भी अच्छा होगा।

Gaur : We are in need of goods too, so please note down our order as well.
(वी आर इन नीड ऑव गुड्स टु, सो प्लीज नोट डाउन अवर ऑर्डर एज वैल।)
हमें माल की आवश्यकता भी है, इसलिए हमारा आदेश भी लिख लें।

David : Sure, please detail your order.
(श्योर, प्लीज डिटेल योर ऑर्डर।)
अवश्य ही, कृपया आप अपने आदेश का विवरण दें।

III

David : You received our goods over 60 days back but you have not bothered about payment.
(यू रिसीव्ड अवर गुड्स ओवर 60 डेज बैक बट यू हैव नॉट बॉदर्ड एबाउट पेमेंट।)
आपने हमारा माल 60 दिन से अधिक हुए प्राप्त कर लिया है, लेकिन आपने भुगतान की चिंता नहीं की है।

Albert : I'm sorry to say that almost half of the goods received was in poor condition. It is lying in our godown in the same manner as it was received.
(आइ'ऐम सॉरी टू से दैट आलमोस्ट हाफ ऑव द गुड्स रिसीव्ड वाज इन पुअर कंडीशन। इट इज लाइंग इन अवर गोडाउन इन द सेम मैनर एज इट वाज रिसीव्ड।)

मुझे कहते हुए दुख हो रहा है कि प्राप्त माल का लगभग आधा खराब अवस्था में था। यह हमारे गोदाम में उसी अवस्था में पड़ा है जिस अवस्था में यह प्राप्त हुआ था।

David : You can send back the damaged goods and make payment for the goods in good condition.
(यू कैन सैंड बैक द डैमेज्ड गुड्स एंड मेक पेमेंट फॉर द गुड्स इन गुड कंडीशन।)
आप नष्ट हुए माल को वापस भेज सकते हैं तथा उस माल का भुगतान कर दें जो अच्छी अवस्था में है।

Albert : In fact, no part of the goods is worthwhile and is not saleable at least in this part of the country. We had placed order to see if your goods can be launched in this region. It has miserably failed.
(इन फैक्ट, नो पार्ट ऑव द गुड्स इज वर्थव्हाइल एंड इज नॉट सेलेबुल एट लीस्ट इन दिस पार्ट ऑव द कंट्री। वी हैड प्लेस्ड ऑर्डर टू सी इफ योर गुड्स कैन बी लॉन्च्ड इन दिस रीजन। इट हैज मिजरेबली फेल्ड।)
सत्य तो यह है कि माल का कोई भी भाग बिक्री लायक नहीं है, कम-से-कम देश के इस भाग में। हमने आपको आदेश यह देखने के लिए दिया था क्या आपका माल इस क्षेत्र में आरंभ किया जा सकता है। लेकिन यह बुरी तरह असफल हो गया है।

David : You should have seen to it before placing order in bulk. We'll certainly take back the goods in poor condition but not the one in good condition. You'll have to make payment of that.
(यू शुड हैव सीन टू इट बिफोर प्लेसिंग ऑर्डर इन बल्क। वी'इल सर्टेनली टेक बैक द गुड्स इन पुअर कंडीशन बट नॉट द वन इन गुड कंडीशन। यु'इल हैव टू मेक पेमेंट ऑव दैट।)
यह तो आपको माल का ढेर सारा आदेश देने से पहले देखना था। हम बुरी अवस्था में माल को निश्चित रूप से ले लेंगे, लेकिन अच्छी अवस्था के माल को नहीं। आपको उसका भुगतान करना ही होगा।

Albert : That's not possible. At the most what we can do is to bear the part of the expenses of transportation for the trouble we caused to you.

(दैट्'स नॉट पॉसिबल। एट द मोस्ट व्हाट वी कैन डू इज टू बीयर द पार्ट ऑब द एक्सपेंसेज ऑव ट्रांसपोर्टेशन फॉर द ट्रबल वी काज्ड टू यू।)

यह संभव नहीं है। अधिक-से-अधिक जो हम कर सकते हैं वह है कि आपको कष्ट देने के बदले में हम ढुलाई के खर्च का एक भाग अदा कर सकते हैं।

David : This doesn't speak good of your reputation, sir. We'll incur loss due to your shortsightedness. Just take a little trouble for us. See if there is any party in your area which can buy the goods. If there is one, we will be spared the transportation charges.

(दिस डजं'ट स्पीक गुड ऑव योर रेप्यूटेशन, सर। वी'इल इंकर लॉस ड्यू टू योर शॉर्टसाइटेडनैस। जस्ट टेक ए लिटिल ट्रबल फॉर अस। सी इफ देअर इज ऐनी पार्टी इन योर एरिया व्हिच कैन बाइ द गुड्स। इफ देअर इज वन, वी विल बी स्पेअर्ड द ट्रांसपोर्टेशन चार्जेज।)

यह आपकी प्रतिष्ठा के लिए अच्छा नहीं है, श्रीमान्। हमें आपकी अदूरदर्शिता के कारण नुकसान सहना होगा। कृपया हमारे लिए एक छोटा-सा कष्ट करें। यह देखें कि आपके क्षेत्र में कोई और पार्टी है जो इस माल को खरीद सकती है। यदि है तो हम ढुलाई के खर्चे से बच जाएँगे।

Albert : All right, I'll see to it, but there is least possibility of that.

(आल राइट, आइ'ल सी टू इट, बट देअर इज लीस्ट पॉसिबिलिटी ऑव दैट।)

ठीक है, मैं इसे देखूँगा, लेकिन इसकी संभावना कम ही है।

MISCELLANY

Dry-fruits/ Flowers/ Fruits/ Vegetables

(ड्राईफ्रूट्स/फ्लावर्स/फ्रूट्स/वेजीटेबुल्स) मेवे/फूल/फल/सब्जियाँ

almond (आमंड) बादाम

ash-pumpkin/gourd (एश-पंपकिन/गोर्ड) पेठा

beet (बीट) चुकंदर

bitter gourd (बिटर गोर्ड) करेला

boll (बॉल) गूलर डोडा

apricot (ऐप्रीकोट) खूबानी

banana (बनाना) केला

bean (बीन) सेम

berry (बेरी) सरस फल

black plum, jambo (ब्लैक प्लम, जैंबो) जामुन

bokhara plum (बोखारा प्लम) आलू बुखारा

bottle gourd (बॉटल गोर्ड) लौकी
brinjal (ब्रिंजल) बैंगन
cabbage (कैबेज) बंदगोभी
cane (केन) बेंत
carambola (केरंबोला) कमरख
carrot (कैरट) गाजर
cashew-nut (कैश्यू-नट) काजू
cauliflower (कॉलीफ्लॉवर) फूलगोभी
cayenne (सेयेन) लाल मिर्च
chestnut (चेस्टनट) अखरोट
chilli (चिल्ली) मिर्च
chrysanthemum (क्रिसेंथेमस) गुलदाउदी
citron (सिट्रॉन) गलगल
cluster-beans (क्लस्टर-बींस) ग्वारफली
coconut (कोकोनट) नारियल
coriander (कॉरिएंडर) धनिया
corinda, carissa, carandus (कॉरिंडा, कैरिसा, कैरेंडस) करौंदा
corn-ear (कार्न-ईयर) भुट्टा
cotton (कॉटन) रुई
cucumber (ककंबर) खीरा, ककड़ी
cucurbit gourd (कुकरबिट गोर्ड) फ्रैट
currant (कुरांट) किशमिश
custard apple (कस्टर्ड एपल) शरीफा
daisy (डेजी) गुल बहार
date (डेट) खजूर
drum stick (ड्रम स्टिक) सहजन की फली
euryle forex (यूराइल फोरेक्स) मखाना
fenugreek (फेनूग्रीक) मेथी
fig (फिग) अंजीर
flax (फ्लैक्स) सन
foxnut (फॉक्सनट) मखाना
garden balsam (गार्डन बाल्सम) गुलमेहँदी
garlic (गारलिक) लहसुन
gilly flower (गिली फ्लॉवर) गुलखैरा
ginger (जिंजर) अदरक
grape (ग्रेप) अंगूर
grawia asiatica (ग्राविया एशियाटिका) फालसा
greens (ग्रींस) साग
groundnut (ग्राउंडनट) मूँगफली
guava (गुआवा) अमरूद
ivy gourd (आइवी गोर्ड) कुँदरू
jack-fruit (जैक-फ्रूट) कटहल
jasmine (जैस्मीन) चमेली
jujube (जेजूबे) बेर
knolkhol (नॅलखोल) गाँठ गोभी
lady's finger (लेडीज फिंगर) भिंडी
lattuce (लेट्यूस) सलाद पत्ता
lichi (लीची) लीची
lilac (लिलैक) बकाइन
lily (लिली) कुमुदनी
lime (लाइम) खट्टा नींबू
lotus (लोटस) कमल
malta (माल्टा) माल्टा
mango (मैंगो) आम
marigold (मैरीगोल्ड) गेंदा
michelia champaca (मिशेलिया
mint (मिंट) पुदीना

चंपका) चंपा
mosambi (मोसंबी) मौसंबी
mushroom (मशरूम) कुकुरमुत्ता
night shade (नाइट शेड) मकोय
onion (ओनियन) प्याज
orange (ऑरेंज) संतरा
papaya (पपाया) पपीता
pear (पीयर) नाशपाती
pistachio-nut (पिस्टाचियो-नट) पिस्ता
pomegranate (पॉमेग्रेनेट) अनार
potato (पोटैटो) आलू
potatoyam (पोटेटोयम) रतालू
pyrus-malus (पाइरस-मैलस) बग्गू-गोशा
raisin (रेजिन) किशमिश
rose berry (रोज बैरी) रोज बैरी
rose (रोज) गुलाब
sago (सागो) साबूदाना
small chrysanthemum (स्मॉल क्रिसेंथेमम) गुलदाऊदी
spinach (स्पाइनैच) पालक
sugarcane (शूगरकैन) ईख
sweet potato (स्वीट पोटेटो) शकरकंद
tamarind (टेमेरिंड) इमली
touch-me-not (टच-मी-नॉट) गुलमेंहँदी
turnip (टर्निप) शलगम
water nut (वाटर नट) सिंघाड़ा
wild fig (वाइल्ड फिग) गूलर
moon flower (मून फ्लॉवर) गुलचाँदनी
mulberry (मलबेरी) शहतूत
musk melon (मस्क मेलन) खरबूजा
oleander (ओलीएंडर) कनेर
orange jasmine (ऑरेंज जैस्मीन) कामिनी
pandanus (पंडानस) केतकी
peach (पीच) आड़ू
pineapple (पाइनएपिल) अनानास
plum (प्लम) बेर
plumberry (प्लमबेरी) अलूचा
pomelo, shaddock (पॉमेलो, शैडॉक) चकोतरा
pumpkin (पंपकिन) कद्दू
radish (रेडिश) मूली
red pumpkin gourd (रेड पंपकिन गोर्ड) काशीफल
round gourd (राउंड गोर्ड) टिंडा
silk-cotton (सिल्क कॉटन) सेमल
snake gourd (स्नेक गोर्ड) चिचिंडा
sour cherry (सोर चेरी) खट्टी चेरी
squash gourd (स्क्वैश गोर्ड) कुम्हड़ा
sweet cherry (स्वीट चेरी) मीठी चेरी
sweet violet (स्वीट वायलेट) वनफश
taro (टेरो) अरबी
tulip (ट्यूलिप) गुललाला
walnut (वालनट) अखरोट
watermelon (वॉटरमेलन) तरबूज
yam (याम) रतालू

□

SAMPLE DIALOGUES

1. Papa says that he has done his duty.
(पापा सेज दैट ही हैज डन हिज ड्यूटी ।)
पापा कहते हैं कि वह अपना कर्तव्य पालन कर चुके हैं ।

2. Roma tells you that she will send you the photographs.
(रोमा टैल्स यू दैट शी विल सैंड यू द फोटोग्राफ्स ।)
रोमा आपको बताती है कि वह आपको चित्र भेज देगी ।

3. You will say that you are waiting for me to return.
(यू विल से दैट यू आर वेटिंग फॉर मी टू रिटर्न ।)
आप कहेंगे कि आप मेरे लौटने की प्रतीक्षा कर रहे हो ।

4. He said that he did not trust me.
(ही सैड दैट ही डिड नॉट ट्रस्ट मी ।)
उसने कहा कि वह मेरा विश्वास नहीं करता ।

5. The teacher told us that he was joining that college for three years.
(द टीचर टोल्ड अस दैट ही वाज जॉइनिंग दैट कॉलेज फॉर थ्री ईयर्स ।)
अध्यापक ने कहा कि वह उस विद्यालय से तीन वर्ष के लिए संबंधित हो रहा था ।

6. My sister said that she had visited zoo last week.
(माइ सिस्टर सैड दैट शी हैड विजिटेड जू लास्ट वीक ।)
मेरी बहन ने कहा कि वह चिड़ियाघर पिछले सप्ताह गई थी ।

7. Alice said that she had been working over time on the painting.

(एलिस सैड दैट शी हैड बीन वर्किंग ओवर टाइम ऑन द पेंटिंग।)
एलिस ने कहा कि वह चित्र पर अतिरिक्त समय दे रही थी।

8. Mona said that she would be looking for the opportunity in the computer field.
(मोना सैड दैट शी वुड बी लुकिंग फॉर द अपोर्च्युनिटी इन द कंप्यूटर फील्ड।)
मोना ने कहा कि वह कंप्यूटर क्षेत्र में अवसर खोज रही थी।

9. I told her that I should be arriving by the very next train.
(आई टोल्ड हर दैट आई शुड बी अराइविंग बाई द वेरी नेक्स्ट ट्रेन।)
मैंने उससे कहा कि मैं ठीक अगली ट्रेन से पहुँचूँगा।

10. Rulu said that he was alright after the ailment.
(रुलू सैड दैट ही वाज आलराइट आफ्टर द एलमेंट।)
रुलू ने कहा कि वह बीमारी के बाद पूरी तरह ठीक था।

11. My mother told me that the truth always triumphs.
(माइ मदर टोल्ड मी दैट द ट्रुथ ऑलवेज ट्रंफ्स।)
मेरी माता ने कहा कि सत्य हमेशा विजयी रहता है।

12. She informed me that she takes coffee for morning tea.
(शी इनफॉर्म्ड मी दैट शी टेक्स कॉफी फॉर मॉर्निंग टी।)
उसने सूचित किया कि वह सुबह की चाय के स्थान पर कॉफी लेती है।

13. He asked the beggar if he was mad.
(ही आस्क्ड द बैगर इफ ही वाज मैड।)
उसने भिखारी से पूछा कि क्या वह पागल था।

14. The doctor enquired from the patient whether he had recovered.
(द डॉक्टर एन्क्वायर्ड फ्रॉम द पेशेंट व्हैदर ही हैड रिकवर्ड।)
डॉक्टर ने रोगी से पूछा कि क्या वह ठीक हो चुका था।

15. The lame asked where his stick had been thrown away.
(द लेम आस्क्ड व्हेयर हिज स्टिक हैड बीन थ्रोन अवे।)
लँगड़े ने पूछा कि उसकी लाठी कहाँ फेंक दी गई थी।

16. The student asked the teacher why he was failed.
(द स्टूडेंट आस्क्ड द टीचर व्हाय ही वाज फेल्ड।)
छात्र ने अध्यापक से पूछा कि वह क्यों अनुत्तीर्ण कर दिया गया था।

17. The officer asked the vendor what his name was.
(द ऑफिसर आस्क्ड द वैंडर व्हाट हिज नेम वाज।)

अधिकारी ने ठेलीवाले से पूछा कि उसका नाम क्या था।

18. My neighbour advised me to be careful about the burglars in the area.
(माइ नेबर एडवाइज्ड मी टू बी केअरफुल एबाउट द बर्गलर्ज इन द एरिया।)
मेरे पड़ोसी ने मुझे सलाह दी कि मुझे क्षेत्र में चोरों से सावधान रहना चाहिए।

19. Granny commanded the little girl to help her cross the road.
(ग्रैनी कमांडेड द लिटिल गर्ल टू हैल्प हर क्रॉस द रोड।)
दादी ने छोटी लड़की को आदेश दिया कि वह उसे सड़क पार करने में मदद करे।

20. The plaintiff petitioned the judge to hear his case promptly.
(द प्लेंटिफ पेटिशंड द जज टू हियर हिज केस प्रॉम्प्टली।)
वादी ने न्यायाधीश से प्रार्थना की कि उसका वाद शीघ्रता से सुना जाए।

21. The coach instructed the players how to play.
(द कोच इंस्ट्रक्टेड द प्लेयर्स हाउ टू प्ले।)
प्रशिक्षक ने खिलाड़ियों को निर्देश दिया कि कैसे खेला जाए।

22. The pedestrian begged pardon of me for entering my premises.
(द पेडेस्ट्रियन बैग्ड पार्डन ऑव मी फॉर एंटरिंग माइ प्रीमाइसेज।)
पैदल चलने वाले ने मुझसे मेरी भूमि पर प्रवेश करने के लिए क्षमा माँगी।

23. My friend proposed to me to go for a walk.
(माई फ्रेंड प्रोपोज्ड टू मी टू गो फॉर ए वॉक।)
मेरे मित्र ने मेरे समक्ष घूमने जाने का प्रस्ताव रखा।

24. The crowd applauded Sachin that he had done well.
(द क्राउड एपलॉडेड सचिन दैट ही हैड डन वैल।)
भीड़ ने सचिन की प्रशंसा की कि उसने बहुत अच्छा कार्य किया था।

25. They exclaimed sadly that they had failed.
(दे एक्सक्लेम्ड सैडली दैट दे हैड फेल्ड।)
उन्होंने दुखपूर्वक आर्तनाद किया कि वे अनुत्तीर्ण हो गए थे।

PRACTICE DIALOGUES

1. Papa says that he has <u>done his duty</u>.

completed his job	shut his shop
celebrated his marriage anniversary	succeeded in his life
bought a good house	passed a peaceful life

2. Roma tells you that she will *send you the photographs*.

look into the matter herself	pack the goods securely
draw benefit from the event	cling to her demand
drive the car carefully	find out the cause

3. He said that he did not *trust me*.

forget my name	fling the ball away
freeze with fear	terrorise the villagers
grow grapes on his field	hold the lease

4. I told her that I should be *arriving by the very next train*.

riding a horse	rising to the occasion
running the race	shaking hands with her
shining my shoes	sinking the boat

5. He asked the beggar if he *was mad*.

needed anything	was hungry
was looking for someone	wanted food
had taken breakfast	tore his clothes

6. The lame asked where his stick had been *thrown away*.

kept	hit
broken	split
bent	hidden

7. My neighbour *advised* me to be careful about the burglars in the area.

suggested	warned
directed	instructed
informed	forewarned

8. The coach instructed the players how *to play*.

hit the ball	throw the javelin
catch the stick	spin the ball
smash the ball	jump over the hurdle

9. The pedestrian begged pardon of me for *entering my premises*.

soiling my clothes	poking his nose into our affairs
removing the brick	overhearing our conversation
plucking the flower	shouting at the doorkeeper

10. My friend proposed to me to go for *a walk*.

a movie	a round around the park
a rest	business in readymade clothes
a ticket	keeping our promise

VOCABULARY

annoyance (एनॉएंस) क्रोध, चिड़चिड़ापन
join (ज्वायन) जोड़ना, संबंधित होना
over time (ओवर टाइम) नियत समय से अधिक
triumph (ट्राइअफ) विजय, विजयी होना
vendor (वैंडर) फेरीवाला, विक्रेता
careful (केअरफुल) सावधान
granny (ग्रैनी) दादी
promptly (प्रॉम्प्टली) शीघ्रता से
plaintiff (प्लेंटिफ) वादी
pedestrian (पेडेस्ट्रियन) पैदल चलने वाला
overhear (ओवरहियर) गुप्तरूप से सुनना
readymade (रेडीमेड) तैयार
apology (एपॉलोजी) क्षमा
zoo (जू) चिड़ियाघर
ailment (एलमेंट) बीमारी
recover (रिकवर) ठीक होना
neighbour (नेबर) पड़ोसी
burglar (बर्गलर) सेंध मारने वाला, चोर
command (कमांड) आज्ञा, आज्ञा देना
petition (पिटिशन) प्रार्थना, प्रार्थना करना
instruct (इंस्ट्रक्ट) निर्देश देना
premises (प्रीमाइसेज) अचल संपत्ति
poke one's nose (पोक वंज नोज) किसी के काम में दखल देना

TIPS

Direct and Indirect Speech: हमें अकसर दूसरों के कथन अन्य लोगों को बताने की आवश्यकता पड़ती है। इनको हम दो प्रकार से कह सकते हैं। एक तो यह कि हम उनके शब्दों को ज्यों-का-त्यों कह दें। यह प्रकार Direct Speech कहलाता है। यदि हम वास्तविक वक्ता के शब्दों को अपने शब्दों में इस प्रकार कहें कि उसके अर्थ में किसी प्रकार का परिवर्तन न हो, तो इसे Indirect Speech कहते हैं। Direct Speech में वाक्य के निम्नलिखित भाग होते हैं :

Ganesh said to Mohan, "I shall soon go to school."
(Reporting Verb) (Reported Spech)

Direct Speech को Indirect Speech में बदलने के मुख्य नियम इस प्रकार हैं :

1. Reported Speech में प्रयुक्त होने वाले First Person को Reporting Verb के Subject के अनुसार; Second Person को Reporting Verb के Object के अनुसार बदला जाता है; लेकिन Third Person में कोई परिवर्तन नहीं किया जाता। इसके साथ ही Verb तथा अन्य शब्दों में इन परिवर्तनों के अनुसार परिवर्तन किया जाता है।
2. लेखन में Comma तथा Inverted Commas को हटा दिया जाता है तथा नियमानुसार Conjunction का प्रयोग किया जाता है। यह Assertive Sentence में अधिकांशतः that होता है।

3. Reporting Verb के Past Tense में होने पर निम्नलिखित शब्दों में भी परिवर्तन किये जाते हैं:

shall/will	should/would
may	might
now/just	then
last night	the night before/the previous night
ago	before
hence	thence
thus	so/in that way
today	that day
come	go
can	could
here	there
yesterday	the previous day
tomorrow	the next day
the next day/week/month	the following day/week/month/year
hither	thither
these	those

इनके अतिरिक्त Reported Speech के Tense में निम्नलिखित परिवर्तन किए जाते हैं:

Simple Present	Simple Past
Present Indefinite	Past Indefinite
Present Continuous	Past Continuous
Present Perfect	Past Perfect
Present Perfect Continuous	Past Perfect Continuous
Past Indefinite	Past Perfect
Past Continuous	Past Perfect Continuous
Past Perfect	कोई परिवर्तन नहीं
Past Perfect Continuous	कोई परिवर्तन नहीं

4. यदि Reported Speech में Interrogative Sentence का प्रयोग हुआ है तो Reporting Verb में asked या enquired का प्रयोग किया जाता है। यदि प्रश्न किसी Question Word से आरंभ हुआ है तो किसी Conjunction का प्रयोग नहीं किया जाता; लेकिन यदि प्रश्न किसी Helping Verb से आरंभ हुआ है तो Conjunction के रूप में if या whether का प्रयोग होता है। साथ ही Helping Verb का प्रयोग Subject से पहले के स्थान पर उसके बाद किया जाता है तथा Mark of Interrogation का प्रयोग नहीं किया जाता।

5. Imperative Sentence में Reporting Verb के Verb को बदलकर advise, request, order, propose, counsel, beg, command, suggest, forbid, entreat, direct, persuade, plead, threaten, supplicate, exhort, excuse, urge, admonish, forgive, solicit, prompt, pardon, beseech, ordain, petition, decree, dictate, enjoin, instruct, warn, reprimand, आदि कर दिया जाता है।

6. Exclamatory Sentence में Reporting Verb के said को बदलकर Reported Speech के अर्थ के अनुसार exclaimed with sorrow/joy/regret/applause/surprise/contempt आदि कर दिया जाता है। इनमें भी Conjunction—that का प्रयोग किया जाता है।

NEWSPAPER HEADINGS

1. Man run down by truck after spat : झगड़े के बाद आदमी को ट्रक के द्वारा कुचल दिया गया
2. Say goodbye to negativity : नकारात्मकता को अलविदा कहो
3. Over 700 killed in Algeria earthquake : अल्जीरिया के भूकंप में 700 से अधिक मरे
4. Indo-Nepal team scales Mount Everest : भारत-नेपाल दल ने माउंट एवरेस्ट की चढ़ाई की
5. Change Ayodhya excavation team leader, HC tells ASI : उच्च न्यायालय ने पुरातत्त्व विभाग से अयोध्या खुदाई दल के नेता को बदलने के लिए कहा
6. 75 per cent Delhi students clear CBSE XII examination : दिल्ली के 75 प्रतिशत विद्यार्थी सीबीएसई की बारहवीं की परीक्षा में उत्तीर्ण हुए
7. SARS may be from outer space, says UK scientist : ब्रिटेन के एक वैज्ञानिक ने कहा कि सार्स बाहरी अंतरिक्ष से आया हुआ हो सकता है
8. Expect petrol, diesel price cut by month-end : महीने के अंत तक पेट्रोल तथा डीजल के दामों में कमी की आशा है
9. India seeks active role in Iraq reconstruction : भारत इराक के पुनर्निर्माण में प्रत्यक्ष भाग अदा करने का इच्छुक
10. VRS once accepted by employer can't be withdrawn, rules SC : उच्चतम न्यायालय ने कहा कि स्वेच्छा से दिए गए सेवा समाप्ति के प्रार्थना-पत्र को नियुक्तिकर्ता के स्वीकार करने के बाद वापस नहीं लिया जा सकता

ANNOYANCE AND APOLOGY

I

Vinay : You make me wait for so long. Look in the watch, you are late for over an hour.
(यू मेक मी वेट फॉर सो लॉन्ग। लुक इन द वाच, यू आर लेट फॉर ओवर एन आवर।)
तुम मुझसे इतनी लंबी प्रतीक्षा कराती हो। घड़ी में देखो, तुम एक घंटे से भी अधिक देरी से हो।

Vinita : I'm really sorry, it wasn't my intention, but...
(आय रियली सॉरी, इट वाजं'ट माइ इंटेशन, बट...)
मैं वास्तव में क्षमा प्रार्थी हूँ, यह मेरा इरादा नहीं था, लेकिन...

Vinay : It's your habit to turn up late.
(इट्‌ज योर हैबिट टू टर्न अप लेट।)
तुम्हारी आदत ही देर से आने की है।

Vinita : I swear, I was really on time. At the eleventh hour when I was coming, my uncle came. I had to prepare tea for him as Mummy is ill.
(आई स्वीयर, आई वाज रियली ऑन टाइम। एट द इलेवंथ आवर व्हेन आय वाज कमिंग, माई अंकल केम। आई हैड टू प्रीपेअर टी फॉर हिम एज ममी इज इल।)
मैं कसम खाती हूँ कि मैं वास्तव में समय पर थी। ठीक आखिरी समय पर जब मैं आ रही थी, मेरे अंकल आ गए। मुझे उनके लिए चाय बनानी पड़ी क्योंकि मम्मी बीमार हैं।

Vinay : Oh, what's happened to her?
(ओह, व्हाट्‌ज हैप्पंड टू हर?)
ओह, उन्हें क्या हुआ?

Vinita : She has been suffering from intermittent fever for last one week. It gets well but returns in a day or two.
(शी हैज बीन सफरिंग फ्रॉम् इंटरमिटेंट फीवर फॉर लास्ट वन वीक। इट गैट्‌स वैल बट रिटर्न्स इन ए डे ऑर टू।)
वह एक सप्ताह से मियादी बुखार से पीड़ित हैं। यह ठीक हो जाता है लेकिन एक-दो दिन में वापस आ जाता है।

Vinay : It must be viral. She needs continuous medication for at least one week.
(इट मस्ट बी वायरल। शी नीड्स कॅटिन्युअस मेडिकेशन फॉर एट लीस्ट वन वीक।)
यह वायरल होगा। उन्हें कम-से-कम एक सप्ताह तक लगातार दवाइयों की आवश्यकता है।

Vinita : Yea, the doctor too said that. Due to this I have to go early. Hope you wouldn't mind this.
(या, द डॉक्टर टु सैड दैट। ड्यू टू दिस आई हैव टू गो अर्ली। होप यू वुडं'ट माइंड दिस।)
हाँ, डॉक्टर ने भी यही कहा है। इसके कारण मुझे जल्दी जाना है। आशा है कि आप इसका बुरा नहीं मानेंगे।

Vinay : Surely not, rather I'll accompany you to see her.
(श्योरली नॉट, रादर आइ'ल एकंपनी यू टू सी हर।)
बिलकुल नहीं, बल्कि मैं उन्हें देखने के लिए तुम्हारे साथ चलता हूँ।

II

Boss : Once again you've committed the same mistake. Can't you see this?
(वंस अगेन यूइ'व कमिटेड द सेम मिस्टेक। कांट'यू सी दिस?)
फिर आपने वही गलती दोबारा की है। क्या आप देख नहीं सकते?

Moni : It's not a mistake, sir, I'm sorry to bring it to your knowledge.
(इट्'स नॉट ए मिस्टेक, सर, आइ'ऐम सॉरी टू ब्रिंग इट टू योर नॉलेज।)
यह गलती नहीं है, श्रीमान्, मुझे यह बताते हुए दुख हो रहा है।

Boss : How do you say it's not a mistake?
(हाउ डू यू से इट्'स नॉट ए मिस्टेक?)
आप कैसे कहते हैं कि यह गलती नहीं है?

Moni : Sir, this amount has been worked out according to the prices of the day the goods were supplied. You yourself had directed so.
(सर, दिस एमाउंट हैज बीन वर्क्ड आउट एकॉर्डिंग टू द प्राइसेज ऑव द डे द गुड्स वर सप्लाइड। यू योरसैल्फ हैड डायरेक्टेड सो।)
श्रीमान, यह रकम उस दिन के दामों के अनुसार निकली है जिस दिन माल प्रेषित किया था। आपने स्वयं ऐसा निर्देश दिया था।

Boss : Yes, of course, I did; but will the difference be so much? We'll be suffering a loss.
(यस, ऑव कोर्स, आई डिड; बट विल द डिफरेंस बी सो मच? वीइ'ल बी सफरिंग ए लॉस।)
हाँ, मैंने बिलकुल ऐसा कहा था; लेकिन क्या अंतर इतना हो जाएगा? हमें नुकसान सहना पड़ेगा।

Moni : That's obvious, but that was discussed between Mrs. Sinha and you and you had agreed to this.
(दैट्'स ऑबवियस, बट दैट वाज डिसकस्ड बिटवीन मिसेज सिन्हा एंड यू एंड यू हैड एग्रीड टू दिस।)
यह तो दिखाई ही दे रहा है, लेकिन इसकी बात श्रीमती सिन्हा तथा आपके बीच हुई थी तथा आपने इसे स्वीकार किया था।

Boss : I did not know that the difference will come to such a big amount. Any way, send it and ask the party to submit payment sooner than later.
(आई डिड नॉट नो दैट द डिफरेंस विल कम टू सच ए बिग एमाउंट। ऐनी वे, सैंड इट एंड आस्क द पार्टी टू सबमिट पेमेंट सूनर दैन लेटर।)
मुझे नहीं पता था कि अंतर इतनी बड़ी रकम का आएगा। कोई बात नहीं, इसे भेज दो तथा पार्टी से भुगतान शीघ्र जमा करने के लिए कहो।

III

Allan : Please give me a ticket to Bhagalpur.
(प्लीज गिव मी ए टिकेट टू भागलपुर।)
कृपया मुझे भागलपुर का एक टिकट दें।

Clerk : Here it is.
(हियर इट इज।)
यह लो।

Allan : How much is it?
(हाउ मच इज इट?)
यह कितने का है?

Clerk : Fifty rupees.
(फिफ्टी रुपीज।)
पचास रुपए का।

Allan : But the notice board says it's forty-nine.

(बट द नोटिस बोर्ड सेज इट्स फॉर्टी-नाइन।)

लेकिन सूचना पट तो कहता है कि यह 49 रुपए का है।

Clerk : It's of course forty-nine, but there's much shortage of change, so only I asked for fifty rupees.

(इट्'स ऑव कोर्स फॉर्टी-नाइन, बट देअरे'ज मच शॉर्टेज ऑव चेंज, सो ऑनली आई आस्क्ड फॉर फिफ्टी रुपीज।)

यह 49 का ही है, लेकिन खुले पैसों की बहुत कमी है, केवल इसीलिए मैंने पचास रुपए माँगे।

Allan : You're a dishonest person. Here's the hundred rupee note. Return the balance.

(यूआर ए डिस-ऑनेस्ट पर्सन। हियरेज द हंड्रेड रुपी नोट। रिटर्न द बैलेंस।)

आप बेईमान व्यक्ति हैं। यह लो सौ रुपए का नोट। बाकी वापस करो।

Clerk : I have got no change with me. Give me exact forty-nine rupees.

(आई हैव गॉट नो चेंज विद मी। गिव मी एग्जैक्ट फॉर्टी-नाइन रुपीज।)

मेरे पास कोई खुले पैसे नहीं हैं। मुझे ठीक 49 रुपए दो।

Allan : You're lying. I saw the last man give you several fifty rupee notes and one rupee coins.

(यू'आर लाइंग। आई सॉ द लास्ट मैन गिव यू सेवरल फिफ्टी रुपी नोट्स एंड वन रुपी क्वायन्स।)

आप झूठ बोल रहे हैं। मैंने देखा था कि पिछले आदमी ने आपको कई पचास रुपए के नोट तथा एक रुपए के सिक्के दिए थे।

Clerk : I'm not a servant of yours.

(आइ'ऐम नॉट ए सर्वेंट ऑव युअर्स।)

मैं आपका नौकर नहीं हूँ।

Allan : So you're bent upon cheating. All right, I'll go to the stationmaster and lodge a complaint against you.

(सो यू'आर बैंट अपॉन चीटिंग। ऑल राइट, आइ'ल गो टू द स्टेशनमास्टर एंड लॉज ए कॅम्प्लेंट अगेंस्ट यू।)

तो आप बेईमानी करने पर अड़े हैं। ठीक है, मैं स्टेशन मास्टर के पास जाकर आपके विरुद्ध शिकायत दर्ज करूँगा।

Clerk : Please don't lodge the complaint. I'll give you the

rightful balance.

(प्लीज, डों'ट लॉज द कंप्लेंट। आइ'ल गिव यू द राइटफुल बैलेंस।)

कृपया शिकायत दर्ज न करें। मैं आपको उचित बाकी रकम देता हूँ।

MISCELLANY

Worms and Insects (वार्म्ज ऐंड इनसेक्ट्स) कीट-पतंग

adder (ऐडर) गेहुवन साँप
ant (ऐंट) चींटी
beetle (बीटल) तिलचट्टा
big black ant (बिग ब्लैक ऐंट) चींटा
body-lice (बॉडी लाइस) चीलर
bug (बग) खटमल
butter-fly (बटर-फ्लाई) तितली
cacoon (कैकून) रेशम का कीड़ा
centipede (सेंटीपीड) गोजर/कनखजूरा
chameleon (कैमीलिअन) गिरगिट
conch (कोंच) शंख
crab (क्रैब) केकड़ा
cricket (क्रिकेट) झींगुर
dungbeetle (डंगबीटल) गुबरैला
earthworm (अर्थवॉर्म) केंचुआ
eel (ईल) सर्पमीन
fangs (फैंग्स) कुत्ते या भेड़िए के नुकीले दाँत
firefly (फायर-फ्लाई) जुगनू
flea (फ्ली) पिस्सू
fly (फ्लाई) मक्खी
glow-worm (ग्लो-वॉर्म) जुगनू
grain moth (ग्रेन मॉथ) घुन
grass-hopper (ग्रास-हॉपर) टिड्डी
honey-bee (हनी-बी) मधुमक्खी
hood (हुड) फन
knaur (नाउर) बर
leech (लीच) जोंक
locust (लोकस्ट) टिड्डी
louse (लाउज) जू
louse egg (लाउज एग) लीख
mole (मोल) छछूंदर
mosquito (मास्क्यूटो) मच्छर
nit (निट) लीख
oyster (ओइस्टर) सीप
prawn (प्रॉन) झींगा
rat flea (रैट फ्ली) मूषक पिस्सू
scorpion (स्कॉर्पिओ) बिच्छू
shrimp (श्रिंप) झींगी
snail (स्नेल) घोंघा
spider (स्पाइडर) मकड़ी
tadpole (टैडपोल) मेढक का बच्चा
termite (टर्माइट) दीमक
tick (टिक) किलनी/चिचिड़ी
wasp (वॉस्प) ततैया
web (वेब) मकड़ी का जाला

Warfare (वारफेयर) युद्ध

aggression (ऐग्रेशन) आक्रमण, चढ़ाई करना
armour (आर्मर) कवच
atom bomb (ऐटम बम) अणु बम
attack (अटैक) आक्रमण, धावा बोलना
auxiliary forces (आग्जिलियरी फोर्सेज) सहायक सेना
bloodshed (ब्लडशेड) रक्तपात
bombardment (बंबार्डमेंट) बम आक्रमण
campaign (कैंपेन) युद्ध-चालन
cannon-ball (कैनन-बॉल) तोप का गोला
cavalry (कैवलरी) घुड़सवार सेना
civil war (सिविल वार) आंतरिक युद्ध
commander-in-chief (कमांडर-इन-चीफ) सेनापति
defence ministry (डिफेंस मिनिस्ट्री) रक्षा-मंत्रालय
defence (डिफेंस) रक्षा
destroyer (डेस्ट्रॉयर) विध्वंसक
fighter plane (फाइटर प्लेन) लड़ाकू विमान
gunpowder (गनपाउडर) बारूद
magazine (मैगजीन) बारूदखाना
navy (नेवी) जल सेना
Prisoner of war (प्रिजनर आफ वार) युद्ध-बंदी
treaty (ट्रीटी) संधि
war strategy (वार स्ट्रेटजी) युद्ध-योजना

ammunition (एम्यूनिशन) गोला-बारूद
armaments (आर्मामेंट्स) युद्ध के शस्त्र
army, troops (आर्मी, ट्रूप्स) सेना
atomic warfare (अटॉमिक वारफेयर) परमाणु-युद्ध
battle ship (बैटल शिप) जंगी जहाज
battle, war (बैटल, वार) युद्ध
bomb (बॉम्ब) बम
brute force (ब्रूट फोर्स) पाशविक शक्ति
bullet (बुलेट) गोली
cannon (कैनन) तोप
cartridge (कार्ट्रिज) कारतूस
ceasefire (सीजफायर) युद्ध-विराम
combatant (कॉम्बैटेंट) लड़ने वाला योद्धा
defence fund (डिफेंस फंड) रक्षा-कोश
defence services (डिफेंस सर्विसेज) रक्षा-सेवाएँ
demobilisation (डेमोबिलाइजेशन) सेना भंग या हटाना
fortification (फॉर्टीफिकेशन) किलाबंदी
gas mask (गैस मास्क) गैस-नकाब
infantry (इन्फेंट्री) पैदल सेना
morale (मोरेल) मनोबल
operation (ऑपरेशन) संक्रिया
provisions (प्रॅविजंस) भोजन सामग्री
recruitment (रिक्रूटमेंट) भर्ती
trench (ट्रेंच) खाई

□

SAMPLE DIALOGUES

1. The news is so good that it cannot be true.
   (द न्यूज इज सो गुड दैट इट कैननॉट कैबी ट्रू ।)
   समाचार इतना अच्छा है कि यह सच्चा नहीं हो सकता।
2. The news is too good to be true.
   (द न्यूज इज टू गुड टू बी ट्रू ।)
   समाचार इतना अच्छा है कि यह सच्चा नहीं हो सकता।
3. Gopu is so fat that he cannot run.
   (गोपू इज सो फैट दैट ही कैननॉट रन ।)
   गोपू इतना मोटा है कि वह दौड़ नहीं सकता।
4. Gopu is too fat to run.
   (गोपू इज टु फैट टू रन ।)
   गोपू इतना मोटा है कि वह दौड़ नहीं सकता।
5. Ours is the largest institute in the state.
   (अवर्स इज द लार्जेस्ट इंस्टीट्यूट इन द स्टेट ।)
   हमारी संस्था प्रदेश में सबसे बड़ी है।
6. No other institute in the state is so large as ours.
   (नो अदर इंस्टीट्यूट इन द स्टेट इज सो लार्ज एज अवर्स ।)
   प्रदेश में और कोई संस्था इतनी बड़ी नहीं है जितनी कि हमारी।
7. Our institute is larger than any other institute in the state.
   (अवर इंस्टीट्यूट इज लार्जर देन ऐनी अदर इंस्टीट्यूट इन द स्टेट ।)
   हमारी संस्था प्रदेश में अन्य किसी भी संस्था से अधिक बड़ी है।

8. Rahman is one of the brightest students of this college.
(रहमान इज वन ऑव द ब्राइटेस्ट स्टूडेंट्स ऑव दिस कॉलेज ।)
रहमान इस विद्यालय के सबसे उज्ज्वल विद्यार्थियों में से एक है ।

9. Very few students of this college are as bright as Rahman.
(वैरी फ्यू स्टूडेंट्स ऑव दिस कॉलेज आर एज ब्राइट एज रहमान ।)
इस विद्यालय के बहुत कम विद्यार्थी इतने तीव्र बुद्धि हैं जितना कि रहमान ।

10. It was not wise of him.
(इट वाज नॉट वाइज ऑव हिम ।)
यह उसका बुद्धिमानी पूर्ण कार्य नहीं था ।

11. It was foolish of him.
(इट वाज फुलिश ऑव हिम ।)
यह उसकी मूर्खता थी ।

12. What is the use of pushing this boulder?
(व्हाट इज द यूज ऑव पुशिंग दिस बोउल्डर ?)
इस पत्थर को धक्का देने का क्या लाभ है ?

13. There is no use of pushing this boulder.
(देअर इज नो यूज ऑव पुशिंग दिस बोउल्डर ।)
इस पत्थर को धक्का देने का कोई लाभ नहीं है ।

14. Who can blame Radha of treachery?
(हू कन ब्लेम राधा ऑव ट्रेचरी ?)
राधा को विश्वासघात के लिए कौन दोषी ठहरा सकता है ?

15. No one can blame Radha of treachery.
(नो वन कन ब्लेम राधा ऑव ट्रेचरी ।)
राधा को विश्वासघात के लिए कोई दोषी नहीं ठहरा सकता ।

16. How beautiful the scenery is!
(हाउ ब्यूटिफुल द सीनरी इज !)
दृश्य कितना सुंदर है !

17. The scenery is very beautiful.
(द सीनरी इज वैरी ब्यूटिफुल ।)
दृश्य बहुत सुंदर है ।

18. If only I were a millionaire!
(इफ ऑनली आई वर ए मिलियनायर !)
काश मैं लखपति होता !

19. I wish I were a millionaire.
(आई विश आई वर ए मिलियनायर ।)
मेरी इच्छा है कि मैं लखपति होता ।

20. The officer cannot approve your application.
(द ऑफिसर कैननॉट एप्रूव योर एप्लीकेशन ।)
अधिकारी आपके प्रार्थना-पत्र को स्वीकार नहीं कर सकता ।

21. The officer cannot give approval to your application.
(द ऑफिसर कैननॉट गिव एप्रूवल टू योर एप्लीकेशन ।)
अधिकारी आपके प्रार्थना-पत्र पर स्वीकृति नहीं दे सकता ।

22. In all probability the school will be closed today.
(इन ऑल प्रोबेबिलिटी द स्कूल विल बी क्लोज्ड टुडे ।)
पूरी संभावना है कि विद्यालय आज बंद हो जाएगा ।

23. It is probable that the school will be closed today.
(इट इज प्रोबेबल दैट द स्कूल विल बी क्लोज्ड टूडे ।)
यह संभावित है कि विद्यालय आज बंद हो जाएगा ।

24. There is little difference between Raghav and Raghu.
(देअर इज लिटिल डिफरेंस बिटवीन राघव ऐंड रघु ।)
राघव तथा रघु में कम ही अंतर है ।

25. Raghav hardly differs from Raghu.
(राघव हार्डली डिफर्स फ्रॉम रघु ।)
राघव रघु से शायद ही भिन्न है ।

PRACTICE DIALOGUES

1. The news is so *good* that it cannot be true.

bad	violent
nice	bloody
lucky	foolish

2. Gopu is too fat to *run*.

enter the cave	climb the hillock
jump over the wall	skip the rope
dance with others	swim in the river

3. No other institute in the state is so *large* as ours.

big	grand
important	small
vast	disturbed

4. Very few students of this college are as *bright* as Rahman.

intelligent	foolish
tricky	wise
cute	healthy

5. There is no use of *pushing this boulder*.

doing this task	wasting your time
reading trash	wearing sweater in winter
taking a mud bath	crying over spilt milk

6. Who can blame Radha of *treachery*?

deceit	doing this thing
spoiling the curry	burning the food
poor marks	doing nothing

7. How beautiful the *scenery* is!

river	mountain
fleeting scenery	building
plantation	sunrise

8. I wish I were a *millionaire*.

bird	minister
officer	soldier
king	bureaucrat

9. The officer cannot *approve* your application.

reject	recommend
consent to	agree with
forward	stop

10. There is *little* difference between Raghav and Raghu.

a little	much
hardly a	lot of
no	least

VOCABULARY

institute (इंस्टीट्यूट) संस्था

bright (ब्राइट) उज्ज्वल

boulder (बोउल्डर) पत्थर

blame (ब्लेम) दोषी ठहराना

probability (प्रोबेबिलिटी) संभावना

violent (वायलेंट) हिंसक

state (स्टेट) प्रदेश, अवस्था

push (पुश) धक्का देना

treachery (ट्रेचरी) विश्वासघात

approval (एप्रूवल) स्वीकृति

probable (प्रोबेबुल) संभावित

bloody (ब्लडी) खूनी

skip the rope (स्किप द रोप) रस्सी कूदना
disturbed (डिस्टर्ब्ड) व्याकुल
cute (क्यूट) आकर्षक, चालाक
winter (विंटर) सर्दियाँ
spilt (स्पिल्ट) गिरा हुआ
spoil (स्पॉयल) बेकार या खराब करना
bureaucrat (ब्यूरोक्रेट) नौकरशाह
forward (फॉरवर्ड) आगे, आगे बढ़ाना
grand (ग्रांड) बड़ा
tricky (ट्रिकी) चालाक, कपटी
trash (ट्रैश) कबाड़
spill (स्पिल) गिराना
deceit (डीसीट) धोखा
fleeting (फ्लीटिंग) क्षणिक, चलती हुई
recommend (रिकमेंड) संस्तुति करना
consent (कॉन्सेंट) सहमति, सहमति देना

TIPS

Saying Things Differently. जैसा कि आप जानते हैं कि किसी एक विचार को विभिन्न प्रकार से व्यक्त कर पाने की क्षमता से आत्मविश्वास बढ़ने के साथ-साथ श्रोता पर अधिक प्रभाव भी पड़ता है। हम आपको कुछ तरीके पहले Active and Passive Voice में बता चुके हैं। आइए, कुछ और तरीके सीखने का प्रयत्न करते हैं।

Sentences with the Adverb Too. इस प्रकार के वाक्यों को निम्न प्रकार से बदला जा सकता है :

1. It is never too late to study.
   You are never so late that you cannot study.
2. The teacher is too harsh to pardon your error.
   The teacher is so harsh that she will not pardon your error.

यह ध्यान दें कि जिस प्रकार too प्रकार के वाक्यों को अन्यत्र प्रकार में बदला जाता है, उसी प्रकार अन्य प्रकार के वाक्यों को इस प्रकार में बदला जा सकता है। यह बात लगभग सभी प्रकार के वाक्यों पर लागू होती है।

Interchange of Degrees of Comparison. इस प्रकार के वाक्यों को निम्न प्रकार बदला जा सकता है :

1. Positive : Reema is as beautiful as Mala.
   Comparative : Mala is not more beautiful than Reema.
2. Positive : This field is not as large as that one.
   Comparative : That field is larger than this one.
3. Positive : No other member is as active as Roshan.
   Superlative : Roshan is the most active member of all.
4. Superlative : Cineplex is one of the biggest multiplexes in the town.

Comparative : Cineplex is not bigger than a few other multiplexes in town.

Interchange of Affirmative and Negative Sentences. इस प्रकार के वाक्यों को आपस में बदलकर इस प्रकार भिन्न प्रकार के वाक्य बनाये जा सकते हैं:

1. Kiran is an honest girl.
   Kiran is not a dishonest girl.
2. As soon as we reached the airport, the aeroplane flew away.
   No sooner than we reached the airport than the aeroplane flew away.
3. Everybody says that he did his best.
   Nobody says that he did not do his best.

Interchange of Assertive and Interrogative Sentences. इन्हें इस प्रकार परिवर्तित किया जा सकता है :

Assertive : He did not come here to make money.
Interrogative : Did he come here to make money?
Assertive : He is a cheat because he has plundered others' money.
Interrogative : Is he not a cheat because he has plundered others' money?

Interchange of Assertive and Exclamatory Sentences. ये इस प्रकार परिवर्तित किए जा सकते हैं :

Assertive : The place is very beautiful.
Exclamatory : How beautiful the place is!

Interchange of Parts of Speech. किसी वाक्य में प्रयुक्त शब्दों के Parts of Speech को बदलकर निम्न प्रकार वाक्यों को बदला जा सकता है :

1. He has *disgraced* (verb) his reputation.
   He has brought *disgrace* (noun) to his reputation.

Newspaper Headings

1. Pak responds, says it will free more prisoners : पाकिस्तान ने उत्तर दिया, कहा कि वह और कैदियों को रिहा करेगा
2. Air-India joins domestic price war : एअर-इंडिया घरेलू मूल्य प्रतिस्पर्द्धा में शामिल हुआ
3. You can get SARS and not be ill : आपको सार्स हो सकता है लेकिन हो सकता है कि आप बीमार न हों

4. India looks for share in Iraq contract pie : भारत इराक के ठेकों में हिस्से के लिए आशावान
5. Mumbai police revise stand, say Lakdawala is only brain dead : मुंबई पुलिस ने बयान बदला, कहा कि लकड़ावाला केवल दिमागी रूप से मृत
6. Pak journalists laud Vajpayee's peace offer : पाकिस्तानी संवाददाताओं ने वाजपेयी के शांति प्रस्ताव की प्रशंसा की
7. Heatwave in Andhra claims 486 lives : गरम हवाओं से आंध्र प्रदेश में 486 जीवन समाप्त हुए
8. Passport officers will drop off-day to work for dues : पासपोर्ट अधिकारी बकाए के लिए छुट्टी के दिन कार्य करेंगे
9. One more skeleton found in Raja Bhaiya's pond : राजा भैया के तालाब में एक और कंकाल मिला
10. West Indies show the world Aussies are beatable : वेस्ट इंडीज ने विश्व को दिखाया कि ऑस्ट्रेलिया को हराया जा सकता है

VISITING A FAIR

I

Pramod : This fair has always attracted people from all over India. Even several foreigners can be sighted here.
(दिस फेअर हैज आलवेज अट्रैक्टेड पीपल फ्रॉम ऑल ओवर इंडिया। ईविन सेवेरल फॉरेनर्स कन बी साइटेड हियर।)
इस मेले ने सारे भारत से लोगों को आकर्षित किया है। अनेक विदेशी भी यहाँ देखे जा सकते हैं।

Kamala : Its reason is that it's a historical fair in existence for several hundred years. Some of the incidents can also be related to the mythological era.
(इट्'स रीजन इज दैट इट्'ज ए हिस्टोरिकल फेअर इन एक्जिस्टैंस फॉर सेवरल हंड्रेड ईयर्स। सम ऑव द इंसीडेंट्स कन आलसो बी रिलेटेड टू द माइथॉलोजिकल इरा।)
इसका कारण यह है कि यह एक ऐतिहासिक मेला है, जो कई सौ वर्षों से अस्तित्व में है। कुछ घटनाएँ पौराणिक समय से संबंधित की जा सकती हैं।

Pramod : This fair also finds mention in the Ramayana. There are other references too.
(दिस फेअर आलसो फाइंड्स मेंशन इन द रामायण। देअर आर अदर रेफरेंसेज टु।)
इस मेले का रामायण में भी वर्णन है। दूसरे संदर्भ भी मिलते हैं।

Kamala : The temple situated in the middle of the large ground is said to be a witness to the fierce war that broke out between the invaders and the native people.
(द टैंपल सिचुएटेड इन द मिडिल ऑव द लार्ज ग्राउंड इज सैड टू बी ए विटनेस टू द फिअर्स वॉर दॅट ब्रोक आउट बिटवीन द इन्वेडर्ज एंड द नेटिव प्यूपिल।)
इस विशाल मैदान के बीच स्थित मंदिर के बारे में कहा जाता है कि यह उस भयंकर युद्ध का साक्षी है जो आक्रमणकर्ताओं तथा यहाँ के लोगों के बीच लड़ा गया।

Pramod : In this war even women fought and with their fierce attacks made the enemy flee. Woman have always played an important role in India since times immemorial.
(इन दिस वार ईविन वुमैन फॉट एंड विद देअर फिअर्स अटैक मेड द एनिमी फ्ली। वुमैन हैव आलवेज प्लेड एन इंपॉर्टेंट रोल इन इंडिया फ्रॉम टाइम्स इम्मेमोरियल।)
इस में स्त्रियों ने भी युद्ध किया तथा अपने भयंकर आक्रमण द्वारा शत्रु को भगा दिया। स्त्रियों ने भारत में प्राचीन काल से ही महत्त्वपूर्ण भूमिका निभाई है।

Kamala : Come, let's make our offerings to the deity before we start enjoying the fair.
(कम, लैट्स मेक अवर ऑफरिंग्ज टू द डायटी बिफोर वी स्टार्ट एंजॉयिंग द फेअर।)
आओ, मेले का आनंद लेने से पहले हम मंदिर में देवता के सामने चढ़ावा चढ़ा दें।

II

Pramod : The entire ground is filled with people—young and old, men and women, and children—all in their colourful clothes.

(द एंटायर ग्राउंड इज फिल्ड विद पीपल—यंग एंड ओल्ड, मैन एंड वुमैन, एंड चिल्ड्रन—ऑल इन देअर कलरफुल क्लॉथ्ज।)

सारा मैदान बूढ़े और जवान, पुरुषों तथा औरतों तथा बच्चों से भरा है, जो रंग-बिरंगे कपड़े पहने हैं।

Kamala : The shrieking children give the fair its natural colour. In such a condition the parents should take care of their children. They can be lost in the crowd.

(द श्रीकिंग चिल्ड्रन गिव द फेअर इट्स नेचुरल कलर। इन सच ए कंडीशन द पेरेंट्स शुड टेककेअर ऑव देअर चिल्ड्रन। दे कन बी लॉस्ट।)

चिल्लाते हुए बच्चे मेले को उसका प्राकृतिक रंग देते हैं। ऐसी अवस्था में माता-पिता को अपने बच्चों का ध्यान रखना चाहिए। वे खो सकते हैं।

Pramod : Look, people can be seen arriving on bullock carts and horse-driven carriages. It seems this would become even a more crowded place than it is now.

(लुक, पीपल कन बी सीन एराइविंग ऑन बुलॉक कार्ट्ज एंड हॉर्स-ड्रिवन कैरेजेज। इट सीम्स दिस वुड बिकम ईविन ए मोर क्राउडेड प्लेस दैन इट इज नाउ।)

देखो, लोगों को बैलगाड़ियों तथा घोड़ागाड़ियों में आते देखा जा सकता है। ऐसा लगता है कि यह स्थान और अधिक भीड़-भाड़ वाला स्थान हो जाएगा।

Kamala : It's only the first day. The fair reaches its peak on the third day. Last year the figures said that there were at least five lakh people here.

(इट्'स ऑनली द फर्स्ट डे। द फेअर रीचेज इट्'स पीक ऑन द थर्ड डे। लास्ट ईयर द फिगर्स सेड दैट देअर वर एट लीस्ट फाइव लाख पीपल हियर।)

आज तो केवल पहला दिन है। मेला अपने यौवन पर तीसरे दिन पहुँचता है। आँकड़ों के अनुसार, पिछले साल यहाँ कम-से-कम पाँच लाख लोग थे।

Pramod : That's a lot of mankind, isn't it? But the arrangement doesn't seem to be sufficient for such a large number of people.

(दैट्'स ए लॉट ऑव मेनकाइंड, इजं'ट इट? बट द अरेंजमेंट डजं'ट सीम टू बी सफिशिएंट फॉर सच ए लार्ज नंबर ऑव पीपल।)

ये तो बहुत अधिक लोग हैं, नहीं क्या? परंतु इंतजाम इतने अधिक लोगों के लिए पर्याप्त मालूम नहीं होते।

Kamala : That's been a minus point of this fair. Last year five people were crushed to death when the rope bridge gave way.

(दैट्'स बीन ए माइनस पॉइंट ऑव दिस फेअर। लास्ट ईयर फाइव पीपल क्रश्ड टू डैथ व्हैन द रोप ब्रिज गेव वे।)

यह इस मेले का नकारात्मक बिंदु है। पिछले साल पाँच लोग उस समय कुचले गए थे जब रस्सी का पुल टूट गया था।

III

Pramod : What are you going to buy in the fair?

(व्हाट आर यू गोइंग टू बाइ इन द फेअर?)

आप मेले में क्या खरीदने वाले हैं?

Kamala : Not much. You see, we villagers need some peculiar articles not easily available in the town. They can be found in the fair. I'm looking for such articles.

(नॉट मच। यू सी, वी विलेजर्स नीड सम पिक्यूलियर आर्टिकल्स नॉट ईजीलि अवेलेबुल इन द टाउन। दे कन बी फाउंड इन द फेअर। आइ'ऐम लुकिंग फॉर सच आर्टिकल्स।)

अधिक नहीं। ऐसा है कि हम गाँववासियों को कुछ विशेष वस्तुओं की आवश्यकता होती है जो कस्बों में आसानी से उपलब्ध नहीं होतीं। वे मेले में मिल सकती हैं। मैं उन्हीं को ढूँढ़ रही हूँ।

Pramod : There's a lot of time for that. I think we should first go to the swings. The Dragon Swing is really the heartthrob.

(देअरे'ज ए लॉट ऑव टाइम फॉर दैट। आई थिंक वी शुड फर्स्ट गो टू द स्विंग्ज। द ड्रेगन स्विंग इज रियली द हार्टथ्रॉब।)

उसके लिए बहुत समय है। मेरा विचार है कि हमें पहले झूलों की ओर जाना चाहिए। ड्रेगन स्विंग वास्तव में दिल को हिला देता है।

Kamala : I won't ride that. It squeezes the heart out. I'm afraid of that. For me the merry-go-round is sufficient.

(आई वो'ट राइड दैट। इट स्क्वीजेज द हार्ट आउट। आइ'ऐम आफरेड ऑव दैट। फॉर मी द मैरी-गो-राउंड इज सफिशिएंट।)
मैं उस पर नहीं चढ़ूँगी। यह दिल को खींचकर बाहर निकाल देता है। मुझे उससे डर लगता है। मेरे लिए मैरी-गो-राउंड पर्याप्त है।

Pramod : You're no more a child. Be brave and let's go to that large *hindola*.
(यू'आर नो मोर ए चाइल्ड। बी ब्रेव ऐंड लैट्स गो टू दैट लार्ज हिंडोला।)
आप अब बच्ची नहीं रहीं। बहादुर बनो और आओ उस बड़े हिंडोले की तरफ चलें।

Kamala : All right, but you'll have to promise a treat at the sweetmeat shop.
(ऑल राइट, बट यू'इल हैव टू प्रॉमिस ए ट्रीट एट द स्वीटमीट शॉप।)
ठीक है, लेकिन आपको हलवाई की दुकान पर दावत देने का वायदा करना होगा।

Pramod : Done, it's always a great occasion to be in your company.
(डन, इट्'स ऑलवेज ए ग्रेट ऑकेजन टू बी इन योर कंपनी।)
(वादा) किया, आपके साथ रहना सदैव ही महान् अवसर होता है।

MISCELLANY

Birds (बड्र्स) पक्षी

bat (बैट) चमगादड़
beak (बीक) चोंच
blue-necked jay (ब्लू-नैक्ड जे) नीलकंठ
chicken (चिकन) चूजा
cock (कॉक) मुर्गा
cockatoo (कॉकेतू) काकातुआ
crane (क्रेन) सारस
crow (क्रो) कौआ
cuckoo (कुकू) कोयल
dove (डव) फाख्ता
duck (डक) बतख
duckling (डकलिंग) बतख का बच्चा
eagle (ईगल) गरुड़
feather (फैदर) पंख
hawk (हॉक) चील
hawk cuckoo (हॉक कुकू) पपीहा
hen (हेन) मुर्गी
kite (काइट) चील
magpie (मैगपी) नीलकंठ
nightingale (नाइटिंगेल) बुलबुल
owl (आउल) उल्लू
parrot (पैरट) तोता
partridge (पारट्रिज) तीतर
peacock (पीकॉक) मोर

pea-hen (पी-हैन) मोरनी
pigeon (पिजन) कबूतर
quail (क्वेल) बटेर
sparrow (स्पैरो) गौरैया
swallow (स्वैलो) अबाबील
swan (स्वान) हंस
vulture (वल्चर) गिद्ध
weaver bird (वीवर बर्ड) बया
wing (विंग) डैना या पर
wood-pecker (वुड पैकर) कठफोड़वा

Trees and Their Parts (ट्रीज एंड देअर पार्ट्स)

acacia (अकेशिया) बबूल
bamboo (बैंबू) बाँस
banyan (बैनिअन) बरगद
bark (बार्क) छाल
birch (बर्च) भोजपात्र
branch (ब्रांच) शाखा, टहनी
bulb (बल्ब) कंद
cactus (कैक्टस) सिज
coir (क्वायर) जटा नारियल की
conifer (कॉनीफर) झाड़
cypress (साइप्रेस) सरू
fibre (फाइबर) रेशा
flower (फ्लावर) फूल
germ (जर्म) अंकुर
graft (ग्राफ्ट) कलम
guava (गुआवा) अमरूद
gum (गम) गोंद
juice (ज्यूस) रस
leaf (लीफ) पत्ती
palm (पाम) ताड़
pine (पाइन) चीड़
pistil (पिस्टिल) जयांग
pollen grain (पोलेन ग्रेन) पराग कण
pollen (पोलेन) पराग
pollen-tube (पोलेन ट्यूब) पराग नलिका
polyaltia (पॉल्येशिया) अशोक
pulp (चल्प) गुदा
root (रूट) जड़
rootstalk (रूट-स्टाक) प्रकंद
seed (सीड) बीज
skin (स्किन) छिलका
stamen (स्टैमन) पुंकेसर
stone (स्टोन) गुठली
teak (टीक) सागवान
wood (वुड) काठ/लकड़ी

□

SAMPLE DIALOGUES

1. If you work hard, you will succeed.
(इफ यू वर्क हार्ड, यू विल सक्सीड ।)
यदि आप मेहनत करोगे, तो सफल होओगे ।

2. You will succeed if you work hard.
(यू विल सक्सीड इफ यू वर्क हार्ड ।)
आप सफल होओगे यदि आप मेहनत करोगे ।

3. Had you worked hard, you would have succeeded.
(हैड यू वर्क्ड हार्ड, यू वुड हैव सक्सीडेड ।)
यदि आपने कड़ी मेहनत की होती, तो आप सफल हो गए होते ।

4. Were you a hard worker, you would have succeeded.
(वर यू ए हार्ड वर्कर, यू वुड हैव सक्सीडेड ।)
यदि आप मेहनती होते, तो आप सफल हो गए होते ।

5. Though he worked hard, he could not pass.
(दो ही वर्क्ड हार्ड, ही कुड नॉट पास ।)
हालाँकि उसने कड़ी मेहनत की, लेकिन वह उत्तीर्ण नहीं हो सका ।

6. Although he worked hard, yet he could not pass.
(आलदो ही वर्क्ड हार्ड, यट ही कुड नॉट पास ।)
हालाँकि उसने कड़ी मेहनत की, लेकिन वह उत्तीर्ण नहीं हो सका ।

7. The students took their seats as soon as the teacher entered the class.
(द स्टूडेंट्स टुक देअर सीट्स एज सून एज द टीचर एंटर्ड द क्लास ।)
विद्यार्थी अपने स्थान पर बैठ गए जैसे ही अध्यापक ने कक्षा में प्रवेश किया ।

8. As soon as the teacher entered the class, the students took their seats.
(एज सून एज द टीचर एंटर्ड द क्लास, द स्टूडेंट्स टुक देअर सीट्स।)
जैसे ही अध्यापक ने कक्षा में प्रवेश किया वैसे ही छात्र अपने स्थान पर बैठ गए।

9. We must walk fast to reach the ground in time.
(वी मस्ट वॉक फास्ट टू रीच द ग्राउंड इन टाइम।)
हमें मैदान पर समय से पहुँचने के लिए तेज चलना चाहिए।

10. We must walk fast and reach the ground in time.
(वी मस्ट वॉक फास्ट एंड रीच द ग्राउंड इन टाइम।)
हमें तेज चलना चाहिए तथा मैदान पर समय से पहुँचना चाहिए।

11. He not only tasted ice-cream but also ate a lot of sweets.
(ही नॉट ओनली टेस्टेड आइसक्रीम बट आलसो ऐट ए लॉट ऑव स्वीट्स।)
उसने न केवल आइसक्रीम चखी, बल्कि बहुत सी मिठाइयाँ भी खाईं।

12. Besides tasting ice-cream he ate a lot of sweets.
(बिसाइड्स टेस्टिंग आइसक्रीम ही ऐट ए लॉट ऑव स्वीट्स।)
आइसक्रीम चखने के अतिरिक्त उसने बहुत सी मिठाइयाँ खाईं।

13. In spite of being a loser, he came and congratulated me.
(इन स्पाइट ऑव बीइंग ए लूजर, ही केम ऐंड कॉन्ग्रेचुलेटेड मी।)
पराजित होने के बाद भी वह आया और मुझे बधाई दी।

14. He was a loser, yet he came and congratulated me.
(ही वाज ए लूजर, यट ही केम एंड कॉन्ग्रेचुलेटेड मी।)
वह एक पराजित था, लेकिन वह आया तथा मुझे बधाई दी।

15. He said that he was a thief.
(ही सैड दैट ही वाज ए थीफ।)
उसने कहा कि वह एक चोर था।

16. He confessed his thievery.
(ही कॅन्फैस्ड हिज थीवरी।)
उसने अपनी चोरी स्वीकार कर ली।

17. People with dogs are not allowed to enter.
(पीपल विद डॉग्ज आर नॉट एलाउड टू एंटर।)
कुत्तों के साथ लोगों का प्रवेश वर्जित है।

18. If you have a dog with you, you are not allowed to enter.
(इफ यू हैव ए डॉग विद यू, यू आर नॉट एलाउड टू एंटर।)
यदि आपके साथ कुत्ता है तो आपके लिए प्रवेश प्रतिबंधित है।

19. Do you know his residence?
(डू यू नो हिज रैजीडेंस?)
क्या आप उसका निवास जानते हो?

20. Do you know where he lives?
(डू यू नो व्हेयर ही लिव्ज?)
क्या आप जानते हैं कि वह कहाँ रहता है?

21. Listen to the teacher.
(लिसिन टू द टीचर।)
अध्यापक को सुनो।

22. Listen to what the teacher says.
(लिसिन टू व्हाट द टीचर सेज।)
सुनो कि अध्यापक क्या कहता है।

23. He presented me this pen.
(ही प्रजेंटेड मी दिस पैन।)
उसने मुझे यह पैन उपहार में दिया।

24. This is the pen which he presented to me.
(दिस इज द पैन व्हिच ही प्रेजेंटेड टू मी।)
यह वह पैन है जो उसने मुझे उपहार में दिया।

25. Love and be loved.
(लव एंड बी लव्ड।)
प्यार करो और प्यार पाओ।

PRACTICE DIALOGUES

1. If you <u>work hard</u>, you will <u>succeed</u>.

run fast	make it
write neatly	get more marks
stop smoking	improve your health
study science	become an engineer
steal money	be caught
love people	be loved by them

2. Had you *worked hard*, you would have *succeeded*.

solved this question	got a distinction
hit the ball hard	scored a goal
read between the lines	known the true meaning
met him there	solved your purpose
read the book	known its worth
brought your sports shoes	climbed the hill easily

3. Although he *worked hard*, yet he could not *pass*.

composed the song	make a mark
filled the form	be admitted
convened the meeting	speak a word
invited me to the party	offer me eatables
told many jokes	make people laugh
clinched the fist	hit the opponent

4. As soon as the *teacher entered the class*, the students took their seats.

chief guest hoisted the flag	game commenced
movie started	principal pacified them
function started	teacher blew the whistle

5. We must *walk fast and reach the ground in time*.

write fast and finish the essay first
run fast and win the race
recognise the target and bust it
answer the question and make to the final
relieve the stress of parents and make them happy
cooperate with each other and help our country progress

6. Besides *tasting ice-cream* he *ate a lot of sweets*.

running a long race	took part in golf
repairing the radio	installed FM in it
shouting at the trainees	made them crawl
catching a snake	extracted its venom
losing the game	lost his purse too
being invited to the meeting	was garlanded

7. He was a loser, yet he *came and congratulated me*.

ran round the ground and waved to the spectators
mounted the podium and waved the flag
went to the opponent and hugged him
created a record of the fastest move

was applauded by the crowd
brought honour to the country

8. People *with dogs* are not allowed to enter.

with long hair	wearing short pants
with informal clothes	below ten years
aged above sixty years	having short noses

9. Do you know *where he lives*?

how he sings	what he said
when he paid the bill	whether he has told a lie
if he was caught	where she put the baby to sleep

10. This is the pen which he *presented to me*.

wrote the letter with	invented himself
broke into pieces	bought in London
shouted for	fought for

VOCABULARY

though (दो) हालाँकि
sweet (स्वीट) मिठाई
loser (लूजर) पराजित, हारा हुआ
yet (यट) फिर भी
residence (रैजीडेंस) निवास
marks (मार्क्स) अंक
read between the lines (रीड बिटवीन द लाइंज) पंक्तियों के बीच पढ़ना, गुप्त अर्थ समझना
pacify (पेसीफाय) शांत करना
function (फंक्शन) उत्सव
bust (बस्ट) तोड़ना, नष्ट करना
relieve (रिलीव) शांत करना, कष्ट मुक्त करना
garland (गारलैंड) हार पहनाना
extract (एक्सट्रेक्ट) सार या अर्क निकालना
move (मूव) चाल
put to sleep (पुट टू स्लीप) सुलाना
although (आलदो) हालाँकि
in spite of (इन स्पाइट ऑव) के बावजूद
congratulate (कॉन्ग्रेचुलेट) बधाई देना
confess (कॅन्फैस) अपराध स्वीकार करना
present (प्रजेंट) उपहार देना
smoking (स्मोकिंग) धूम्रपान
compose (कम्पोज) रचना करना
eatable (ईटेबल) खाद्य पदार्थ
tricolour (ट्रायकलर) तिरंगा
commence (कमेंस) आरंभ करना
whistle (व्हिसिल) सीटी
stress (स्ट्रेस) तनाव
install (इंस्टाल) लगाना
venom (वैनम) जहर
wave (वेव) लहर, लहराना, हाथ लहराना
applaud (एप्लॉड) प्रशंसा करना, सराहना
invent (इन्वेंट) आविष्कार करना

TIPS

Saying Things Differently (Cont'd)

Conditional Sentences. सशर्त वाक्यों को विभिन्न प्रकार से कहा जा सकता है।

Concessional Sentences. जिन वाक्यों में किसी प्रकार की छूट दर्शाई जाती है, उन्हें भी विभिन्न प्रकार से कहा जा सकता है।

Interchange of Simple and Compound Sentences. बिना अर्थ में परिवर्तन लाये Simple तथा Compound वाक्यों को एक दूसरे में परिवर्तित किया जा सकता है

Simple : Besides breaking the pen, she tore the notebook.
Compound : She not only broke the pen, but also tore the notebook.

Interchange of Simple and Complex Sentences. इस प्रकार के वाक्यों को निम्नलिखित उदाहरण के अनुसार परिवर्तित किया जा सकता है :

Simple : He lived in his uncle's house.
Complex : He lived in the house that belonged to his uncle.

Interchange of Compound and Complex Sentences. इस प्रकार के वाक्यों को आपस में परिवर्तित किया जा सकता है :

Complex : Search his bag and you will find the book.
Compound : If you search his bag, you will find the bock.

NEWSPAPER HEADINGS

1. Tata Steel on course for netting record profit of Rs 290 crore : टाटा स्टील 290 करोड़ रुपए के रिकार्ड लाभ के रास्ते पर
2. Congress lashes out at BJP over quota : कांग्रेस ने भाजपा को आरक्षण के लिए लताड़ा
3. New US law to hit Indian firms : नए अमेरिकी कानून से भारतीय कंपनियों को नुकसान होगा
4. Law to be amended to check antiques theft : पुरातत्त्व वस्तुओं की चोरी रोकने के लिए कानून में संशोधन होगा
5. Cops ask MEA not to let envoy's son leave India : पुलिस ने विदेश मंत्रालय से कहा कि राजदूत के पुत्र को भारत न छोड़ने दिया जाए
6. Ineligible candidates cleared for government jobs : अपात्र उम्मीदवारों को सरकारी नौकरी के लिए उत्तीर्ण किया
7. Police catch car thieves who killed at least 45, lost count : पुलिस ने ऐसे

कार चोरों को पकड़ा जिन्होंने कम-से-कम 45 मारे, और गिनती भूल गए

8. Hilkaka-a terror enclave that flourished unchecked : हिलकाका—एक ऐसा आतंकी अड्डा जो बिना किसी रोक-टोक के फलता-फूलता रहा

9. Soldier kills his senior for not sanctioning leave : सिपाही ने अपने वरिष्ठ को छुट्टी न देने के लिए मार दिया

11. BJP wants a Mandal for upper castes : भाजपा उच्च जातियों के लिए मंडल (आरक्षण) की इच्छुक

TEACHER AND STUDENT

I

Teacher : It's the first day of the school. You're all welcome. Now each one of you will introduce yourself. Please start from this side.
(इट्'स द फर्स्ट डे ऑव द स्कूल। यु'आर ऑल वैलकम। नाउ ईच वन ऑव यू विल इंट्रोड्यूस योरसैल्फ। प्लीज स्टार्ट फ्रॉम दिस साइड।)
आज विद्यालय का पहला दिन है। आप सबका स्वागत है। अब आप में से प्रत्येक स्वयं को परिचित कराएगा। कृपया इस तरफ से आरंभ करें।

Mange : Sir, my name is Mange. My father runs a shop. I've been studying in this school for last three years.
(सर, माइ नेम इज माँगे। माइ फादर रंस ए शॉप। आइ'व बीन स्टडींग इन दिस स्कूल फॉर लास्ट थ्री ईयर्स।)
श्रीमान्, मेरा नाम माँगे है। मेरे पिता एक दुकान चलाते हैं। मैं इस विद्यालय में तीन वर्ष से पढ़ रहा हूँ।

Kishor : Sir, my name is Kishor. My father is a teacher in this school. I passed my last class in first division.
(सर, माइ नेम इज किशोर। माइ फादर इज ए टीचर इन दिस स्कूल। आइ पास्ड माइ लास्ट क्लास इन फर्स्ट डिवीजन।)
श्रीमान्, मेरा नाम किशोर है। मेरे पिता इस विद्यालय में अध्यापक हैं। मैंने पिछली कक्षा प्रथम श्रेणी में उत्तीर्ण की है।

Rohit : I'm Rohit. This is my first day at this school. I joined this school as my previous school was up to high school.
(आइ'ऐम रोहित। दिस इज माइ फर्स्ट डे एट दिस स्कूल। आई जॉइंड दिस स्कूल एज माइ प्रीवियस स्कूल वाज अप टू हाई स्कूल।)

मैं रोहित हूँ। इस विद्यालय में यह मेरा पहला दिन है। मैंने इस विद्यालय में इसलिए प्रवेश लिया है क्योंकि मेरा पिछला विद्यालय दसवीं कक्षा तक था।

Govind : My name is Govind but my friends like to call me Khanna.

(माइ नेम इज गोविंद बट माइ फ्रेंड्स लाइक टू कॉल मी खन्ना।)

मेरा नाम गोविंद है, लेकिन मेरे मित्र मुझे खन्ना कहना पसंद करते हैं।

Deep : Sir, my name is Deep Chand. I belong to Chandigarh. I've joined this school as my father has been transferred to this place. He is a bank officer.

(सर, माय नेम इज दीपचंद। आइ बिलोंग टू चंडीगढ़। आइ'व जॉइंड दिस स्कूल एज माइ फादर हैज बीन ट्रांसफर्ड टू दिस प्लेस। ही इज ए बैंक ऑफिसर।)

श्रीमान्, मेरा नाम दीपचंद है। मैं चंडीगढ़ का रहने वाला हूँ। मैंने इस विद्यालय में इसलिए प्रवेश लिया है, क्योंकि मेरे पिता का इस स्थान पर स्थानांतरण हो गया है। वह एक बैंक अफसर हैं।

Suresh : I'm known by the name of Suresh. I hail from a village, so I stay in a hostel for the purpose of studies. My father is a farmer.

(आइ'ऐम नोन बाई द नेम ऑव सुरेश। आइ हेल फ्रॉम ए विलेज, सो आय स्टे इन ए होस्टल फॉर द पर्पज ऑव स्टडीज। माइ फादर इज ए फार्मर।)

मैं सुरेश के नाम से जाना जाता हूँ। मैं एक गाँव का वासी हूँ, इसीलिए पढ़ाई के कारण मैं एक होस्टल में रहता हूँ। मेरे पिता एक किसान हैं।

Teacher : Good, I'm pleased to know you all. I should now introduce myself as well. My name is Balchand. I'm a postgraduate trained teacher. I'll be teaching you physics besides being your class teacher. If you are not able to follow me at any stage, please draw my attention. Get me?

(गुड, आइ'ऐम प्लीज्ड टू नो यू ऑल। आइ शुड नाउ इंट्रोड्यूस माइसैल्फ एज वैल। माइ नेम इज बालचंद। आयम ए पोस्टग्रेजुएट ट्रेंड टीचर। आइ'ल बी टीचिंग यू फिजिक्स बिसाइड्स बीइंग योर क्लास टीचर। इफ यु आर नॉट एबल टू फॉलो मी एट एनी स्टेज, प्लीज ड्रॉ माइ अटेंशन। गैट मी?)

बहुत अच्छा, आप सबका परिचय पाकर मुझे बहुत प्रसन्नता हुई। अब मुझे स्वयं का भी परिचय देना चाहिए। मेरा नाम बालचंद है। मैं आपका कक्षा अध्यापक होने के अतिरिक्त आपको भौतिक-शास्त्र पढ़ाऊँगा। यदि किसी भी अवसर पर आप मेरी बात समझ नहीं पाते हैं तो आप मेरा ध्यान इस ओर आकर्षित करें। क्या आप मुझे समझ पा रहे हैं?

II

Teacher : Your syllabus is complete now and your examinations are not far-off. Tomorrow onwards we shall revise the whole syllabus.
(योर सिलेबस इज कंप्लीट नाउ एंड योर एग्जामिनेशंस आर नॉट फार-ऑफ। टुमॉरो ऑनवाड्र्स वी शैल रिवाइज द होल सिलेबस।)
आपका पाठ्यक्रम अब पूरा हो गया है और आपकी परीक्षा बहुत दूर नहीं हैं। कल से हम लोग पूरा पाठ्यक्रम दोहराएँगे।

Govind : I request that the difficult lessons and questions should be dealt with first.
(आई रिक्वेस्ट दैट द डिफिकल्ट लैसंस एंड क्वेश्चंस शुड बी डैल्ट विद फर्स्ट।)
मैं प्रार्थना करता हूँ कि मुश्किल पाठ और प्रश्नों को पहले कर लिया जाए।

Teacher : Whenever you face any difficulty, please bring it up without waiting for its turn to come. But it's necessary that we revise the whole syllabus.
(व्हेनेवर यू फेस ऐनी डिफिकल्टी, प्लीज ब्रिंग इट अप विदाउट वेटिंग फॉर इट्स टर्न टू कम। बट इट्'ज नेसेसरी दैट वी रिवाइज द होल सिलेबस।)
जब भी आप किसी कठिनाई का सामना करें, उसे कृपया उसकी बारी की प्रतीक्षा किए बिना सामने लाएँ। लेकिन यह आवश्यक है कि हम पूरे पाठ्यक्रम को दोहराएँ।

Deep : Sir, revising the whole syllabus would take time. We would not be left with sufficient time to prepare for the examinations.
(सर, रिवाइजिंग द होल सिलेबस वुड टेक टाइम। वी वुड नॉट बी लैफ्ट विद सफिशिएंट टाइम टू प्रीपेअर फॉर द एग्जामिनेशंस।)
श्रीमान्, पूरे पाठ्यक्रम को दोहराने में समय लगेगा। हमारे पास परीक्षा की तैयारी के लिए पर्याप्त समय नहीं बचेगा।

Teacher	:	Remember that the examinations throw up unexpected problems which you would be able to tackle only if you are through with the complete syllabus. Else you may have to grope in dark. (रिमेंबर दैट द एग्जामिनेशंस थ्रो अप अनएक्सपैक्टेड प्रॉब्लम्स व्हिच यू वुड बी एबल टू टैकल ऑनली इफ यू आर थ्रू विद द कंप्लीट सिलेबस। एल्स यू मे हैव टू ग्रोप इन डार्क।) यह याद रखिए कि परीक्षाएँ अचानक ऐसी समस्याओं से सामना करा देती हैं जिन्हें आप केवल तब ही हल कर पाएँगे जब आप पूरा पाठ्यक्रम समझे हुए हैं। अन्यथा आप अँधेरे में हाथ मारते रह जाएँगे।
Govind	:	I agree with you, sir. In the last annual examinations, the question I found to be the toughest came from the easiest chapter. (आई एग्री विद यू, सर। इन द लास्ट एम्जामिनेशंस, द क्वेश्चन आइ फाउंड टू बी द टफेस्ट केम फ्रॉम द ईजिएस्ट चैप्टर।) मैं आपसे सहमत हूँ, श्रीमान्। पिछली परीक्षाओं में, जो प्रश्न मुझे सबसे कठिन लगा वह सबसे आसान पाठ से आया था।
Teacher	:	That is normal. When we consider a lesson easy, we tend to give it a little attention and thus miss on the vital points thinking that we know them. But the truth remains the other way round. Therefore, it's important that you pay equal attention to all the lessons, a little more to the lessons you consider difficult. (दैट इज नॉर्मल। व्हेन वी कंसीडर ए लैसन ईजी, वी टैंड टू गिव इट ए लिटिल अटेंशन एंड दस मिस ऑन द वायटल प्वायंट्स थिंकिंग दैट वी नो दैम। बट द ट्रुथ रिमेंस द अदर वे राउंड। देअरफोर, इट्'ज इंपॉर्टेंट दैट यू पे ईक्वल अटेंशन टू ऑल द लैसंस, ए लिटिल मोर टू द लैसंस यू कंसीडर डिफिकल्ट।) यह सामान्य है। जब हम किसी पाठ को आसान समझते हैं तो उस पर कम ध्यान देते हैं और इस तरह हम यह समझते हुए कि हम उन्हें जानते हैं, उसके महत्त्वपूर्ण बिंदुओं को नजरअंदाज कर देते हैं। लेकिन सच्चाई दूसरी तरह से होती है। इसलिए, यह महत्त्वपूर्ण है कि सभी पाठों पर बराबर ध्यान दिया जाए तथा उन पाठों पर थोड़ा अधिक ध्यान दिया जाए, जिन्हें आप मुश्किल समझते हैं।

Suresh : Careful planning is the key to success.
(केअरफुल प्लानिंग इज द की टू सक्सेस।)
सावधानीपूर्वक बनी योजना सफलता की कुंजी है।

Teacher : That's true. Now let's get on with the job.
(दैट्'स ट्रू। नाउ लैट्स गैट ऑन विद द जॉब।)
यह सत्य है। आओ अब हम कार्य की ओर अग्रसर हों।

III

Teacher : How was your paper today?
(हाउ वाज द पेपर टुडे?)
आज पर्चा कैसा था?

Rohit : I did it well throughout. I found, to my surprise, that I knew all the questions.
(आई डिड अट वैल थ्रूआउट। आं फाउंड, टू माइ सरप्राइज, दैट आई न्यू आल द क्वेश्चंस।)
मैंने पूरा अच्छी तरह किया। मैं यह देखकर आश्चर्यचकित था कि मुझे सभी प्रश्न आते थे।

Mange : My paper was average. I devoted more time to a question that I didn't know. Due to this I could not complete the last question.
(माइ पेपर वाज एवरेज। आई डिवोटेड मोर टाइम टू ए क्वेश्चन दैट आई डिडंट नो। ड्यू टू दिस आई कुड नॉट कंप्लीट द लास्ट क्वेश्चन।)
मेरी परीक्षा सामान्य थी। मैंने एक ऐसे प्रश्न पर अधिक समय लगा दिया जिसे मैं नहीं जानता था। इसके कारण मैं आखिरी प्रश्न पूरा नहीं कर सका।

Teacher : That was a mistake on your part. You should skip the difficult questions in the first attempt and should come back to them after you've solved the questions you know. What about you, Suresh?
(दैट वाज ए मिस्टेक ऑन योर पार्ट। यू शुड स्किप द डिफिकल्ट क्वेश्चंस इन द फर्स्ट अटैंप्ट ऐंड शुड कम बैक टू दैम आफ्टर यू'इव सॉल्व्ड द क्वेश्चंस यू नो। व्हाट एबाउट यू, सुरेश?)
यह आपकी गलती थी। प्रथम प्रयास में आपको कठिन प्रश्नों को छोड़ देना चाहिए तथा उन पर वापस तब आना चाहिए जब आप उन प्रश्नों को हल कर चुके हैं जिन्हें आप जानते हैं। सुरेश, आपका कैसा रहा?

Suresh : I feel that there were atleast two questions from out of syllabus.

(आई फील दैट देअर वर एटलीस्ट टू क्वेश्चंस फ्रॉम आउट ऑव सिलेबस ।)

मैं महसूस करता हूँ कि कम-से-कम दो प्रश्न पाठ्यक्रम के बाहर से थे ।

Teacher : There was no question from out of syllabus, was it there, Govind?

(देअर वाज नो क्वेश्चन फ्रॉम आउट ऑव सिलेबस, वाज इट देअर, गोविंद?)

कोई भी प्रश्न पाठ्यक्रम के बाहर से नहीं था, क्या था, गोविंद?

Govind : All the questions were from the syllabus. Of course, a few of them were given in a very novel way. We were never taught that way in the class.

(ऑल द क्वेश्चंस वर फ्रॉम द सिलेबस । ऑव कोर्स, ए फ्यू ऑव दैम वर गिविन इन ए वैरी नॉवल वे । वी वर नेवर टॉट दैट वे इन द क्लास ।)

सभी प्रश्न पाठ्यक्रम में से थे । हाँ, उनमें से कुछ को नए प्रकार से दिया गया था । हमें उस प्रकार से कभी नहीं पढ़ाया गया था ।

Teacher : I told you that examinations bring up a few surprises all the time. You should be prepared for that. How did you do, Kishor?

(आई टोल्ड यू दैट एग्जामिनेशंज ब्रिंग अप ए फ्यू सरप्राइजेज ऑल द टाइम । यू शुड बी प्रीपेअर्ड फॉर दैट । हाउ डिड यू डू, किशोर?)

मैंने आपको बताया था कि परीक्षाएँ हमेशा कुछ आश्चर्य लेकर आती हैं । आपको उसके लिए तैयार रहना चाहिए । किशोर, आपने कैसा किया?

Kishor : I did fairly well. Rather I found the time short. When I was midway in the last question, the invigilator informed that only five minutes were left. So instead of writing the whole narrative answer, I wrote the main points requesting the examiner to see that it was time, and not knowledge, that I could not complete the answer.

(आई डिड फेअरली वैल । रादर आई फाउंड द टाइम शॉर्ट । व्हैन आई वाज मिडवे इन द लास्ट क्वेश्चन, द इनविजिलेटर इन्फॉर्म्ड दैट ऑनली फाइव मिनिट्स वर लैफ्ट । सो इंस्टीड ऑव राइटिंग द होल नेरेटिव आंसर, आई

रोट द मेन पॉइंट्स रिक्वेस्टिंग द एग्जामिनर टू सी दैट इट वाज टाइम, एंड नॉट नॉलेज, दैट आई कुड नॉट कंप्लीट द आंसर।)

मैंने काफी अच्छा किया। बल्कि मैंने समय को थोड़ा पाया। जब मैं आखिरी प्रश्न के बीच था, तो परीक्षा-निरीक्षक ने सूचित किया कि केवल पाँच मिनट रह गए थे। इसलिए, पूरा विस्तृत उत्तर लिखने के स्थान पर, मैंने परीक्षक से यह प्रार्थना करते हुए मुख्य बिंदु लिख दिए कि मैं समय की कमी के कारण, न कि ज्ञान के कारण, प्रश्न पूरा कर नहीं पा रहा था।

Teacher : Don't think that the examiner doesn't see these things. He should be considerate in allotting you some marks. But be careful, you should not address anything to the examiner. Most of them don't like it. Any way, good luck.

(डोंट थिंक दैट द एग्जामिनर डजं'ट सी दीज थिंग्स। ही शुड बी कंसीडरेट इन एलॉटिंग यू सम मार्क्स। बट बी केअरफुल, यू शुड नॉट एड्रेस एनीथिंग टू द एग्जामिनर। मोस्ट ऑव दैम डोंट लाइक इट। एनी वे, गुड लक।)

यह मत सोचो कि परीक्षक इन चीजों को नहीं देखता। उसे आपको कुछ अंक देने के लिए विचारशील होना चाहिए। लेकिन आपको सावधान रहना चाहिए कि आप परीक्षक के लिए कुछ न लिखें। उनमें से अधिकांश इसे पसंद नहीं करते। ठीक है, सौभाग्य आपके साथ हो।

MISCELLANY

Human Nature (ह्यूमैन नेचर) मानव प्रकृति

arrogant (एरोगेंट) अहंकारी, हठी
beneficent (बेनीफिसेंट) परोपकारी
brusque (ब्रस्क) फूहड़
cringing (क्रिंगिंग) चापलूस
deficient (डेफिशिएंट) अपूर्ण, हीन
finical (फिनिकल) अति सूक्ष्म, अति प्रवीणता का इच्छुक
haughty (हॉटी) अभिमानी
impetuous (इंपेशुअस) प्रबल, क्रोधी
insolent (इंसोलेंट) धृष्ट, ढीठ
benefactor (बेनेफेक्टर) उपकारी
benevolent (बेनीवॉलेंट) हितैषी
courteous (कर्टिअस) दयालु, सभ्य
dauntless (डॉन्टलैस) निर्भय, निडर
enthusiastic (इनथ्यूसियास्टिक) उत्साही
foppish (फॉपिश) दंभी
garrulous (गैर्‌यूलस) वाचाल, बकवादी
impertinent (इंपर्टीनेंट) अशिष्ट, अविनीत
impudent (इंपुडेंट) निर्लज्ज, धृष्ट
knave (नेव) धूर्त

malevolent (मालवॉलेंट) कुबुद्धि
mendacious (मेंडाशियस) मिथ्या
obstinate (ऑब्स्टीनेट) दुःसाध्य, हठी
peculiar (पेक्यूलर) असामान्य, विशिष्ट
querrulous (क्वेरलस) सदा शिकायत करने वाला, चिड़चिड़ा
rogue (रोग) धूर्त, दुर्जन
sober (सोबर) मर्यादित, गंभीर
tantalise (टेंटालाइज) तरसाना, चिढ़ाना
malicious (मेलिशियस) द्रोही, पापात्मा
obsequious (ऑबसेक्वियस) आज्ञाकारी, विनीत
propensity (प्रोपेंसिटी) प्रवृत्ति
rascal (रास्कल) दुष्ट, दुर्जन
reckless (रेकलिस) लापरवाह
sheer (शिअर) सादा, निपट
suave (सुआव) शांत, नम्र, विनीत
taunt (टॉन्ट) ताना, कटाक्ष

Energy and Electricity (एनर्जी एंड इलेक्ट्रिसिटी) ऊर्जा व बिजली

aerial (एरियल) वायु संबंधी, एरियल
battery (बैटरी) बैटरी
capacity (कैपेसिटी) योग्यता, सामर्थ्य
condenser (कंडेंसर) संघनक
current (करेंट) प्रवाह, विद्युत् प्रवाह
distortion (डिस्टॉर्शन) वक्रता
energy (एनर्जी) ऊर्जा
ether (ईथर) आकाश
galena (गलेना) कच्चा सीसा
lead (लेड) सीसा
oscillate (ऑसीलेट) हिलाना, कंपन करना
radio (रेडियो) रेडियो
reflex (रिफ्लैक्स) प्रतिविंब, परावर्ती
telephone (टेलीफोन) दूरभाष
transmission (ट्रांसमिशन) प्रेषण
volt (वोल्ट) बिजली शक्ति नाप इकाई
atmospheric (एटमोस्फरिक) वायुमंडल या वातावरण संबंधी
circuit (सरकिट) चक्कर, बिजली तार मंडल
crystal (क्रिस्टल) स्फटिक
detector (डिटेक्टर) डिटेक्टर, पता करने वाला
emitter (एमीटर) प्रवाहक, छोड़ने या निकालने वाला
frequency (फ्रिक्वेंसी) बारंबारता
insulate (इंसुलेट) अवरोधक
neutralise (न्यूट्रॅलाइज) तटस्थ करना
phenomenon (फेनॉमेनन) गोचर पदार्थ
radiation (रेडिएशन) किरण या ज्योति फैलाव
receiver (रिसीवर) रिसीवर, प्राप्तकर्ता
sensitiveness (सेंसिटिवनैस) सचेतन
tension (टेंशन) तनाव
valve (वैल्व) वाल्व, रक्त नियंत्रक झिल्ली, कपाट

□

SAMPLE DIALOGUES

1. He has a shop. He must run it.
(ही हैज ए शॉप। ही मस्ट रन इट।)
उसकी एक दुकान है। उसे इसे चलाना चाहिए।

2. He has a shop to run.
(ही हैज ए शॉप टू रन।)
उसके पास चलाने के लिए एक दुकान है।

3. He is very obese. He cannot enter the hole.
(ही इज वैरी ऑबीज। ही कैननॉट एंटर द होल।)
वह बहुत मोटा है। वह छिद्र में घुस नहीं सकता।

4. He is too obese to enter the hole.
(ही इज टु ऑबीज टू एंटर द होल।)
वह इतना मोटा है कि छिद्र में घुस नहीं सकता।

5. Mr. Manik is my father. He is a doctor.
(मिस्टर मणिक इज माई फादर। ही इज ए डॉक्टर।)
मिस्टर मणिक मेरे पिता हैं। वह एक चिकित्सक हैं।

6. Mr. Manik, my father, is a doctor.
(मिस्टर मणिक, माइ फादर, इज ए डॉक्टर।)
मिस्टर मणिक, मेरे पिता, एक डाक्टर हैं।

7. She was riding a cycle. She saw a monkey on the road.
(शी वाज राइडिंग ए साइकिल। शी सॉ ए मंकी ऑन द रोड।)
वह साइकिल चला रही थी। उसने सड़क पर एक बंदर देखा।

8. Riding a cycle she saw a monkey on the road.
(राइडिंग ए साइकिल शी सॉ ए मंकी ऑन द रोड।)
साइकिल चलाते हुए उसने सड़क पर एक बंदर देखा।

9. The engineer inspected the bridge. He went away.
(द इंजीनियर इंस्पेक्टेड द ब्रिज। ही वैंट अवे।)
इंजीनियर ने पुल का निरीक्षण किया। वह चला गया।

10. Having inspected the bridge the engineer went away.
(हैविंग इंस्पेक्टेड द ब्रिज द इंजीनियर वैंट अवे।)
पुल का निरीक्षण करने के बाद इंजीनियर चला गया।

11. They saw a soldier. He was running round the ground.
(दे सॉ ए सोल्जर। ही वाज रनिंग राउंड द ग्राउंड।)
उन्होंने एक सैनिक को देखा। वह मैदान के चारों ओर दौड़ रहा था।

12. They saw a soldier running round the ground.
(दे सॉ ए सोल्जर रनिंग राउंड द ग्राउंड।)
उन्होंने एक सैनिक को मैदान के चारों ओर दौड़ते हुए देखा।

13. It was a rainy day. We decided to stay back.
(इट वाज ए रेनी डे। वी डिसाइडेड टू स्टे बैक।)
यह वर्षाकालीन दिन था। हमने रुकने का फैसला किया।

14. It being a rainy day, we decided to stay back.
(इट बीइंग ए रेनी डे, वी डिसाइडेड टू स्टे बैक।)
वर्षाकालीन दिन होने के कारण हमने रुकने का फैसला किया।

15. The landlord wrote his will. Then he breathed his last.
(द लैंडलॉर्ड रोट हिज विल। दैन ही ब्रीद्ड हिज लास्ट।)
जमींदार ने अपनी वसीयत लिखी। तब उसने आखिरी साँस ली।

16. The landlord, having written his will, breathed his last.
(द लैंडलॉर्ड, हैविंग रिटिन हिज विल, ब्रीद्ड हिज लास्ट।)
वसीयत लिखने के बाद जमींदार ने आखिरी साँस ली।

17. It is unfortunate. He could not succeed.
(इट इज अनफॉर्चुनेट। ही कुड नॉट सक्सीड।)
यह दुर्भाग्यपूर्ण है। वह सफल नहीं हो सका।

18. Unfortunately he could not succeed.
(अनफॉचुनेटली ही कुड नॉट सक्सीड।)
दुर्भाग्यवश वह सफल नहीं हो सका।

19. It was midnight. She had not returned to house
(इट वाज मिडनाइट। शी हैड नॉट रिटर्न्ड टू हाउस।)

यह मध्यरात्रि थी । वह घर नहीं लौटी थी ।

20. She had not returned to house till midnight.
(शी हैड नॉट रिटर्न्ड टू हाउस टिल मिडनाइट ।)

वह मध्यरात्रि तक घर नहीं लौटी थी ।

21. He has fallen many times. He hopes to climb the wall.
(ही हैज फॉलेन मैनी टाइम्स । ही होप्स टू क्लाइंब द वॉल ।)

वह अनेक बार गिर चुका है । वह दीवार पर चढ़ने की आशा रखता है ।

22. In spite of falling many times, he hopes to climb the wall.
(इन स्पाइट ऑव फॉलिंग मैनी टाइम्स, ही होप्स टू क्लाइंब द वॉल ।)

अनेक बार गिरने के बाद भी वह दीवार पर चढ़ने की आशा रखता है ।

23. I opened the almirah. I found a pen. It was broken.
(आई ओपंड द आलमीराह । आई फाउंड ए पैन । इट वाज ब्रोकन ।)

मैंने अलमारी खोली । मैंने एक पैन पाया । यह टूटा हुआ था ।

24. Opening the almirah I found a broken pen.
(ओपनिंग द आलमीराह आई फाउंड ए ब्रोकन पैन ।)

अलमारी खोलने पर मुझे एक टूटा हुआ पैन मिला ।

25. I opened the almirah and found a broken pen.
(आई ओपंड द आलमीराह एंड फाउंड ए ब्रोकन पैन ।)

मैंने अलमारी खोली और एक टूटा हुआ पैन पाया ।

PRACTICE DIALOGUES

1. He has a shop to run.

a pen to write with	an elephant to ride
a fiancée to marry with	an examination to pass
a tractor to plough with	a book to read

2. He is too obese to enter the hole.

short to run fast	to take part in competition
slow to write the letter	tall to fit in the trouser thin
timid to accept this	soft-spoken to abuse anyone

3. *Riding a cycle* she saw a monkey on the road.

walking on the pavement	talking to her friend
standing in the balcony	skipping the rope
listening to music	washing clothes

4. Having *inspected the bridge* the engineer went away.

marked the building	met the workers
instructed the supervisor	found the fault
corrected the slope	measured the road

5. They saw a soldier *running round the ground*.

shooting with a gun	saluting an officer
cleaning the tank	making a rope bridge
quarrelling with a civilian	buying articles in the canteen

6. It being a rainy day, we decided to *stay back*.

go to the lake	go cycling
swim in the river	arrange a picnic
not wash clothes	stop students from leaving

7. The landlord, having *written his will*, breathed his last.

prayed to God	kissed his wife
loved his son	distributed his wealth
told the secret	divulged the name of the murderer

8. Unfortunately he could not *succeed*.

come	leave
arrive	pass
enter	reach in time

9. In spite of *falling* many times, he hopes to climb the wall.

failing	being forbidden
being refused	being tired
attempting	stopping

10. I opened the almirah and *found a broken pen*.

took out the skeleton	went my way
looked at the locker	looked for the keys
telephoned my sister	waited for my brother

VOCABULARY

run (रन) दौड़ना, चलाना
hole (होल) छिद्र
will (विल) वसीयत
unfortunate (अनफॉर्चुनेट) दुर्भाग्यपूर्ण
midnight (मिडनाइट) मध्यरात्रि
almirah (आल्मीराह) अलमारी
obese (ऑबीज) मोटा
bridge (ब्रिज) पुल
breathe one's last (ब्रीद वंज लास्ट) अंतिम साँस लेना
hope (होप) आशा करना/रखना
fiancée (फियांसी) लड़की जिससे सगाई

trouser (ट्राउजर) पैंट
slope (स्लोप) ढाल
measure (मेजर) नापना
salute (सैल्यूट) सलाम करना
civilian (सिविलियन) असैनिक
divulge (डायवल्ज) भेद खोलना
forbid (फॉरबिड) मना करना
skeleton (स्केलेटन) कंकाल
हो गई हो
soft-spoken (सोफ्ट-स्पोकन) नम्रतापूर्वक बोलने वाला
tank (टैंक) टंकी
distribute (डिस्ट्रीब्यूट) बाँटना
murderer (मर्डरर) कातिल
attempt (अटैंप्ट) प्रयत्न करना

TIPS

Synthesis. जैसे-जैसे आप अंग्रेजी पर आधिपत्य पा रहे हैं, यह आवश्यक है कि आप दो या अधिक वाक्यों को एक साथ मिलाकर बोल पाएँ। इस तथा अगले पाठ में हम आपको दो या अधिक वाक्यों को एक साथ मिलाकर बोलने के तरीकों से अवगत कराएँगे। आइए, पहले हम सीखते हैं कि इन्हें Simple Sentence में किस प्रकार परिवर्तित करना चाहिए।

Combining Two or More Sentences into a Simple Sentence

1. By Using an Infinitive: Infinite का प्रयोग कर इस प्रकार वाक्यों को मिलाया जा सकता है :

   He has a computer. He operates it.
   He has a computer to operate.

2. By Using a Noun or Phrase in Apposition: इसका उदाहरण देखें :

   Reema is my sister. She lives in London.
   Reema, my sister, lives in London.

3. By Using a Participle: इसका एक उदाहरण देखें :

   She was watching television. She heard a knock at the door.
   Watching television, she heard a knock at the door.

4. By Using Nominative Absolute Construction. इसका उदाहरण देखें :

   It was a sunny day. We went out for hiking.
   It being a sunny day we went out for hiking.

5. By Using an Adverb or Adverbial Phrase. एक उदाहरण देखते हैं :

   It was absolute. It was necessary.
   It was absolutely necessary.

6. By Using a Preposition with a Noun or Gerund. एक उदाहरण हो सकता है :

She passed the examination. She jumped with joy. She distributed sweets.

She jumped with joy on passing the examination and distributed sweets.

ध्यान दें कि उपर्युक्त तरीके एक ही वाक्य में भी अपनाए जा सकते हैं।

NEWSPAPER HEADINGS

1. We didn't have enough men to bust terror base, says army : सेना ने कहा कि उनके पास आतंकी अड्डे को नष्ट करने के लिए पर्याप्त आदमी नहीं थे
2. Tihar staff prevent mistaken release of Pak terrorist : तिहाड़ के रक्षकों ने पाक आतंकवादी की गलत रिहाई को रोका
3. Bush to take up terror with Pervez at Camp David : बुश परवेज से कैंप डेविड में आतंकवाद पर बात करेंगे
4. We'll not rest till Kashmir is prosperous, says Sonia : हम तब तक आराम नहीं करेंगे जब तक कश्मीर समृद्ध नहीं हो जाता—सोनिया ने कहा
5. Crime graph up in South Delhi : दक्षिण दिल्ली में अपराध आँकड़े बढ़ोतरी पर
6. Lehmann slams ton but Gayle scalps five : लेहमान ने शतक बनाया, लेकिन गायले ने पाँच विकट लिए
7. Dollar may depreciate to Rs 38 in next five years : डॉलर अगले पाँच वर्षों में 38 रुपए पर गिर सकता है
8. Worid's tallest tree no more : विश्व का सबसे लंबा पेड़ नहीं रहा
9. Pak tells terrorists to close camps in PoK by today : पाकिस्तान ने आतंकवादियों को पाक अधिकृत कश्मीर में कैंप बंद करने के लिए कहा
10. Cable operators offer set-top box schemes : केबल आपरेटरों ने सैट-टॉप बक्सों की व्यवस्था दी

MEMORIES

I

Vinod : Just remember the old time. It was really the best time.
(जस्ट रिमेंबर द ओल्ड टाइम। इट वाज रियली द बैस्ट टाइम।)
जरा पुराने समय को याद करो। वह तो सर्वोत्तम समय था।

Rekha : No doubt, I remember I got only five paise as pocket money and I could buy so many things in it.

(नो डाउट, आई रिमेंबर आई गॉट ओनली फाइव पैसे एज पॉकेट मनी एंड आई कुड बाय सो मैनी थिंग्ज इन इट।)

इसमें कोई शक नहीं, मुझे याद है कि मुझे केवल पाँच पैसे जेब खर्च के मिलते थे तथा मैं इसमें बहुत सारी चीजें खरीद सकता था।

Vinod : There was an incident. My grandfather fought with a shopkeeper over an amount of three paise; while today we hardly care for a couple of rupees.

(देअर वाज एन इंसीडेंट। माइ ग्रांडफादर फोट विद ए शॉपकीपर ओवर एन एमाउंट ऑव थ्री पैसे; व्हाइल टुडे वी हार्डली केअर फॉर ए कपल ऑव रुपीज।)

एक घटना हुई थी। मेरे दादाजी ने तीन पैसे की रकम के लिए एक दुकानदार से लड़ाई की थी; जबकि आज हम दो-एक रुपयों का मुश्किल से ध्यान रखते हैं।

Rekha : Life was simple. People believed in the principle of Lal Bahadur Shastri "simple living and high thinking". Today we need many, many things and still we find ourselves dissatisfied.

(लाइफ वाज सिंपल। पीपल बिलीव्ड इन द प्रिंसिपल ऑव लालबहादुर शास्त्री "सिंपुल लिविंग ऐंड हाई थिंकिंग"। टुडे वी नीड मैनी, मैनी थिंग्ज ऐंड स्टिल वी फाइंड आवरसैल्व्ज डिस्सैटिस्फाइड।)

जीवन सादा था। लोग लालबहादुर शास्त्री के 'सादा जीवन उच्च विचार' के सिद्धांत में विश्वास करते थे। आज हमें बहुत सी चीजों की आवश्यकता होती है तब भी हम लोग स्वयं को असंतुष्ट पाते हैं।

Vinod : Our modern way of life has brought so many luxuries which even the kings could not avail in the olden times.

(ऑवर मॉडर्न वे ऑव लाइफ हैज ब्रॉट सो मैनी लक्जरीज व्हिच इविन द किंग्ज कुड नॉट अवेल इन द ओल्डन टाइम्स।)

हमारा आधुनिक जीवन बहुत सी ऐसी आरामदायक वस्तुएँ लाया है, जिन्हें पुराने समय में राजा भी नहीं जुटा पाए।

Rekha : You would agree that people were healthier those days. It was because of the reason that natural bounties had not faced the menace of pollution.

(यू वुड एग्री दैट पीपल वर हैल्दियर दोज डेज। इट वाज बिकॉज ऑव द रीजन दैट नेचुरल बाउंटीज हैड नॉट फेस्ड द मैनेस ऑव पॉल्यूशन।)

आप इस बात को मानेंगे कि उस समय लोग अधिक स्वस्थ होते थे। इसका कारण यह था कि प्राकृतिक संसाधनों को प्रदूषण का सामना नहीं करना पड़ा था।

Vinod : Pure water, pure air, pure milk, pure ghee, everything was pure then. And now we get everything processed or adulterated.

(प्योर वाटर, प्योर एअर, प्योर मिल्क, प्योर घी, एवरीथिंग वाज प्योर दैन। एंड नाउ वी गैट एवरीथिंग प्रोसेस्सड ऑर एडल्टरेटेड।)

शुद्ध जल, शुद्ध वायु, शुद्ध दूध, शुद्ध घी, तब सबकुछ शुद्ध था। और अब हमें सब कुछ अनुकूलित या मिलावट किया हुआ मिलता है।

Rekha : The cold drinks which we gulp down day in and day out are harmful to health.

(द कोल्ड ड्रिंक्स व्हिच वी गल्प डाउन डे इन एंड डे आउट आर हार्मफुल टू हैल्थ।)

जो शीतल पेय हम दिन-रात पीते हैं वे स्वास्थ्य के लिए हानिकारक हैं।

Vinod : So is the junk food that we get packaged in attractive packs. We are enjoying modern amenities to the detriment of our health.

(सो इज द जंक फूड दैट वी गैट पैकेज्ड इन एट्रैक्टिव पैक्स। वी आर एंजॉयिंग मॉडर्न एमेनिटिज टू द डैट्रिमेंट ऑव अवर हैल्थ।)

यही बात उन खाद्य पदार्थों के साथ भी लागू होती है जो हमें आकर्षक डिब्बों में बंद मिलते हैं। हम आधुनिक वस्तुओं का आनंद अपने स्वास्थ्य की हानि की कीमत पर कर रहे हैं।

Rekha : Yes, you are absolutely right.

(यस, यू आर एब्सोल्यूटली राइट।)

हाँ, आप बिलकुल ठीक कह रहे हो।

II

Padam : Thank God, you've come back. How is everything? How did you enjoy the marriage ceremony?

(थैंक गॉड, यू'इव कम बैक। हाउ इज एवरीथिंग? हाउ डिड यू एंजॉय द मैरिज सेरेमनी?)

ईश्वर का शुक्र है कि तुम आ गई हो। सब कुछ कैसा है? तुमने विवाह उत्सव का कैसा आनंद लिया?

Renu : It was really enjoyable. Everything went so well. But why did you not come? Everybody was asking for you.

(इट वाज रियली एंजॉयेबल। एवरीथिंग वेंट सो वैल। बट व्हाय डिड यू नॉट कम? एवरीबॉडी वाज आस्किंग फॉर यू।)

यह वास्तव में आनंददायक था। सब कुछ इतना अच्छा चला। लेकिन आप क्यों नहीं आए प्रत्येक व्यक्ति आपके लिए पूछ रहा था।

Padam : I had told you that I wouldn't be able to come, didn't I? How is the bride?

(आई हैड टोल्ड यू दैट आई वुडं'ट बी एबल टू कम, डिडंट आई? हाउ इज द ब्राइड?)

मैंने तुम्हें बताया था कि मैं नहीं आ पाऊँगा, नहीं क्या? दुलहन कैसी है?

Renu : She is absolutely beautiful, just like moon in the backyard. You would hardly need electricity when she is in the room.

(शी इज एब्सोल्यूटली ब्यूटफुल, जस्ट लाइक मून इन द बैकयार्ड। यू वुड हार्डली नीड इलेक्ट्रिसिटी व्हैन शी इज इन द रूम।)

वह पूरी तरह सुंदर है, बिलकुल पिछले आँगन में चंद्रमा की तरह। तुम्हें बिजली क़ी शायद ही आवश्यकता हो जब वह कमरे में होगी।

Padam : Really! Then the bridegroom is certainly very lucky, he himself being not so handsome.

(रियली! दैन द ब्राइडग्रूम इस सरटेनली वैरी लकी, ही हिमसैल्फ बीइंग नॉट सो हैंडसम।)

सच! तब तो दूल्हा बहुत ही भाग्यवान है, वह स्वयं तो इतना सुंदर नहीं है।

Renu : Don't say that, after all he is my brother.

(डों'ट से दैट, आफ्टर ऑल ही इज माइ ब्रदर।)

ऐसा मत कहो, आखिरकार वह मेरा भाई है।

Padam : What all the things did he get in dowry?

(व्हाट ऑल द थिंग्ज डिड ही गैट इन डाउरी?)

उसे दहेज में क्या क्या मिला?

Renu : He had declared that he would not accept anything in dowry. You would wonder that even the clothes worn by the bride were from the groom side. Only a rupee was taken in gifts.

(ही हैड डिक्लेअर्ड दैट ही वुड नॉट एक्सेप्ट एनीथिंग इन डाउरी। यू वुड वंडर दैट इविन द क्लॉद्स वॉर्न बाइ द ब्राइड वर फ्रॉम द ग्रूम साइड। ऑनली ए रुपी वाज टेकन इन गिफ्ट्स।)

उसने यह घोषणा कर दी थी कि वह दहेज में कुछ नहीं लेगा। आपको आश्चर्य होगा कि दुलहन के पहने हुए कपड़े भी वर पक्ष से आए थे। उपहार में केवल एक रुपया लिया गया था।

Padam : That's great. We need that approach if we want to eliminate the evil of dowry from our society. It has become a scourge claiming the lives of scores of women.

(दैट्ज ग्रेट। वी नीड दैट एप्रोच इफ वी वांट टू इलिमिनेट द ईविल ऑव डाउरी फ्रॉम आवर सोसाइटी। इट हैज बिकम ए स्कार्ज क्लेमिंग द लाइव्ज ऑव स्कोर्स ऑव वुमैन।)

यह बहुत अच्छी बात है। हमें इस मार्ग पर चलने की आवश्यकता है, यदि हमें दहेज की बुराई को समाज से मिटाने की इच्छा है। यह एक ऐसा दंड बन चुका है, जिसने अनेक औरतों का जीवन लील लिया है।

Renu : The example set by him should be emulated by others in the society.

(द एग्जांपल सैट बाइ हिम शुड बी ईमूलेटेड बाइ अदर्स इन द सोसाइटी।)

जो उदाहरण उसने स्थापित किया है वह समाज में दूसरों द्वारा पालन किया जाना चाहिए।

III

Mukesh : How splendid was our honeymoon! The way we enjoyed it would remain memorable all our life.

(हाउ स्प्लैंडिड वाज अवर हनीमून! द वे वी एंजॉयेड इट वुड रिमेन मैमोरेबल ऑल अवर लाइफ।)

कितना सुंदर था हमारा हनीमून! हमने इसका जिस प्रकार आनंद उठाया था, वह सारी जिंदगी स्मरणीय रहेगा।

Ayesha : I was a little apprehensive that your choice of

Rajasthan as the honeymoon spot would spoil it because of heat.
(आइ वाज ए लिटिल एप्रीहैंसिव दैट योर च्वाइस ऑव राजस्थान एज द हनीमून स्पॉट वुड स्पायल इट बिकॉज ऑव हीट।)
मैं थोड़ा डरी हुई थी कि आपका राजस्थान का हनीमून स्थान के रूप में चुनाव गरमी के कारण इसे बरबाद कर देगा।

Mukesh : Only there you realised that you were totally wrong.
(ऑनली देअर यू रियलाइज्ड दैट यू वर टोटली रॉन्ग।)
केवल वहीं तुमने ये बातें मानीं कि तुम पूरी तरह गलत थीं।

Ayesha : You must have visited Rajasthan earlier, so only you knew it.
(यू मस्ट हैव विजिटेड राजस्थान अर्लियर, सो ऑनली यू न्यू इट।)
आप पहले राजस्थान जा चुके होंगे तभी आप इस बात को जानते होंगे।

Mukesh : Rajasthan is a desert area. It is quite hot during the day. But sand has a quality. It heats up and cools down in no time. If days are hot there, it is very pleasant at night even in summers.
(राजस्थान इज ए डेजर्ट एरिया। इट इज क्वायट हॉट ड्यूरिंग द डे। बट सैंड हैज ए क्वालिटी। इट हीट्स अप एंड कूल्स डाउन इन नो टाइम। इफ डेज आर हॉट देअर, इट इज वैरी प्लीजेंट एट नाइट ईविन इन समर्स।)
राजस्थान रेगिस्तानी इलाका है। यह दिन के समय काफी गरम रहता है। लेकिन रेत का एक गुण होता है। यह न के बराबर समय में गरम व ठंडा हो जाता है। यदि वहाँ दिन गरम होते हैं तो गरमियों में भी रातें बहुत सुहावनी होती हैं।

Ayesha : I was hardly interested in history, but a visit to Jaipur and Udaipur evoked my interest in it. So only I decided to go for my masters in it.
(आई वाज हार्डली इंटरेस्टेड इन हिस्ट्री, बट ए विजिट टू जयपुर एंड उदयपुर ईवोक्ड माइ इंटरेस्ट इन इट। सो ऑनली आई डिसाइडेड टू गो फॉर माइ मास्टर्स इन इट।)
मुझे इतिहास में मुश्किल से कोई रुचि थी, लेकिन जयपुर तथा उदयपुर जाने से मेरी रुचि इसमें जागृत हो गई। केवल इसीलिए मैंने अपना

स्नातकोत्तर इसमें करने का निश्चय किया।

Mukesh : It is never advisable to discard a thing without trying it out. Now you know how attractive it is.
(इट इज नेवर एडवाइजेबल टू डिस्कार्ड ए थिंग विदाउट ट्राइंग इट आउट। नाउ यू नो हाउ एट्रेक्टिव इट इज।)
यह कभी भी सलाह के योग्य नहीं है कि किसी वस्तु को बिना आजमाए छोड़ दिया जाए। अब तुम जानती हो कि यह कितना आकर्षक है।

Ayesha : And the people there are even more friendly and honest.
(एंड द पीपल देअर आर वैरी फ्रेंडली एंड ऑनेस्ट।)
और वहाँ के लोग बहुत ही मित्रतापूर्ण तथा ईमानदार हैं।

Mukesh : They are the people who keep their word even to the peril of their life. They prefer to die to not keep their word.
(दे आर द पीपल हू कीप देअर वर्ड ईविन टू द पैरिल ऑव देअर लाइफ। दे प्रेफर टू डाय टू नॉट कीप देअर वर्ड।)
वे ऐसे लोग हैं जो अपने जीवन को जोखिम में डालकर भी अपने वायदे को निभाते हैं। वे वायदा न निभाने से अच्छा मरना पसंद करते हैं।

Ayesha : I salute them for their bravery and enthusiasm with which they have always faced the invaders and served the motherland.
(आई सैल्यूट दैम फॉर देअर ब्रेवरी ऐंड एंथुसियाजम विद व्हिच दे हैव आलवेज फेस्ड द इन्वेडर्स एंड सर्व्ड द मदरलैंड।)
मैं उनको उनकी उस बहादुरी तथा उत्साह के लिए सलाम करती हूँ, जिसके साथ उन्होंने आक्रमणकारियों का सामना किया है तथा मातृभूमि की सेवा की है।

MISCELLANY

Dresses (ड्रैसेज) वर्दियाँ

vest (वैस्ट) बनियान

bed cover (बैड कवर) पलंगपोश, चादर

belt (बेल्ट) कमरबंद

blouse (ब्लाउज) अँगिया

armlet (आर्मलेट) बाजूबंद

bedding (बेडिंग) बिस्तर

blanket (ब्लैंकेट) कंबल

bodice (बॉडिस) अंगिया, चोली

boot (बूट) बूट
bracelet (ब्रेसलेट) कंगन, कड़ा
breaches (ब्रीचिज) बिरजिस
brocade (ब्रोकेड) किमखाब
canvas (केनवस) किरमिच
cashmere (कश्मीर) कश्मीरी ऊन
chemise (शमीज) शमीज
cloak (क्लोक) चोगा
coat (कोट) कोट
cotton (कॉटन) रुई
curtain (कर्टेन) पर्दा
darning (डार्निंग) रफू
diaper brocade (डिआपर ब्रोकेड) कामदानी
flannel (फ्लैनल) फलालीन
frill (फ्रिल) झालर
frock (फ्रॉक) फ्राक
gauze (गॉज) जाली
girdle (गर्डल) करधनी
gown (गाउन) गाउन, लबादा
handkerchief (हैंकरचीफ) रुमाल
holdall (होल्डाल) होल्डाल, बिस्तरबंद
jumper (जंपर) जंपर
lace (लेस) फीता, पट्टा
lappet (लैपे) चिकन
linen (लिनन) मलमल
long cloth (लौंग क्लॉथ) लट्ठा
long skirt (लॉन्ग स्कर्ट) लहँगा
mattress (मैट्रेस) गद्दा
muslin (मुसलिन) मलमल
border (बॉर्डर) मगजी, किनारा
brasiers (ब्रजियर्स) अँगिया
broach (ब्रोच) जड़ाऊ पिन
button (बटन) बटन
cap (कैप) टोपी
chain (चैन) जंजीर
chintz (चिंट्ज) छींट
cloth (क्लॉथ) कपड़ा
collar (कॉलर) कालर
cover (कवर) गिलाफ
cushion (कुशन) गद्दी
dhoti (धोती) धोती
drill (ड्रिल) जीन
ear ring (इअर रिंग) कुंडल
fine overall cloth (फाइन ओवराल क्लॉथ) दुकूल
garment, dress, apparel, attire (गार्मेंट, ड्रेस, अपारेल, अटायर) पहनावा
gloves (ग्लव्ज) दस्ताने
half pant (हाफ पैंट) निकर
hat (हैट) अंग्रेजी टोप
jacket (जैकेट) फतूही, जाकेट
kurta (कुर्ता) कुर्ता
laces (लेसेज) तस्मे, तकिया
light colour (लाइट कलर) हल्का रंग
lining (लाइनिंग) अस्तर
long fitting coat (लॉन्ग फिटिंग कोट) शेरवानी
muffler (मफलर) गुलूबन्द
napkin (नैपकिन) अँगोछा

necklace (नेकलेस) हार
overcoat (ओवरकोट) बड़ा कोट
pant (पैंट) पतलून
petticoat (पेटीकोट) पेटीकोट
pocket (पॉकेट) जेब
quilt (क्विल्ट) रजाई
sari, saree (सारी) साड़ी
scarf (स्कार्फ) दुपट्टा
shawl (शॉल) दुशाला
shirt (शर्ट) कमीज
shoe (शू) जूता
silk (सिल्क) रेशम
sleeve (स्लीव) आस्तीन
socks (सॉक्स) जुर्राब
stud (स्टड) फुलिया
suit (सूट) सूट
sweater (स्वेटर) स्वेटर
thin towel (थिन टॉवेल) गमछा
tie (टाई) टाई
trousers (ट्राउजर्स) पतलून
turban (टर्बन) पगड़ी
underwear (अंडरवियर) जाँघिया
veil (वेल) घूँघट
velvet (वेल्वेट) मखमल
wool (वूल) ऊन
yarn (यार्न) सूत
oil-cloth (आयल क्लॉथ) मोमजामा
outer covering/sheet (आउटर कवरिंग/ शीट) उपरना
pillow (पिलो) तकिया
pyjama (पायजामा) पायजामा
salwar (सलवार) सलवार
satin (सैटेन) साटन
serge (सर्ज) सर्ज
sheet (शीट) चादर
shirting (शर्टिंग) कमीज का कपड़ा
shorts (शॉर्ट्स) निक्कर
skirt (स्कर्ट) घाघरा
slipper (स्लीपर) स्लीपर
stockings (स्टाकिंग्स) मोजे
suit (सूट) कोट-पतलून
suspenders (सस्पेंडर्स) गैलिस
tape (टेप) फीता
thread (थ्रैड) धागा
towel (टॉवेल) तौलिया
tunic (ट्यूनिक) अंगरखा
turban (टर्बन) साफा
uniform (यूनीफॉर्म) वर्दी
veil (वेल) बुर्का
waist coat (वेस्ट कोट) वास्कट
woolen clothe (वूलन क्लोथ) ऊनी कपड़ा

□

SAMPLE DIALOGUES

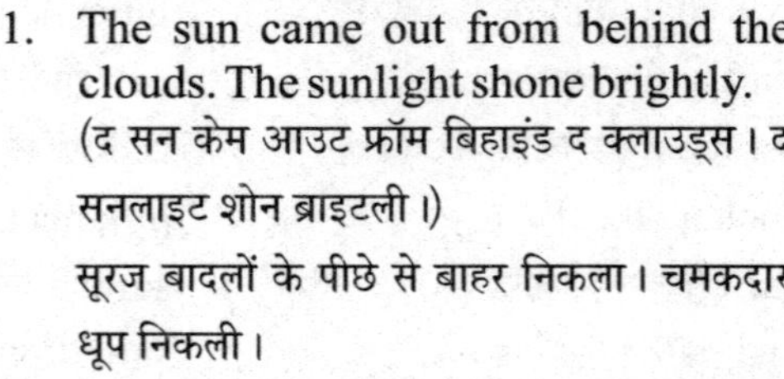

1. The sun came out from behind the clouds. The sunlight shone brightly.
   (द सन केम आउट फ्रॉम बिहाइंड द क्लाउड्स। द सनलाइट शोन ब्राइटली।)
   सूरज बादलों के पीछे से बाहर निकला। चमकदार धूप निकली।

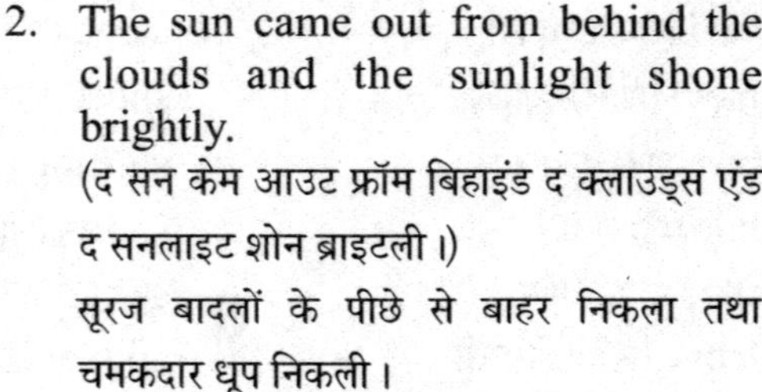

2. The sun came out from behind the clouds and the sunlight shone brightly.
   (द सन केम आउट फ्रॉम बिहाइंड द क्लाउड्स एंड द सनलाइट शोन ब्राइटली।)
   सूरज बादलों के पीछे से बाहर निकला तथा चमकदार धूप निकली।
3. She is smart. She is beautiful.
   (शी इज स्मार्ट। शी इज ब्यूटिफुल।)
   वह चतुर है। वह सुंदर है।
4. She is both smart and beautiful.
   (शी इज बोथ स्मार्ट एंड ब्यूटिफुल।)
   वह चतुर तथा सुंदर दोनों है।
5. She is smart as well as beautiful.
   (शी इज स्मार्ट एज वैल एज ब्यूटिफुल।)
   वह चतुर भी है और सुंदर भी।
6. Hurry up. You will miss the bus.
   (हरी अप। यू विल मिस द बस।)
   जल्दी करो। आपकी बस छूट जाएगी।
7. Hurry up or you will miss the bus.
   (हरी अप ऑर यू विल मिस द बस।)
   जल्दी करो नहीं तो आपसे बस छूट जाएगी।
8. It was raining hard. We went out for playing.
   (इट वाज रेनिंग हार्ड। वी वैंट आउट फॉर प्लेइंग।)

बहुत तेज बारिश हो रही थी। हम खेलने के लिए बाहर चले गए।

9. It was raining hard but we went out for playing.
(इट वाज रेनिंग हार्ड बट वी वैंट आउट फॉर प्लेइंग।)

बहुत तेज बारिश हो रही थी, लेकिन हम खेलने बाहर चले गए।

10. I have little faith in what you say. I shall not vote against you.
(आई हैव लिटिल फेथ इन व्हाट यू से। आई शैल नॉट वोट अगेंस्ट यू।)

आप जो कहते हो उसमें मुझे कम विश्वास है। मैं आपके विरुद्ध मत नहीं दूँगा।

11. I have little faith in what you say; however I shall not vote against you.
(आई हैव लिटिल फेथ इन व्हाट यू से; हाउएवर आय शैल नॉट वोट अगेन्स्ट यू।)

आप जो कहते हो उसमें मुझे कम ही विश्वास है; लेकिन मैं आपके विरुद्ध मत नहीं दूँगा।

12. It is chilly winter. I'll put on a coat.
(इट इज चिली विंटर। आइ'ल पुट ऑन ए कोट।)

बहुत ठंड है। मैं कोट पहनूँगा।

13. It is chilly winter so I'll put on a coat.
(इट इज चिली विंटर सो आइ'ल पुट ऑन ए कोट।)

बहुत सर्दी है; इसलिए मैं कोट पहनूँगा।

14. He is an intelligent boy. No one can doubt it.
(ही इज एन इंटैलिजेंट ब्वाय। नो वनकन डाउट इट।)

वह एक बुद्धिमान लड़का है। इसमें कोई शक नहीं कर सकता।

15. No one can doubt it that he is an intelligent boy.
(नो वन कन डाउट इट दैट ही इज एन इंटैलीजेंट ब्वाय।)

कोई शक नहीं कर सकता कि वह एक बुद्धिमान लड़का है।

16. Many people entered the hall. We are not sure of the number.
(मैनी पीपल एंटर्ड द हॉल। वी आर नॉट श्योर ऑव द नंबर।)

बहुत से व्यक्तियों ने हॉल में प्रवेश किया हैं। हम उनकी संख्या को लेकर सुनिश्चित नहीं हैं।

17. We are not sure how many people have entered the hall.
(वी आर नॉट श्योर हाउ मैनी पीपल हैव एंटर्ड द हॉल।)

हम सुनिश्चित नहीं हैं कि कितने लोगों ने हॉल में प्रवेश किया।

18. Radha was going into the college. Rohan saw her.
(राधा वाज गोइंग इनटू द कॉलेज। रोहन सॉ हर।)

राधा महाविद्यालय में भीतर जा रही थी। रोहन ने उसे देखा।

19. Rohan saw Radha when she was going into the college.
(रोहन सॉ राधा व्हैन शी वाज गोइंग इनटू द कॉलेज।)
रोहन ने राधा को तब देखा जब वह महाविद्यालय के भीतर जा रही थी।

20. They want a computer operator. He should be able to operate MSDOS.
(दे वांट ए कंप्यूटर ऑपरेटर। ही शुड बी एबल टू ऑपरेट एमएसडॉस।)
उन्हें एक कंप्यूटर ऑपरेटर की आवश्यकता है। उसे एमएसडॉस चलाना आना चाहिए।

21. They want a computer operator who should be able to operate MSDOS.
(दे वांट ए कंप्यूटर ऑपरेटर हू शुड बी एबल टू ऑपरेट एमएसडॉस।)
उन्हें एक ऐसे कंप्यूटर आपरेटर की आवश्यकता है, जिसे एमएसडॉस चलाना आता हो।

22. I shall get my luggage ready. Don't go until then.
(आई शैल गैट माइ लगेज रेडी। डोंट गो अनटिल दैन।)
मैं अपना सामान तैयार करवाता हूँ। तब तक मत जाना।

23. Don't go until I get my luggage ready.
(डोंट गो अनटिल आई गैट माय लगेज रेडी।)
तब तक मत जाओ जब तक मैं अपना सामान तैयार नहीं करवा लेता।

24. The teacher was annoyed. He was not obeyed by the students.
(द टीचर वाज एनॉएड। ही वाज नॉट ऑबेड बाइ द स्टूडेंट्स।)
अध्यापक गुस्सा हो गए हैं। विद्यार्थियों ने उनकी आज्ञा का पालन नहीं किया था।

25. The teacher was annoyed because he was not obeyed by the students.
(द टीचर वाज एनॉएड बिकॉज ही वाज नॉट ऑबेड बाय द स्टूडेंट्स।)
अध्यापक गुस्सा हो गए क्योंकि उनकी आज्ञा का पालन विद्यार्थियों द्वारा नहीं किया गया।

PRACTICE DIALOGUES

1. The sun came out from behind the <u>*clouds*</u> and the sunlight shone brightly.

hill	trees
building	leaves
curtain	bushes

2. She is both <u>*smart and beautiful*</u>.

attractive and intelligent	ugly and wicked
good and agile	enthusiastic and splendid
scholar and teacher	doctor and nurse

3. Hurry up or you will *miss the bus*.

lag behind	not complete the paper
get late	miss the appointment
be the last in the race	be stopped

4. It was raining hard *but* we went out for playing.

however	nevertheless
nonetheless	yet
on the contrary	still

5. I have little faith in what you say; however I shall not *vote against you*.

boycott you	turn down your request
disagree with you	defeat your purpose
stop your proposal	speak against you

6. It is chilly winter so I'll *put on a coat*.

sit near the fire place	not go out
have hot tea	remain in the room
lie under the quilt	put on the stove

7. No one can doubt that he is *an intelligent boy*.

a thief	an honest boy
a smuggler	the best cadet
a cheat	efficient

8. We *are not sure* how many people have entered the hall.

are sure	know
counted	doubt
are to check	should not bother

9. Don't go until *I get my luggage ready*.

they finish their meals	we are invited
we enter the room	the lift is in motion
the bus arrives	we have finished the task

10. The teacher was annoyed because he *was not obeyed by the students*.

the principal chided him	could not enter the museum
did not know spelling	could not solve the problem
could not teach properly	make the students do homework

VOCABULARY

cloud (क्लाउड) बादल
hurry (हरी) शीघ्रता करना
vote (वोट) मतदान करना
luggage (लगेज) सामान, यात्री-सामान
curtain (करटेन) पर्दा
attractive (एट्रेक्टिव) आकर्षक
ugly (अगली) भद्‌दा, असुंदर
scholar (स्कॉलर) विद्वान्
boycott (बायकॉट) बहिष्कार करना
defeat (डिफीट) हराना
smuggler (स्मगलर) तस्कर
bother (बॉदर) सिरदर्द लेना
sunlight (सनलाइट) धूप, सूर्य का प्रकाश
faith (फेथ) विश्वास
doubt (डाउट) शक करना
annoy (एनॉय) गुस्सा होना
bush (बुश) झाड़ियाँ
wicked (विक्ड) दुष्ट
splendid (स्प्लैंडिड) श्रेष्ठ
appointment (एपॉइंटमेंट) नियुक्ति, नियुक्ति समय
quilt (क्विल्ट) रजाई
efficient (एफिशियेंट) सक्षम
museum (म्यूजियम) संग्रहालय

TIPS

Synthesis. पिछले पाठ में हमने कुछ प्रकार से वाक्यों को मिलाना सीखा है। इस पाठ में हम वाक्यों को Compound तथा Complex Sentence में मिलाकर बोलना सीखते हैं।

Combining of Two or More Sentences into a Compound Sentence. इस प्रकार के वाक्य मुख्यतः Conjunction का प्रयोग कर बनाए जाते हैं। पाठ 12 में हम आपको बता चुके हैं कि Conjunction चार प्रकार के होते हैं।

1. Cumulative Conjunctions. इसका एक उदाहरण देखते हैं :

   He is a doctor. He is a teacher.
   He is both a doctor and a teacher.

2. Adversative Conjunctions. एक उदाहरण देखें :

   I have read this book. I have not read that book.
   I have read this book but not that one.

3. Alternative Conjunctions. एक उदाहरण हो सकता है :

   Pay the price. Return the goods.
   Either pay the price or return the goods.

4. Illative Conjunctions. एक उदाहरण देखते हैं :

   He committed a mistake. He was punished.
   He committed a mistake so he was punished.

Combining Two or More Sentences into a Complex Sentence

इसमें किसी एक वाक्य को Subordinate Clause के रूप में Noun Clause, Adjective Clause या Adverb Clause बनाया जाता है। इन तीनों का एक-एक उदाहरण देखते हैं :

Noun Clause.	Please listen to me. Please listen to my words.
	Please listen to what I say.
Adjective Clause.	This is the boy. He is an actor.
	This is the boy who is an actor.
Adverb Clause.	I shall come to you. You must ask for it.
	I shall come to you if you ask for it.

NEWSPAPER HEADINGS

1. Opposition in UP set to stake claim : उत्तर प्रदेश में विपक्ष सरकार बनाने के लिए तैयार
2. Few countries offer troops for Iraq : कम ही देशों ने इराक में सैनिक भेजने का प्रस्ताव किया
3. Posh colonies lag behind in getting voter's ID cards : समृद्ध बस्तियाँ मतदाता पहचान-पत्र बनवाने में पीछे—
4. Tie with India top priority, says China : चीन ने कहा कि भारत के साथ संबंध उच्च प्राथमिकता पर
5. 35% Delhi kids may have high BP : दिल्ली के 35 प्रतिशत बच्चों को उच्च रक्तचाप हो सकता है
6. Ankita upsets Liza to enter final : अंकिता ने लीजा को हराकर फाइनल में प्रवेश किया
7. More troops sent to J&K to turn heat on ultras : जम्मू तथा कश्मीर में आतंकवादियों का सामना करने के लिए और सैनिक भेजे गए—
8. PM remark read in wrong perspective : प्रधानमंत्री के कथन को गलत संदर्भ में पढ़ा गया
9. Composer Khem Chand is a millionaire, 58 years after death : रचनाकार खेम चंद मृत्यु के 58 वर्ष बाद लखपति बने
10. Ensure fire safety norms in highrises, HC guides civic bodies : उच्च न्यायालय ने नागरिक प्रतिष्ठानों को निर्देश दिया कि ऊँची इमारतों में अग्नि सुरक्षा को सुनिश्चित किया जाए

AT A PUBLIC CALL OFFICE (PCO)

I

Customer : Which of these instruments are meant for STD calls?
(व्हिच ऑव दीज इंस्ट्रूमेंट्स आर मींट फॉर एसटीडी कॉल्स?)
इनमें से कौन सा यंत्र एसटीडी कॉल के लिए है?

Shopkeeper : The white one, the blue one is solely for local calls.
(द व्हाइट वन, द ब्लू वन इज सोलली फॉर लोकल कॉल्स।)
सफेद वाला, नीला वाला केवल स्थानीय बात के लिए है।

Customer : What is the STD code for Delhi?
(व्हाट इज द एसटीडी कोड फॉर देलही?)
दिल्ली का एसटीडी कोड क्या है?

Shopkeeper : Here is the list. Please check for yourself.
(हियर इज द लिस्ट। प्लीज चैक फॉर योरसैल्फ।)
यह रही सूची। कृपया स्वयं देख लीजिए।

Customer : I'm sorry, dear, I just forgot to bring my specs.
(आइ'ऐम सॉरी, डियर, आई जस्ट फॉरगॉट टू ब्रिंग माइ स्पैक्स।)
क्षमा करें, प्रिय, मैं अपना चश्मा लाना भूल गया।

Shopkeeper : Then I should help you out. It's here. It's 011.
(दैन आइ शुड हैल्प यू आउट। इट्'ज हियर। इट्'ज 011।)
तब मुझे आपकी सहायता करनी चाहिए। यह रहा यह। यह 011 है।

Customer : What's its pulse rate?
(व्हाट्'ज इट्स पल्स रेट?)
इसका पल्स रेट क्या है?

Shopkeeper : It's 60 seconds.
(इट्'ज 60 सेकंड्स।)
यह 60 सैकंड का है।

Customer : Has the half time started? It saves a lot of money.
(हैज द हॉफ टाइम स्टार्टेड? इट सेव्ज ए लॉट ऑव मनी।)
क्या आधा समय शुरू हो गया है? यह बहुत पैसे बचाता है।

Shopkeeper : To avail the concessional rates you will have to wait for ten minutes.
(टू अवेल द कंसेशनल रेट्स यू विल हैव टू वेट फॉर टैन मिनट्स।)

छूट वाले दामों का लाभ उठाने के लिए आपको दस मिनट प्रतीक्षा करनी होगी।

Customer : In the meantime I shall make a local call to my friend. Oh! this instrument is not serviceable.

(इन द मीनटाइम आइ शैल मेक ए लोकल कॉल टू माइ फ्रैंड। ओह! दिस इंस्ट्रूमेंट इज नॉट सर्विसिएबल।)

इस बीच मैं अपने मित्र को स्थानीय दूरभाष करूँगा। ओह! यह यंत्र तो काम नहीं कर रहा।

Shopkeeper : Its wire is a bit erratic. I'll just put it alright. It's all right now. Please dial the desired number.

(इट्स वायर इज ए बिट इरैटिक। आइ'ल जस्ट पुट इट ऑलराइट। इट्ज ऑल राइट नाउ। प्लीज डायल द डिजायर्ड नंबर।)

इसका तार थोड़ी सी अस्थिर है। मैं इसे अभी ठीक करता हूँ। यह अब सही हो गई है। कृपया इच्छित नंबर डायल करें।

II

Customer : I've been dialling this number for last ten minutes. I'm not getting through.

(आइ'व बीन डायलिंग दिस नंबर फॉर लास्ट टैन मिनट्स। आइम नॉट गैटिंग थ्रू।)

मैं इस नम्बर को पिछले दस मिनट से डायल कर रहा हूँ। यह मिल नहीं पा रहा।

Shopkeeper : Due to the storm this morning there was some disturbance in the telephone exchange.

(ड्यू टू द स्टॉर्म दिस मॉर्निंग देअर वाज सम डिस्टर्बेंस इन द टेलीफोन एक्सचेंज।)

आज सुबह तूफान के कारण टेलीफोन एक्सचेंज में कुछ बाधा थी।

Customer : The telephone exchange often breaks down with one or the other fault. They hardly care for the consumers.

(द टेलीफोन एक्सचेंज ऑफन ब्रेक्स डाउन विद वन ऑर द अदर फाल्ट। दे हार्डलीकेअर फॉर द कंज्यूमर्स।)

टेलीफोन एक्सचेंज किसी-न-किसी कमी के साथ बाधित रहता है। वे उपभोक्ताओं के लिए मुश्किल से ध्यान रखते हैं।

Shopkeeper : You'll appreciate that it's such a large system. Some problems here and there can always arise, can't they?

(यू'इल एप्रीशियेट दैट इट्'स सच ए लार्ज सिस्टम। सम प्रॉब्लम्स हियर एंड देअरकन ऑलवेज एराइज, कांट दे?)

आप इस बात को मानेंगे कि यह बहुत बड़ा प्रबंध है। यहाँ-वहाँ कुछ समस्याएँ हमेशा उठ सकती हैं, नहीं क्या?

Customer : But this puts the users in great problem. Just think if a sick person alone in a house who needs medical help and he is dependent only on telephone. He'll be in great trouble if the telephone is out of order.

(बट दिस पुट्स द यूजर्स इन ग्रेट ट्रबल। जस्ट थिंक इफ ए सिक पर्सन एलोन इन ए हाउस हू नीड्स मेडिकल हैल्प एंड ही इज डिपेंडेंट ऑनली ऑन टेलीफोन। ही'इल बी इन ग्रेट ट्रबल इफ द्र टेलीफोन इज आउट ऑव ऑर्डर।)

लेकिन यह उपभोक्ताओं को बड़ी समस्या में डाल देता है। जरा सोचिए कि एक बीमार व्यक्ति जो घर में अकेला है, को डॉक्टरी सहायता की आवश्यकता है और वह पूरी तरह से टेलीफोन पर निर्भर है। वह बहुत मुश्किल में पड़ जाएगा यदि टेलीफोन खराब है।

Shopkeeper : There is no doubt about it. It's the reason that more and more people are going for mobile phones.

(देअर इज नो डाउट एबाउट इट। इट्ज बीन द रीजन दैट मोर एंड मोर पीपल आर गोइंग फॉर मोबाइल फोंस।)

इसमें कोई शक नहीं है। यही कारण है कि अधिक-से-अधिक लोग मोबाइल फोन खरीदते जा रहे हैं।

Customer : The telephone people should take a lesson from these private companies and should become efficient, should they desire to remain in market.

(द टेलीफोन पीपल शुड टेक ए लैसन फ्रॉम दीज प्राइवेट कंपनीज एंड शुड बिकम एफिशियेंट, शुड दे डिजायर टू रिमेन इन मार्केट।)

इन टेलीफोन वालों को व्यक्तिगत कंपनियों से पाठ सीखना चाहिए तथा उन्हें सक्षम बनना चाहिए, यदि उन्हें बाजार में रहने की इच्छा है।

III

Customer : Do you repair the mobile phones?

(डू यू रिपेयर द मोबाइल फोंस?)

क्या आप मोबाइल फोनों की मरम्मत करते हैं?

Shopkeeper : Yes, we do. We are specialist in several kinds of them.

(यस, वी डू। वीआर स्पेशलिस्ट इन सेवरल कांइड्स ऑव दैम।

जी हाँ, हम करते हैं। हम उनके कुछ प्रकारों में विशिष्टता रखते हैं।

Customer : Just check this one. When I dial a number, it goes dead.
(जस्ट चैक दिस वन। व्हैन आई डायल ए नंबर, इट गोज डैड।)

जरा इसे जाँचना। जब मैं कोई नंबर डायल करता हूँ तो यह शांत हो जाता है।

Shopkeeper : I'll just see what it could be. When did you buy the instrument?
(आइ'ल जस्ट सी व्हाट इट कुड बी। व्हैन डिड यू बाय द इंस्ट्रुमेंट?)

मैं अभी देखता हूँ कि यह क्या हो सकता है। आपने यह यंत्र कब खरीदा?

Customer : I had been to Nehru Place in Delhi yesterday. I got it cheap there.
(आई हैड बीन टू नेहरू प्लेस इन देलही यस्टरडे। आई गॉट इट चीप देअर।)

मैं कल दिल्ली के नेहरू प्लेस में था। मुझे वहाँ यह सस्ता मिल गया।

Shopkeeper : It seems that the wire in the motherboard has got detached. It'll have to be fixed.
(इट सीम्स दैट द वायर इन द मदरबोर्ड हैज गॉट डिटैच्ड। इटइ'ल हैव टू बी फिक्स्ड।)

ऐसा लगता है कि मदरबोर्ड का तार अलग हो गया है। इसे लगाना पड़ेगा।

Customer : What will you charge for it?
(व्हाट विल यू चार्ज फॉर इट?)

आप इसके लिए क्या लेंगे?

Shopkeeper : Our service charges are fifty rupees. You'll have to pay extra for any parts that need to be replaced.
(अवर सर्विस चार्जेज आर फिफ्टी रुपीज। यू'इल हैव टू पे एक्स्ट्रा फॉर एनी पार्ट्स दैट नीड टू बी रिप्लेस्ड।)

हमारा सेवा शुल्क पचास रुपए है। किसी भाग को बदलने की आवश्यकता होने पर उसके लिए आपको अलग से देना होगा।

Customer : That's on the higher side. We are your permanent customer.
(दैट्'ज ऑन द हायर साइड। वी आर योर पर्मानेंट कस्टमर।)

यह तो ज्यादा है। हम आपके स्थायी ग्राहक हैं।

Shopkeeper : You are right, sir, but we have fixed rates.

(यू आर राइट, सर, बट वी हैव फिक्स्ड रेट्स।)

आप सही कहते हैं, श्रीमान्, लेकिन हमारे निश्चित दाम हैं।

Customer : All right, please repair it. When will I get it?
(ऑल राइट, प्लीज रिपेअर इट। व्हैन विल आई गैट इट?)

ठीक है, कृपया इसे ठीक कर दीजिए। यह मुझे कब मिलेगा?

Shopkeeper : Let me open it first, only then I'll be able to tell when I can give it. Please take it in the evening.
(लैट मी ओपन इट फर्स्ट, ऑनली दैन आइ'ल बी एबल टू टैल व्हैन आईकन गिव इट। प्लीज टेक इट इन द ईवनिंग।)

पहले मुझे इसे खोलने दीजिए, तभी मैं यह बता पाऊँगा कि यह मैं कब दे सकता हूँ। कृपया इसे शाम को ले लें।

Customer : Just see if you can do it here and now.
(जस्ट सी इफ यू कन डू इट हियर एंड नाउ।)

जरा देखिए, यदि इसे आप यहीं और इसी वक्त ठीक कर सकते हो।

Shopkeeper : It has to be soldered and electric supply is off at the moment. You will have to wait till evening.
(इट हैज टू बी सोल्डर्ड एंड इलेक्ट्रिक सप्लाई इज ऑफ एट द मूमैंट। यू विल हैव टू वेट टिल ईवनिंग।)

इसे सोल्डर करना होगा तथा बिजली इस समय गई हुई है। आपको शाम तक प्रतीक्षा करनी होगी।

MISCELLANY

Parts of the Body (पाट्र्स ऑव द बॉडी) शरीर के अंग

ankle bone (एंकल बोन) गट्टा
ankle (एंकल) टखना
anus, rectum (एनस, रैक्टम) गुदा
arm (आर्म) बाँह
back (बैक) पीठ
backbone (बैकबोन) रीढ़
blood (ब्लड) लहू
bone (बोन) हड्डी
brain (ब्रेन) दिमाग़
buttocks (बटक्स) चूतड़
calf (कॉफ) पिंडली
cheek (चीक) गाल
chest (चैस्ट) छाती
chin (चिन) ठुड्डी
collar-bone (कॉलर-बोन) हँसली, हँसिया
ear (ईयर) कान
elbow (एलबो) कोहनी
eye (आई) आँख
eye-brow (आई-ब्रो) भौंह
eye-lid (आई-लिड) पलक

face (फेस) चेहरा
fist (फिस्ट) मुष्टि
foot (फुट) पाँव
gland (ग्लैंड) ग्रंथि
hair (हेअर) बाल
head (हैड) सिर
heel (हील) एड़ी
jaw (जॉ) जबड़ा
knee (नी) घुटना
leg (लैग) टाँग
lip (लिप) होंठ
lung (लंग) फेफड़ा
moustache (माउस्टेच) मूँछ
muscle (मसल) मांसपेशी
nape (नेप) गुद्दी
neck (नैक) गरदन
nostrils (नॉस्ट्रिल्स) नथुने
palm (पाम) हथेली
pulse (पल्स) नाड़ी
rib (रिब) पसली
skin (स्किन) चमड़ी
sole (सोल) तलवा
stomach, belly (स्टमक, बैली) पेट
temple (टेंपल) कनपटी
throat (थ्रोट) गला
tongue (टंग) जीभ
trunk, torso (ट्रंक, टोरसो) धड़
vagina (वेजाइना) योनि
waist (वेस्ट) कमर
wrist (रिस्ट) कलाई
finger (फिंगर) उँगली
foot (फुट) पैर
forehead (फोरहैड) ललाट
gum (गम) मसूड़ा
hand (हैंड) हाथ
heart (हार्ट) हृदय
intestine (इंटेस्टाइन) आँत
joint (जॉइंट) जोड़
lap (लैप) गोद
limb, organ (लिंब, आर्गन) अंग
liver (लिवर) जिगर
molar, grinder (मोलर, ग्राइंडर) दाढ़
mouth (माउथ) मुँह
nail (नेल) नाखून
navel (नेवल) नाभि
nose (नोज) नाक
palate (पैलेट) तालू
pore (पोर) रोमकूप
pupil (पुपिल) पुतली
shoulder (शोल्डर) कंधा
skull (स्कल) खोपड़ी
spleen (स्प्लीन) तिल्ली
teat, nipple (टीट, निपल) चूचुक
thigh (थाई) जाँघ
thumb (थम) अँगूठा
tooth (टूथ) दाँत
urinary bladder (यूरिनरी ब्लैडर) मूत्राशय
vein (वेन) नस
wind-pipe (trachea) (विंड-पाइप) श्वास-नली □

SAMPLE DIALOGUES

1. I'm prepared to meet you half way.
   (आइ'ऐम प्रीपेअर्ड टू मीट यू हॉफ वे।)
   मैं आपकी चुनौती स्वीकार करने के लिए तैयार हूँ।
2. An engineer's job is not a bed of roses.
   (एन इंजीनियर्स जॉब इज नॉट ए बैड ऑव रोजेज।)
   एक इंजीनियर का काम कोई फूलों की सेज नहीं है।
3. The manager is amenable to the vice president for good sales.
   (द मैनेजर इज अमेनेबल टू द वाइस प्रेजीडेंट फॉर गुड सेल्ज।)
   प्रबंधक उपाध्यक्ष के समक्ष अच्छी बिक्री के लिए उत्तरदायी है।
4. My grandfather is all in all in my house.
   (माइ ग्रांडफादर इज आल इन आल इन माइ हाउस।)
   मेरे दादाजी मेरे घर में मुख्यतम हैं।
5. The two friends are now at daggers drawn.
   (द टू फ्रेंड्स आर नाउ एट डैगर्ज ड्रान।)
   दोनों मित्रों में अब शत्रुता (में तलवारें खिचीं हुई) है।
6. You should bear in mind the favours he has done to you.
   (यू शुड बीयर इन माइंड द फेवर्स ही हैज डन टू यू।)
   उसने आपके साथ जो भलाइयाँ की हैं, उन्हें आपको ध्यान में रखना चाहिए।

7. Come to the point; don't beat about the bush.
(कम टू द प्वायंट; डोंट बीट एबाउट द बुश।)
सही बात पर आओ; इधर-उधर हाथ मत मारो।

8. The wounded peon was beside himself with anger.
(द वूंडिड पियोन वाज बिसाइड हिमसैल्फ विद एंगर।)
घायल चपरासी बहुत ही गुस्से में था।

9. The ladies beat the thief black and blue.
(द लेडीज बीट द थीफ ब्लैक एंड ब्लू।)
औरतों ने चोर की बुरी तरह पिटाई की।

10. She always blows her own trumpet.
(शी ऑलवेज ब्लोज हर ओन ट्रंपेट।)
वह हमेशा अपनी तुरही बजाती है।

11. Everybody sat silently when Sushma broke the ice.
(एवरीबॉडी सैट साइलेंटली व्हैन सुषमा ब्रोक द आइस।)
सब लोग शांत बैठे थे जब सुषमा ने बात आरंभ की।

12. Be practical; don't build castles in the air.
(बी प्रैक्टिकल; डों'ट बिइल्ड कसल्स इन द एअर।)
व्यावहारिक बनो; हवाई किले मत बनाओ।

13. Avin is a bundle of lies.
(एविन इज ए बंडल ऑव लाइज।)
एविन झूठ का पुलिंदा है।

14. He burned the candle at both ends and became poor.
(ही बंर्ड द कैंडिल एट बोथ एंड्स एंड बिकेम पुअर।)
उसने पैसे की बरबादी की और गरीब हो गया।

15. He has burned the midnight oil to reach the present status.
(ही हैज बर्न्ड द मिडनाइट आयल टू रीच द प्रजेंट स्टेटस।)
उसने वर्तमान स्थिति में पहुँचने के लिए बहुत मेहनत की है।

16. He won the hearts of the audience with a burst of eloquence.
(ही वॉन द हट्र्स ऑव द ऑडिएंस विद ए बर्स्ट ऑव इलोक्वेंस।)
उसने श्रोताओं का दिल अपने प्रभावी शब्दों से जीत लिया।

17. It is good to call spade a spade.
(इट इज गुड टू कॉल स्पेड ए स्पेड।)
तलवार को तलवार कहना अच्छा होता है।

18. Talking to him means casting pearls before swine.
(टॉकिंग टू हिम मींस कास्टिंग पर्ल्स बिफोर स्वाइन।)
उससे बात करने का अर्थ होता है सुअर के आगे मोती डालना।

19. It never crossed my mind that I could meet you here.
(इट नेवर क्रॉस्ड माइ माइंड दैट आई कुड मीट यू हियर।)
यह मेरे मस्तिष्क में कभी नहीं आया कि मैं आपको यहाँ मिल सकता हूँ।

20. It's useless crying over spilt milk.
(इट्'ज यूजलैस क्राइंग ओवर स्पिल्ट मिल्क।)
फटे हुए दूध के ऊपर रोने का कोई लाभ नहीं है।

21. Your plan will cut no ice.
(योर प्लान विल कट नो आइस।)
आपकी योजना कोई प्रभाव नहीं छोड़ेगी।

22. My manager wanted me to dance to his tune.
(माइ मैनेजर वांटेड मी टू डांस टू हिज ट्यून।)
मेरा प्रबंधक मुझे अपनी बाँसुरी की धुन पर नचाना चाहता था।

23. His dog in the manger policy has done much harm to his brothers.
(हिज डॉग इन द मैंगर पॉलिसी हैज डन मच हार्म टू हिज ब्रदर्स।)
'न लाभ लूँ न लेने दूँ' के सिद्धांत ने उसके भाइयों की बहुत हानि की है।

24. What you say does not hold water in the present situation.
(व्हाट यू से डज नॉट होल्ड वाटर इन द प्रजेंट सिचुएशन।)
आप जो कहते हो, वर्तमान परिस्थिति में सही नहीं उतरता।

25. Do your bit to the cause of the nation.
(डू योर बिट टू द कॉज ऑव द नेशन।)
अपने देश के काम में अपनी थोड़ी सी भागीदारी दो।

PRACTICE DIALOGUES

1. I'm prepared to meet <u>you halfway</u>.

your challenge	the requirements
the procedure	them in the office
no one today	and decide the deal

2. The manager is *amenable to* the vice president for good sales.

answerable to	responsible to
applauding	reporting to
admiring	inviting

3. The two friends are *now at daggers drawn*.

not at talking terms	friends no more
unstoppable from winning	trustworthy
in cut-throat competition	jealous of each other

4. She always *blows her own trumpet*.

sings her own praise	talks about herself
brags of herself	harps on the same thing
plays fast and loose	blames others for failures

5. Everybody sat silently when Sushma *broke the ice*.

stood up to speak	started the discussion
brought up the case	talked about the evil of dowry
spoke against the theoty	entered the hall

6. He *burned the candle at both ends* and became poor.

burned his boat	missed the bus
lost the opportunity	resigned from office
suffered losses	fell ill

7. He won the hearts of the audience with *a burst of eloquence*.

clear thinking	a melodious voice
jokes	a smiling face
his speech	kindheartedness

8. It *never crossed my mind* that I could meet you here.

came to my mind	occurred to me
seemed to me	appeared to me
was expected	was planned

9. My manager wanted me to *dance to his tune*.

complete the task	accept the assignment
finish the job immediately	stop the payment
issue the cheque	sign the charge sheet

10. What you say *does not hold water* in the present situation.

does not hold true	is hardly applicable
absolutely correct	only a superficial fact
will not come true	cannot be proved

VOCABULARY

to meet half way (मीट हॉफ वे) चुनौती स्वीकार करना

amenable (अमेनेबल) उत्तरदायी

bear in mind (बीयर इन माइंड) मस्तिष्क ध्यान में रखना

to beat about the bush (टू बीट एबाउट द बुश) इधर-उधर की कहना, विषय पर न आना

to blow one's own trumpet (टू ब्लो वन्ज ओन ट्रंपेट) अपनी प्रशंसा करना

to build castles in the air (टू बिइल्ड कैसल्स इन द एयर) हवाई किले बनाना

to burn candle at both ends (टू बर्न कैंडल एट बोथ एंड्स) फिजूल खर्च करना

a burst of eloquence (ए बर्स्ट ऑव इलोक्वेंस) प्रभावी शब्दों का प्रयोग

to cast pearls before swine (टू कास्ट पर्ल्स बिफोर स्वाइन) अंधे के आगे रोए, अपने दीदे खोए

to cut ice (टू कट आइस) प्रभाव छोड़ना

to dance to one's tune (टू डांस टू वंज ट्यून) किसी की धुन पर नाचना

harm (हार्म) हानि

to hold water (टू होल्ड वाटर) परीक्षा में खरा उतरना

to do one's bit (टू डू वंज बिट) अपना सहयोग देना

to be answerable to (टू बी आंसरेबल टू) उत्तरदायी होना

responsible (रैस्पॉन्सिबल) उत्तरदायी

a bed of roses (ए बैड ऑव रोजेज) फूलों की सेज, आसान कार्य

all in all (ऑल इन ऑल) सबकुछ, सब अधिकार सहित

to the point (टू द प्वायंट) विषय पर

black and blue (ब्लैक एंड ब्लू) बुरी तरह से

practical (प्रैक्टिकल) व्यावहारिक

a bundle of lies (ए बंडल ऑव लाइज) झूठ का पुलिंदा

to burn the midnight oil (टू बर्न दँ मिडनाइट ऑयल) कड़ी मेहनत करना

to call spade a spade (टू कॉल स्पेड ए स्पेड) सही बात कहना

to cross one's mind (टू क्रॉस वंज माइंड) दिमाग में आना

to cry over spilt milk (टू क्राइ ओवर स्पिल्ट मिल्क) अब पछताए होत क्या जब चिड़ियाँ चुग गईं खेत

dog in the manger (डॉग इन द मैंगर) ऐसी चीज पर अधिकार रखना जिसे वह प्रयोग नहीं करेगा

situation (सिचुएशन) परिस्थिति

requirement (रिक्वायरमेंट) आवश्यकता

procedure (प्रोसीजर) कार्यविधि

to be amenable to (टू बी अमेनेबल टू) उत्तरदायी होना

at talking terms (एट टॉकिंग टर्म्स) मधुर

trustworthy (ट्रस्टवर्दी) विश्वसनीय
unstoppable (अनस्टॉपेबल) जिसे रोका नहीं जा सकता
brag (ब्रैग) झूठी प्रशंसा करना, अपने मुँह मियाँ मिट्ठू बनना
fast and loose (फास्ट एंड लूज) धोखाधड़ी से व्यवहार करना
evil (ईविल) बुराई
theory (थ्योरी) सिद्धांत
resign (रिजाइन) त्यागपत्र देना
melodious (मैलोडियस) सुरीली
charge sheet (चार्ज शीट) आरोप-पत्र
to hold true (टू होल्ड ट्रू) सच उतरना
superficial (सुपरफिशियल) ऊपरी, छिछले संबंध बनाए रखना
cut-throat (कट-थ्रोट) गलाकाट
trumpet (ट्रंपेट) तुरही
harp on the same thing (हार्प ऑन दँ सेम थिंग) वही बात बार-बार दोहराना
failure (फेल्योर) असफलता
toward (टुवार्ड) की ओर
dowry (डाउरी) दहेज
to burn one's boat (टू बर्न वंज बोट) अपना रास्ता समाप्त करना
kindheartedness (काइंडहार्टेडनेस) दयालुता
applicable (एप्लीकेबल) लागू होने योग्य

TIPS

Phrases. एक Phrase शब्दों का ऐसा समूह होता है जो एक संक्षिप्त तथा सटीक टीका होता है जो किसी अर्थ को बखूबी व्यक्त करता है। उदाहरण के लिए, इन दो वाक्यों को देखें :

This view is not any more acceptable.
This view is losing ground gradually.

आप देख सकते हैं कि पहले वाक्य को साधारण प्रकार से कह दिया गया है जबकि दूसरे वाक्य में losing ground (to lose ground) का प्रयोग किया गया है जो एक Phrase है। इसके प्रयोग से भाषा अलंकृत हो जाती है तथा श्रोता पर उचित प्रभाव छोड़ती है। इस पुस्तक में अन्यत्र हम कुछ और Phrase आपकी सुविधा के लिए देंगे।

NEWSPAPER HEADINGS

1. I'll accept defeat and retire if talks fail again, says PM : मैं हार स्वीकार कर लूँगा तथा सेवानिवृत्ति ले लूँगा यदि वार्त्ता दोबारा असफल हो जाती है, प्रधानमंत्री ने कहा
2. Diamond quest lands six TN villagers in jail : हीरे की खोज ने तमिलनाडु के 6 ग्रामीणों को बंदी बनवाया
3. PM—We have world support on terror issue : प्रधानमंत्री के अनुसार, हमें

आतंकवाद के मुद्दे पर विश्व का समर्थन हासिल है

4. Your set-top box can spy on you : आपका सैट-टॉप बॉक्स आप पर जासूसी कर सकता है
5. Windies humble Aussies third time in a row : वैस्ट इंडीज ने ऑस्ट्रेलिया को लगातार तीसरी बार हराया
6. Tainted boxers' fate to be decided on Thursday : दागदार मुक्केबाजों के भाग्य का फैसला बृहस्पतिवार को
7. Pakistani judge asked to leave UN tribunal : पाकिस्तानी न्यायाधीश को संयुक्त राष्ट्र न्यायालय छोड़ने के लिए कहा गया
8. Bid to make job-hunt easier for ex-jailbirds : भूतपूर्व कैदियों के लिए रोजगार आसान बनाने का प्रयत्न
9. No liquor shop if residents object, rules High Court : उच्च न्यायालय ने आदेश दिया कि निवासियों के विरोध करने पर शराब की दुकान नहीं खुल सकती
10. Looking to polls, Sheila puts ministers on water, power duty : चुनाव को देखते हुए शीला ने मंत्रियों को जल, बिजली ड्यूटी पर लगाया

INTERVIEWS

I

Vishal : May I come in, sir? Good morning.
(मे आइ कम इन, सर? गुड मॉर्निंग।)
क्या मैं भीतर आ सकता हूँ, श्रीमान्? शुभ प्रभात।

Interviewer : Come in. Please sit down. Give me your resume.
(कम इन। प्लीज सिट डाउन। गिव मी योर रिज्यूम।)
आइए। कृपया बैठिए। अपना प्रार्थना-पत्र मुझे दीजिए।

Vishal : Here it is.
(हियर इट इज।)
यह रहा।

Interviewer : You are very young. Why do you want to join a service at this early age?
(यू आर वैरी यंग। व्हाय डू यू वांट टू जॉइंन ए सर्विस एट दिस अर्ली एज?)
आप बहुत छोटे हैं। आप इस छोटी उम्र में नौकरी क्यों करना चाहते हैं?

Vishal : Sir, my father met with an accident. He's bedridden

now. I need to take up the challenge to look after my mother and other family members.
(सर, माइ फादर मेट विद एन एक्सीडेंट। ही'इज बैडरिडेन नाउ। आई नीड टू टेक अप द चैलेंज टू लुक आफ्टर माइ मदर एंड अदर फैमिली मैंबर्स।)
श्रीमान्, मेरे पिता दुर्घटनाग्रस्त हो गए। अब वह बिस्तर पर हैं। अब मुझे अपनी माता तथा परिवार के अन्य सदस्यों की देखभाल की चुनौती लेनी है।

Interviewer : Your educational qualification is not much. It will not help you progress in life.
(योर एजुकेशनल क्वालिफिकेशन इज नॉट मच। इट विल नॉट हैल्प यू प्रोग्रेस इन लाइफ।)
आपकी शैक्षिक योग्यता काफी नहीं है। यह आपको जीवन में प्रगति नहीं करने देगी।

Vishal : Sir, I'm determined to continue with my studies in the free time that I would get. After all, I can't leave my family members starving.
(सर, आइ'ऐम डिटरमाइंड टू कंटीन्यू विद माइ स्टडीज इन द फ्री टाइम दैट आइ वुड गैट। आफ्टर ऑल, आई कांट लीव माइ फैमिली मैंबर्स स्टार्विंग।)
श्रीमान्, मुझे मिलने वाले खाली समय में मैं अपनी पढ़ाई जारी रखने के लिए दृढ़ प्रतिज्ञ हूँ। आखिरकार, मैं अपने परिवार के सदस्यों को भूखों मरने के लिए नहीं छोड़ सकता।

Interviewer : You will hardly get time for studies. The work with us will be much strenuous and you will be tired to the last limb. How do you then plan to manage things?
(यू विल हार्डली गैट टाइम फॉर स्टडीज। द वर्क विद अस विल बी मच स्ट्रैनुअस एंड यू विल बी टायर्ड टू द लास्ट लिंब। हाउ डू यू दैन प्लान टू मैनेज थिंग्ज?)
आपको पढ़ाई के लिए शायद ही समय मिलेगा। हमारे पास जो काम होगा वह कठिन होगा तथा आप आखिरी नस तक थका करेंगे। तब आप कैसे चीजों की व्यवस्था कर पाएँगे?

Vishal : Where there is a will, there is a way. No impediment

can stop me from realising my dreams. It can only be delayed but not lost.
(व्हेयर देअर इज ए विल, देअर इज ए वे। नो इंपेडिमेंट कन स्टॉप मी फ्रॉम रियलाइजिंग माइ ड्रीम्ज। इट कन ऑनली बी डीलेड बट नॉट लॉस्ट।)
जहाँ चाह है, वहाँ राह है। कोई भी रुकावट मुझे मेरे सपनों को साकार होने से नहीं रोक सकती। इसमें देरी तो हो सकती है, लेकिन ये खो नहीं सकते।

Interviewer : I'm impressed with your resolve. You're selected. When do you plan to join us?
(आई इंप्रैस्ड विद योर रिजॉल्व। यू'आर सैलेक्टेड। व्हैन डू यू प्लान टू जॉइन अस?)
मैं आपकी दृढ़ इच्छा से प्रभावित हुआ हूँ। आपका चयन हो गया है। आप कब से हमारे साथ शामिल हो रहे हैं?

Vishal : As soon as you may desire me to. I'm ready to join even now itself.
(एज सून एज यू मे डिजायर मी टू। आइ'ऐम रेडी टू जॉइन ईविन नाउ इटसैल्फ।)
जितनी जल्दी से जल्दी आप मुझे चाहते हैं। मैं इस समय भी शामिल होने के लिए तैयार हूँ।

Interviewer : That's the spirit. Come in the morning at sharp 9 o'clock and see the personnel manager.
(दैट्'ज द स्पिरिट। कम इन द मॉर्निंग एट शार्प 9 ओ' क्लॉक एंड सी द परसनल मैनेजर।)
यह भावना होनी चाहिए। आप सुबह ठीक 9 बजे आ जाएँ तथा कार्मिक प्रबंधक से मिलें।

II

Chairman : I can see from your bio-data that you studied science up to intermediate level. Why did you change your subject in the graduation?
(आई कन सी फ्रॉम योर बायो-डाटा दैट यू स्टडीड साइंस अप टू इंटरमीजिएट लेवल। व्हाय डिड यू चेंज योर सब्जैक्ट इन द ग्रेजुएशन?)
मैं आपका बायो-डाटा में देख सकता हूँ कि आपने इंटरमीजिएट स्तर तक

विज्ञान की पढ़ाई की। आपने स्नातक में अपने विषय क्यों बदल लिए?

Anuj : I had opted for science in high school thinking that I would go for a medical course. But I found that my interest was toward art. So I changed over to arts stream.

(आई हैड ऑप्टेड फॉर साइंस इन हाई स्कूल थिंकिंग दैट आई वुड गो फॉर ए मेडिकल कोर्स। बट आई फाउंड दैट माइ इंटरेस्ट वाज टुवार्ड आर्ट। सो आई चेंज्ड ओवर टू आर्ट्स स्ट्रीम।)

मैंने हाई स्कूल में साइंस का चुनाव यह सोचकर किया था कि मैं कोई चिकित्सा संबंधी कोर्स करूँगा। लेकिन मैंने पाया कि मेरी रुचि कला की ओर थी। इसीलिए मैं कला पक्ष में परिवर्तित हो गया।

Chairman : You could have learnt arts in the extra time that was at your disposal, couldn't you?

(यू कुड हैव लर्न्ट आर्ट्स इन द एक्स्ट्रा टाइम दैट वाज एट योर डिसपोजल, कुडं'ट यू?)

आप कला को अपने खाली समय में सीख सकते थे, नहीं क्या?

Anuj : Of course, I could have, but I want to make a career in it. I want to become a renowned artist. For it a formal education was required.

(ऑव कोर्स, आई कुड हैव, बट आई वांट टू मेक ए कैरियर इन इट। आई वांट टू बिकम ए रिनाउन्ड आर्टिस्ट। फॉर इट ए फॉर्मल एजुकेशन वाज रिक्वायर्ड।)

बिलकुल, मैं कर सकता था, लेकिन मैं इसमें अपना भविष्य बनाना चाहता हूँ। मैं एक प्रसिद्ध कलाकार बनना चाहता हूँ। इसके लिए मुझे विधिवत् शिक्षा की आवश्यकता थी।

Chairman : If you are interested in art so much, why have you applied for this post of copy writer?

(इफ यू आर इंटरेस्टेड इन आर्ट सो मच, व्हाय हैव यू एप्लाइड फॉर दिस पोस्ट ऑव कॉपी राइटर?)

यदि आपकी कला में इतनी रुचि थी तो आपने इस कॉपी राइटर के पद के लिए क्यों प्रार्थना-पत्र दिया?

Anuj : The job of both a copy writer and that of an artist is

creation. They make use of concepts in the abstract to produce result in the concrete. I chose this field because my knowledge of English language is good while I need to learn and practise more things in art to formally launch myself into a career.
(द जॉब ऑव बोथ ए कॉपी राइटर एंड दैट ऑव एन आर्टिस्ट इज क्रीएशन। दे मेक यूज ऑव कन्सेप्ट्स इन द एब्स्ट्रैक्ट टू प्रोड्यूस रिजल्ट इन द कंक्रीट। आई चोज दिस फील्ड बिकॉज माइ नॉलेज ऑव इंगलिश लैंगुएज इज गुड व्हाइल आई नीड टू लर्न एंड प्रैक्टिस मोर थिंग्ज इन आर्ट टू फॉर्मली लांच माइसैल्फ इनटू ए कैरियर।)
एक कॉपी राइटर तथा एक कलाकार का काम रचनात्मकता है। वे अपने अमूर्त विचारों का प्रयोग कर उसका परिणाम मूर्त में पैदा करते हैं। मैंने इस क्षेत्र को इसलिए चुना क्योंकि मेरा अंग्रेजी भाषा का ज्ञान अच्छा है जबकि मुझे कला में और चीजों को सीखने तथा व्यवहार में लाने की आवश्यकता है जिससे मैं स्वयं को आधिकारिक रूप से इस क्षेत्र में उतार सकूँ।

Chairman : Do you mean to say that this job would help you hone your creative skills?
(डू यू मीन टू से दैट दिस जॉब वुड हैल्प यू होन योर क्रिएटिव स्क्लिस?)
क्या आप कहना चाहते है कि यह कार्य आपके रचनात्मक गुणों को तेज करेगा?

Anuj : Exactly, sir. Besides it would give me some money which is necessary to sustain my life.
(एग्जैक्टली, सर। बिसाइड्स इट वुड गिव मी सम मनी व्हिच इज नैसेसरी टू सस्टेन माइ लाइफ।)
बिलकुल सही, श्रीमान्। इसके अतिरिक्त यह मुझे कुछ पैसे भी देगा, जो मेरा जीवन चलाने के लिए आवश्यक है।

Chairman : You have fully convinced me with your arguments. You're selected.
(यू हैव फुली कन्विंस्ड मी विद योर आर्ग्युमेंट्स। यू'आर सैलेक्टेड।)
आपने अपने तर्कों से मुझे पूरी तरह विश्वास में ले लिया है। आपका चयन हो गया है।

III

Director : Why are you interested in a computer course?
(व्हाय आर यू इंटरेस्टेड इन ए कंप्यूटर कोर्स?)
आप कंप्यूटर कोर्स में क्यों रुचि ले रहे हो?

Bhan : Sir, computers have pervaded our life to a great extent. Whichever way you look, you find computers helping us. So the knowledge of computers is absolutely essential in modern life.
(सर, कंप्यूटर्स हैव परवेडेड अवर लाइफ टू ए ग्रेट एक्सटेंट। व्हिचेवर वे यू लुक, यू फाइंड कंप्यूटर्स हैल्पिंग अस। सो द नॉलेज ऑव कंप्यूटर्स इज एबसोल्यूटली इसेंशियल इन मॉडर्न लाइफ।)
श्रीमान्, कंप्यूटर हमारे जीवन में काफी हद तक छाए हैं। आप जिस ओर भी देखें, आप पाएँगे कि कंप्यूटर हमारी सहायता कर रहे हैं। इसलिए आधुनिक जीवन में कंप्यूटर का ज्ञान अत्यंत आवश्यक है।

Director : But the knowledge of computers can be gained by doing a simple basic course and reading books available in the market. Why do you want to spend so much money in this costly course?
(बट द नॉलेज ऑव कंप्यूटर्स कन बी गेंड बाय डूइंग ए सिंपुल बेसिक कोर्स एंड रीडिंग बुक्स अवेलेबल इन द मार्केट। व्हाय डू यू वांट टू स्पैंड सो मच मनी इन दिस कॉस्टली कोर्स?)
लेकिन कंप्यूटर का ज्ञान साधारण प्राथमिक कोर्स कर तथा बाजार में उपलब्ध पुस्तकों को पढ़कर पाया जा सकता है। आप इस महँगे कोर्स में इतना पैसा क्यों खर्च करना चाहते हैं?

Bhan : I'm much interested in computer technology. I want to make a career in it. I want to become a successful programmer and want to put my ideas into reality.
(आइ'ऐम मच इंटरेस्टेड इन कंप्यूटर टेक्नोलॉजी। आई वांट टू मेक ए कैरियर इन इट। आई वांट टू बिकम ए सक्सेसफुल प्रोग्रामर एंड वांट टू पुट माइ आइडियाज इनटू रियलिटी।)
मैं कंप्यूटर तकनीकी में काफी रुचि रखता हूँ। मैं इसमें भविष्य बनाना चाहता हूँ। मैं एक सफल प्रोग्रामर बनना चाहता हूँ तथा अपने विचारों को वास्तविकता में बदलना चाहता हूँ।

Director : What are your ideas that you want to put into reality?
(व्हाट आर योर आइडियाज दैट यू वांट टू पुट इनटू रियलिटी?)
आपके ऐसे कौन से विचार हैं, जिन्हें आप वास्तविकता में बदलना चाहते हैं?

Bhan : I find that computers are mostly English oriented. I would like to develop Hindi oriented programmes so that they become useful to the Indian masses in general.
(आई फाइंड दैट कंप्यूटर्स आर मोस्टली इंगलिश ओरिएंटेड। आई वुड लाइक टू डेवलप हिंदी ओरियेंटेड प्रोग्राम्स सो दैट दे बिकम यूजफुल टू द इंडियन मासेज इन जनरल।)
मेरी नजर में कंप्यूटर मुख्यतः अंग्रेजी की ओर झुकाव लिए हुए हैं। मैं चाहूँगा कि हिंदी की ओर झुकाव वाले प्रोग्राम तैयार किया जाए ताकि वे भारतीय लोगों के लिए साधारणतया उपयोगी हो सकें।

Director : Not all Indians speak Hindi. It won't help all Indians, will it?
(नॉट ऑल इंडियंस स्पीक हिंदी। इट वों'ट हैल्प ऑल इंडियंस, विल इट?)
सभी भारतीय हिंदी नहीं बोलते। यह सभी भारतीयों की सहायता नहीं करेगा, करेगा क्या?

Bhan : You will appreciate that all Indian languages are based on Sanskrit. A programme developed in Hindi can easily be converted into other Indian languages like Tamil, Telugu, Malayalam, Kannada, Bengali, and others.
(यू विल एप्रीशिएट दैट ऑल इंडियन लैंगुएजेज आर बेस्ड ऑन संस्कृत। ए प्रोग्राम डेवलप्ड इन हिंदी कन ईजिली बी कन्वर्टेड इनटू अदर इंडियन लैंगुएजेज लाइक तमिल, तेलुगु, मलयालम, कन्नड़, बंगाली एंड अदर्स।)
आप इस बात को मानेंगे कि सभी भारतीय भाषाएँ संस्कृत पर आधारित हैं। हिंदी में बनाये हुए किसी प्रोग्राम को तमिल, तेलुगु, मलयालम, कन्नड़, बंगाली तथा दूसरी भाषाओं में आसानी से बदला जा सकता है।

Director : I appreciate your ideas and admit you in the course. Congratulations!

(आय एप्रीशिएट योर आइडियाज एंड एडमिट यू इन द कोर्स। कॉन्ग्रेचुलेशंस!)

मैं आपके विचारों की प्रशंसा करता हूँ तथा आपको कोर्स में प्रवेश देता हूँ। बधाइयाँ (स्वीकार करें)!

MISCELLANY

Cardinal Numerals (कार्डीनल न्यूमरल्स) क्रमवाचक गिनती

first (फर्स्ट) पहला

second (सेकंड) दूसरा

third (थर्ड) तीसरा

fourth (फोर्थ) चौथा

fifth (फिफ्थ) पाँचवाँ

sixth (सिक्स्थ) छठा

seventh (सेवेंथ) सातवाँ

eighth (ऐट्थ) आठवाँ

ninth (नाइंथ) नवाँ

tenth (टैंथ) दसवाँ

Part Numerals (पार्ट न्यूमरल्स) अंशवाचक गिनती का अभ्यास

1/2 one-half (वन-हाफ) आधा

3/4 three-fourth (थ्री-फोर्थ) तीन-चौथाई

2/3 two-third (टू-थर्ड) दो-तिहाई

1/4 one-fourth (वन-फोर्थ) चौथाई भाग

1/5 one-fifth (वन-फिफ्थ) पाँचवाँ भाग

1/6 one-sixth (वन-सिक्स्थ) छठा भाग

1/7 one-seventh (वन-सेवेंथ) सातवाँ भाग

1/8 one-eighth (वन-एट्थ) आठवाँ भाग

1/9 one-ninth (वन-नाइंथ) नवाँ भाग

1/10 one-tenth (वन-टेंथ) दसवाँ भाग

□

SAMPLE DIALOGUES

1. His evidence bears out the truth.
(हिज एवीडेंस बियर्स आउट द ट्रुथ।)
उसकी गवाही सच साबित करती है।
2. His job brings in Rs. 5000 a month.
(हिज जॉब ब्रिंग्स इन रुपीज 5000 ए मंथ।)
उसका काम उसके लिए हर माह 5000 रुपए लाता है।
3. I called on the doctor yesterday.
(आई कॉल्ड ऑन द डॉक्टर यस्टरडे।)
कल मैं चिकित्सक के पास गया।
4. Ranga carried on the business after the death of his father.
(रंगा कैरीड ऑन द बिजिनेस आफ्टर द डैथ ऑव हिज फादर।)
वह अपने पिता की मृत्यु के बाद व्यापार चलाता रहा।
5. The point will certainly come up in the meeting.
(द पॉइंट विल सरटेनली कम अप इन द मीटिंग।)
यह बिंदु सभा में निश्चित रूप से उठेगा।
6. Cut down your expenditure and save money for future.
(कट डाउन योर एक्सपेंडिचर एंड सेव मनी फॉर फ्यूचर।)
अपने खर्च को कम करो तथा भविष्य के लिए पैसे बचाओ।
7. He is done up after such strenuous effort.
(ही इज डन अप आफ्टर सच स्ट्रेनुअस एफर्ट।)
वह इतने कठिन प्रयास के बाद थक गया है।
8. The miscreants got away with their mischief.

(द मिस्क्रिएंट्स गॉट अवे विद देअर मिसचीफ।)
शरारतकर्ता अपनी शरारत के दंड से बच गए।

9. The doctors gave up all hope of his recovery.
(द डॉक्टर्स गेव अप आल होप ऑव हिज रिकवरी।)
चिकित्सकों ने उसके ठीक होने की सभी आशा छोड़ दी।

10. The judge assured that he is would go into each evidence.
(द जज एश्योर्ड दैट ही वुड गो इनटू ईच एविडेंस।)
न्यायाधीश ने विश्वास दिलाया कि वह प्रत्येक गवाही को जाँचेगा।

11. She held out the pen until I caught it.
(शी हैल्ड आउट द पैन अनटिल आई कॉट इट।)
वह पैन को आगे करे रही है, जब तक कि मैंने इसे पकड़ नहीं लिया।

12. You've done well. Keep it up!
(यु'इव डन वैल। कीप इट अप!)
आपने बहुत अच्छा कार्य किया है। इसे बनाए रखें!

13. The boxer was knocked down in one go.
(द बॉक्सर वाज नॉक्ड डाउन इन वन गो।)
मुक्केबाज एक ही बार में गिर गया।

14. The young criminal was let off with a mild fine.
(द यंग क्रिमिनल वाज लैट ऑफ विद ए माइल्ड फाइन।)
जवान अपराधी को हलके दंड के साथ छोड़ दिया गया।

15. The villagers look down upon him for his mischief.
(द विलेजर्स लुक डाउन अपॉन हिम फॉर हिज मिसचीफ।)
गाँववासी उससे उसकी शरारतों के कारण घृणा करते हैं।

16. The landlord passed away after a long illness.
(द लैंडलॉर्ड पास्ड अवे आफ्टर ए लॉन्ग इलनेस।)
जमींदार लंबी बीमारी के बाद चल बसा।

17. Don't pull down someone's honour in this manner.
(डों'ट पुल डाउन समवन्स ऑनर इन दिस मैनर।)
किसी के सम्मान को इस प्रकार नहीं गिराओ।

18. Make haste and put out the fire.
(मेक हेस्ट ऐंड पुट आउट द फायर।)
जल्दी करो तथा आग बुझाओ।

19. The senior citizen could see through the trick.
(द सीनियर सिटिजन कुड सी थ्रू द ट्रिक।)
वरिष्ठ नागरिक चाल को पहचान गया।

20. The team set off in the morning train.
(द टीम सैट ऑफ इन द मॉर्निंग ट्रेन।)
दल सुबह की रेल से प्रस्थान कर गया।

21. We must stand by each other in times of crisis.
(वी मस्ट स्टैंड बाइ ईच अदर इन टाइम्स ऑव क्राइसेस।)
हमें कठिनाई के समय एक दूसरे का साथ देना चाहिए।

22. It is a bad to take to some evil habit.
(इट इज ए बैड टू टेक टू सम ईविल हैबिट।)
किसी बुरी आदत को अपनाना बुरा है।

23. His hard work is telling upon his health.
(हिज हार्ड वर्क इज टैलिंग अपॉन हिज हैल्थ।)
उसकी मेहनत उसके स्वास्थ्य पर बुरा असर दिखा रही है।

24. I took him for idle, he turned out to be smart.
(आइ टुक हिम फॉर आइडल, ही टर्न्ड आउट टू बी स्मार्ट।)
मैंने उसे आलसी समझा, वह चतुर निकला।

25. He used up his energy in useless endeavours.
(ही यूज्ड अप हिज एनर्जी इन यूजलैस एंडेवर्स।)
उसने अपनी ऊर्जा बेकार के कार्यों में समाप्त कर डाली।

PRACTICE DIALOGUES

1. His evidence <u>*bears out*</u> the truth.

hides	conceals
proves	brings out
mentions	speaks of

2. Ranga carried on the business after the <u>*death*</u> of his father.

retirement	illness
recovery	accident
hospitalisation	departure

3. The point will certainly <u>*come up*</u> in the meeting.

be discussed	be proved
be voted for	be decided upon
opposed	supported

4. The miscreants <u>*got away with*</u> their mischief.

were apprehended for	were caught for
slipped away with	were punished for
were called for	were summoned for

5. The judge assured that he would <u>*go into each evidence*</u>.

look into the matter	mete out justice
look for the truth	search for the fact
question the witness	ask for the documents

6. The villagers look down upon him for his <u>*mischief*</u>.

thievery	untruthfulness
telling a lie	disturbing others
teasing others	elopement with a girl

7. The landlord <u>*passed away*</u> after a long illness.

recovered	got well
died	became bedridden
weakened	breathed his last

8. <u>*Make haste*</u> and put out the fire.

hurry up	act fast
be alert	remain on guard
stop talking	work together

9. We must <u>*stand by*</u> each other in times of crisis.

cooperate	help
extend our hand	fight together
resist together	stay united

10. He <u>*used up*</u> his energy in useless endeavours.

wasted	ate up
destroyed	consumed
put out	cast away

VOCABULARY

evidence (एवीडेंस) गवाही

bring in (ब्रिंग इन) लाना, देना

carry on (कैरी ऑन) चालू रखना

cut down (कट डाउन) कम करना

do up (डू अप) थक जाना

miscreant (मिसक्रिएंट) शरारती

bear out (बीयर आउट) सिद्ध करना

call on (कॉल ऑन) किसी के पास जाना

come up (कम अप) उठना

expenditure (एक्सपेंडिचर) खर्च

strenuous (स्ट्रेनुअस) कठिन

mischief (मिसचीफ) शरारत

give up (गिव अप) त्याग देना
go into (गो इनटू) जाँचना
keep up (कीप अप) बनाए रखना
knock down (नॉक डाउन) गिराना
let off (लेट ऑफ) छोड़ देना
look down upon (लुक डाउन अपॉन) घृणा करना
in this manner (इन दिस मैनर) इस प्रकार से
see through (सी थ्रू) पहचान जाना
stand by (स्टैंड बाइ) साथ देना
take to (टेक टू) अपनाना
take for (टेक फॉर) समझना
use up (यूज अप) नष्ट करना
hospitalisation (हॉस्पिटलाइजेशन) अस्पताल में भर्ती होना
summon (समॅन) बुलाना
look for (लुक फॉर) ढूँढना
untruthfulness (अनट्रुथफुलनेस) झूठापन
elopement (इलोपमेंट) (किसी लड़की आदि के साथ) भागना
eat up (ईट अप) नष्ट करना, प्रयोग करना
recovery (रिकवरी) ठीक होना
hold out (होल्ड आउट) आगे की ओर कर पकड़ना
one go (वन गो) एक बार
mild (माइल्ड) हलका
pass away (पास अवे) मरना
pull down (पुल डाउन) गिराना
put out (पुट आउट) बुझाना
set off (सेट ऑफ) प्रस्थान करना
crisis (क्राइसिस) कष्ट, कठिनाई
tell upon (टेल अपॉन) प्रभाव दिखाना
turn out (टर्न आउट) निकलना, सच होना
mention (मेंशन) कहना
oppose (अपोज) विरोध करना
apprehend (एप्रीहैंड) कैद करना
mete out (मीट आउट) देना
witness (विटनेस) गवाह
tease (टीज) तंग करना
extend (एक्सटैंड) बढ़ाना
resist (रिसीस्ट) सामना करना
cast away (कास्ट अवे) फेंकना

TIPS

Idioms. ये किसी भी भाषा में विशिष्ट स्थान तथा अर्थ रखते हैं चाहे इनमें प्रयुक्त होने वाले शब्दों का अर्थ पूरे Idiom के अनुसार न भी हो। किसी भी व्यक्ति के लिए, जिसकी अंग्रेजी मातृभाषा नहीं है, इनका महत्त्व बहुत अधिक होता है, क्योंकि इनका ठीक प्रकार से प्रयोग न कर पाने से अर्थ का अनर्थ हो सकता है। यह जानना आवश्यक है कि Idiom का ठीक शाब्दिक अर्थ नहीं होता। उदाहरण के लिए, carry out में carry का व्यक्तिगत रूप से अर्थ है ले जाना; तथा out का अर्थ है बाहर। लेकिन दोनों शब्दों को मिलाकर इनका अर्थ बन जाता है पालन करना।

अधिकांश Idiom को Verb में Preposition या Adverb जोड़कर बनाया जाता है। कुछ Idiom इस पाठ में प्रयुक्त किये गए हैं तथा कुछ अन्य को इस पुस्तक में अन्यत्र दिया गया है।

NEWSPAPER HEADINGS

1. Poll shows Indians are most nationalistic : सर्वेक्षण ने दर्शाया कि भारतीय सर्वाधिक देशभक्त हैं
2. PM, Sachin, SRK are youth icons, concludes survey : सर्वेक्षण के अनुसार, प्रधानमंत्री, सचिन, शाहरुख खान जवानों के आदर्श हैं
3. RSS tells BJP to focus on ideology, not individuals : राष्ट्रीय स्वयं सेवक संघ ने भारतीय जनता पार्टी को आदर्शों पर, न कि व्यक्तियों पर, ध्यान केंद्रित करने के लिए कहा
4. Heat wave eases after pre-monsoon showers : आरंभिक मानसून वर्षा के बाद गरम हवाओं में नर्मी
5. Joshi keeps leadership row alive, snipes at Venkaiah : जोशी ने नेता संबंधी मुद्दे को जीवित रखा, वैंकैया को निशाना बनाया
6. US leaders allay Indian fears about outsourcing of jobs : अमेरिका ने बाहर काम भेजने संबंधी भारतीय डर को हटाया
7. PM reiterates resolve to talk peace with Pakistan : प्रधानमंत्री ने पाकिस्तान के साथ शांति वार्त्ता के निश्चय को दोहराया
8. 2 held for Rs. 45 crore bank draft fraud : 45 करोड़ रुपए के बैंक ड्राफ्ट धोखाधड़ी में 2 को हिरासत में लिया गया
9. Losing streak against hosts ends in Sydney : सिडनी में मेजबानों के विरुद्ध हारने का सिलसिला समाप्त हुआ
10. US now says Phalcon sale will stabilise region : अमेरिका अब कहता है कि फाल्कन की बिक्री से क्षेत्र में स्थायित्व आएगा

TRAFFIC RULES

I

Vikas : Let's go for a walk.
(लेट्स गो फॉर ए वॉक।)
आओ, घूमने चलें।

Vibhu : We should go to the market. I've to buy something.
(वी शुड गो टू द मार्केट। आइ'व टू बाइ समथिंग।)
हमें बाजार चलना चाहिए। मुझे कुछ खरीदना है।

Vikas : Okay, it'll serve two purposes. We'll have a walk as well as buy the article.
(ओके, इट'इल सर्व टू पर्पजेज। वी'इल हैव ए वॉक एज वैल एज बाय द आर्टिकल।)
ठीक है, इससे दो कार्य सिद्ध हो जाएँगे। हम घूम भी लेंगे और साथ-साथ सामान भी खरीद लेंगे।

Vibhu : The traffic on the road is increasing day by day.
(द ट्रैफिक ऑन द रोड इज इंक्रीजिंग डे बाइ डे।)
सड़क पर ट्रैफिक दिन प्रतिदिन बढ़ रहा है।

Vikas : I can guess that a day would come when there would not be left any place for a vehicle to move.
(आई कन गैस दैट ए डे वुड कम व्हैन देअर वुड नॉट बी लेफ्ट एनी प्लेस फॉर ए वेहिकल टू मूव।)
मैं यह अनुमान लगा सकता हूँ कि एक दिन ऐसा आएगा जब किसी वाहन के चलने के लिए कोई स्थान बाकी नहीं रह जाएगा।

Vibhu : Increasing traffic and population are the two banes of our country.
(इंक्रीजिंग ट्रैफिक एंड पॉपुलेशन आर द टू बेंस ऑव आवर कंट्री।)
बढ़ती हुई वाहन संख्या तथा जनसंख्या हमारे देश के दो श्राप हैं।

Vikas : Be careful while on the road. There are quite a few rash drivers who scarce care for the safety.
(बी केअरफुल व्हाइल ऑन द रोड। देअर आर क्वाइट ए फ्यू रैश ड्राइवर्स हू स्कार्स केअर फॉर द सेफ्टी।)
जब भी सड़क पर होओ तब सावधान रहो। बहुत से ऐसे उतावले चालक हैं जो सुरक्षा की कम ही चिंता करते हैं।

Vibhu : They are the people who bring misery to us. We must observe traffic rules to avoid accidents. According to statistics, accidents claim the most number of lives in cities.
(दे आर द पीपल हू ब्रिंग माइजरी टू अस। वी मस्ट ऑब्जर्व ट्रैफिक रूल्स टू एवायड एक्सीडेंट्स। एकॉर्डिंग टू स्टेटिस्टिक्स, एक्सीडेंट्स क्लेम द मोस्ट नंबर ऑव लाइव्ज इन सिटीज।)
वे ऐसे लोग हैं जो हम पर कष्ट लाते हैं। दुर्घटनाओं से बचने के लिए हमें

ट्रैफिक नियमों का पालन करना चाहिए। आँकड़ों के अनुसार, दुर्घटनाएँ शहरों में सबसे अधिक जीवन समाप्त कर देती हैं।

Vikas : The traffic police should conduct camps to acquaint the youth and prospective drivers on how to observe road safety.
(द ट्रैफिक पुलिस शुड कंडक्ट कैंप्स टू एक्वेंट द यूथ एंड प्रोस्पेक्टिव ड्राइवर्ज ऑन हाउ टू ऑब्जर्व रोड सेफ्टी।)
ट्रैफिक पुलिस को चाहिए कि वे नवयुवकों तथा भविष्य के चालकों को यह ज्ञान देने के लिए कैंप लगाएँ कि सड़क सुरक्षा कैसे अपनाई जाए।

Vibhu : Unless serious thought is paid to this menace, lives will continue to be lost and incapacitated.
(अनलैस सीरियस थॉट इज पेड टू दिस मैनेस, लाइव्ज विल कंटीन्यू टू बी लॉस्ट एंड इनकैपेसिटेटेड।)
यदि इस खतरे की ओर गंभीरपूर्वक विचार नहीं किया गया तो जीवन समाप्त तथा विकलांग होते रहेंगे।

II

Vikas : We are on the crossing. We've to go across the road.
(वी आर ऑन द क्रॉसिंग। वी'इव टू गो एक्रॉस द रोड।)
हम चौराहे पर हैं। हमें सड़क पार जाना है।

Vibhu : It's always safe to cross the road at the crossing.
(इट्'ज ऑलवेज सेफ टू क्रॉस द रोड एट द क्रॉसिंग।)
चौराहे पर सड़क पार करना हमेशा सुरक्षित रहता है।

Vikas : I should correct you. Pedestrians should cross the road by following the zebra crossing.
(आई शुड करेक्ट यू। पैडेस्ट्रियंस शुड क्रॉस द रोड बाइ फॉलोइंग द जेबरा क्रॉसिंग।)
मुझे आपको सही करना चाहिए। पैदल चलने वालों को जेबरा क्रॉसिंग पर चलते हुए सड़क पार करनी चाहिए।

Vibhu : The pedestrians should wait for the red light for vehicles and green light for themselves to light up. Crossing the road in the running traffic can be dangerous.
(द पैडेस्ट्रियंस शुड वेट फॉर द रैड लाइट फॉर वैहिकल्स एंड ग्रीन लाइट

फॉर दैमसैल्व्ज टू लाइट अप। क्रॉसिंग द रोड इन द रनिंग ट्रैफिक कन बी डैंजरस।)

पैदल चलने वालों को चाहिए कि वे वाहनों के लिए लाल बत्ती तथा अपने लिए हरी बत्ती के जलने की प्रतीक्षा करें। चलते हुए वाहनों के बीच से सड़क पार करना खतरनाक हो सकता है।

Vikas : Come, green light for the pedestrians has come on. Walk at normal pace. Don't run. It can confuse any vehicle coming your way.

(कम, ग्रीन लाइट फॉर द पैडेस्ट्रियंस हैज कम ऑन। वॉक एट नॉर्मल पेस। डों'ट रन। इटकन कन्फ्यूज ऐनी वैहिकल कमिंग योर वे।)

आओ, पैदल चलने वालों के लिए हरी बत्ती जल गई है। साधारण गति से चलो। भागो मत। इससे किसी आते हुए वाहन को अनिश्चितता हो सकती है।

Vibhu : We need to cross the road again, and there is no crossing here.

(वी नीड टू क्रॉस द रोड अगेन, एंड देअर इज नो क्रॉसिंग हियर।)

हमें फिर सड़क पार करनी है, और यहाँ कोई चौराहा नहीं है।

Vikas : When we need to cross the road, first look to the right, then to the left and cross the road looking to the right. After you have crossed the road half way, turn your head to the left to look for any traffic coming from the left.

(व्हैन वी मीड टू क्रॉस द रोड, फर्स्ट लुक टू द राइट, दैन टू द लेफ्ट एंड क्रॉस द रोड लुकिंग टू द राइट। आफ्टर यू हैव क्रॉस्ड द रोड हॉफ वे, टर्न योर हैड टू द लैफ्ट टू लुक फॉर ऐनी ट्रैफिक कमिंग फ्रॉम द लेफ्ट।)

जब हमें सड़क पार करने की आवश्यकता हो, पहले दाहिनी ओर देखो, तब बाईं ओर देखो तथा दाहिनी ओर देखते हुए सड़क पार करो। जब आप सड़क आधी पार कर चुकें तो बाईं ओर से आते वाहनों के लिए अपना सिर बाईं ओर घुमा लें।

Vibhu : Yes, I read it in my junior classes and I have been following it ever since.

(यस, आई रैड इट इन माइ जूनियर क्लासेज एंड आई हैव बीन फॉलोइंग

इट एवर सिंस।)

हाँ, इसे मैंने अपनी जूनियर कक्षाओं में पढ़ा था और मैं तब से ही इसका पालन कर रहा हूँ।

Vikas : Abiding by the traffic rules is good for ourselves.
(एबाइडिंग बाइ द ट्रैफिक रूल्स इज गुड फॉर अवरसैल्व्ज।)

ट्रैफिक नियमों का पालन करना हमारे स्वयं के लिए अच्छा है।

III

Vibhu : First put on your helmet before you start the bike.
(फर्स्ट पुट ऑन योर हैलमेट बिफोर यू स्टार्ट द बाइक।)

पहले अपना हैलमेट पहन लो तब मोटर साइकिल शुरू करो।

Vikas : It's so hot. I don't intend to put it on.
(इट्'स सो हॉट। आई डों'ट इंटेंड टू पुट इट ऑन।)

इतनी गर्मी है। इसे पहनने का मेरा कोई विचार नहीं है।

Vibhu : Then I'm not coming with you. Safety first, right?
(दैन आइ'ऐम नॉट कमिंग विद यू। सेफ्टी फर्स्ट, राइट?)

तब मैं आपके साथ नहीं आ रहा हूँ। सुरक्षा पहले, ठीक?

Vikas : Okay, I'll have to wear it if you so insist.
(ओके, आइ'ल हैव टू वियर इट इफ यू सो इन्सिस्ट।)

ठीक है, मुझे यह पहनना होगा यदि आप ऐसा जोर डालेंगे।

Vibhu : I'm insisting only in your own interest. A rider is likely to be hit head first in case of an accident. It can be perilous. Helmet is meant to save his life. Don't you have one for me?
(आइ'ऐम इन्सिस्टिंग ऑनली इन योर ओन इंटरेस्ट। ए राइडर इज लाइकली टू बी हिट हैड फर्स्ट इन केस ऑव एन एक्सीडेंट। इट कन बी पैरिलस। हैलमेट इज मींट टू सेव हिज लाइफ। डों'ट यू हैव वन फॉर मी?)

मैं केवल आपके फायदे के लिए कह रहा हूँ। दुपहिया वाहन चालक की दुर्घटना होने पर उसका सिर पहले टकराने की आशंका होती है। यह खतरनाक हो सकता है। हैलमेट जीवन बचाने के लिए बना है। क्या आपके पास मेरे लिए एक हेलमेट नहीं है?

Vikas : I'll go and look in the house. It is also necessary for the pillion rider to have it.

(आइ'ल गो एंड लुक इन द हाउस। इट इज आलसो नैसेसरी फॉर द पिलियन राइडर टू हैव इट।)
मैं घर के भीतर जाकर देखता हूँ। यह पीछे बैठने वाले के लिए भी आवश्यक है।

Vibhu : Playing with the traffic rules only endangers our own life. Our life is precious for our family and country. We must not waste it.
(प्लेइंग विद द ट्रैफिक रूल्स ऑनली एंडैजर्स अवर ओन लाइफ। अवर लाइफ इज प्रेशियस फॉर अवर फैमिली ऐंड कंट्री। वी मस्ट नॉट वेस्ट इट।)
ट्रैफिक नियमों से खिलवाड़ करना हमारे अपने जीवन को खतरे में डालता है। हमारा जीवन हमारे परिवार तथा देश के लिए बहुमूल्य है। हमें इसे नष्ट नहीं करना चाहिए।

MISCELLANY

add insult to injury : कटे पर नमक छिड़कना

all covet, all lose : आधी छोड़ सारी को धावे, आधी रहे न सारी पावे

all is well that ends well : अंत भला तो सब भला

at arm's length : थोड़ी दूरी पर

keep at arm's length : अति परिचय न करना, दूर-दूर रहना

strike a balance : आय-व्यय का हिसाब निकालना, पलड़ा बराबर करना

strike a bargain : सौदा पक्का करना

bark up the wrong tree : अपनी शक्ति को गलत जगह लगाना, गधे पर बस न चले तो कुम्हारी के कान उमेठना

at the beck and call of : किसी के हुक्म या आज्ञा पर

below the belt : गलत तरीके से, छल से

benefit of doubt : अपराध न करने का संदेह

birds of a feather : एक ही प्रकार के लोग

great boast, little roast : ऊँची दुकान फीका पकवान

bread and butter : आजीविका

shallow brooks are noisy, deep river moves with silent majesty : अधजल गगरी छलकत जाए, भरी गगरिया चुपके जाए

take the bull by the horns : खतरे या मुसीबत का साहस से मुकाबला करना

burn the candle : शक्ति से अधिक काम करना, अधिक कार्य से अपनी शक्ति खो देना

catch at a straw : कमजोर सहारा लेना

chips of the same block : एक थैली के चट्टे-बट्टे

much coin, much care : जितना धन उतनी चिंता

the courage of one's convictions : अपने दृढ़ विश्वास का साहस

a hard nut to crack : कठिन समस्या

cry over spilt milk : अब पछताए क्या होत है जब चिड़िया चुग गईं खेत

there is many a slip between the cup and the lip : कानी के ब्याह में सौ जोखिम

cut your coat according to your cloth : उतने पाँव पसारिए जितनी चादर होए

tongue is not steel but cuts deeper : जबान तलवार से ज्यादा तेज है

give the devil his due : राक्षस के गुण पहचानना

diamond cuts diamond : लोहे को लोहा काटता है

the steed will die until the grass grows : जब तक जहरमोहरा आएगा साँप का काटा मर जाएगा

every dog has his day :कूड़े के भी दिन फिरते हैं

at the eleventh hour : अंतिम संभव समय में

an eye for an eye : बदला

as a matter of fact : वास्तव में

show the white feather : कायरता के चिह्न दिखलाना

every cock fights best on his own dunghill : अपनी गली में कुत्ता भी शेर होता है

no smoke without fire : बिना कारण अफवाह नहीं फैलती

foot the bill and get nil : खेवाई भी देना और बह भी जाना

□

SAMPLE DIALOGUES

1. Adversity flatters no man.
(एडवर्सिटी फ्लैटर्स नो मैन।)
विपत्ति किसी की चापलूसी नहीं करती।
2. Advice given in the midst of a crowd is loathsome.
(एडवाइस गिविन इन द मिड्स्ट ऑव ए क्राउड इज लोथसम।)
भीड़ के बीच दी गई सलाह घृणित होती है।
3. Anger begins with folly and ends with repentance.
(एंगर बिगिंस विद फॉली एंड एंड्स विद रिपेंटेंस।)
क्रोध अज्ञानता से आरंभ होता है तथा पश्चात्ताप में समाप्त होता है।
4. Asses must not be tied with horses.
(आसेज मस्ट नॉट बी टाइड विद हार्सेज।)
गधों को घोड़ों के साथ नहीं बाँधना चाहिए।
5. Beauty is a good letter of introduction.
(ब्यूटी इज ए गुड लैटर ऑव इंट्रोडक्शन।)
सुंदरता पहचान का अच्छा परिचय-पत्र है।
6. Child is the father of man.
(चाइल्ड इज द फादर ऑव मैन।)
बच्चा मानव का पिता होता है।
7. Don't show your teeth if you cannot bite.
(डों'ट शो योर टीथ इफ यू कैननॉट बाइट।)
अपने दाँत मत दिखाओ यदि आप काट नहीं सकते।
8. Courage in war is safer than cowardice.
(करेज इन वॉर इज सेफर दैन कॉवार्डिस।)
युद्ध में साहस कायरता से अधिक सुरक्षित होता है।

9. A dead man has neither relations nor friends.
(ए डैड मैन हैज नायदर रिलेशंज नॉर फ्रेंड्ज ।)
मृतक के न तो रिश्तेदार होते हैं न ही मित्र ।

10. Flattery brings friends, but the truth begets enemies.
(फ्लैटरी ब्रिंग्स फ्रेंड्ज, बट द ट्रुथ ब्रिगेट्स एनीमीज ।)
चापलूसी मित्र बनाती है, लेकिन सच शत्रु पैदा करता है ।

11. God is in the side of big battalions.
(गॉड इज इन द साइड ऑव बिग बैटालियंस ।)
ईश्वर बड़ी सेनाओं के पक्ष में होता है ।

12. Health without money is half malady.
(हैल्थ विदाउट मनी इज हॉफ मॅलाडी ।)
धन के बिना स्वास्थ्य आधी बीमारी है ।

13. Honour the old, teach the young.
(ऑनर द ओल्ड, टीच द यंग ।)
बड़ों का आदर करो, छोटों को पढ़ाओ ।

14. Hope deferred makes the heart sick.
(होप डिफर्ड मेक्स द हार्ट सिक ।)
आशा में देरी होना दिल को मरीज बनाता है ।

15. Labour rids us of tediousness, vice and poverty.
(लेबर रिड्स अस ऑव टैडियसनैस, वाइस ऐंड पॉवर्टी ।)
मेहनत से हम क्लांति, बुराई तथा गरीबी से छुटकारा पाते हैं ।

16. Love, cough, smoke and money cannot long be hid.
(लव, कफ, स्मोक ऐंड मनी कैननॉट लॉन्ग बी हिड ।)
प्रेम, खाँसी, धुआँ तथा धन को लंबे समय तक नहीं छिपाया जा सकता ।

17. A man finds himself seven years older the day after his marriage.
(ए मैन फाइंड्स हिमसेल्फ सेवन ईयर्स ओल्डर द डे आफ्टर हिज मैरिज़ ।)
पुरुष विवाह के अगले दिन अपने आपको सात वर्ष बड़ा पाता है ।

18. Money lent, an enemy made.
(मनी लेंट, एन एनिमी मेड ।)
धन उधार देने का अर्थ है एक शत्रु बनाना ।

19. Pleasure is deaf when told of future pain.
(प्लेजर इज डीफ व्हैन टोल्ड ऑव फ्यूचर पेन ।)

आनंद बहरा होता है जब उसे भविष्य में होने वाले दुख को बताया जाता है।

20. A poor man is hungry after eating.
(ए पुअर मैन इज हंग्री आफ्टर ईटिंग।)
गरीब आदमी खाने के बाद भूखा होता है।

21. Praise paves the way for friendship.
(प्रेज पेव्ज द वे फॉर फ्रेंडशिप।)
प्रशंसा से मित्रता का रास्ता खुलता है।

22. A rich man's foolish sayings pass for wise ones.
(ए रिच मै'स फुलिश सेइंग्स पास फॉर वाइज वंस।)
धनी व्यक्ति के मूर्खतापूर्ण कथन भी बुद्धिमानी के रूप में स्वीकार होते हैं।

23. Time is a true friend to sorrow.
(टाइम इज ए ट्रू फ्रेंड टू सॉरो।)
समय दुख का सच्चा मित्र है।

24. Trust not still water, nor a silent man.
(ट्रस्ट नॉट स्टिल वाटर, नॉर ए साइलेंट मैन।)
स्थिर जल का विश्वास न करो, न ही शांत व्यक्ति का।

25. A woman forgives sin in her lover but never meanness.
(ए वूमैन फॉरगिव्ज सिन इन हर लवर बट नेवर मीननैस।)
एक स्त्री अपने प्रेमी का पाप माफ कर देती है, लेकिन नीचता नहीं।

PRACTICE DIALOGUES

1. Adversity *flatters no man*.

is the parent of virtue	is the true scale to weigh friends in
reminds men of religion	makes men, prosperity monstrous

2. Asses *must not be tied with horses*.

that bray eat little hay	carry the oats and horses eat them
	don't know the worth of their tails until lost
	and their master do not think alike

3. Beauty *is a good letter of introduction*.

and folly are sisters	rests in the heart of the beholder
in plain is never so glorious	comes from health and wealth

4. Courage *in war is safer than cowardice*.

is wine; bullying is smoke	grows out of fear
grapples with misfortune	and prudence go together

5. Health *without money is half malady*.

is a vital principle of bliss	is the first enjoyment
is manifestation of right living	is wealth

6. Labour *rids us of tediousness, vice and poverty*.

sans reward is sour	is indispensable for bliss
without luck helps not	is lost without love

7. Love, *cough, smoke and money cannot long be hid*.

is god	knows no hatred
is blind	knows no bound

8. Money *lent, an enemy made*.

in purse will always be a fashion	is the root of all evils
is a double-edged dagger	is no substitute for honour

9. Pleasure *is deaf when told of future pain*.

is the greatest incentive to evil	steals away the mind
knows no reasoning	returns with acute sorrow

10. Time *is a true friend to sorrow*.

wears and makes no noise	and tide wait for none
once lost cannot be recovered	is anger's medicine

VOCABULARY

adversity (एडवर्सिटी) विपत्ति

repentance (रिपेंटेंस) पश्चात्ताप

relation (रिलेशन) रिश्ता, रिश्तेदार

malady (मॅलाडी) बीमारी

cough (कफ) खाँसी

vice (वाइस) बुराई

deaf (डीफ) बहरा

sorrow (सॉरो) दुख

meanness (मीननैस) नीचता

scale (स्केल) तराजू, पैमाना

prosperity (प्रॉस्परिटी) संपन्नता

religion (रिलीजन) धर्म

hay (हे) भूसा

alike (अलाइक) एक समान

loathsome (लोथसम) घृणित

cowardice (कॉवार्डिस) कायरता

flattery (फ्लैटरी) चापलूसी

rid of (रिड ऑव) छुटकारा पाना

tediousness (टेडियसनैस) क्लांति

poverty (पॉवर्टी) गरीबी

pave for (पेव फॉर) तैयार करना

still (स्टिल) शांत, स्थिर

virtue (वर्च्यू) गुण

weigh (वे) तौलना

monstrous (मॉन्स्ट्रस) राक्षसी, विकट

bray (ब्रे) रेंकना

oat (ओट) जई

plain (प्लेन) साधारण

glorious (ग्लोरियस) यशस्वी, तेजस्वी
rest (रैस्ट) आराम करना, रहना
bullying (बुलीइंग) कष्ट देना
grapple (ग्रैपल) हाथापाई करना
prudence (प्रूडेंस) दूरदर्शिता
vital (वाइटल) आवश्यक
principle (प्रिंसिपल) सिद्धांत
sans (सैंस) के बिना
bound (बाउंड) सीमा
double-edged (डबल-एज्ड) दुधारी
incentive (इंसैंटिव) प्रलोभन
wear (वीयर) पहनना, घिसना
beholder (बीहोल्डर) देखने वाला
wine (वाइन) शराब
smoke (स्मोक) धुआँ
misfortune (मिसफॉर्च्यून) दुर्भाग्य
manifestation (मैनिफैस्टेशन) प्रत्यक्षता, स्पष्टता
bliss (ब्लिस) सुख
indispensable (इंडिस्पैंसिबल) आवश्यक
root (रूट) जड़
dagger (डैगर) कटार
acute (एक्यूट) तीव्र
tide (टाइड) लहर

TIPS

Proverbs and Maxims. Proverb तथा Maxim एक ऐसा वाक्य या शब्द समूह होता है जो सत्य या किसी व्यवहार के नियम को दर्शाता है। यह समय के साथ व्यवहार में आया हुआ हो सकता है, जो हमारे पूर्वजों या विद्वानों के अनुभव तथा कथन का परिणाम है। अंग्रेजी में भी ऐसे Proverb, Maxim तथा Quotation की कमी नहीं है, जिनका प्रयोग कर हम अपनी भाषा को चार चाँद लगा सकते हैं। यह न केवल भाषा को सुंदरता प्रदान करते हैं, बल्कि हमारी भावना की बिलकुल ठीक अभिव्यक्ति कम से कम शब्दों में कर देते हैं। Honesty is the best policy या Slow and steady wins the race जैसे बहुत से उदाहरण हैं, जिनमें से कुछ इस पाठ में दिए गए हैं। आइए, प्रयत्न करें कि हम युगों की बुद्धिमानी को अपने शब्दों में उतार कर श्रोताओं को प्रभावित करें।

NEWSPAPER HEADINGS

1. CBI to probe death of Rajasthan minister's servant : केंद्रीय अन्वेषण ब्यूरो राजस्थान मंत्री के नौकर की मृत्यु की जाँच करेगी
2. Pentagon team arriving to allay Iraq fears : इराकी डर को समाप्त करने के लिए पैंटागन दल आ रहा है
3. Pak epicentre of terrorism, says Advani : पाकिस्तान आतंकवाद का केंद्रबिंदु, अडवानी ने कहा
4. Windies salvage pride in rain-hit game : वेस्ट इंडीज ने वर्षा-बाधित मैच में इज्जत बचाई

5. Film festival to lure children to school : बच्चों को विद्यालय की ओर आकर्षित करने के लिए फिल्मोत्सव
6. Cop hangs himself over failed marriage : एक पुलिस कर्मी ने असफल विवाह के कारण फाँसी लगाई
7. Players recall special bonding with Le Roux : खिलाड़ियों ने ले रूक्स के साथ विशिष्ट संबंधों को याद किया
8. No US pressure over troops to Iraq-Advani : आडवाणी के अनुसार, इराक में सैनिक भेजने के संबंध में कोई अमेरिकी दबाव नहीं
9. Tough TN law to tackle moneylenders : महाजनों को ठीक करने के लिए तमिलनाडु में सख्त कानून
10. Man pushed off roof for seeking pay hike : वेतन में वृद्धि माँगते व्यक्ति को छत से धक्का दिया

AT A POLICE STATION

I

Constable : Sir, I've brought Rajan as you ordered me to.
(सर, आइ'व ब्रॉट राजन एज यू ऑर्डर्ड मी टू।)
श्रीमान, मैं राजन को आपके आदेशानुसार ले आया हूँ।

Inspector : Rajan, there is a complaint against you.
(राजन, देअर इज ए कंप्लेंट अगेंस्ट यू।)
राजन, आपके खिलाफ एक शिकायत है।

Rajan : Complaint... and against me! Impossible! It can't be.
(कंप्लेंट... एंड अगेंस्ट मी! इंपॉसिबल! इट कांट बी।)
शिकायत... और मेरे विरुद्ध! असंभव! यह नहीं हो सकता।

Inspector : Why can it not be? Are you god? Are you a leader? What are you?
(व्हाय कन इट नॉट बी? आर यू गॉड? आर यू ए लीडर? व्हाट आर यू?)
क्यों नहीं हो सकती? आप भगवान है या आप नेता हैं? क्या हैं आप?

Rajan : I'm none of these, Inspector. I'm an honourable and law-abiding citizen of India.
(आइ'ऐम नन ऑव दीज, इंस्पैक्टर। आइ'ऐम एन ऑनरेबल एंड लॉ-एबाइडिंग सिटीजन ऑव इंडिया।)

मैं इनमें से कोई भी नहीं हूँ, इंस्पेक्टर। मैं भारत का सम्मानीय तथा कानून का पालन करने वाला नागरिक हूँ।

Inspector : Here is the written complaint against you. I considered it prudent to talk to you before filing first information report against you.
(हियर इज द रिटिन कंप्लेंट अगेंस्ट यू। आई कंसिडर्ड इट प्रूडेंट टू टॉक टू यू बिफोर फाइलिंग फर्स्ट इंफॉर्मेशन रिपोर्ट।)
यह रही आपके विरुद्ध लिखित शिकायत। मैंने प्रथम सूचना रिपोर्ट दायर करने से पहले आपसे बात करना ठीक समझा।

Rajan : Who has filed the complaint? What does it say?
(हू हैज फाइल्ड द कंप्लेंट? व्हाट डज इट से?)
किसने शिकायत दर्ज की है? यह क्या कहती है?

Inspector : It says that you hit Madan with a rod this morning. He has suffered multiple fractures in the hand.
(इट सेज दैट यू हिट मदन विद ए रॉड दिस मॉर्निंग। ही हैज सफर्ड मल्टीपल फ्रैक्चर्स इन द हैंड।)
यह कहती है कि आपने आज सुबह मदन को छड़ से मारा। उसके हाथ की हड्डी कई जगह से टूट गई है।

Rajan : It's not me.
(इट्'ज नॉट मी।)
यह मैं नहीं हूँ।

Inspector : You will not tell the truth so easily. Constable, put this man behind bars.
(यू विल नॉट टॅल द ट्रुथ सो ईजिली। कांस्टेबल, पुट दिस मैन बिहाइंड बार्स।)
आप इतनी आसानी से सच नहीं बताओगे। कांस्टेबल, इसे सलाखों के पीछे डाल दो।

Rajan : Yes, Inspector, it was not me. Madan was hit by another neighbour of my name. You have caught the wrong man instead.
(यस, इंस्पेक्टर, इट वाज नॉट मी। मदन वाज हिट बाइ एनॉदर नेबर ऑव माइ नेम। यू हैव कॉट द रॉन्ग मैन इंस्टीड।)

हाँ, इंस्पेक्टर, यह मैं नहीं था। मदन मेरे नाम के एक अन्य पड़ोसी द्वारा मारा गया था। आपने गलत आदमी को पकड़ लिया है।

Inspector : Is it the truth? Constable, why did you bring the wrong man?
(इज इट द ट्रुथ, व्हाय डिड यू ब्रिंग द रॉन्ग मैन?)
क्या यह सच है, तुम गलत आदमी को क्यों ले आए?

Constable : I'm sorry for the mistake. I'll go right away and fetch the right person.
(आइ'ऐम सॉरी फॉर द मिस्टेक। आइ'ल गो राइट अवे ऐंड फैच द राइट पर्सन।)
मैं गलती के लिए क्षमा चाहता हूँ। मैं जाता हूँ तथा सही आदमी को लेकर आता हूँ।

II

S.P. : Inspector Sharma, what happened to the case of Ramjivan?
(इंस्पेक्टर शर्मा, व्हाट हैपंड टू द केस ऑव रामजीवन?)
इंस्पेक्टर शर्मा, रामजीवन के मामले का क्या हुआ?

Inspector : Sir, I investigated the case personally. We have recorded the statements of several witnesses.
(सर, आई इन्वेस्टिगेटेड द केस पर्सनली। वी हैव रिकॉर्डेड द स्टेटमेंट्स ऑव सेवरल विटनसेज।)
श्रीमान्, मैंने व्यक्तिगत रूप से मामले की जाँच की है। हमने बहुत से गवाहों के कथन भी लिखे हैं।

S.P. : Did you make any arrests based on the statements?
(डिड यू मेक ऐनी अरेस्ट्स बेस्ड ऑन द स्टेटमेंट्स?)
क्या आपने इन कथनों के आधार पर किसी को हिरासत में लिया है?

Inspector : None of the witnesses that we could get hold of has given any substantial evidence against the accused. Our investigation is on. We are likely to lay our hands on some vital evidence in a day or two.
(नन ऑव द विटनेसेज दैट वी कुड गैट होल्ड ऑव हैज गिवेन ऐनी सब्स्टैंशियल एवीडेंस अगेंस्ट द एक्यूज्ड। अवर इंवैस्टिगेशन इज ऑन। वी आर लाइक़ली टू ले अवर हैंड्स ऑन सम वाइटल एविडेंस इन ए डे

ऑर टू।)

हमने जितने भी गवाहों पर हाथ डाला है, किसी ने भी दोषी के विरुद्ध कोई प्रामाणिक गवाही नहीं दी है। हमारी जाँच जारी है। हम एक-दो दिन में किसी महत्त्वपूर्ण गवाही पर हाथ डालने की आशा करते हैं।

S.P. : I'm not fully satisfied with your progress. Newspapers are writing against us. I'm being pressured from higher authorities to solve the case at once.

(आइ'ऐम नॉट फुली सैटिस्फाइड विद योर प्रॉग्रेस। न्यूजपेपर्स आर राइटिंग अगेंस्ट अस। आइ'ऐम बीइंग प्रेशर्ड फ्रॉम हायर ऑथोरिटीज टू सॉल्व द केस एट वंस।)

मैं आपकी प्रगति से पूरी तरह संतुष्ट नहीं हूँ। समाचार-पत्र हमारे विरुद्ध लिख रहे हैं। मैं उच्च अधिकारियों द्वारा मामले को तुरंत हल करने के दबाव में लाया जा रहा हूँ।

Inspector : We're no magicians. We have to rely upon the evidence we get. My endeavour is that no innocent person should get troubled.

(वी आर नो मैजिशियंज। वी हैव टू रिलाई अपॉन द एविडेंस वी गैट। माइ एंडेवर इज दैट नो इनोसेंट पर्सन शुड गैट ट्रबल्ड।)

हम कोई जादूगर नहीं हैं। हमें प्राप्त हुए साक्ष्य पर निर्भर रहना होता है। मेरा प्रयत्न है कि किसी भी निर्दोष व्यक्ति को कष्ट नहीं होना चाहिए।

S.P. : Employ more men in civvies around his house and see if there is any unusual movement.

(एंप्लॉय मोर मैन इन सिवीज अराउंड हिज हाउस एंड सी इफ देअर इज ऐनी अनयूज्यूअल मूवमैंट।)

असैनिक वस्त्रों में और लोगों को उसके घर के चारों ओर लगाओ और देखो क्या वहाँ कुछ असाधारण चल रहा है।

Inspector : I've already done it. My doubt on the accused is strengthening with each passing day.

(आइ'व ऑलरेडी डन इट। माइ डाउट ऑन द एक्यूज्ड इज स्ट्रेंग्थनिंग विद ईच पासिंग डे।)

मैंने इसे पहले ही कर लिया है। दोषी पर मेरा शक हर बीतते दिन के साथ मजबूत होता जा रहा है।

S.P. : Okay, keep me informed of the latest development.
(ओके, कीप मी इन्फॉर्म्ड ऑव द लेटेस्ट डेवलपमेंट।)
ठीक है, मुझे नवीनतम प्रगति से सूचित रखना।

III

Naren : Sir, I've come to seek police protection.
(सर, आइ'व कम टू सीक पुलिस प्रोटेक्शन।)
श्रीमान्, मैं पुलिस सुरक्षा लेने आया हूँ।

Inspector : Tell us in detail why you want it.
(टेल अस इन डिटेल व्हाय यू वांट इट।)
हमें विस्तार से बताओ कि आपको यह क्यों चाहिए।

Naren : I had lent 5000 rupees to Veeru last year. When I went to ask him to refund the money, he threatened me with dire consequences.
(आई हैड लैंट 5,000 रुपीज टू वीरू लास्ट ईयर। व्हैन आय वैंट टू आस्क हिम टू रिफंड द मनी, ही थ्रैटंड मी विद डायर कॉन्सीक्वेंसेज।)
मैंने पिछले वर्ष वीरू को 5,000 रुपए उधार दिए थे। जब मैं उसे पैसे लौटाने के लिए कहने गया, उसने मुझे इसके भयंकर परिणाम की धमकी दी।

Inspector : See, the simple way to settle the matter is not to ask for the money. Go home and live peacefully.
(सी, द सिंपल वे टू सैटल द मैटर इज नॉट टू आस्क फॉर द मनी। गो होम एंड लिव पीसफुली।)
देखो, मामले को निबटाने का आसान तरीका है पैसा न माँगना। घर जाओ और शांतिपूर्वक रहो।

Naren : You mean to say that I should drop my claim to my hard-earned money, do you? This way peace-loving citizens will not be able to breathe freely and the rogues will rule the roost.
(यू मीन टू से दैट आई शुड ड्रॉप माइ क्लेम टू माइ हार्ड-अर्न्ड मनी, डू यू? दिस वे पीस-लविंग सिटिजंस विल नॉट बी एबल टू ब्रीद फ्रीली एंड द रोग्स विल रूल दू रूस्ट।)
आपके कहने का मतलब है कि मुझे अपने मेहनत से कमाए हुए धन पर अपना अधिकार छोड़ देना चाहिए, क्या मैं ठीक कह रहा हूँ। इस तरह

शांति पसंद नागरिक स्वतंत्रतापूर्वक साँस नहीं ले सकेंगे और गुंडे उन पर नियंत्रण रखेंगे।

Inspector : You do not understand our problem. We have to employ a large percentage of force on VIP security. The place of common man comes at the last.
(यू डू नॉट अंडरस्टैंड अवर प्रॉब्लम। वी हैव टू एंप्लॉय ए लार्ज परसेंटेज ऑव फोर्स ऑन वी आई पी सिक्यूरिटी। द प्लेस ऑव कॉमन मैन कम्स एट द लास्ट।)
आप हमारी समस्या नहीं समझते हैं। हमें महत्त्वपूर्ण व्यक्तियों की सुरक्षा के लिए बड़े बल का प्रयोग करना होता है। साधारण आदमी का स्थान सबसे अंत में आता है।

Naren : But that cannot be the excuse for prevailing lawlessness. I'll go to the higher authorities.
(बट दैट कैननॉट बी द एक्सक्यूज फॉर प्रीवेलिंग लॉलैसनेस। आइ'ल गो टू द हायर ऑथोरिटीज।)
लेकिन यह स्वेच्छाचार के लिए दोषमुक्ति नहीं हो सकती। मैं उच्च अधिकारियों के पास जाऊँगा।

Inspector : Okay, I assure you that we'll check Veeru and bring him to law if required. Please give an application mentioning the complete detail of the case. If you are innocent, no harm will come to you.
(ओके, आई एश्योर यू दैट वीइ'ल चैक वीरू एंड ब्रिंग हिम टू लॉ इफ रिक्वायर्ड। प्लीज गिव एन एप्लीकेशन मेंशनिंग द कंप्लीट डिटेल ऑव द केस। इफ यू आर इनोसेंट, नो हार्म विल कम टू यू।)
ठीक है, मैं आपको सुनिश्चित करता हूँ कि हम वीरू को जाँचेंगे तथा यदि आवश्यकता हुई तो हम उसे गिरफ्तार करेंगे। कृपया पूरे मामले को पूर्ण विवरण सहित प्रार्थना-पत्र दे दें। यदि आप निर्दोष हैं तो आपको कोई हानि नहीं होगी।

□□□